(1936—2005)

程君复先生纪念文集

一位海外爱国华人的楷模

龚忠武 蔡文珠 谢业 汪璐
徐守腾 吴举 方谋／合编

九州出版社
JIUZHOUPRESS

图书在版编目（CIP）数据

程君复先生纪念文集：一位海外爱国华人的楷模／（美）龚忠武，（美）蔡文珠主编．—北京：九州出版社，2008.10

ISBN 978-7-80195-835-8

Ⅰ.程…　Ⅱ.①龚…②蔡…　Ⅲ.程君复—纪念文集　Ⅳ.K837.128.8-53

中国版本图书馆 CIP 数据核字（2008）第 147897 号

程君复先生纪念文集——一位海外爱国华人的楷模

作　　者　龚忠武　蔡文珠　主编
出版发行　九州出版社
出 版 人　徐尚定
地　　址　北京市西城区阜外大街甲 35 号（100037）
发行电话　（010）68992190/2/3/5/6
网　　址　www.jiuzhoupress.com
电子信箱　jiuzhou@jiuzhoupress.com
印　　刷　三河市东方印刷厂
开　　本　889 × 1194 毫米　16 开
印　　张　29
字　　数　420 千字
版　　次　2009 年 8 月第 1 版
印　　次　2009 年 8 月第 1 次印刷
书　　号　ISBN 978-7-80195-835-8
定　　价　88.00 元

程君复先生纪念文集编辑委员会

共同主编

龚忠武　蔡文珠

编　委

谢业　汪璐　徐守腾　吴举　方谋

编委简介

龚忠武：安徽滁县人。台湾大学历史系学士，台湾大学历史研究所硕士，哈佛大学历史博士。

蔡文珠：台湾台中县人。台湾大学哲学学士，天普大学教育行政研究所肄业，大学行政主管（退休）。

谢　业：广东揭阳县人。天普大学电机工程学士，天普大学教育学院硕士，历任美国宾州印支华裔老人相济会会长。

汪　璐：江苏泰州市人。台湾大学法律系学士，天普大学数学硕士，高中数学教师（退休）。

徐守腾：湖北英山县人。台湾政治大学教育系学士，哥伦比亚大学社会心理研究所肄业，中国图书进出口公司美国分公司经理（退休）。

吴　举：河南上蔡县人。河南大学英语系学士，黄河大学美国研究所毕业，纽约州立大学历史研究所硕士，天普大学政治学博士。

方　谋：湖北武汉市人。武汉大学化学系学士，西东大学化学研究所博士生。

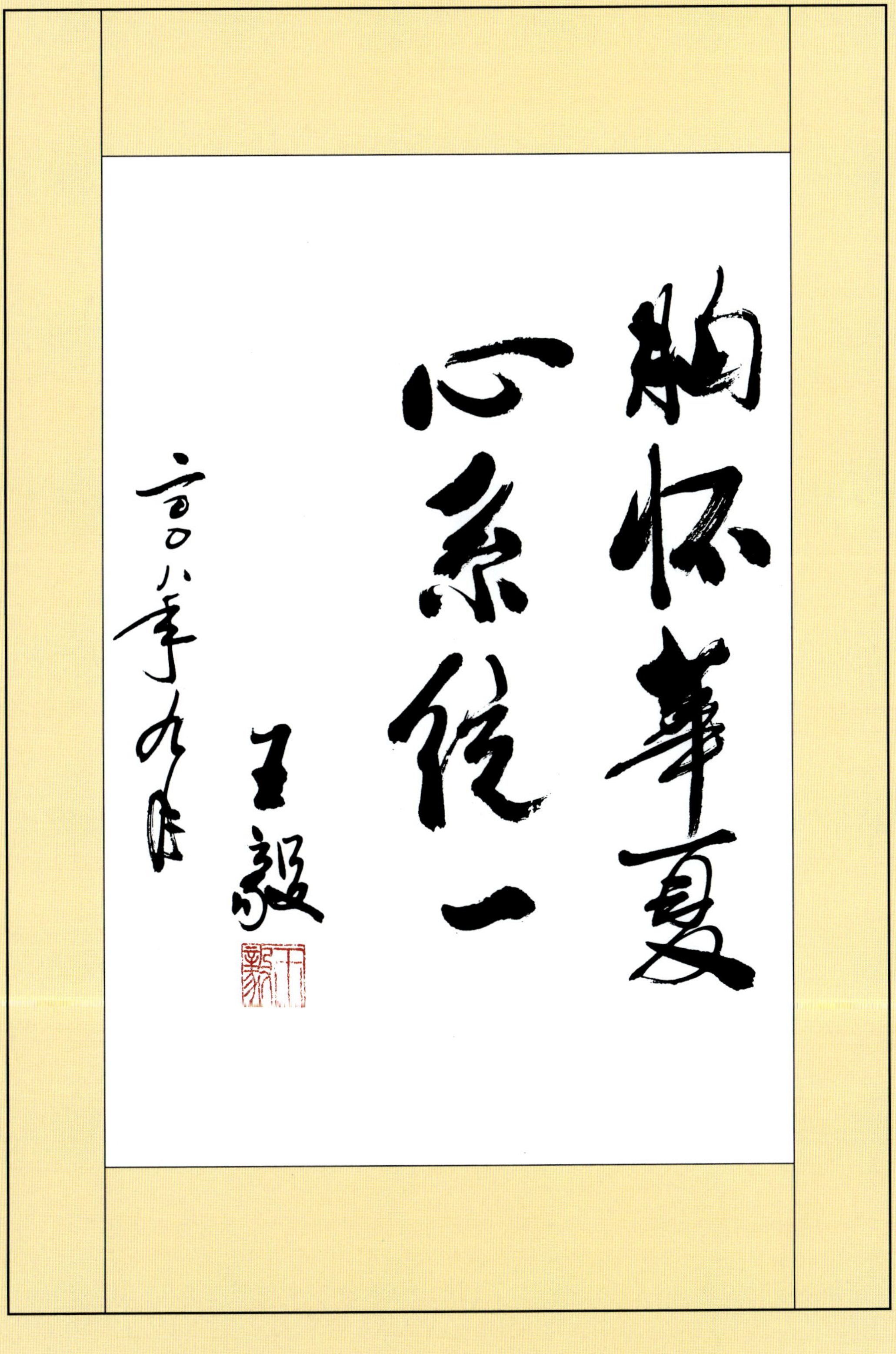
胸怀华夏
心系统一
王毅
二〇〇八年九月

為程君复先生紀念文集題

魂系桑梓赤子情深
反独促統肝胆昆仑

二〇〇八年十月

陳雲林

文珠女士，

同一个祖国，

同一个梦想。

——祝贺《程君复先生纪念文集》出版

李肇星

二〇〇八年八月

二十九日 北京

为祖国统一英勇奋斗
的爱国志士

献身教育热心公益
的侨界楷模

君复先生永远活在
我们心中

李道豫

2008年8月于北京

赤心报国
一心促统

李路
二〇〇八年九月

◎ 1992年1月江泽民主席在中南海接见程君复

◎ 2003 年 1 月钱其琛副总理在人民大会堂接见全美和统会联合会代表团

◎ 1986 年 4 月于北京　右起：程君复、邓颖超、孙穗芳

◎ 1992年2月于费城　后排左起：徐守腾、牛满江、顾毓琇、朱启祯大使、程君复、龚忠武

◎ 2000年8月程君复在全球华人推动中国和平统一（柏林）大会发言

◎ 2002年2月程君复与美国前总统克林顿合影于悉尼

◎ 2000年7月在华盛顿筹备“全球华人反独促统联盟大会” 前排左起：张文健、吴月仙、潘孝慈、蔡文珠、黄瑞我、印铁林 后排左起：张文蔚、鲍事国、黄企之、李哲夫、程君复、沈已尧、庞杰民、顾文凤

◎ 1937年母亲手抱幼儿君复，左为长子贞一，右为二子建中（上海）

◎ 1937年父亲去英国留学前全家合影于南京。父亲手抱未满一岁的君复，中坐者为祖父。

◎ 1950年与来访的美国客人合影于台北 后排右一为程君复（13岁）

◎ 1956年母亲及五个弟妹离台赴美前 后立 程君复 留台读书（19岁）

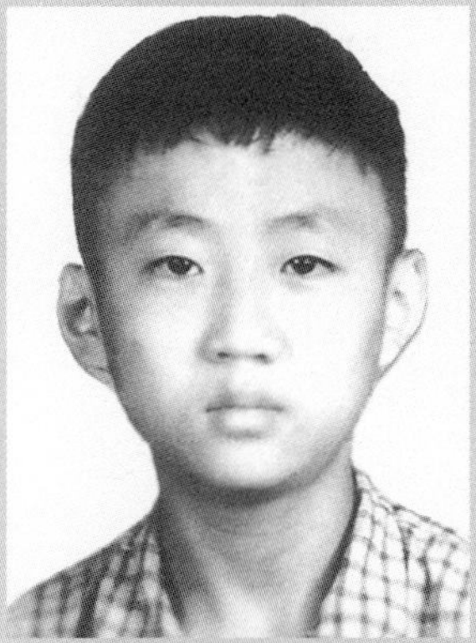

◎ 1943年孩童时代的程君复（上海）

◎ 1957 年程君复就读东吴大学（20 岁）

◎ 1958 年程君复独居台湾（21 岁）

◎ 1960年程君复与打工处的老板（蒙大拿州）

◎ 1961 年程君复就读加罗大学

◎ 1974年程君复夫妇与儿女秋游果园

◎ 1984年4月黄河大学筹备会部分成员在郑州花园口勘查校园地形　左起：曾宪荣、杜子清、程君复、杨昌基等

◎ 1985 年 8 月程君复游览黄河岸北邙山

◎ 1985年9月于黄河大学校门　左起：萧敬如、秦元勋、程君复、朱绵发等

◎ 1985 年 9 月黄河大学校门　左起：雷紫薇、程君复、秦元勋、孙穗芳、梅子强

◎ 1986年Dr. Lawrence Klein（诺贝尔经济学奖得主）受邀到黄河大学讲学

◎ 1987年6月威廉·潘基金会董事长Dr. Bernard Watson访问黄河大学

◎ 1987年6月程君复对黄河大学师生讲话

◎ 1988 年夏程君复在天普大学演讲

◎ 1988 年顾毓琇夫妇在家中做客

◎ 1992年冬儿女回家过节

◎ 1993年程君复整理庭院后常在此稍息

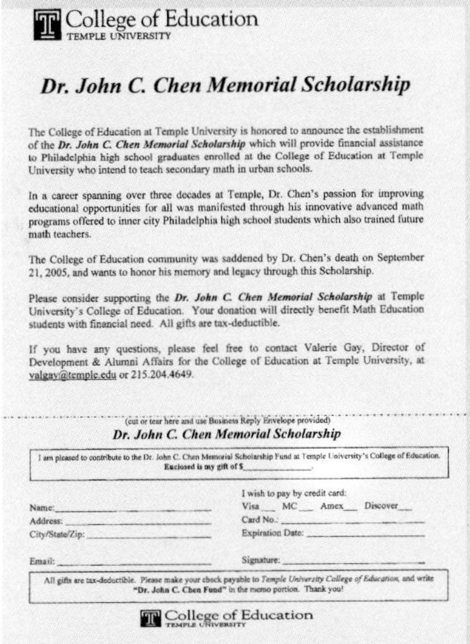

College of Education
TEMPLE UNIVERSITY

Dr. John C. Chen Memorial Scholarship

The College of Education at Temple University is honored to announce the establishment of the ***Dr. John C. Chen Memorial Scholarship*** which will provide financial assistance to Philadelphia high school graduates enrolled at the College of Education at Temple University who intend to teach secondary math in urban schools.

In a career spanning over three decades at Temple, Dr. Chen's passion for improving educational opportunities for all was manifested through his innovative advanced math programs offered to inner city Philadelphia high school students which also trained future math teachers.

The College of Education community was saddened by Dr. Chen's death on September 21, 2005, and wants to honor his memory and legacy through this Scholarship.

Please consider supporting the ***Dr. John C. Chen Memorial Scholarship*** at Temple University's College of Education. Your donation will directly benefit Math Education students with financial need. All gifts are tax-deductible.

If you have any questions, please feel free to contact Valerie Gay, Director of Development & Alumni Affairs for the College of Education at Temple University, at valgay@temple.edu or 215.204.4649.

(cut or tear here and use Business Reply Envelope provided)

Dr. John C. Chen Memorial Scholarship

I am pleased to contribute to the Dr. John C. Chen Memorial Scholarship Fund at Temple University's College of Education.
Enclosed is my gift of $________.

Name: ________ I wish to pay by credit card:
Visa ___ MC ___ Amex ___ Discover ___
Address: ________ Card No.: ________
City/State/Zip: ________ Expiration Date: ________
Email: ________ Signature: ________

All gifts are tax-deductible. Please make your check payable to *Temple University College of Education*, and write **"Dr. John C. Chen Fund"** in the memo portion. Thank you!

College of Education
TEMPLE UNIVERSITY

◎ 天普大学宣布成立“程君复博士纪念奖学金”的英文原件

TempleTimes

Dr. John C. Chen guides Carrie Priester, a 16-year-old student at Overbrook High School, in basic calculus.

◎ 1994年9月天普大学校刊介绍程君复和他创办的21世纪数学中心

◎ 1995年秋程君复与威廉·潘基金会董事长Dr. Bernard C. Watson

◎ 1996年妻子蔡文珠为程君复60岁祝寿

◎ 1997年费城教育局总监柯蕾顿与数学教师们到程君复家中过春节

◎ 2001年9月女儿之琳出嫁

◎ 2001年程君复祝贺费城猴屿联谊会成立

◎ 2002年8月全美中国和平统一促进会反独促统联盟大会（芝加哥）部分人士会后合影
前排：王津平、张无咎、程君复、李惠英、沈伟廉、王长鱼等　后排：魏宏利、曲耕苹、李劲祥、何慕廉、侯大正、郑克虹、印铁林、王建明、曹汉斌

◎ 2003 年程君复在费城福建同乡联合会春节联欢会上致贺词

◎ 2003 年 1 月程君复夫妇祝贺费城市长 John Street 连任

◎ 2003年3月为费城中央高中乐团访问中国举办筹款餐会　左起：卢代仁、陈望夏副总领事、程君复、乐团指挥

◎ 2003年3月程君复在哥伦比亚大学校园召开时事座谈会

◎ 2003 年 4 月程君复与李惠英颁聘书给黄金泉特邀荣誉会长（纽约）

◎ 2003年4月程君复会长在全美和统会联合会 2003 年会（纽约）讲话

◎ 2003年9月程君复在全球华人华侨促进中国统一（莫斯科）大会开幕式中讲话

◎ 2003年9月20日程君复组织“九一八、保卫钓鱼台”的示威游行并在集会中演说，右为陈荣华(摄于日本驻美大使馆前)

◎ 2003年10月程君复参加纪念爱国华侨司徒美堂诞辰135周年活动于广东江门（右二为澳大利亚侨领邱维廉）

◎ 2004年1月程君复夫妇拜访联邦众议员柏特基于华盛顿

◎ 2004年9月18日程君复组织留美学生与华人“纪念九一八，保卫钓鱼台”示威抗议于日本驻美大使馆前

◎ 2004年12月程君复夫妇与外孙

◎ 2005年1月程君复主持“费城侨界筹备纪念抗日胜利60周年”会议

◎ 2005年7月程君复病中仍对“中华博爱金石图”的制作进行指导（北京）

家属遵照遗嘱

将骨灰奉安北京万安公墓

序言

2005年10月15日这一天，是个令人难忘的日子。这天，数百名亲朋戚友在费城的Baldi殡仪馆深切悼念了程君复教授，随后三十多年来一直同他战斗在一起的老战友在West Laurel Hill火化场向他最后告别，并祝祷他一路走好！

这真是一个令人心碎的时刻！是的，斯人已逝，但走了的只是他的躯体，他那光辉的爱国事迹，他那感人的奉献精神，却与我们同在，永远活在我们的心里，因为他是海外爱国华人、保钓健将们的一个楷模！

所以，他生前的老朋友、老战友，一致认为应当把他这一生传道授业、爱国爱乡和服务侨社的珍贵事迹，保存下来，传诸后世，作为我们的一面镜子，时时鞭策自己，惕厉自己。所以我们决定编辑这本纪念册。

君复的爱国活动，服务侨社、奉献公益的行为，完全出于他仁厚的天性。他的大哥程贞一教授在致悼词时忆述君复童年时代，有一次不忍看到同学挨冻，就把身上的夹克脱给同学穿，而自己却冻得发僵回家的往事。这是君复宅心仁厚的天性的自然流露。

这样的例子举不胜举。就拿我们在整理君复留存的剪报时亲历的一件事来看吧，他不但养成了剪报的习惯，还爱在旁边批注。他在2001年9月15日一则关于阿富汗战争报道和一张战地孤儿照片的剪报上的批注中写道：

凡世界上有良知的人应恳求美国自制，恳求美国勿为阿富汗再添悲惨！阿富汗的人民实在太脆弱、太可怜了，22年来各种各样的战争，加上连续四年无情的旱灾，人民真是备受煎熬！

如果有美国人高喊要把阿富汗炸回到原始的石器时代，那么美国人应该知道现在的阿富汗实际上距离原始的石器时代并不远了。宾拉丹是一个个人，不能代表整个阿富汗，而且他又不是阿富汗人，我们不能借题发挥，滥杀无辜的人民、老年人、妇女和儿童啊！

看到这个批注时，我们特别感动，因为这只是他看报时心血来潮的即兴之笔，不是为了要发表而写的文章；是写给自己看的，不是写给别人看的。这是他仁厚本性自然流露的最好例证。

这样的个性使他愤世嫉俗，使他常爱打抱不平，使他无法容忍民运分子和“台独”的卖国言行。例如他在2005年6月6日关于李登辉鼓吹“正名制宪”的一则新闻剪报上批注说：“李登辉已经违反了《反分裂国家法》，应当通缉，并绳之以法，以树立《反分裂国家法》的威信。”于此可见，他对李登辉这类民族败类是多么的气愤！

这样的性格使他参加了保钓运动，也使他领头发起了全球反“独”促统运动。这样的性格使他专攻普及数学，以便嘉惠美国贫困社区的黑人和少数民族子弟。

这本纪念册就是要记录和体现君复教授一生中在这方面的事迹和言论。其中共分三大部分，一是全球各地的悼念活动，一是君复的普及数学专业，一是君复的言论思想。本来我们计划赶在君复逝世一周年时出版，但是由于时间紧迫，实在无法按时完稿，只好一再迟延，直到君复逝世两年后才能问世。我们愧对君复在天之灵，也愧对许许多多君复的老友和战友。

这两年来，在编辑打印本纪念册的过程中，承蒙君复的老友和战友提供稿件并给予精神鼓励，特别是国内有关领导的热心支持，我们在此一并谨表谢意。

编辑委员会

2007年3月

目　录

上　编：悼 念 追 思

一、美国费城侨界程君复教授追悼大会筹备经过

二、讣告代讣

三、美国费城侨界隆重举行程君复教授追悼大会

四、各方唁电

五、挽联

六、各地追思会

七、程君复教授治丧委员会感谢信

八、同志、友人、学生缅怀追思

九、美国友人的怀念与回忆　Condolences from Colleagues

中篇：爱国活动

一、在费城的爱国活动

二、创办黄河大学始末

下编：专业、论述、函电、轶事

一、普及数学专业

二、政论

三、颂赞和悼念

四、来往函电

五、生平轶事

上编

悼念追思

一、美国费城侨界
程君复教授追悼大会筹备经过

编辑委员会

2005年9月21日上午10时27分，程君复不幸病逝于费城郊区波茨顿（Pottstown）纪念医院，妻子蔡文珠、儿子之东、女儿之琳以及三位妹妹宜兰、宜华、宜台均随侍在侧。

殡仪馆的选择考虑到两点：第一，场地要宽绰肃穆，地点要适中。程君复家属经谢业先生介绍并陪同拜访了Baldi Funeral Home。该殡仪馆位于费城最主要街道Board Street，对外地亲友和费城侨团人士都属便利。双层楼的建筑高大古朴，灵堂庄严，可容500人以上。第二，家属希望追悼会程序包括瞻仰仪容。但是，君复的兄弟姐妹全都要去台湾安葬父亲骨灰（三个月前父亲程石泉安然去世于旧金山，享年97），10月8日以后才能回到美国。追悼会的日期因此定在24天后的星期六，10月15日。Baldi Funeral Home同意马上派车去医院迎取遗体并保存至追悼会完毕，然后送往焚化场。殡仪馆的专业技术与设备及良好的口碑可以保证完善的服务，家属因此选定了Baldi Funeral Home为追悼会的场所。

追悼会的时间和地点既定，程君复生前友好立即组成治丧委员会，协助家属办理一切有关事宜。程君复生前交友甚广，中美社区侨学界许多朋友都真诚地表示要参与治丧委员会。由于人数众多，家属最后决定以费城侨界社团为主，加上程君复生前注入最多心血的三个政治社团——“全球华人反独促统联盟”、“全美中国和平统一促进会联合会”以及“保卫钓鱼岛行动委员会”组成治丧委员会。费城侨界几乎所有社团都成为治丧委员会之一员，这在费城侨界是史无前例的。家属和治丧委员会一致同意邀请德高望重的70年代保钓运动精神领袖、中美两国社会科学院院士何炳棣教授为主任委员，何教授也欣然接受了。

治丧委员会一经成立，首先发布讣闻，紧接着安排追悼会程序与细节。徐守腾先生主持追悼大会，费城福建同乡联合会负责布置会场。程君复的大哥程贞一教授代表家属介绍生平，儿子之东和女儿之琳分别与父亲话别。中国驻纽约副总领事旷伟霖代表总领事刘碧伟大使和驻美大使周文重致词。天普大学老校长瓦克曼（Marvin Wachman）和费城前教育总监克莱顿（Constance Clayton），分别代表程君复曾经工作的教育单位讲话。三十多年的挚友龚忠武代表侨界宣读追悼大会悼词，随后再由董庆园、孙正中分别向老朋友告别。宾州老人相济会谢业会长和费城福建同乡联合会卢代仁主席，代表费城侨社最后致告别词。

悼念仪式结束后，之东和之琳为父亲灵柩覆盖中美两国国旗，亲友和来宾向遗体告别，然后由之东手捧遗像，内、外甥六青年扶棺，亲友随后，护送遗体至费城郊区西罗拉丘（West Laurel Hill）墓园火化。

附录：各界惊悉程君复教授走了

1. 推动中国和平统一斗士程君复教授逝世

著名社会活动家、全球华人反独促统联盟及全美中国和平统一联合会会长、费城天普大学（Temple）数学教育博士程君复先生因肺炎于21日上午在费城一家医院去世，享年68年。中国驻纽约总领事刘碧伟等昨天驱车前往费城向程君复教授家属表示慰问。

程太太昨日在电话中表示，程君复教授不久前在大陆接受了肾切除手术，效果很好。但三个星期之前回美后不幸感染肺炎，入院后病情未能好转，昨天辞世。程君复教授有一子一女，均已参加工作。儿子是一名文学教授，女儿则从事临床心理医学。

程君复祖籍江苏，出生于南京，幼时在上海就读小学，1949年随家人迁往台湾。1958年来美，在蒙大拿大学就读本科，毕业后于1962年应征入伍，成为一名驻韩美军军官。两年后退役，并入读费城天普大学，取得数学教育博士学位，之后在该校从事了30多年的教育工作。

从天普大学退休后，程君复教授积极投身于中国的和平统一事业，于2000年在华盛顿成立了“全球华人反独促统联盟”并当选为会长。2002年又在芝加哥被选为“全美中国和平统一联合会会长”。在过去的几年间，程君复教授奔走于世界各地，积极为中国的和平统一事业努力，其无私精神赢得各界钦佩。

程太太昨天表示，家人目前正忙于安排后事，吊唁等事宜会及时通知各界友人。

（《侨报》，2005年9月22日）

2．费城程君复教授病逝——从保钓到推动反“独”促统

20世纪70年代保卫钓鱼岛健将、全球华人反独促统联盟及全美中国和平统一联合会会长、费城天普大学数学教育博士程君复先生因肺炎于21日上午在费城一家医院去世，享年68岁。

消息传来，昔日保钓战友、熟悉程君复及支持中国统一的友人，无不感到惋惜。

据中新社报道，中领馆总领事刘碧伟等22日前往费城，向程君复家属表示慰问。程太太表示，程君复教授不久前在大陆接受了肾切除手术，效果很好。但三个星期之前回美后不幸感染肺炎，21日辞世。

程君复教授有一子一女，儿子是一名文学教授，女儿则从事临床心理医学。

程君复祖籍江苏，出生于南京，幼时在上海就读小学，1949年随家人迁往台湾。1957年来美，在蒙大拿大学就读本科，在天普大学获博士学位。

20世纪70年代初，保钓运动爆发，程君复当时任教于费城天普大学，是最早期发起人之一，其后一直没有脱队，美东大小有关活动，都见程的身影。他今年年初仍率领华人和留学生到日本领事馆前示威抗议。

从天普大学退休后，程君复教授积极投身于中国的和平统一事业，于2000年在华盛顿成立了“全球华人反独促统联盟”并当选为会长。2002年又在芝加哥被选为“全美中国和平统一联合会会长”。

中新社称，在过去的几年间，程君复教授奔走于世界各地，积极为中国的和平统一事业努力，其无私精神赢得各界钦佩。

（《星岛日报》，2005年9月23日）

3. 程君复教授宾州病逝

全球华人反独促统联盟主席、费城天普大学教授程君复21日上午10时30分因肾脏癌并发肺炎，于宾州Pottstown的医疗中心病逝，享年68岁。程君复的遗孀蔡文珠21日晚间表示，程君复一生追求两岸和平，“得罪不少人”，希望大家记得他对两岸和平的奉献。

籍贯江苏灌云县的程君复，毕业于台北建国中学，之后来美，在蒙大拿州Helena的Carroll College取得数学学士学位，并在宾州天普大学获得数学教育博士。他曾在美国参与保钓运动，不仅坚决反“台独”、更视日本为寇雠；数十年来他办过许多座谈会，宣传他的想法，同时化为行动，他几乎参与了每一场有关抗议日本或反“台独”的示威。

宾州中国和平统一促进会主席卢代仁说，程君复身为学者，他爱国爱乡的真诚更是可贵。中国大陆驻纽约总领馆总领事刘碧伟、副总领事周赛星及侨务组长杨东，21日下午专程到费城，代表北京国务院慰问蔡文珠。程君复身后还有一子一女。

（《世界日报》，2005年9月22日）

4. 著名社会活动家程君复病逝

著名社会活动家、全球华人反独促统联盟会长、全美中国和平统一联合会会长、费城天普大学（Temple）数学教育博士程君复（21）日上午在费城一家医院逝世，享年68岁。

程太太昨日在电话中表示，程教授不久前在大陆接受了肾切除手术，当时效果很好，然而8月初回美后，不幸感染上肺炎，虽紧急入院接受治疗，但终无法回天，于昨日上午在医院辞世。身后除程太太外，还有一子一女，据称，儿子是一名文学教授，女儿则从事临床心理医学。

程君复祖籍江苏，出生于南京，幼时在上海就读小学，1949年随家人迁往台湾。1957年来美，在蒙大拿州，Carroll College就读本科，1962年毕业后应征入伍，成为一名驻韩美军军官。两年后退役，并入读费城天普大学，取得数学教育博士学位，之后在该校从事教育工作长达30余年。

从天普大学退休后，程先生积极投身于中国的和平统一事业，于2000年在华府成立了全球华人反独促同联盟并当选为会长，2002年又在芝加哥被选为全美中国和平统一联合会会长。在过去的几年间，程先生奔走于世界各地，积极为中国的和平统一事业努力，其无私精神赢得各界钦佩。

程太太昨日表示，家人目前正忙于安排后事，对于吊唁等事宜会即时通知各界友人。据悉，中国驻纽约总领事馆刘碧伟总领事并于昨日赶往费城，对程君复家人进行了探望。

（《明报》，2005年9月22日）

5．华府和统会名誉会长程君复教授病逝

美东爱国华人，华府和统会名誉会长，费城天普大学程君复教授九月二十一日因癌症病逝于费城郊区Pottstown Memorial Medical Center。享年68岁。

程教授弥留时，夫人蔡文珠及其子程之东，女程之琳均在榻侧。

程君复先生任教于费城天普大学，在当地数学教育界首有声望，特别是对费城当地少数民族教育贡献卓越，备受尊重。程教授在全美华人界以热心爱国享有高誉，系全美和全球华人界知名人士，任“全球华人反独促统联盟”发起人兼会长；“全美中国和平统一促进会联合会”会长。程教授毕生致力于促进中国的和平统一，为中国统一奔走近四十年，为侨界公认的爱国领袖。

早在1970年，因美国归还琉球于日本的协定中涉及中国领土钓鱼岛（属于台

湾省管辖，为台湾渔民作业地区）主权问题时，美国华人留学生掀起保卫钓鱼岛运动，带动了全球和台湾岛内的保钓运动，是海外华人爱国运动史上的盛举。程先生当年是费城和美东保钓的中坚人物；之后钓鱼岛运动发展为中国统一运动时，程君复先生更是有力的推动者，在华盛顿、芝加哥、费城、纽约和全美的侨界、学界成立协会，举办活动，奔走于美国、大陆和台湾，将时间、精力、金钱毫无保留地贡献于爱国活动。程先生以他的声望和关系，帮助华人和留学生争取权益、促进中美两国人民友谊。

上世纪八十年代，程教授以他在教育界的知识地位，在河南帮助当地建立了中华人民共和国第一所国内外合办的新型大学“黄河大学”，替中国引进数理、电脑、语文、教学、商业管理等先进经验，促使海外华人教授专家回国交流，报效祖国，也替地处内陆的河南青年人才创造出国见识学习的机会。黄河大学后来并入郑州大学。

到了九十年代，程教授同全美、全球各界，特别是从大陆和台湾出来的新一代留学生、移民合力先后成立“全球华人反独促统联盟”与“全美中国和平统一促进会联合会”，在全球和美国起积极推动统一的工作。程教授在反对日本军国主义复活、谴责日本右派野心不死、唤起华人重视日本侵华野心以及提防美国反华分子敌视中国的许多重大民族问题上始终站在最前列。2002年程君复教授任华盛顿中国和平统一促进会名誉会长。

程教授的去世，是海外统一运动的重大损失。费城的华人已成立了程君复教授治丧委员会，定于十月十五日星期六举办追悼会和葬礼。希望各界人士参加，共同表达哀悼之意。华盛顿和统会将派员出席。

（《新世界时报》，2005年9月30日）

6. John Chen, Taught Math to Inner-City Kids

Philadelphia Daily News

By John F. Morrison

October 6, 2005

LEARN ALGEBRA in eight weeks? Come on! Be for real!

But Dr. John C. Chen made it happen, and not for college-bound high-school kids from places like Cheltenham or the Main Line, but boys and girls from the inner city of Philadelphia who many teachers had thought couldn't get through addition, subtraction and long division.

The Chinese-born Chen ran the 21st Century Mathematics for Urban Students program at Temple University in the '80s and '90s, when 80 percent of the students in his summer program passed and many were able to fulfill a once-impossible dream of college and future success.

Dr. Chen, who taught mathematics at Temple for more than 30 years, started an American-style university in his native China 20 years ago and was long active in Chinese-American affairs in Philadelphia and worldwide, died of cancer Sept. 21. He was 68 and lived in Spring City, Chester County.

The innovative mathematics program that Chen began for urban high-school students was not just for the students. He also trained many teachers, who took his ideas back to their own schools and put them into effect.

And it wasn't only algebra he took to the city kids, but calculus as well. He taught calculus at Benjamin Franklin High School and elsewhere during the school year and got the same startling results.

In an interview in the Inquirer in 1991, Dr. Chen said, “We tell the schools, the department heads of each school, that we teach algebra in eight weeks, not a whole year. The schools didn't believe it in the beginning."

But he made believers out of them. He didn't use textbooks, and scorned the customary take-it-slow approach most teachers used to introduce their students to the mysteries of high math.

"Eight weeks is plenty of time to learn algebra," he said. "If it's been taught right."

He had students solving problems on the blackboard by the end of each day's teaching.

Chen also scorned the general math courses that many teachers thought their students were limited to learning.

"General math is studying arithmetic, arithmetic and arithmetic," he said. "It's totally nonsense. It just makes me sick. I have some kids here who were stuck in the general math."

Dr. Chen grew up in China, the son of Dr. Austin Chen, minister of education in Shanghai, China before the Communists took over in 1949. The family then moved to Taiwan.

He received a bachelor's degree in mathematics in 1962 from Carroll College in Helena, Mont., and his doctorate in education from Temple in 1975.

From 1975 to 1988, Chen served as the assistant director of Temple's Special Recruitment and Admissions Program, an academic program that improved Temple's recruitment and retention of underprivileged minority students.

In 1985, after five years of frustration, Chen convinced the Chinese government to permit, and help finance, an American-style university on the Yellow River near Zhengzhou.

The school, Huanghe University, has been staffed by American and Chinese professors. American educators and business people raised money for the school, and American colleges have formed partnerships with it.

Chen founded the Greater Philadelphia Chinese American Chamber of Commerce and was an active leader in local Chinese-American affairs.

Over several decades he worked locally, nationally and globally in support of strong friendly relations between the United States and China.

In the past five years, he served as president of the Global Chinese Alliance for the Unification of China, and organized Chinese communities across the Chinese diaspora, including communities in North and South America, Europe and Asia.

He is survived by his wife, Isolde Chen; a son, Wilson Chen; a daughter, Tonia Chen; and a grandson, Kahlo Yun Chen-Cerenio.

7. John C. Chen, 68, Professor of Math

The Philadelphia Inquirer
By Gayle Ronan Sims
October 7, 2005

Dr. John C. Chen, 68 of Spring City, Chester County, a math professor at Temple University for more than three decades and director of advanced mathematics programs for Philadelphia high schools, died of bladder cancer Sept. 21 at Pottstown Memorial Medical Center.

Dr. Chen, born in Nanjing, China, was the son of the minister of education in Shanghai before the Communists took over in 1949.

He came to the United States in 1958 and received a bachelor's degree in mathematics in 1962 from Carroll College in Helena, Mont. He was drafted after graduation and served in the Army for two years as a civil engineer in South Korea.

In 1967, he married Isolde Tsai. He earned a doctorate in 1975 from Temple

University and taught math there until shortly before his death.

In the early 1970s, Dr. Chen returned to China and sought to improve educational opportunities there. With funds from the Chinese government and Chinese Americans, he founded Huanghe University—his dream of an American-style college in China. He also worked to improve relations between the two countries.

In 1988, Dr. Chen launched a program in the Philadelphia School District to teach algebra and calculus in eight weeks to eighth-grade students who had previously been offered only basic math instruction.

He also started a summer program called "21st Century Math" at Franklin Learning Center and other high schools and middle schools, designed to help students improve test scores and heighten their chances of going to college.

Dr. Chen was an advocate for minority rights in Chinatown and elsewhere in Philadelphia. In 1988, he founded the Greater Philadelphia Chinese American Chamber of Commerce.

During the last five years, he was president of the Global Chinese Alliance for the Unification of China, working with the Chinese diaspora in North and South America, Europe and Asia.

In addition to his wife, Dr. Chen is survived by a son, Wilson; a daughter, Tonia; and a grandson.

二、讣告代讣

讣　告

先夫程君复教授，1936年11月8日生于中国南京市。近日来，因不幸染上恶性肺炎，虽经住院急救，仍然无效，已于2005年9月21日上午与世长辞。

先夫生前热衷于教育救国的理念，尤其关怀中国的统一大业，并为之奋斗一生。早在年轻读书时期，他就团结台湾留美学生进行保卫中国领土钓鱼岛运动。随后，为争取中华人民共和国在联合国的合法地位，他串联美东各大学校园的中国留学生，发起了声势浩大、波澜壮阔的支援活动。

上世纪八十年代，先夫以他在教育界的影响，在河南省帮助当地建立了中华人民共和国第一所国内外合办的新型大学"黄河大学"。替中国引进数理、电脑、语文、教学、商业管理等先进经验，促使海外华人教授、专家回国交流，报效祖国；同时也替河南培养出一批青年人才。黄河大学后来并入郑州大学。此外，先夫还以他的声望和关系，帮助华人和留学生争取权益，促进中美两国人民的友谊。

先夫长期以来积极参与和组织美国各地华人、华侨反对分裂祖国的领土，争取中国的和平统一，他奔走于两岸三地及世界各大洲，紧急地呼吁、热烈地宣传和组织全球反"独"促统的爱国力量，坚决反对"台独"势力，为中国的和平统一大业贡献了毕生的精力。

兹定于2005年10月15日（星期六）上午11时至下午1时，假南费城BALDI FUNERAL HOME举行先夫的追悼会，随后遗体将送往WEST LAUREL HILL火化。遵从先夫之遗愿，丧事一切从简，各方亲友赠送的赙仪将悉数捐予"程君复爱国教育基金"。

哀此讣

闻

未亡人：蔡文珠
孝　子：程之东　媳：许伟莉
孝　女：程之琳　婿：沈瑞宁
外　孙：程　云

同泣告

代 讣

美东爱国华人天普大学程君复教授，2005年9月21日病逝于宾州，享年68岁。

程君复先生任教费城天普大学三十余年，在当地数学教育界著有声望，特别是对费城当地少数民族教育贡献卓越，备受尊重。

程教授在全美华人界以热心爱国享有高誉，系全美和全球华人界知名人士，任“全球华人反独促统联盟”发起人兼会长、“全美中国和平统一促进会联合会”会长。程教授毕生致力于促进中国的和平统一，为中国统一奔走近四十年，为侨界公认的爱国领袖。

早在1970年，因美国归还琉球于日本的协定中涉及中国领土钓鱼岛主权问题时，美国华人留学生掀起保卫钓鱼岛运动，带动了全球和台湾岛内的保钓运动，是海外华人爱国运动史上的盛举。程先生当年是费城和美东保钓的中坚人物；之后钓鱼岛运动发展为中国统一运动时，程君复先生更是有力的推动者，在费城、纽约和全美的侨界、学界成立协会，举办活动，奔走于美国、大陆和台湾，将时间、精力、金钱毫无保留地贡献于爱国活动。程先生还以他的声望和关系，帮助华人和留学生争取权益，促进中美两国人民的友谊。

上世纪80年代，程教授以他在教育界的经验和影响，在河南帮助当地建立了中华人民共和国第一所国内外合办的新型大学“黄河大学”，替中国引进数理、电脑、语文、教学、商业管理等先进经验，促使海外华人教授专家回国交流，报效祖国，也替地处内陆的河南青年人才创造见识学习的机会。黄河大学后来并入郑州大学。

到了90年代，程教授同全美、全球各界，特别是从大陆和台湾出来的新一代留学生、移民合力先后成立“全球华人反独促统联盟”与“全美中国和平统一促进会联合会”，在全球和美国发起积极推动统一的工作。程教授在反对日本军国主义复活，谴责日本右派野心不死、唤起华人重视日本侵华野心以及提防美国反华分子敌视中国的许多重大民族问题上始终站在最前列。

程君复教授的一生，是中华儿女为同胞、为民族、为祖国鞠躬尽瘁的光辉典范。

他的去世，是海外统一运动的重大损失，我们深感惋惜和悲痛。

定于2005年10月15日（星期六）上午11时至下午1时，在南费城BALDI FUNERAL HOME举行程君复教授追悼会，希望各界人士参加，共同表达哀悼之意。会后遗体将送往WEST LAUREL HILL火化。遵从程教授遗愿，丧事一切从简，各方亲友赠送的赙仪将悉数捐予“程君复爱国教育基金”。

程君复教授治丧委员会

主任委员：何炳棣院士

委　　员：

保卫钓鱼岛行动委员会	全球华人反独促统联盟
全美中国和平统一促进会联合会	费城中华公所
费城华埠发展会	费城安良工商会
费城协胜公会	费城台山宁阳会馆
费城至孝笃亲公所	费城李氏公所
费城麦氏公所	费城崇正会
费城东安公所	费城鹤山公所
宾州中国和平统一促进会	大费城中国统一促进会
费城中国统一促进会	费城福建同乡联合会
大费城福建同乡会	费城长乐公会
费城福建猴屿联谊会	宾州福建友好商贸促进会
宾州印支华裔老人相济会	大费城华侨公会
费城潮州同乡会	费城台湾同乡联谊会
世界孙中山基金会	费城中国学者联谊会
美国天普大学学生学者联谊会	美国宾夕法尼亚大学学生学者联谊会
美国维拉诺瓦大学学生学者联谊会	美国爵瑟大学学生学者联谊会

费城华人餐馆协会　　费城中华妇女联谊会

费城海华妇女互助会　　费城业余舞蹈社

美东亚裔佛教联谊会　　费城邓氏宗亲会

费城中华义学

三、美国费城侨界隆重举行 程君复教授追悼大会

附录：媒体报道追悼会

1. 程君复追悼会隆重举行

管黎明

费城天普大学数学教授、著名爱国华人程君复先生追悼会昨天在南费城的鲍迪殡仪馆（Baldi Funeral Home）举行，两百多位亲友出席了追悼会。中国外交部、国务院侨办、台办、中国驻美大使馆和中国驻纽约总领馆发来了唁电。中国驻纽约代总领事旷伟霖代表中国驻美大使馆、驻纽约总领馆和常驻联合国代表处出席了追悼会；费城天普大学前校长瓦克曼（Marvin Wachman）及费城地区前教育总监克莱顿（Constance Clayton）也出席了追悼会。

追悼活动从上午11点钟开始，持续到下午1点。程君复教授生前好友、反"独"促统人士徐守腾主持了追悼仪式。程君复的夫人蔡文珠女士及子女均在场。在仪式期间，程君复的兄长、加州大学圣地亚哥分校（UCSD）物理教授程贞一、程教授的儿子程之东和女儿程之琳均在友人面前回忆了程教授在世时的生活，程之东和程之琳回忆到动情处更是泣不成声，令追思者无不感动。

前天普大学校长瓦克曼在追思会上向在座者讲述了当年程君复教授为该校数学教学所作的贡献。当时媒体普遍抱怨各地学校缺乏对学生教学能力有效的训练，而程君复教授则主动迎接挑战，除了承担教学任务以外，还主动劝说许多学生坚持学习数学，避免了他们当中许多人因数学不及格而辍学。瓦克曼并提到，当年天普大学授予邓小平荣誉学位，程君复教授闻讯为之雀跃，为中美关系的复苏感到欢欣鼓舞。瓦克曼还提到了在程君复家中参加过多次与各界人士交往的宴请活动，他赞美了程夫人的贤惠以及夫妇两人为教育事业和中美关系所作出的努力。

前费城地区教育总监克莱顿女士回忆了当年程君复教授为本地数学教学事业所

作出的贡献，并娓娓道来当年上课的情形。她称赞正是由于程教授的鼓励而令许多学生和他们的家长感受到了成功和尊严。克莱顿女士并宣布了一个以程君复教授命名的纪念奖学金的设立。

追悼会上，龚忠武宣读了由他主稿的悼词。

中国驻纽约代总领事旷伟霖致悼词时表示，他和所有使领馆与代表处的同仁为失去程君复教授这样一位可亲可敬的老朋友深感悲痛，程君复教授为反“独”促统鞠躬尽瘁，是一位企盼中华民族复兴的爱国斗士。

主持人宣读了来自各方的唁电。中国外交部长李肇星在唁电中表示，“程先生生前为维护旅美华人华侨利益、团结侨社、凝结侨心、弘扬中华文化、促进祖国统一大业等做了大量积极有益的工作，在美侨界德高望重，深受侨胞的尊敬和爱戴，我谨代表中华人民共和国外交部并以我个人名义，向贵会（全球华人反“独”促统联盟、全美中国和平统一促进会联合会）表示深切的哀悼，并向程君复先生的亲属致以诚挚的慰问。”国务院侨办在唁电中历数程君复教授为教育、海外华人、中美关系和反“独”促统事业作出的大量贡献，而程先生的逝世，是“美国华社的一大损失，我们也因此痛失一位挚友，我们将永远怀念他”。国务院台办主任陈云林在唁电中称赞程君复先生早年投身保钓运动，冲锋陷阵，毕生为中美交流，为全球华人的反“独”促统事业，殚精竭虑，尽心尽力，“先生风范将铭记史册，激励后人”。

中国驻美大使周文重在唁电中称赞程君复先生“毕生致力于反对‘台独’，矢志追求中国和平统一”，“贡献卓著，令人敬佩”，“程教授功绩将永载史册，激励后者”。中国驻纽约总领事刘碧伟在唁电中表示，“程先生早年投身保钓运动，锲而不舍，其后又坚持不懈地推动反‘独’促统事业”，“其爱国精神与赤子之心令人感佩，垂范千秋”。

追悼会期间，程教授生前友人熊玠、董庆圆、龚忠武、孙正中及费城福建同乡联谊会会长卢代仁、宾州老人相济会会长谢业等也都代表自己和友人向逝者表示了追思与哀悼。

（《侨报》，2005 年 10 月 16 日）

2. 李肇星等发唁电　保钓老战友泣祭

关文亮

程君复教授追悼会及遗体告别仪式，于10月15日在费城巴尔迪殡仪馆举行，费城、纽约及美东侨界、学界生前友好两百多人参加。中国驻纽约副总领事旷伟霖出席了追悼会并讲话。

中国外长李肇星、驻美大使周文重、驻纽约总领事刘碧伟、国务院侨办、台办及众多官方、民间组织团体，美加、欧亚支持统一大业的众多社团、个人，都哀致唁电。程于今年9月21日病逝，终年68岁。

悼念大堂前后置满鲜花和各界人士致送的花圈，程君复遗体前后置放中美国旗，灵堂上方悬挂程先生遗照。另墙壁上挂有中美两地学生、弟子写的挽联，巨大荧光幕不时打出程君复生前的有关照片，一片祥和、哀思的气氛。与会者纷纷向程夫人蔡文珠女士和家属致以慰问。

家属代表程贞一（胞兄）、程之东（儿子）、程之琳（女儿）先后致词，深切怀念程君复人生各阶段的往事，突显他是一位自幼同情弱小的人，是子女的良友慈父，是热爱家庭的家长。

程君复教授于8年前已患癌症，经治疗而康复，其后全身投入反“独”促统，反对日本军国主义，奔走于美欧亚各国，从事联系组织工作。今年四、五月间，他和夫人文珠女士在纽约华埠金丰酒楼向本报记者论及时政，表示担忧日本染指钓鱼岛，力主号召海内外华人强烈抗议，70年代率先保钓运动之风采溢于言表。

由程君复生前好友，龚忠武撰写的大会悼词指出，君复先生的一生，是多姿多彩、丰满充实、俯仰无愧、光明磊落的一生。无论作为一个美裔华人，还是作为一个美国公民；无论作为一个朋友，还是作为一个事业的伙伴，都为我们树立了可敬的风范和光辉的典范。

在70年代的保钓运动中，君复即投身其中，成为保钓运动中费城、美东的核心领导人之一。其后30年的中国统一运动，在美东每次活动中，从不缺少君复身影。他致力于中美人民友谊和两国邦交，当时江泽民主席和克林顿总统均曾亲笔致函表示敬意。

80年代，君复率当年保钓人士，在河南创办黄河大学，受到中美两国舆论重视，后于1992年并入郑州大学。黄河大学一群学生致送的挽联写道：雄魂厚德永驻民心，丰功伟绩名垂青史。

发言悼念程君复的，还有天普大学前校长瓦克曼、费城前校区总监克莱顿、熊玠教授、保钓战友徐守腾、董庆圆、龚忠武、孙正中及当地侨领等，特别是老保钓朋友们致词时都泣不成声。

悼念仪式结束，与会者向程君复遗体告别。灵柩覆盖中美两国国旗，在家属、生前好友扶棺、护送下，启程运往火场。在风和日丽的天气中，送别车队徐徐消失在费城的大街上。

（《星岛日报》，2005年10月16日）

3．费城送别爱国学者程君复

费城天普大学数学教授、著名爱国华人程君复因病于9月21日在费城与世长辞。程君复的追思会昨（15）日假费城南市区鲍迪殡仪馆（Baldi Funeral Home）举行，其亲友及侨社各界200多人出席了追悼会。

中国外交部、国务院侨办、台办、中国驻美大使馆和中国驻纽约总领事馆均发来了唁电，中国驻纽约代总领事旷伟霖并代表中国驻美大使馆、驻纽约总领馆和常驻联合国代表处出席了追悼会。费城天普大学前校长瓦克曼（Marvin Wachman）以及费城地区前教育总监克莱顿（Constance Clayton）也出席了追悼会。中国外交部长李肇星在唁电中向全球华人反“独”促统联盟会表示深切的哀悼，并向程君复先生的亲属致以诚挚的慰问。

昨日的追思活动从上午11点钟开始，至下午1点结束，程君复教授生前好友、反“独”促统人士徐守腾主持了仪式，程君复的夫人蔡文珠女士及子女均在场。仪式期间，程教授的兄长、加州大学圣地亚哥分校（UCSD）物理教授程贞一、程教授的儿子程之东和女儿程之琳均在友人面前回忆了程教授在世时的生活场景，其中程之东和程之琳两名子女在回忆到动情处更是泣不成声。程君复系著名社会活动家、全球华人反“独”促统联盟会长、全美中国和平统一促进会联合会会长、费城天普大学（Temple）数学教育博士。今年夏天程教授在大陆接受了肾切除手术，当时效果很好，然而8月初回美后，不幸感染上肺炎，紧急入院接受治疗无效，于21日上午在费城医院辞世，享年68岁。

（《明报》，2005年10月16日）

4. 碧水青山埋赤子　豪情遗愿寄海峡

朱碧生

保卫钓鱼岛行动委员会顾问、全球华人反“独”促统联盟会长、全美中国和平统一促进会联合会会长、天普大学程君复教授，于二〇〇五年九月二十一日病逝于费城，享年六十八岁。程君复先生的追悼会十月十五日上午在南费城BALDI FUNERAL HOME举行，其后送往WEST LAUREL HILL火化。

程君复教授怀一颗赤子之心，倾毕生之力，为穷苦学生的教育、为反对日本军国主义，特别是为中国和平统一事业无私奉献，赢得人们的尊敬，纽约、华盛顿和费城等地的侨领、师生与亲友四百五十多人，怀着沉痛的心情，来送程君复教授一程。中国驻纽约总领馆旷伟霖代总领事、周赛星副总领事等也专程莅临费城出席追悼会。

灵堂四周摆满各界人士送的花篮、花圈，墙上挂着多幅挽幛、挽联，灵床中的程君复教授面容安详，灵床两旁摆着中国外交部长李肇星、中国国务院侨务办公室、中国国务院对台办公室主任陈云林、中国驻美大使周文重、中国驻纽约总领事馆总领事刘碧伟及何炳棣院士送的花圈。

追悼会由程君复教授的保钓战友徐守腾主持，程君复教授的哥哥、儿子程之东、女儿程之琳，从亲人的角度，讲述了程君复教授的生平、家庭和所追求的事业，程君复教授出生于中国内地，后随父亲到台湾，就读台湾建国中学毕业，在东吴大学法学院读了两年参加出国考试，到天普大学念数学，后留校至今。七十年代，参加主要由台湾留美学生发起的保卫钓鱼岛运动成为骨干，其后为中国和平统一运动费尽心力，九十年代发起“全球反独促统联盟”，将中国和平统一作为自己的志业。

龚忠武先生宣读由他自己撰写的悼词。天普大学前校长、费城教育总监，致悼时谈到了程君复在教育方面的贡献，特别是针对少数族裔学生，创造了一套易懂易学的数学教学法。中国驻纽约总领馆旷伟霖副总领事致悼词，赞扬程君复教授在促进中美友好关系、反“独”促统等方面的贡献，表达了哀悼之情。

程君复教授的几位保钓和促统运动的战友龚忠武、熊玠、董庆圆、保卫钓鱼岛委员会会长孙正中等，饱含依依不舍之情回顾了程君复教授在保钓运动和反“独”促统运动中表现出的强烈的爱国之情和无私无畏的行动。

宾州中国和平统一促进会会长、费城福建同乡联合会主席卢代仁致悼词，追忆程君复教授和侨界密切的关系，在共同的活动中结下的友谊。

宾州印支华裔老人相济会会长谢业，则从程君复教授为人正派、不谋私利的品格，谈到作为侨界领袖应有的风范。

费城福建同乡联合会副会长王建民宣读了中国大陆外交、侨务、对台事务等部门和负责人发来的唁电，会上还宣读了世界各地多个反“独”促统联盟分会及好友包括黄河大学校友会发来的唁电和悼文。

程君复教授的夫人蔡文珠女士也出席了追悼会，她几十年来默默支持丈夫的事业，获得与会的发言者的赞美。

与会者全体起立默哀，向程君复教授致上最后的敬意，众人缓缓来到灵前，最后看一眼程君复教授的遗容。程君复教授的一对儿女，将美中两国国旗覆盖在灵柩上。由儿子程之东扶着遗像，众人随着灵柩缓缓走出殡仪馆。送灵车队排成长龙，送别他们所敬爱的朋友。

（费城《中华周报》，2005年10月21日）

家属哀思

1. 祭君复弟

Spoken at the Funeral Service on October 15, 2005
Baldi Funeral Home, Philadelphia, Pennsylvania

Loving brother, Joseph C. Y. Chen 程贞一

Ladies and Gentlemen:

Today we are gathered here to pay respect to a dear and caring man, my brother, Dr. John C. F. Chen 程君复, and to reflect on his rich and meaningful life.

John was a devoted family man. He and Isolde raised a son and a daughter; they both are now married and successful. His son, Wilson, following his father's footsteps, is also a professor, teaching together with his wife, Jane, at Benedictine University. His daughter and son-in-law, Tonia and James, are successful in clinical mental health and computer science respectively, and have produced, just over a year ago, a much beloved grandson, Kahlo, an endless joy to John.

John was also a dedicated educator who devoted much of his life to promote and refine ways of educating those who are underprivileged. He was still working on his 21st-century project of preparing minority teachers in mathematics when he was stricken with the reoccurrence of cancer. However, he insisted on completing the on-going project before receiving treatment, despite the advice of his loved ones. Those critical months that he devoted to the project certainly did not help him in fighting cancer, but this is John. He often places priority on others above himself.

His instinct as an educator led him to first conceive the concept of a university, operated jointly by the local state and overseas establishment, as a way to complement the reform of higher education in China. This led in 1984 to the establishment of the Huanghe 黄河 University in Henan 河南, China.

On a number of occasions in the 70's and 80's, I have traveled with John in China. I remember vividly the trip in 1977 when he, with his son Wilson, and I visited our father's hometown in northern Jiangsu 江苏. Overwhelmed by the town folks, our relatives, their state of affairs, we used every bit of our resources and had barely enough to get back.

In another trip, John and I spent three weeks in Beijing, fighting Chinese bureaucracies to convince them that China has the right to pursue Japanese merchants for flooding the international market with illegal replicates of recently unearthed Chinese artifacts. I have also accompanied John on a number of trips on matters relating to his Huanghe 黄河 University. In all activities, I share his passion.

Perhaps the deepest bond that I share with John is our deep love for the Chinese culture and our faith that China will regain her significant role in shaping the future of our world. Towards these goals, John, you can rest in peace since we will march on.

Now I would like to say a few words in Chinese in reminiscence of the days growing up with John in our youth.

祭君复弟

Joseph C.Y.Chen 程贞一

程君复今年（2005年）9月21日离我们去了。今天，我们聚集在此追悼他，与诸位亲戚朋友来宾们共同回忆他。君复弟在我们兄弟姐妹八人中排行老三，这是一张在父亲去英国留学之前与祖父在南京合照的全家福。

当时我们只有兄弟三人，父亲手中所抱的就是君复弟，母亲抱的是建中弟。下一张照片是父亲走后，我们三兄弟与母亲在上海的合照。这里君复被抱在母亲怀中。君复幼年的生活是安宁幸福的。

抗日战争的逐渐恶化，我们兄弟三人随着父母亲逃难到内地，在四川和贵州度过我们的童年。虽然当时的生活十分艰难，我们兄弟三人相差仅三年，同出同归，

每天玩在一起，生活得倒是很自在。在这期间，君复弟曾经做出他第一件令人难忘的事。有一天，他把卷纸当做鞭炮玩时，把厨房中的木屑烧了起来。小小的君复不但不怕不哭，还自己忙着舀水救火。幸好在厨房烧塌之前，被人抢救了出来。在四川和贵州这段期间，我们兄弟三人添了一个妹妹宜兰和两个弟弟本立和道生。君复最高兴的事就是在他们三人之前做哥哥。

抗战胜利后，跟着父母亲回到南京，然后转到上海。在这期间，君复弟弟做出第二件令人难忘的事。那就是有一天他没穿外套跑回家，全身发冷又不敢见母亲。询问后才知道，他竟把自己的一件外套送给了一个没有外套的朋友。那时，我第一次意味到，我有一个慷慨无私、济人扶困的弟弟。在上海我们又添了一个妹妹宜华。当她才一岁多，我们一家搬到台湾。在台湾，我们又添了一个妹妹宜台，这样我们一家就有五男三女，兄弟姐妹八人。君复是一个好弟弟，同时也是一个好哥哥。

没想到台湾成为君复弟在祖国居住最久的一个地方。父亲和我在1952年分别来到美国，三年后建中弟也来到美国。君复就留在台湾，照顾三个妹妹和两个弟弟，并侍奉母亲。1956年，当母亲带着三个妹妹和两个弟弟来美时，因为当时台湾兵役政策的缘故，君复留在台湾念大学，直到1958年才到美国，从此开始了他的新生活。

我追悼君复的回忆就讲到这里，君复到美国之后的事就让其他亲人来回忆吧。今天我作为年长的哥哥竟然来追悼一个弟弟，真是情何以堪！为什么我这个“舍己为人”的弟弟，竟然这么年轻就与世长辞，呜呼痛哉！

2. Reflections on My Father, John C. Chen

Spoken at the Funeral Service on October 15, 2005
Baldi Funeral Home, Philadelphia, Pennsylvania

Loving son, Wilson C. Chen 程之东

I arrived in Pennsylvania on Thursday, September 15th to spend some time with my father while he was in the hospital. He had been battling cancer, and now he was also battling pneumonia. I flew into Philadelphia from Chicago, where I live, and I arrived around midnight. As late as it was, my mother insisted on picking me up at the airport when I could have easily gotten a rental car or even a shuttle. You see, my family has always insisted that family arriving at the airport be picked up by family. When my father was healthy, he would always pick us up personally, whatever time it was. After I arrived, my mother and I drove to the hospital right away, even though it was after midnight, because my father wasn't doing well.

When I arrived at the critical care unit at Pottstown Memorial Medical Center, I stood at my father's bedside and offered words of love and encouragement. I tried my best to be strong for him. I desperately wanted him to get better, one day, one hour at a time. I wanted him to get some sleep that night, to get his body to relax—a virtually impossible task with the kind of medication he was taking. My father clearly had been thinking a great deal about our family—about my mother, my sister, and me. He told me how proud he was of me, how proud he was of my sister, and how special and amazing a person our mother is. In the six days I spent with my father in the hospital before he passed away, I tried my best to tell him how proud I was of him, how lucky I was to have him as a father, how much he has inspired me over the years. And how much I wanted him to recover his health, to regain his strength.

Since those days, I have continued my efforts to communicate my feelings to my father. I want him to know what a gift he has been—a gift to me, to my sister, and to our mother, and to so many of us here today. This is what I tried to tell him those six days in the hospital, and I only hope to continue that conversation in my comments here today. During my childhood, my favorite activity with my father was playing chess. When I was five years old he bought me an eight-inch magnetic plastic chess set, and we played almost every evening when he came home after teaching his classes at Temple University. Usually he won, but every three or four games he would always let me sneak in at least one victory. By the time I reached my late teens, I forgot how much I enjoyed those evenings of chess, and my father had also become quite busy himself—with teaching, politics, and community work. Both of us stopped playing chess, not just for years but for decades.

Two years ago for Christmas I bought my father a nice, grand chess set, with triple-weighted, hand-carved wooden pieces and a twenty-inch board. I had begun playing again, and I remembered the way he taught me the game when I was a kid—with patience, love, and kindness. So my father and I finally started playing chess again, twenty years later, with me in my thirties and my father in his sixties. I realize now that this was my own awkward way of trying to tell my father how special my childhood had been. How much I valued those evenings with him. We never got back into the routine of playing regularly, but at least we started playing again in these last couple of years.

When I wasn't playing chess as a kid, my father usually had me doing math homework. No, not the homework assigned at school — which was rather minimal — but all of the homework my father assigned me on top of my regular school work. For every math textbook I had at school, I had two more at home. These were the complimentary instructor copies sent to my dad by competing publishers. Of course I used to resent this extra work, but I know that he was just trying to prepare me for the world—by instilling a whole lot of discipline and by teaching me within the field he knew best.

After an adolescence spent doing math, when I became an adult, of course I chose a career in the humanities. At first my father saw this as an act of rebellion, and in some ways it was. But what he didn't perceive, and what I failed over the years to explain, was that my interest in literature, the arts, and the humanities was so much inspired by his social vision. I was inspired by his lifelong commitment to social justice; his way of working with people across such diverse communities; his tremendous humanity in a world that sometimes seems so cruel. His insistent belief that we could and ought to make this world a better place. When I was a kid, a simple drive across town often turned into a lesson on social inequality in our communities. In describing his day at work, my father would talk about educational resources in our country, and the differences between privileged schools and underprivileged schools. I learned, quite early in life, that opportunities for some were very limited. But he would always stay focused on what was still possible. On what he could do as a teacher, on how he could empower a greater number of students.

I feel that the best way for me to honor my father today is to thank him for his gift to us. His gift of heart and humanity, and a beautiful social vision. His gift of idealism in a world so marked by cynicism. I am thankful that my father was surrounded by family in his final days. His brothers and sisters in the U.S. had flown in from the West Coast to be by his side. My mother, my sister and I, and his three sisters were with him when he passed away on the morning of September 21st.

Minutes after my father departed us, I turned to the supervising doctor and said, "My father was a good man. He helped lots of people." The doctor nodded in agreement. My father really was a good man. And he helped a whole lot of people.

3. For My Father

Spoken at the Funeral Service on October 15, 2005
Baldi Funeral Home, Philadelphia, Pennsylvania

Loving daughter, Tonia C. Chen 程之琳

When I first thought of writing a piece about my father, I wanted it to be one of the richest, most poetic pieces that I might create in my lifetime. Not only because I am a writer or an artist, but mostly because I am my father's daughter. I wanted this piece to make as powerful, as memorable, as loving and as eloquent a statement as my father did in his lifetime. I felt an incredibly strong energy within me—almost a primal one—to express and share my father's story. And while I have written and performed personal stories and spoken word on many an occasion, I have never had the opportunity and the honor to write something for my own father. But, when I sat down to write, I had no words.

I could not write a mountain. I had no words for my father's power, my father's presence, my father's beauty, my father's heart. I had no words to describe the strength of my father's vision for the world. I had no words to describe how his storytelling moved hearts and skipped breaths. How there is no single person who has had a stronger influence on me and the woman I have become, than my father. He is like the redwoods that grow along the coast of California. An ancient tree that grows taller and wiser in my dreams.

The world seemed to be a safer and better place when he was here.

In the eighties, as hate crimes and racial violence against Southeast Asian refugees grew, my father insisted we visit a Cambodian-Chinese man in the hospital whom he never even met who was brutally beaten on the streets of Philadelphia.

My father had a beautiful heart.

Our home was always full. Just like my grandmother who offered hot meals from her back kitchen door in Taiwan for the needy, my father always offered a bed and hot meal to others who were less fortunate than us.

Even in my father's final days, when his oxygen levels dropped dramatically and he was fighting for his life, my father still told nurses, "When I get out of the hospital, you come to my house for dinner."

When I was seven, my father taught me the word "prejudice".

He reminded us religiously never to forget our Chinese heritage and to continue to fight for our civil rights as Chinese Americans. I remember watching documentaries on Martin Luther King, Jr., the civil rights movement and Malcolm X as a child. I also remember watching films about Japanese imperialism in China. My father would tell us stories of his train ride with Jesse Jackson during the start of the Rainbow Coalition. Social justice and activism were a regular part of our family life.

Dad, I want to tell you how much I appreciate everything you did for me growing up. How I was always well fed, dressed, educated and loved. I want to thank you for providing us with such a good life. Always serving me and Ge-Ge the best pieces of meat and the sweetest part of the fruit first. I want to thank you for allowing me to attend a private liberal arts college when we could not afford it, and giving me opportunities to travel, learn music and art. Teaching me that it is always better to be humble—and always remembering to tell us how much you loved us every day. Just how grateful I am to be your daughter. And to have been so loved. It has truly been an honor. I know you felt like your work was never done here in this lifetime; you always seemed to feel that way. But the work you began will continue. It will always continue because you were here and you touched and affected so many people in your lifetime that we all carry a piece of your spirit in our work. Please do not worry. You always worried too much. Everything you taught me I will continue to carry with me in all that I do. I promise you.

4. Dad

Loving daughter, Tonia C. Chen 程之琳

I wanted to write you a poem
with a hundred sacred words
strung in red silk thread

I wanted to stitch you a heart
filled with pomegranate seeds
so you could plant them in the earth
with your hands and watch them breathe

I wanted to make you paper lanterns
dimly lit along the walkway to your ancestral home

I wanted to sing you a Shanghainese lullaby
ala mei mei yao kun gao-gao
like the one you used to sing to me when I was afraid
scented in pomegranate
hand-picked from grandmother's tree

I wanted to toss you handfuls of tiny amber stars
so you could light the skies above like a warm silk blanket
thick and rich with soul comfort
while your mom slept softly in her rest

I wanted to build you a house
made of stone jade with tiny steps
where you slept on pillows
filled with rose petals and breath
your love was born in the air

and I hear you
in my bones

the way you hear
your mother's thoughts
circling in your heart

I wanted to carve your name
on the trunk of a pomegranate tree
for everyone to see
how deeply you are loved
and what your presence meant to me

5. 给君复的一封信

蔡文珠

君复吾爱：

你走早了，也走得那么匆忙，没能留下许多话。我知道你一定有很多话要说。但是，我可以肯定你对自己的一生没有遗憾。因为你总是那么能把握生命当下的每一刻，你的一生充实丰满。九月二十一日你走的时候，色彩斑斓的秋天刚来到，那是我们最喜爱的季节。翻阅我们的家庭照相簿，可见大部分的照片都是在秋天拍摄的。为了等候你兄弟姐妹把你父母亲合葬后从台湾回来，我安排你出殡的日期是十月十五日。那一天，我们家门前的枫树已没有几片枫叶留在树桠上，正是落叶西风的时候，你是不是乘风归去了？你在无忧之地，是否像以往一样，那么的勇敢、积极的大步向前走？

君复，我们虽不能相伴到晚年，但我确信，有你在我心里，凡事都会变得光明而快乐的。我心里并不觉得孤单，因为我一直觉得你就在我身边。心情时有黯淡，但只要想到你对生命的乐观与热情，我也就很快地让自己跳出消极与悲伤。只是，我还是不能习惯独处在我们农村宽敞的家园。家里随处都是你的影子，每一样家具都是你亲手选购，甚至是你自己组装的，前后院一花一树也是你亲手种植的。修剪草坪和花木是你必做的日常工作，现在只有请外人代劳了。你喜欢热闹，也需要安静，交换交替，遐意恬适。你常说从城里工作回来，开车四十分钟以上，回到这有田园风光的家里，心情特别舒畅。你甚至喜欢和邻近的农民交朋友，你欣赏他们朴实的个性和简单的生活方式。这一切，随着你的离去，我都必须放弃了。我知道你不会怪我的，临终时，你交代我去和女儿住，我答应了。不管我是在自己家里或是在孩子们家里，我总觉得你就在我身边，你并没有离开我。

之东和之琳两个孩子，跟你同样有颗善良的心，对社会有强烈的责任感，对朋友热情。我明显地看到了你的影子。你的影子，不只在孩子们的身上看得到，也在你的朋友中感受得到。你有很多好朋友，在社会各阶层和各种年龄群，过去是这样，现在还是一样。事实上，他们更加怀念你，因为他们这才发现你的存在对他们意义深远。小外孙云云，如今也两岁了，聪明又调皮。他会对着你的照片叫公公，你可听见了吗？

你热爱生活，更热爱事业。你的事业重心是美国城市公校的基础数学教育和海外华人的爱国教育。你热爱你的事业胜过爱护自己的身体。你对弱势群体尤其同情，因为你有一颗金子般的爱心，你选择最需要帮助的对象去服务，不计较困难。在美国如此，在中国更是如此。你曾经为按时在早上九点主持电视教学而坚持要肿瘤医生延迟他为你安排的手术时间到十一点，急得医生几乎是暴跳如雷。二十世纪八十年代初期，正当中国改革开放，教育要与世界接轨，你千里迢迢跑到祖国创办黄河大学，地点选在中国的腹地河南郑州。你可以选择在比较富裕的珠江三角洲或长江三角洲，可是你偏偏看中了黄河之滨的郑州。因为河南人告诉你，当时的河南高等教育落后，远远适应不了改革开放形势下河南省对专业人才的需求。

公公婆婆常说，你出生时体重有十三磅，我们都不相信。可是公公说，南京中央大学医院是不会弄错的。还说你是两个奶妈养大的，从小身体健壮，在上海曾经连续两年赢得健康宝宝比赛。直到中年以后，你才有了唯一的病痛——花粉过敏症。原来你是从来不生病，也不看医生的。1996年4月首次确诊得膀胱癌，你不敢相信，但是你即刻戒掉了四十年吸烟的习惯，因为医生说吸烟是致癌的主要原因。你的决心和毅力是令人佩服的。但是，十年以后你还是没有逃过癌症的纠缠，我认为是因为你从来没有把自己当病人，我也被你一向健壮的身体所蒙蔽。我们两人都太大意了，以致最后挽救不及。你以为一个人不应该太保养自己，而我也没有把你看紧，特别是在去夏手术后，由此铸成我的终生遗憾。如果时间可以回流，我决不再由你“任性”，或许我们可以白头偕老。今生不再，我们来生再作夫妻吧！

妻　文珠

2006年6月

寄自旧金山

美国费城侨界程君复教授追悼大会悼词

龚忠武主稿 · 蔡文珠审定 · 龚忠武宣读

女士们、先生们、朋友们：

美东爱国华人天普大学程君复教授，不幸于二〇〇五年九月二十一日，积劳成疾，因病与世长辞，享年六十八岁。君复先生的一生，是多姿多彩、丰满充实、俯仰无愧、光明磊落的一生；无论作为一个美裔华人，还是作为一个美国公民，无论作为一个朋友，还是作为一个事业的伙伴，君复先生都为我们展现了傲然的风骨，树立了可敬的风范。

君复先生，一九三六年十一月八日出生于江苏南京，适逢乱世，童年生于战火纷飞之抗战年代，颠沛流离；初随家人辗转播迁至重庆，继于四十年代末，复随家人移居台湾。国难家破、逃亡跑反，在他幼小的心灵里留下了不可磨灭的印象。君复先生在台湾完成了中小学教育，一九五八年当在东吴大学法律系二年级时，随家人移民美国，转入蒙大拿州卡罗尔（Carroll）大学改读数学。一九六二年毕业后应征入伍，作为一名美国军官在韩国服役两年。退役后，继续深造，一九七五年获得天普大学数学博士学位。随后一直在天普大学任教长达三十一年之久。

其间，君复先生，除正常教学外，还致力于提高和普及美国少数民族的数学知识，并且独创了一套普及数学的方法和教程，成效卓著，普受美国数学教育界的高度推崇和嘉许，被公认为美国普及数学的权威专家，并在天普大学长期担任这方面的领导工作。

此外，君复先生作为一个少数民族，青年学生时代即积极参与美国的民权运动，为美国少数民族争取权益。现在身为大学教授，更是致力于多元社会的教育事业；尤为难能可贵者，君复虽然出身名门望族，但特别为美国少数民族争取接受教育的机会，培养造就少数民族自己的大学生。君复先生在这方面的杰出成就，使他多次赢得全美城市组织教学评选的一等奖。美、中等许多国家对此多有报导，并赞誉有加。

然而，君复先生出身书香门第，深受早年曾经留学英国牛津大学、学贯中西的父亲，程石泉老先生之教诲和熏陶，以及中国士人“天下兴亡，匹夫有责”的忧国忧民传统的启发和激励，素怀书生报国之志，关心国事天下事。早在一九七〇年，当美国台港留学生，为保卫中国领土钓鱼岛主权，而掀起波澜壮阔的保钓运动时，君复先生即积极投身保钓运动，并成为费城、美东甚至全美保钓运动的核心领导人之一。其后保钓发展成为中国统一运动，君复先生也不遗余力，为之推波助澜，蔚为潮流。

其间，君复先生还曾参与发动爱国华侨，组织示威游行，支持恢复中华人民共和国在联合国的合法席位。君复先生还积极推动中美两国建交和促进两国人民之友谊，由于多所建树，成就斐然，当时的中国江泽民主席和美国克林顿总统，均曾亲笔致函君复先生，表示敬意和感谢。

迨至八十年代，当钓统运走入低潮之际，君复先生将注意力转向正在大力推行改革开放之中国。君复先生深感为中国改革开放储材之重要性和迫切性，乃毅然暂时离开天普大学三年，不计个人得失，几乎耗尽了自己的家产和储蓄，全心全力毅然筹办郑州黄河大学，以便为中国开办当时急需的英语和美国研究班，并引进先进的电脑科技和商业管理经验。一九八四年一所中美合办的新型黄河大学拔地而起，正式成立。

随后美国主要媒体竞相报导，甚至美国ABC电视台将之列为一九八五年的十大新闻，并制作专访在全美广播，可见深受美国舆论之重视。虽然后来黄大于一九九二年并入郑州大学，然而君复先生开创之功不可没也。于此可见，君复先生之胆识和魄力，实非一般人所能望其项背。

九十年代至今，鉴于“台独”气焰高涨和日本军国主义阴谋染指台湾之心不死，君复先生本其爱国初衷，在七十年代钓统运的基础上，积极推动反“独”促统运动，发起并担任“全球华人反独促统联盟”会长和“全美中国和平统一促进会联合会”会长，经常来往于费城、纽约之间，足迹遍及全美各地和世界五大洲，纠集凝聚全球华人，共同促进中国和平统一，成为侨界公认的爱国领袖。

同样值得称道的是，君复素怀悲天悯人、同情弱小的仁者心怀。在天普大学任教期间，不顾有关方面的大力反对，在其所主持的城市教学中心，坚持雇用多名品学兼优的贫困中国和外国留学生，帮助他们解决生活和学习上的问题。三年前，当君复先生得知一名中国留学生突然陷入经济困境时，立即挺身而出，发动当地侨界捐款或赠送实物，最终让他渡过难关。甚至最近当君复先生得知新奥尔良市遭受卡翠娜的严重飓风灾害时，竟不顾自己病体安危，立即在氧气罩内请夫人蔡文珠女士与侨学界联系，发动募捐赈灾活动，并主动乐捐美金五百元，作为示范。不但如此，还亲自与中国驻纽约总领事馆联系，建议中国政府提供实物或金钱，积极帮助美国政府救灾。这类古道热肠，乐善好施，扶弱济困的善行义举，多得不胜枚举，真是令人不胜感佩。

纵观君复先生的一生，以一介平民和书生，自青壮年起，即热心公益，服务侨社，无私献身于中国统一、振兴中华之事业。数十年如一日，最终鞠躬尽瘁，死而后已，为海外爱国华人树立了光辉典范。斯人已逝，无疑是海外爱国运动一个难以弥补的重大损失，我们为此深感哀伤和痛惜。

女士们、先生们、朋友们：我们今天在此沉痛悼念缅怀君复先生之时，应效法君复先生之风骨、风范并秉承君复先生未竟之遗志，继续推动反“独”促统事业，直到中国完成统一，中华实现振兴为止，以慰君复先生在天之灵。

安息吧，君复先生！

二〇〇五年十月十五日

美国友人悼词

1. In Memory of Dr. John Chen

Spoken at the Funeral Service on October 15, 2005

Baldi Funeral Home, Philadelphia, Pennsylvania

President Emeritus, Dr. Marvin Wachman

It's a sad and joyous occasion; sad because John has passed away, joyous because we are all reminded of his many accomplishments and how much he did for so many young people particularly over the years of his life. I am proud to have known and worked with John Chen for over 30 years. He was a most remarkable man.

Almost daily the media in the United States decries the lack of training in mathematics and science for young Americans. John worked to overcome these deficiencies his entire professional life, particularly among the underprivileged, those that did not have opportunities granted to them.

We will all miss John Chen, but he will always be remembered particularly by the students and professors at Temple University, by my wife Addie and myself.

2. In Memory of Dr. Chen, A Great Teacher

Spoken at the Funeral Service on October 15, 2005

Baldi Funeral Home, Philadelphia, Pennsylvania

Former Superintendent, School District of Philadelphia

Dr. Constance E. Clayton

As a retired former superintendent of the School District of Philadelphia, when I think of Dr. John Chen, I realize how very fortunate the District and I were to benefit from his mathematical genius, his intellectual honesty, his unquestioned commitment to academic excellence and sensitivity to the needs of students and staff.

So you see, ladies and gentlemen, Dr. Chen in his humble electrifying way brought success and dignity to students, staff and parents. I will share one story with you. I often visited the classroom to see how the process was going. I walked into one class at Temple University with the high school students and teachers, and looked at the chalkboard to see an extensive algebraic equation. I took a peek. John looked at me and I must tell you for one freezing moment I thought he was going to ask me to solve the equation. However, this young woman was at the chalkboard beginning the process of doing the equation; she almost finished and stopped, and she looked over at Dr. Chen, who shook his head, "Go on… you can do it." And I must tell you, when the student finished that equation, she shouted, "I did it! I did it! I did it!"

Of course she did; she and others did it because Dr. Chen will forever live in our memories and hearts as a unique, caring professor and a great humanitarian who is worthy of our praise and emulation. He was a man of superlatively high standards, complete integrity and boundless energy for whatever task he undertook. He fought hard for every cause in which he enlisted and the causes for which he fought. I am honored to share with you that the College of Education at Temple University under the leadership of James McGuire in consultation with John's family announces the Dr. John C. Chen memorial scholarship to be given to students at one of the high schools where John made such an enormous impact.

中国官方代表悼词

旷伟霖代总领事出席程君复追悼会悼词

尊敬的蔡文珠女士、程君复先生的亲属及各位朋友：

今天我们在这里沉痛悼念程君复先生，我们为失去一位可亲可敬的老朋友而深感悲痛。程先生是一位德高望重的侨领，是一位为反“独”促统事业不懈奋斗的先锋和勇士，一位殷切期盼中华民族振兴的爱国志士。中国外交部长李肇星、中国驻美大使周文重、中国国务院台办主任陈云林、国务院侨办、中国和平统一促进会等领导和部门已通过我馆转交了对程先生逝世的唁电，并转达了他们对程先生逝世的沉痛哀悼和对家属的亲切问候。在此，请允许我代表中华人民共和国驻美使馆、常驻联合国代表团及驻纽约总领事馆，对程先生的去世再次表示深切的哀悼，对程先生的夫人蔡文珠女士及家人和亲属表示亲切的慰问。

记得今年8月11日程先生刚从北京治病回来不久，我们去家中探望他，当时他是那么的精神、健谈，详细地向我们描绘了反“独”促统事业的努力方向和工作计划。8月17日，程先生不顾病未痊愈与夫人长途驱车赶到总领馆，参加纪念中国抗战胜利60周年招待会，让我们既惊喜、又感动。程先生的坚毅神态和音容笑貌宛如眼前，我们难以接受他突然辞世的现实，对他过早逝世深感惊愕和痛惜。

多年来，程先生始终以饱满的爱国热情，奔走于世界各地，积极投身于全球反“独”促统活动，为促进祖国和平统一、振兴中华贡献了毕生的精力。他秉持民族大义，疾恶如仇，坚决反对日本军国主义和“台独”分裂势力，不遗余力地积极推动反“独”促统事业。作为全球华人反“独”促统联盟和全美中国和平统一促进会联合会会长，程先生积极组织美东地区的侨胞和社团，就台湾问题、中美关系、中日关系等多次举办座谈会、讨论会，对“台独”分裂势力予以有力抨击，为中国和平统一事业做出了不懈努力和积极贡献。在先生最后重病卧榻的日子里，他仍惦念着祖国统一的大业、中美关系的发展。程先生时刻关心的都是国家大事、民族大事。他无私的爱国情操和炽热的海外赤子之心令人感佩。他是我们学习的榜样，将永远活在我们心中。

程先生不幸辞世了。但我们相信也希望，在程先生崇高的爱国理念和正直的道德风范影响下，将有更多的仁人志士继承他的遗志并投身于反“独”促统事业。中国驻纽约总领事馆愿与大家一起努力，为促进中美关系健康稳定的发展、为中国更加繁荣富强和早日实现完全统一作出新的贡献。相信先生的未竟事业——祖国统一大业，最终一定会实现。

愿程君复先生安息。望夫人、家人及亲属保重身体，节哀顺变。

老战友和侨界友人悼词

1. 悼君复吾兄

董庆圆

不能接受的噩耗

“老程不行了，已经拔管了。”九月二十一号早上接到老翁（启元）从台湾打来的电话说。我根本不能置信，这怎么可能？几天前还听说已经出院，怎么突然变了？一直希望还有转机。当时联络不上（蔡）文珠，就在网上查找费城附近的医院，一个一个电话问，终于找到波茨顿（Pottstown）医院，加护病房处告知现有家属在，但医院不能透露病人病情。虽然再三查问，得到的回答总是“无可奉告”。直到下午四点再打到住院登记处查询，你的名字已经不在登记簿上面了。之后电话接通了文珠，说你已于早上十时过世，当时哽咽不能成声，有如五雷轰顶，整个人恍然若失，这是丧失了最亲近的人时才会有的感觉。

的确，我们之间的关系太深了，从七十年代初至今，不是一般的老友交情，而是运动中结下的牢不可破的同志之情。三十年来没有断过，你的大小活动，无论我是参加、支持或泼冷水，你总是继续同我联络商量，我的想法也少不了要找你谈谈。老朋友间，你我这样的关系是少有的。你的去世，我在感情上实在很难接受。

一见成永诀

八月初，你从北京刚回来不久，我去看你。见面之后，我安心了许多。你、文珠和我，畅谈了整个下午。你精神奕奕，讲述在北京检查开刀的过程，拿出北京医院的全部诊断、照片和治疗记录。医生说，一边肾脏、输尿管切除后，还需化疗来对付淋巴的癌细胞。因美国的药物比较先进，医生让你回美化疗。你说已经约定了化疗日期，很快就要开始。

你不仅谈了病情，而且正像我们每次见面一样，聊了各个方面。沙发附近放着几本《外交事务》(Foreign Affairs)。你翻开其中的文章，谈到美国联盟中亚对付中国的用心，昭然若揭。从国家大事又转到专业，你谈到以中国幻方作为教学题材，当场画了从九宫（3 × 3）到（6 × 6）的解，谈到你在教学中提出以因子分解法求解。我们之间的话是谈不完的。虽然你抱怨伤口复原不够快，但从你的精神、气色看不出是刚动过大手术的病人。我说：你是一个斗士，会挺过化疗关的。你的状态，使我确信，凭你的坚强斗志，定能又一次战胜病魔，就像七、八年前第一次的化疗一样。

两个星期之后，文珠说你因伤口感染住院，后来又听说你要出院了。哪知道，却突然传来噩耗，八月的一面竟成了最后的诀别！充满生命活力的你，仅仅一个多月，竟然离去，令人哀叹人生变化之无常。从今以后，我们再也不能谈天说地了，再也不能共同从事活动了，这对我是不可想象的！你还有做不完的事情，怎么丢得下呢！

难忘的“九·二一”

你离开的那一天，正好是九月二十一日，这个日子，对你对我，都是难以忘怀的。一九七一年的“九·二一”联合国大游行是当时海外保卫钓鱼岛运动的转折点，美国自冷战以来反华反共的政策宣告破产。游行是针对即将开始的联合国会员大会，要求驱逐国民党政权，恢复中华人民共和国在联合国的合法席位。这是全美国第一次华人公开政治表态的游行，最前方整整一排的是毛泽东的巨幅相片，中华人民共和国五星红旗一片旗海，场面壮观，是过去美国社会，特别是华人社会不敢想象的事。数千人高呼支持中华人民共和国的口号，唱着革命歌曲，雄姿英发地走在大马路上。队伍中除了华人，还有非裔、拉美裔少数民族和白人进步人士。与我们的游行相对立的，是国民党花钱组织的反共游行，事先还放话有职业杀手、打手要暗杀行凶，企图吓阻华人参加我们的队伍。两相比较，不论是人数，还是士气、阵容，都表现出美国和国民党的反共政策已经彻底破产。

游行中，你负责指挥、警卫、前后奔走，带领呼喊口号，与国民党一方面对面时，你也一直站在队伍的最前列。这次游行，震动了纽约，所有报刊、电视都来访问。电视上出现你接受访问的镜头，你让美国人晓得，海外华人是心向祖国的。游行过后，联合国大会通过了决议，赶走了国民党，中华人民共和国恢复了席位。那时我们的心情是多么激动啊！

"九·二一"的游行，是海外华人保卫钓鱼岛运动上升为更高层次的中国统一运动的行动宣言。此后，保钓的主流明显的是统一派，"左派"主导了运动大势，海外侨界的亲中国派被镇压了二十年后，终于打破了白色恐怖，开始扬眉吐气。当时的环境，美国虽然正处于反战高潮，但对一向保守、内向的华人社会而言，在美国公然抬毛泽东主席像，举五星红旗，是不得了的突破。参加者人人引以为自豪，特别是当时的积极分子，彼此更感亲近。三十四年后的同一天，你竟撒手长别！九月二十一日，这是个多么不平凡的日子啊，让人又多了一重追忆。

钓统运的先锋

你在费城的学生问我：程教授在保钓运动中起了什么作用？这个问题，如果是谈别人，倒不容易说清楚，但谈到你，却是十分容易回答的。整个七十年代，是海外华人的钓运统运时代，在这个时代潮流中，你所起的推动作用是无人能取代的。

保钓运动起于七十年代的美国，直到三十多年后国内的保钓，中间经过台湾、香港保钓，波波相接，代代相承。保钓运动本身的历史意义是清楚的：它是中国洗雪列强欺凌、中华民族自立和国家统一的完结篇。钓鱼岛的问题附属于台湾问题，产生于国民党对美、日的屈从，对领土主权的忽视、出卖。从列强瓜分，到日本侵华，到韩战，到冷战美国对台湾的插手，正由于解决台湾问题是根本，保钓运动才会不到两年时间就急速发展为中国统一运动。运动伊始，左、中、右派同时并起，国民党一面安抚一面监控。但运动来势凶猛，将国民党爪牙、右派、反共分子全面压制下去，运动显现出本来面目，也就是当时惯说的：统一是大势所趋、人心所向。

而老程你，当年被公认为钓运的头号闯将，统运的急先锋。

钓运中，你是最积极的带头人物。钓运七十年代初在东西两岸开始，带动了全美和加拿大的校园华人教师学生，汇集为一九七一年四月十日的美京华盛顿的全美华人示威大游行。这是钓运的高峰，也是转向统运的起点。从一开始你就是东部的头面人物，华盛顿示威，你是演说人之一。

保钓运动推进到统一运动，你更是出了大力气、起了大作用的。前面所说的“九·二一”这个转折点，你的表现是有电视记录的。让我们追述一下“九·二一”游行的背景。游行之前是八月在布朗大学召开的美东讨论会和九月三日至五日在安娜堡密歇根大学的国是大会。安娜堡会议正式通过了台湾问题的五条，中华人民共和国是代表中国的唯一合法政府，并决议在联合国游行。“九·二一”就是在这个精神下组织的游行。这两个会议，是钓运从“内除国贼、外抗强权”的共识，提升为“一个中国——中华人民共和国”、“认同祖国、统一中国”的政治表态。安娜堡大会上，中华人民共和国代表中国的一条，并不是当时头面联络人的意愿，而是与会群众提议，列入议程表决通过的。你在两个会议中都是立场最鲜明的统一派。安娜堡的决议在你的大力推动下达成。因此，会后便听到那些踟蹰不进者对你的抱怨。可是，统一的旗帜一旦高举，戳破了当时反华反共的禁忌，反映出人心所向，立即引起台、港、海外华人的共鸣，运动空前壮大，认识祖国、回归认同的潮流一波高过一波，即使那些裹足不前、心有不甘者，也被浪潮冲得高喊统一！今天那些人又有许多退回原位，企图拾回他们所谓的钓运，将历史向反面推，何等可笑！

从“钓运”到“统运”，从民族主义到支持社会主义，从自发到自觉，这是三位一体的。统一的立场鲜明，形成了运动同国民党、“台独”的尖锐对立，认同中国，宣扬社会主义中国，又同笼罩在强烈反共气氛下的意识冲突。统运的政治性质高于钓运，要求积极分子提高自觉性，前一阶段的风云人物许多都掉了队或被动地随大流。老程，你在统运中又起了更大作用。统一运动是政治立场分明、阵线分明的活动。国民党为了对付统运，用尽各种手段；美国调查、问话，压力越来越大。你不仅没有后退，反而冲劲更大。国民党为了对付统运，特地成立了所谓的“反共爱国联盟”组织。今天，台湾的政坛上，泛蓝派的许多头面人物都是这个组织的成员，你后来去台湾还见过他们。我们最后一次会面时也曾谈到，统运帮助了这些人立功发家，这大概就是辩证法最好的例子吧！

对于认识、宣传社会主义中国你是倾力而为；增进中美人民之间的了解，你居功宏伟；反对“台独”、争取台湾同胞，你出了大力。费城一直是统运的重镇，也是纽约统运的大力支持者，这都是你挑的大梁。

鞠躬尽瘁为国为民

一些时候做一些好事容易，坚持不懈地做到底极难。七十年代的统运，并没有完成统一任务，当然也没有做到收回钓鱼岛。这个任务还要继续下去。八十年代，运动步入低潮，然而你的精力并没有因此少歇。当你第一次同我谈起要在中国办大学时，我是大泼冷水的，你无钱无势，中国怎么会让办呢？哪知，在你的坚持下，真的在河南开办了黄河大学，令人不能不叹服。“黄河大学”这个名字是你起的，黄河是中华民族的发源地，是民族文化之母。你谈到第一次亲临黄河，手捧黄河水，顿生游子还乡的激动。创建黄河大学是一件大工程，你把早期钓运统运老朋友的爱国积极性又调动了起来。为了办学，你可说是心力交瘁，结出了累累果实。今天，在此地纪念你的，就有黄河大学哺育的学生。

九十年代末，台湾的分离危机日益严重，“台独”、民进党成为台湾的主流，国民党内部一分再分。形势要求将一切反对“台独”、支持统一的力量汇聚起来。其中包括国民党、新党内可能转向统一者，以及从国内出来的学生、学者和新华侨。你又当仁不让，发起成立了反“独”促统联盟的全球组织。近几年，中国大陆兴起反日、保钓运动。你积极支持，并建立了联系，在海外发起多次声援国内保钓人士进航钓鱼岛的行动，以及对日本政府的示威。华盛顿和纽约的示威会场上见到许多年轻留学生露面，多少有一点我们当年的影子。你去北京开刀之前发动了留学生组织反日示威，直到最后在病床上还说："九·一八"的会我不能主持了。不仅推动统一、报效祖国你始终不懈，在校园照顾培养国内来的留学生、激发后辈爱国爱乡意识，你也是三十五年始终不断。

当然，你不仅仅是一个民族主义者，一个中国主义者。你读书、教书的天普大学，是美国著名的致力于少数民族教育、权益的进步校园。你在其中的参与从不稍懈。正义的事业是互相支持的，没有这个眼界，也不可能奋斗终生。在这点上，显出你的高人一筹之处。

大是大非显性情

钓运三十多年来，你我都有触犯人的毛病，我们之间也不乏意见的相左，却无对抗性冲突，结成了打不散的交情。你我个性不同，作风不同，何以相知？主要是我们不是一般朋友之交，而是战友之交，是一次又一次考验后的彼此认识，性格相异反而增进了了解。我们有一处十分相似，就是对相信的事的执著。正是我们信仰的一致，形成强韧的联结。你的性格恰是我的不足之处，你的勇猛冲劲，你的豪迈手笔，你的交游广阔，善于同各方人士打交道，高官显贵、贩夫走卒、三教九流，都可找到共同的言语，这些长处，是令人叹服的。

这六个字最能生动地刻画你的形象：斗士、忠骨、义风。

斗志是你的标记。同日本斗、同国民党斗、同"台独"斗，同所谓的"民运分子"斗；愈斗愈勇，精力愈旺，有谁能从你的外表、行动看出你已将届七十高龄。你不仅能斗，而且能容。当年同国民党对阵时，受到生命威胁的恐吓，你不仅不畏缩，反而冲到最前头；后来在反"独"促统的大前提下，你却尽力争取国民党、新党、共同反"独"促统。横眉蔑宵小，一笑泯恩仇，何等的斗志，何等的气度！

"忠义"这两个字，长久以来凝结为中华文化的精髓，超越了时代。忠就是在大是大非上立场坚定不移；义就是不畏强权敢于出头，民胞物与，牺牲在所不计。

忠义的反面是投机、叛卖。有哪一个时代，哪一个社会能没有是非、没有群体？能不靠忠义来凝聚？正因为如此，当我们读到古人的忠心事迹时，肃然起敬；对侠客义士，悠然神往。你作为中华之子，在民族大义上真是铁骨侠风，堪与先贤比美！

屈原和毛泽东

古人中，你最佩服屈原，今人中，你最敬仰毛泽东。

你曾在费城编排了屈原的话剧，影响甚大。小张在费城时同你和文珠是朝夕来往的，他纪念你的文章说得好："程君复博士，一生最敬佩屈原的不媚俗精神和爱国情操，横眉冷对反动派，俯首甘为众生的利益而忘我、无我地奉献自己一生，直到最后一刻。"你是朋友间能够直接接触到国内最上层核心领导的人。但是，你从不阿谀奉承，该说的话，即使不中听也要说，这就是屈原精神的体现。

你对毛泽东由衷敬佩，视之为中华之魂，我们是有同感的。谈到那些极尽诋毁毛泽东的文字时，你总是问：中国人为什么要诋毁自己的民族英雄呢？当你回国看到了社会不平等严重，外国人将坏事、病毒带进中国时，你对我说："老董，我们一定要办一个最盛大的毛泽东纪念会。"两年前，在纽约举办的毛泽东一一〇诞辰纪念大会上，大雪盈尺，你带了费城的留学生赶来，出席者众多，场面动人！事后用餐时，在座的有十来岁的"愤青"，也有你这不多见的可贵的"愤老"。

当毛泽东的形象在中国遭到严重诋毁时，我们看到多少当初捧毛的人，一变而为批毛、贬毛，生怕同毛沾边。海外，你是真正尊毛的少数。在明知不受欢迎的情况下，你照样发表尊崇毛泽东的言论；在驳斥李志绥诬蔑毛泽东的书时，你促使国内正视；去年，在评价毛泽东时，你驳斥了反毛分子高文谦的"胡言乱语"，遭到围攻。你的答辩文章正气凛然，激起了对方的恶毒谩骂，为此，我也加入了笔战。这是我们最后一次并肩作战。现在，你在天上，见到你敬佩的伟人，应当十分自豪；你在尘世中肩起了民族大旗，捍卫了民族英雄，继承了先哲遗风。

君复兄啊，人们是不会忘记你的。有两件事你可能放心不下，一是家事，一是国事。文珠是坚强的，会挺起来的，何况还有我们这些你生前的老友在。你的去世，是保钓统一大业的巨大损失，但你浇注的心血，也逐渐发芽，在国内和海外，年轻人又开始行动起来，前途是光明的。放心安息吧！

千言万语，道不尽心中哀思，谨以悼诗寄意：

晴天惊霹雳，君入弥留期，恍恍方寸乱，焦焦火星急。
铃声无人应，医门锁消息，是幻断非真，悬心冀奇迹。
待到线连接，哽咽道君离，口战不成句，涕泗泪滂沱。
莫笑人痴迷，休言性洒脱，今及伤心处，肠断怎奈何！
八月甫相会，等闲话病瘥，纵横天下事，还把利剑磨。
方才心石卸，旦夕生机夺，一见成永诀，心潮逐逝波。
秋风悲白杨，鸿雁哭长空，悠悠伤往事，栩栩现音容。
比肩卅五载，你我总相从，风云同咤叱，悲欢常与共。
战斗兄弟情，不语灵犀通，相交称莫逆，知己冠亲朋。
季布一言诺，孟尝万金空，古道热衷肠，肝胆见杰雄。
心慕云天义，身感知遇隆，伯牙谢子期，哀思古今同。
今日九二一，君辞红尘去，忆昔九二一，岁月何峥嵘。
主席巨像展，旗海映天红，复位联合国，中华归正宗。
为问当年勇，谁比我程兄，保钓当头将，统运急先锋。
横眉蔑宵小，奋臂抗黑熊，报国勇无前，为民不计功。
手捧黄河水，游子亲情浓，植木喜成林，桃李笑春风。
反独促一统，寰宇大同盟，恺悌民族谊，国际正义宏。
老骥不伏枥，英发愧后生，三纪心血尽，四海一家同。
远追屈平志，气节凌公侯，九歌向天问，生死为国忧。
近仰毛泽东，斩妖驱寇仇，帝霸不足论，赫赫日当头。
昭昭民族光，浩然正气流，有幸先贤后，不负此生游。
忠魂天上去，侠骨世间留，泣尽杯中酒，遥祝壮志酬。

2. 杰出的爱国斗士：纪念我所认识与景仰的程君复教授

熊玠（纽约大学政治学系终身教授）

程君复教授有很多成就，接触面也很广。不同人士因不同场合或领域知晓他或慕其名，自然对他有不同的印象与认识。但我以为最能刻画君复兄的，莫过于称他为一位杰出的爱国斗士。这个封号可以解说（同时也帮助我们了解）他为什么毕生奉献于保钓运动以及中国（两岸）统一大业之推动。孙中山先生所学的乃医学，但毕生奉献于推翻中国朝代专制的现代革命、给炎黄子孙带来亚洲第一个共和国。所以我们尊称他为国父。程君复教授所学的是数学，而且在美国费城的天普大学任教数学，但他毕生参与为祖国保卫钓鱼岛的民间运动以及鼓吹与促进中国大陆与台湾和平统一之民族大业。因为他的努力与贡献，在这两方面均留下很深远与不可磨灭的成绩和影响。由于他奋不顾身的勤劳，带重病期间犹继续为统一活动舍身捐献，终至史家所谓“出师未捷身先卒，常使英雄泪满襟”的悲痛不幸。所以，我认为以“杰出的爱国斗士”称呼来表示对他的赞赏与崇敬，极为恰当。由于大家对程君复逝世一年来的长期怀念，我认为上一句中的“常”字，应该改为“长”。这样“长使英雄泪满襟”，也许更能表达我们对他不断的哀思与怀念。这部《程君复先生纪念文集》亦仅能表达我们对他长念之万一。

爱国反帝情操根深蒂固

很多人都热爱祖国。但不是每人都称得上爱国斗士。而如君复兄够格被尊称为杰出的爱国斗士者，更是凤毛麟角。除了别的原因以外，君复兄杰出爱国斗士的性格与表现，恐怕还和家世与庭训有密切关系。他出身名门，抗战期间随父母避难四川重庆。太夫人关心前线将士效命辛劳，常日夜准备诸如咸鸭蛋一类既轻便又富营养之劳军食品运往前线以资犒赏之用。故除了其先君的庭训以外，太夫人爱国不后他人之身教，在君复兄内心深处亦留下不可磨灭的爱国烙印。因而他看到日本侵夺中国的钓鱼岛或日本首相参拜靖国神社，即联想到日本当年在中国表现的侵略本性，无形激动了他爱国之心，乃毫不犹豫地去积极推动保钓运动，奋起抗议。再看到“台独”分子企图将沦落于日本50年方归还中国的宝岛分裂出去，他的爱国热血又在沸腾，是以乃有负起团结全球华人反“独”促统重任之决心。这一切均来自君复兄根深蒂固的爱国反帝之精神与情操。由于他勇于负责、敢打头阵、有牺牲小我成全大我之决心，故运筹帷幄、策划领导之重任，非他莫属。其负责推动全球华裔民间反“独”促统之角色，是无法代替的。这一点，已在他身后无人能接其锦棒衣钵一节，显示得极为透彻。

领导群伦反“独”促统，全球响应

在君复兄号召之下，全球反“独”促统运动，已由美国本土延伸到世界各地。因此才有世界各地的分会逐一产生，也才有反“独”促统大会在莫斯科、柏林、东京、巴西等境外各地召开之盛举。在美国本土，也已与向来保守内向的传统侨社挂钩。故今日高举反“独”促统之大势者，已超出当年华裔学生发动保钓运动的精英骨干。这些成绩，得来不易；是长年如切如磋辛苦耕耘，再加其夫人蔡文珠女士任劳任怨之辅助，方能有成。

君复兄之领导作风，有一难能可贵特点。他并不靠要个人英雄方式单枪匹马来惨淡经营。他身边笼络了一批志同道合有识之士作为智库。由于智库的襄佐，他在发起的大会或记者招待会上评论时事之际，才能言之有物，听之有理。这样的集思广益，分析问题及处理事务才不至偏颇与失误。本人就是在这种情况下被他延揽入幕的。我虽然参与较晚，但除了他所率领在联合国与日本领事馆面前以及去华府举行的各种示威游行活动外，我几乎每役必参与，因而得以较深切地了解他的为人、他的想法与作风，更因此而成莫逆之交。故君复兄逝世一年来，常令我思念而“长”有“泪满襟”之感叹，正是如此。

大声疾呼之余尚善为探寻学理依据

君复兄做事必深思熟虑，并探寻有无学理依据或隐藏之牵连。绝非如一般善搞活动之热心志士，往往仅靠一时血气冲动，一头栽进去还不知所作为何。譬如他对保钓运动持续进行一事在认识上的探索，即是很好的一例。他深知一般中国人（包括大陆某些谋士）均认为中国比日本发现钓鱼岛岛屿早数百年，因此中国对之拥有的主权远优越于日本，故无须多和日本争执。另外，无论是海外、香港、台湾、或大陆的保钓运动，均是民间组织，究竟他们能为两岸起到什么作用？凡此均是他一度感觉困扰之问题。因他知道我教授国际法，故特对这些问题移樽就教。答案是：（1）在牵涉两个或多个国家主权争执时，不能仅靠看谁首先发现该土地（岛屿）来决定，而须要看哪个国家对所争执之土地（岛屿）是否有确切行使治权（管辖权）之事实。此所以日本一定要在钓鱼岛岛屿设立灯塔、并企图建立经营之假象，以符合国际法之要求。（2）如果一方（日本）能出示实际行使治权之事迹，而另一方（中国）并未及时做有效与持续的抗议，则久而久之由于“时效”原则，那继续行使治权的一方（日本）将获得在国际法上无法否定与推翻的有效主权。（3）在台海的特殊情况下，两岸当局均未能积极出面有效对抗日本政府对钓鱼岛觊觎与“偷垒”行动（李登辉甚至说钓鱼岛是日本的！）。但退而求其次，如若民间有不断对日本抗议的举动（包括发表驳斥声明、示威抗议、甚至租雇船只觅径登陆等），均足以表达中方并没有默许日本对钓鱼岛主权主张之正当性；就不造成“时效”的依据。对这个答案，君复兄牢记在心。故每逢日本右翼在钓鱼岛问题上有任何举动和发言，他均必立刻召集记者招待会，并汇集他的智囊团到场发表声明以示驳斥。这样的举动，正是要达到国际法上的要求：不让中方政府的沉默或未曾及时采取行动被日本及全世界解释为默认。我个人即曾参加他所召集的这些记者会无数次。外间不识之士也许还以为是程君复多事，甚或爱出风头。其实他的用意，是有学理根据的（如上所述）。每次记者会为求给记者方便，通常都是在午餐时间在餐馆举行。累计起来，所需要之费用不赀，每次也均是君复兄独掏腰包。他认为这是为爱国所出的些微代价，心甘情愿。令人佩服。同样地，我觉得他对法理依据之留意与照顾，也值得我们赞赏。

君复兄办事对学理根据兼顾的另外一例，是有关反“独”促统中台湾的地位问题。搞“台独”的人士，往往执拗于台湾地位未定，即在法律上并未归还中国，因而认为台湾居民自决、独立自主，乃是顺应1960年以来的世界潮流，亦为现代国际法所允许。的确，搞“台独”的人士也不乏图用国际法以自圆其说的人。他们（1）倡议《开罗宣言》与《波茨坦公告》，虽然规定台湾于二战后应归还中国，但这两个文件并非条约，仅是战时盟邦的宣示而已；故不足作为台湾归还中国之依据；（2）指出1951年《旧金山和约》是终止二战具有最高权威的条约，但中国并未参加（包括台湾的“中华民国”与大陆的中华人民共和国）。而该条约第二条款仅规定日本“放弃”对台湾与澎湖的一切权益，但对日本放弃后交还给何方，却并无交代。因而，按此推论，台湾归还中国一说，岂不毫无确切法律依据？对此，君复兄同样移樽就教，一定要从国际法上得到满意的答案。

这个问题最简单而最毋庸争论的答案是参照日本和“中华民国”在1952年签订的双边“和平条约”。在签订此约的时候（1952），日本承认“中华民国”为代表中国的“政府”；而当时世界上大多数国家（包括美国在内）也均如此承认“中华民国”政府。所以日本与“中华民国”签订的1952和平条约，是对解决日本与中国间悬案有绝对权威性的文件。该和约的第四条规定：“兹承认中国与日本间在‘中华民国’30年即公历一千九百四十一年十二月九日以前所缔结之一切条约、专约及协定，均因战争结果而归无效。”请注意，这里是用的“中华民国”年号，这表示日本承认“中华民国”是代表“中国”签订该条约的。另外是所有在1941年12月9日以前中国与日本间签订的条约统统无效（毫无例外）。这样措辞，当然表示包括了1895年中国与日本签订的《马关条约》。既然那规定台湾被割据给日本的《马关条约》已因本条款而宣布无效，那么在法理上台湾就从来没有被割据日本。那么在法理上中国对台湾的主权根本从未转移。那么台湾的地位，不是它有没有回归中国，而是中国对它的主权从来没有发生过任何中断。君复兄认为此答案对他有莫大启示。从此他对反“独”促统的推动，益加有信心。由此，更可见君复兄对事情看法之不苟：既非人云亦云，又非强词夺理或苟且马虎。

对孙中山情有独钟：国家统一，振兴中华

孙中山在鼓吹革命时，常被人揶揄为“孙大炮”，污蔑他除了一张大嘴之外，别无实质。可是我们均知，如果仔细研究他的三民主义、建国方略、建国大纲，可以发现他对中国的问题与中西的比较，有一整套完整而成熟的看法。对于中国推翻帝制之后国家重建的措施，有一完备的计划。我提出此点，有两重意思。第一，程君复教授高呼保钓与反“独”促统时，亦有人对他作类似的揶揄。第二，在真正认识程君复教授后，才会发现他对很多问题有很深的了解与看法。这不只是反映他身边智囊之贡献，还有他自己精心摸索与深思之功。一个现成的例子，即他对孙中山有独到之研究与认识。有一次（2004年3月7日）在费城由全美安良工商会联合各社团举办纪念孙中山先生逝世七十九周年大会，特请程君复教授莅临，并以“伟大的民族英雄孙中山先生”为题发表致词。在短短一篇演讲稿中，他将中山先生伟大之处，有条有理阐述尽至。他所陈述中山先生之生平与表扬其创造民国之丰功伟绩，也许在别人口中也可以听到。但君复兄之演讲与别人不同之处，乃在他特别强调孙先生留给国人的还有“他的思想与智慧”。

君复兄指出：“孙中山先生结合了中西文化与文明，创造了现代的政治、经济与文化。更重要的是现代化的民族及博爱精神。我们可以从他的一些题词，了解他精神之伟大与人格之典范”。以下是几个例子：（1）养天地正气、法古今完人；（2）知难行易；（3）广慈博爱；（4）有道德始有国家；有道德始有世界；（5）精益求精；（6）国魂不死；等 等。一般人注意到孙先生在其《民族主义》一篇中讲解的八德（忠孝仁爱信义和平），而君复兄能从中山先生习惯给人的题词中，找到他更多有关道德与修养之准则。更为可贵的是君复兄在演讲中将孙中山的统一思想与日前我们面临的海峡两岸统一之憧憬连在一起，意即我们纪念孙中山应当记住他的格言：唯有国家领土完整，才能谈得上民族的尊严。引申了，即是“反‘独’促统、振兴中华”。

有朝两岸一统日，国祭无忘告老程

孙中山先生的革命虽然成功推翻了清王朝，使中国从此摆脱了历史传下来的专制桎梏，但民初的中国仍然南北分别割据。1924年年底，为求撮合中国之统一，孙先生扶病至北京，发表了“入京宣言”及对欢迎民众的书面谈话后，不久即因病情恶转，急送协和医院，翌年（1925）三月十二日，未能亲睹中国统一的一代伟人盍然与世长辞。今日的中国虽然没有孙先生时代的南北分裂，但台湾与大陆间的鸿沟依然存在。孙先生时代南北虽然分别割据，但并没有人闹独立搞分裂。可是今日台海对立之下，却面临“台独”威胁。故反“独”促统之大业，更为迫切，亦更艰苦。此所以程君复教授隐瞒其身罹不治之症（癌症）十年，仍若无其事地在海外各处推动反“独”促统之神圣任务。因自知时日不多，故试以一日当十日用之。去年夏天至北京就医甫返，适逢台湾某原住民团体来联合国为日请愿，君复兄拖了尚待修养之病躯，由费城赶来纽约策划各方接待赞助该团之工作，伤损过度，遂至不起。送进医院时，已回生乏术。去时，仍以未能眼见中国统一为恨。

宋陆（游）放翁临终时，因叹未能眼见国家再次一统，故留诗作为遗嘱。诗曰：“死去原知万事空，但悲不见九州同。王师北定中原日，家祭无忘告乃翁。”以君复兄盼望两岸统一之殷，我们不妨套用陆放翁诗句改装成另一首打油诗：“努力虽非不能行，未见统一只是恨。有朝两岸重圆日，国祭无忘告老程”。敬以此作为对杰出爱国斗士程君复之永怀纪念。

3．国失英才，我失良友

——深切悼念君复兄

龚忠武

君复，我几十年的老友、战友、知音、兄长，竟然就这么匆匆地走了！虽然走得潇洒自豪，坦然无悔。

当天（九月二十一日）上午十一点左右从文珠的姐夫周本初的紧急电邮中惊悉这个噩耗后，不敢相信，君复真的走了。在我的记忆里，我很少感到过像这次这样的悲伤过，痛惜过；悲伤痛惜国家失掉一位英才，反“独”促统失掉一位推手，我失掉一位良友。

君复现在已经成为一位历史人物，在我的印象里，他是个铁铮铮的汉子，是个大丈夫；是个彬彬的君子；还是我们一面耀眼的镜子。

古人说，威武不能屈，贫贱不能移，富贵不能淫，是为大丈夫。君复正是这样的人。回想七十年代钓运初期，君复是几个有名的虎将之一，面对台湾的白色恐怖，他总是像一名身经百战的战士一样，勇往直前，从不畏惧退缩。

八、九十年代，当钓统运走入低潮时，不少老保钓掉队了，但君复却仍然一本初衷，顶着逆流，奋勇前进，在大洋彼岸和海峡两岸为爱国事业奔走呼吁，不遗余力。后来，为反“独”促统事业，他的足迹甚至遍及全球各大洲，风尘仆仆，席不暇暖。

但是最令人心酸和敬佩的是，在他晚年十多年的岁月里，既要没完没了地忙他那反“独”促统的活动，还要不断地同凶险致命的癌魔搏斗。其心境之苦，除了文珠嫂之外，实在是他人所难以想象的！

君复不过是一个两袖清风的穷教书匠，但是八十年代初，为了为国储才，他竟然不顾自己微薄的收入，带头倡办起了只有傻子才敢梦想的黄河大学。而且最后居然真的让他办成了，虽然耗尽了自己大部分的家产和积蓄。

君复的本行是普及数学，他独创了一套简易的学习方法和教程，让贫困的中下层黑人和少数族裔子女很快就能学会掌握起码的数学知识，他在这个领域已经是美国公认的普及数学专家和权威。近年来，君复在闲聊时谈到，希望有一天能够把他这套独创的普及数学方法，在大陆贫困地区推广，以嘉惠那些贫困失学的农民子弟。君复这种悲天悯人、关怀弱小的仁者心怀，虽不能说是贫贱不能移，但他这种高尚的仁者心境，庶几乎近之！

“色”这个字是男人的大忌，君复从来不沾。男人一旦功成名就，暴发甚至小发之后，难免就会拈花惹草，搞男女关系，美其名曰“第二春”。君复，已经功成名就，而且具有吸引女性的男性魅力，大有资格搞个第二春了。但是他同文珠嫂的恩爱感情，是大家有目共睹的；他们夫唱妇随，相敬如宾，真是一对令人羡慕的伉俪！现在，文珠嫂痛失老伴，在这里我要特别请她节哀，保重身体。

这是君复大丈夫的一面。

但是，作为君复的老友，更加令我心仪、值得我学习的是他的教养，他的操守，他的人品，他的风骨，他的刻己自律；他那为人处世，待人接物的君子风度。在一般公众场合，他从不放言无忌，而是谨言慎行，唯恐有失。他很少谈自己的家事，我们经常的话题总是离不开国事、天下事。近几年来他对日本军国主义的威胁和美国在中亚的渗透，深感忧虑，所以这成了我们新的话题。

但应特别强调指出的是，君复从不为了一己之私，而对战友或同志暗放冷箭，造谣中伤，而且这也正是他深恶痛绝的不正之风；然而，不幸的是，在他的周围，往往就有这么几个人对他干这种令人不齿的行径。他常常为此深感苦恼，常常为此抱怨叹气。这可能是他晚年不足为外人道的一个小小的遗憾吧！

有人认为这是小节，但是这个小节却反映了一个人的教养，他的人品，甚至他所代表的团体的事业的正当性和正义性。所以自命为“进步人士”、“爱国人士”的人，不但要大节无亏，更要小节无损；否则那个无亏的大节的真假，也令人打上了个大问号。君复倡导的爱国活动，之所以能够得到这么多人的拥护支持，甚至赢得原本的老政敌、现在却成为反“独”促统生力军的泛蓝的合作，这同他良好的教养、坚贞谦和的君子风度，孜孜不倦的工作作风，是分不开的。

这是君复君子的一面。

君复固然走得坦然无悔，但走得心有不甘，怀有无限遗恨！守腾兄多天前满脸悲戚地告诉我，在君复走前的一个星期，他曾经专程到医院去看望，现在看来，这是一对老战友的生死诀别之会。当时，君复已预感到他的大限将至，紧握着守腾的手，含着眼泪凄怨地说：“老徐啊！我怎么走得这么早啊？！”

守腾也忍不住流下了感伤痛惜的眼泪。这是一个不幸倒在沙场上的老兵的哀叹，无奈的怨愤！多么让人心酸，多么让人不忍！

君复已近古稀高寿，却仍然感到时不我与，因为他有太多的事要做，太多的计划要实现，总认为自已有用不完的精力和时间，所以他不甘心就这样抱恨而去！就是在他弥留之际，还对他负责接待高金素梅的事，念兹在兹！真是鞠躬尽瘁，死而后已！何其悲凄壮烈！

这是君复的遗言，一句饱含无尽的深意、让人低回不已的遗言！

最后，君复还是一面镜子。

唐太宗说，以人为镜可以明得失，辨忠奸，知善恶。君复这一生、公而忘私的爱国嘉言善行，疾恶如仇、坚贞不移的风骨和大丈夫气概，待人接物、彬彬高雅的君子风范，就是他遗留给我们的一面最好的人生镜子。

我们今天在沉痛悼念缅怀君复时，希望能够珍惜善用他这面令敌人胆寒，令恶人自惭形秽，令朋友同志自豪的镜子，以他为鉴，继续完成他后半生为之呕心沥血的反“独”促统的未竟事业，以慰君复在天之灵！

4. 沉痛悼念程君复博士

卢代仁（宾州中国和平统一促进会会长）

今天，我们怀着十分沉痛的心情，在这里深切哀悼国内外卓著声誉的爱国侨领、反“独”促统先锋、教育家程君复博士。

程君复先生的逝世使我们失去了反“独”促统的一面旗帜和先锋。程君复先生几十年如一日，以火一样的爱国心，把祖国统一大业珍视为自己的生命，为我们树立了一个爱国正义的榜样。程先生生前是数学教育博士、美国天普大学教育家。程先生为祖国统一实践几十年。他作为全球华人反“独”促统联盟会长、全美中国和平统一促进会联合会主席，在生命的最后一个月里，还抱病奔波，为反“独”促统做具体的工作。这次病危，我去探望程先生时，他住在特种监护病房接受抢救。当时他还十分关心美东各界人士的支持台湾原住民控诉团后援会，交代我做好高金素梅团队的接应工作。

程君复先生出生于中国大陆，幼年随家人移居台湾。他在大学毕业后移居美国。来美后，他改读数学，获数学教育博士。1975年后，他在美国天普大学从事数学教育工作，他特别关爱美国少数民族，曾致力于少数民族争取接受大学教育机会；为培养造就少数民族大学生，他参与费城教育局，深入公立学校，改进数学教师素质并提升学生数学程度，工作成绩斐然，连续获奖11次。祖国大陆改革开放以来，建设急需大批人才，八十年代他毅然发起在河南郑州创办了黄河大学。程君复先生是一位受世人敬佩的热情的爱国者和优秀的教育家。

更使我们大家铭记在心的是，程君复先生为促进祖国统一竭尽一生精力。二十世纪七十年代，他积极参与保卫钓鱼岛运动。程君复先生曾经表示："香港、澳门的回归及海峡两岸的统一，对中华民族的前途和利益极端重要，希望老保钓们重新恢复年轻时代的理想，为中国的强大和统一尽力。"勉人更自勉，他为了促进中国统一，殚思竭虑，尽心尽力。

这些年来，为了反"独"促统，他赴柏林、奔南美、去东京、飞悉尼，马不停蹄，风尘仆仆。一有涉及祖国统一的事件发生，他和反"独"促统联盟的朋友们立即与纽约、费城、华盛顿等地的侨领召集会议，发表声明，迅速作出反应。

程君复先生关心支持各地各界的反"独"促统事业，深得人心。他对宾州中国和平统一促进会和费城福建同乡联合会，长期以来给予直接指导和支持，我本人更是有幸目睹，深切感受。

程君复博士的逝世，使我们痛失一位难得的前辈、良师和益友。这是海外华人，也是祖国统一大业的损失！程君复博士的爱国主义精神，将永远激励我们更加努力，把反"独"促统事业继续下去！

安息吧，程君复博士！

5. 程君复教授的为人

——在追悼会上的追思

谢业（美国宾州印支老人相济会会长）

今天我们带着极其悲痛的心情来悼念一位真正的爱国者——程君复教授。

程教授为促进中国的和平统一事业奔走将进四十年；他将自已的时间、精力、金钱毫无保留地奉献予爱国运动。有关程教授的生平和他的各种爱国活动，在他家属的讣告和治丧委员会的代讣中已有较为完整的介绍。这里，我只想从一个朋友的角度对程教授的为人发表自己一些感想。

近来，当我们一些朋友在紧张筹备欢迎高金素梅女士率领台湾原住民族代表团访问费城时，突然获知程教授病危留院急救的消息。大家谈及，程教授抱病协助高女士一行赴联合国总部抗议日本帝国主义对其族人所犯下的滔天罪行，因奔波于纽约，劳累过度而病倒了。虽人在医院，但仍非常关心高女士一行的情况。我们不约而同地说，要积极地把筹备工作做好，以完成程教授的心愿。

当时，有一位新闻记者突然问我："听说你和程教授是好朋友，然而在你们的谈话中，我发现你们的观点是不一致的；观点不相同，怎么能成为好朋友呢？"首先我证实，我和程教授是好朋友，同时也不隐瞒我们之间对问题的看法不尽相同的事实。由于我们的家庭背景、所受的教育，尤其是个人一生的经历完全不同，因此对问题的看法不完全一致是很容易理解的。事实上，一些观点的不同不会影响我们之间的交情。在多年的接触中，我深知程教授是一位老实忠厚的人。我们的友情是在彼此坦诚的基础上建立起来的。许多时候程教授因过于天真诚实而吃亏，但这更反映他人格高贵的一面。程教授对朋友的态度的确是诚实忠厚的，他宁可让朋友负他，而绝不会负朋友。

最近，从报上看到程教授在北京的老同学，保钓和统一运动的老将在追悼会上，许多老友一提到他就不禁潸然泪下。在追悼会中几乎每一位旧友都发言悼念程君复教授。如原自港来美留学，也是保钓统运多年的一位老将先生，提起三十多年前有一位港友落难于香港，程教授曾长期按月给他寄钱去维持生活。在老友中，程教授的慷慨舆仗义是非常有名的，事实上他本人并不富有。此外，程教授为协助河南郑州创办“黄河大学”，倾尽了他的全部家产，把自己唯一值钱的房子给卖了！

人们常说，要作为一位群众的领袖就要“才德兼备”，我认为个人的能力可以在实际工作中学习提高，然而个人的道德就不那么容易学习修养了。如果你的心术不正，就算你修炼了一百年也不会成正果的。现在，我深深理解到为什么许多新旧朋友，年老和年轻的，都那么热爱他，信任他，拥护他。实际上，程教授以他高贵的人格魅力吸引了众多的朋友，团结在他的周围，为中国的和平统一事业作出卓越的贡献。

程教授的去世，无疑是海外统一运动的重大损失。我们深感惋惜和悲痛。今天在追念程教授的时刻，愿我们大家能从程教授那里学习他那种为理想一往无前的精神，从他那里学习他那老实忠厚的高尚品质。

附录：敬爱的程君复老师精神不死，英名永存

亲爱的程夫人并阖府：

近悉敬爱的程君复先生不幸病逝，我们深感震惊，深感悲痛。为此我们向您并通过您向阖府诸位致以最诚挚的慰问，也通过您对程君复先生的逝世表示最沉痛的悼念。一颗平凡而又伟大的心脏停止了跳动，一颗中华民族复兴事业的社会活动巨星陨落了。世人呜咽，草木同悲。

我们与敬爱的程君复老师素昧平生，仅从报章杂志电视广播里看到和听到他的音容笑貌，处世为人，道德文章。他的精神、品格、气节、情操、为人称道，口碑天下。他的逝世使中华民族失去了一位优秀的儿子，全球反“独”促统力量失去了一位卓越的领袖，中国的统一大业，保钓运动失去了一位伟大的战士，世界华人、华侨失去了一位良师益友。他的逝世给世界和平、正义、光明、进步的事业带来了巨大损失，我们为之深感痛惜、深感遗憾、深感沮丧！

今天人类和平、正义、光明、进步的事业正面临着巨大的挑战，中国的统一大业也处于坎坷多难的境地，我们又失去了这样一位可亲、可敬、可信、可靠的良师益友，真是此秋多事，多事之秋，重重困难、困难重重呵！但是一切爱好和平、正义、光明、进步和统一的人们不会气馁，决不后退，他们将直面严酷现实，强忍悲痛，化哀痛为力量，以程君复老师为榜样，在他英灵的感召和不朽精神的鼓舞下，高举"祖国一定统一"的旗帜，激励和团结更多人去继承他的遗愿，继续他的未竟事业，前赴后继，努力奋斗，直至成功！敬爱的程君复老师毕生为之奋斗的事业一定要成功！敬爱的程君复老师毕生为之奋斗的事业一定能够成功！！！

敬爱的程君复老师永远活在我们的心中！

敬爱的程君复老师永远活在世界一切爱好、追求和平、正义、进步、光明、统一的人们的心中！

敬爱的程君复老师精神不死英名永存！

最后，我们深情地、衷心地恳请敬爱的程夫人蔡文珠女士并阖府节哀顺变、保重贵体。谢谢！

纽约部分华人、华侨市民敬上

二〇〇五年十月八日

附　笔：如蒙此信能在程君复先生的追悼会上宣读，则不胜感谢！

编者按：

由于追悼大会的时间关系，这封来信未能在会上宣读，特此以附录刊载。

四、各方唁电

中　国

1. 外交部长李肇星（唁电）

全球华人反独促统联盟会、全美中国和平统一促进会联合会并程君复先生亲属：

惊悉程君复会长不幸辞世，深感悲痛！

程先生生前为维护旅美华侨华人利益、团结侨社、凝聚侨心、弘扬中华文化、促进祖国统一大业等做了大量积极有益的工作，在美侨界德高望重，深受侨胞的尊敬和爱戴。

我谨代表中华人民共和国外交部并以我个人名义、向贵会表示深切的哀悼，并向程君复先生的亲属致以诚挚的慰问。

中华人民共和国外交部长 李肇星

二○○五年九月二十九日于北京

2. 国务院侨务办公室（唁电）

程君复先生亲属：

惊悉程君复先生不幸逝世，殊感悲痛，谨致深切哀悼。

程君复先生作为教授，长期教书育人，桃李满天下，广受爱戴和尊敬；作为身居海外的赤子，他情系桑梓，时刻关心着祖籍国的发展与建设；作为民间友好使者，他为促进中美两国人民之间的友好交往做了大量有益的工作；作为全球华人反独促统联盟会长、全美中国和平统一促进会联合会会长，他同广大海外侨胞一道，积极投身于“反独促统”活动，为推动中国和平统一大业呕心沥血，贡献良多。程君复先生的逝世，是美国华社的一大损失，我们也因此痛失一位挚友。我们将永远怀念他！

谨请程先生亲属善自珍摄，节哀顺变。

程君复先生千古！

中华人民共和国国务院侨务办公室

2005年9月26日

3．国务院台湾事务办公室主任陈云林（唁电）

程君复先生夫人及亲属：

惊悉程君复先生不幸辞世，深感悲痛。我谨代表国务院台湾事务办公室，表示深切哀悼。

先生身居海外，情系中华。早年满腔热血，积极投身“保钓”运动。为推动中美交流与合作，几十年如一日，殚精竭虑，尽心尽力。尤其近年发起成立“全球华人反独促统联盟”，并担任全美中国和平统一促进会联合会会长，为反“独”促统事业冲锋陷阵，身先士卒。拳拳赤子之情，令人感佩！先生风范将铭记史册，激励后人。

望程夫人及亲属节哀顺变！

国务院台湾事务办公室主任 陈云林

二〇〇五年九月二十二日

4．中华全国台湾同胞联谊会会长梁国扬（唁电）

程君复教授治丧委员会：

惊悉君复先生不幸因病逝世，深感悲恸。我谨代表中华全国台湾同胞聊谊会，对先生的逝世表示最沉痛的哀悼，并向先生的家属致以最诚挚的慰问！

君复先生躬耕教坛三十余载，桃李芬芳，在当地侨界素享众望；心系故土，须臾不忘回馈桑梓，为祖国高等教育事业发展贡献良多。更感念先生之拳拳爱国之心，先后发起成立“全球华人反‘独’促统联盟”、“全美中国和平统一促进会联合会”并担任会长，为团结和凝聚旅美侨胞投身中国统一大业做了大量卓有成效的工作。君复先生的爱国精神、民族气节及高尚人格感人至深，催人奋进。

君复先生与我会素有往来，我们在促进祖国统一的伟大旗帜下携手并肩，戮力同心。君复先生的逝世，使我们失去了一位同伴和挚友。我们将继续努力，为改善和发展两岸关系，促进两岸关系和平稳定发展乃至祖国完全统一而奋斗！

君复先生不朽！

中华全国台湾同胞联谊会会长

2005 年 10 月 9 日

5. 中国和平统一促进会（唁电）

中国驻美国纽约总领馆转程君复教授治丧委员会：

惊悉我会理事、“全球华人反独促统联盟”会长、“全美中国和平统一会联合会”会长、美国费城天普大学教授程君复先生不幸于2005年9月21日病逝，谨致哀悼，并向亲属表示亲切的慰问。

程君复先生是著名的爱国人士。长期以来，程君复先生奔走于世界各地，积极投身全球反“独”促统活动，致力于中国的和平统一大业。20世纪70年代，程君复先生投身“保钓运动”，2000年在华盛顿发起成立了“全球华人反独促统联盟”并当选为会长，2003年在芝加哥被选为“全美中国和平统一联合会会长”，是中国和平统一促进会第六届、第七届理事。程君复先生长期关注台海局势，面对“台独”势力的分裂行径，多次发表讲话和文章批驳“台独”谬论，为中国和平统一事业做出了不懈的努力和积极的贡献。

程君复先生生前关心祖国文化教育事业，多次回到祖国大陆访问，为推动海外和祖国内地文化交流和教育事业的发展做了大量有益的工作。

程君复先生的逝世，是中国和平统一事业的一大损失，令人深感悲痛。我们相信，在全世界中华儿女的共同努力下，中国和平统一大业最终一定会实现，为此我们将加倍努力，为这一目标的早日实现贡献我们的力量。

程君复先生千古！

中国和平统一促进会秘书处

2005年10月10日

6．中华海外联谊会（唁电）

程君复先生亲属：

惊悉全美中国和平统一会联合会会长程君复先生于9月21日不幸逝世，我们深表悲痛。

程君复先生心向祖国，情系中华，是海外侨界爱国代表人士，毕生致力于中国和平统一大业，身体力行，建言献策，做出了积极贡献。他的逝世，不但是海外侨界的损失，也使我们失去一位值得信赖的老朋友，我们表示深切的哀悼。并向你们致以诚挚的慰问，望节哀珍重。

中华海外联谊会

2005年10月10日

7．中华中山文化交流协会（唁电）

全美中国和平统一促进会联盟：

惊悉程君复会长不幸病逝，至为惋惜和痛悼。

多年来，程君复先生为保钓运动及推动中国和平统一事业，奔走呼号，不遗余力，其反“独”促统的坚定意志和爱国赤诚之心令世人感佩。

我们谨以中华中山文化交流协会的名义向程君复先生表示沉痛的哀悼，并向其亲属表示深切的问候，请节哀保重。

程君复先生千古！

中华中山文化交流协会副会长　李赣骝

朱培康

刘民复

2005年9月27日

8．苏州大学（唁电）

中国江苏省苏州市十字街1号

蔡文珠女士：

惊悉苏州大学兼职教授程君复先生仙逝，仅表沉痛哀悼。请您及家人顺变节哀。程先生生前致力数学教学中西结合，对我省我院中等职业技术教学改革作出不可磨灭的贡献，程先生生前为反“独”促统不遗余力，抱病多方奔走，对中华民族也作出了难以估量的贡献。程先生拳拳爱国之心、敬业精神，将激励我院师生奋发前进。

苏州大学数学科学院

2005年10月9日

9．新华社（唁电）

蔡文珠女士：

惊悉程君复会长病逝，不胜悲痛。程会长一生追求真理，声扬正义。胸怀伟业，奔波四海，一息尚存，奋斗不止，为人敬仰。

如今虽人已仙逝，但事业犹存，我当倍加努力。望节哀顺变，自多珍重。

李红旗　张忠英

2005年9月30日

2. 旧金山中国统一促进会、美国华商总会

惊悉反“独”促统的坚强战士程君复教授不幸逝世，深感哀痛。

程君复教授为中国和平统一，振兴中华作出了卓越的贡献。我们敬佩他，怀念他，且誓必为完成其遗志而奋斗到底。

旧金山中国统一促进会

美国华商总会

2005 年 9 月 25 日

3. 大芝加哥地区中国和平统一促进会

程君复教授为了祖国的统一大业，牺牲了个人的一切。程君复教授虽然人已经离开我们，但他的精神永远和我们在一起，程君复教授的爱国精神正在激励着爱国人士为祖国的统一大业继续奋斗。

程君复教授以无比的爱心奉献美国社会和中国社会。程君复教授不仅关心改善美国少数族裔的教育境况，同时还对远道而来的中国留学生给予侠肝义胆般的关怀和保护，程君复教授是受学生敬爱的慈祥师长。程君复教授全方位地关心祖国教育事业的发展，投入大量的精力和财力帮助河南省建立黄河大学，引进美国的先进经验，促进中原地区教育事业的发展。

程君复教授的忘我奉献精神时时刻刻都在鼓励着我们。程君复教授积极地组织民间各类反“独”促统、保卫钓鱼岛等爱国活动，为祖国的和平统一大业奉献了家产、时间和毕生精力。我们要向程君复教授学习，在反“独”促统运动中提倡和发扬奉献精神，爱国人士团结一致为祖国的统一大业贡献力量。

程君复教授充满了正义感，在面对各种破坏祖国统一大业的社会势力时，程君复教授总是毫不迟疑地挺身而出，勇敢地捍卫祖国的尊严。不管路途多么遥远，不管天气多么恶劣，不管自己多么辛劳，也不顾疾病的折磨，为了和平统一事业，为了保卫钓鱼岛，程君复教授总是一马当先，程君复教授总是冲在最前面。

亲属表示深切的问候，请节哀保重。

程君复先生千古！

中华中山文化交流协会副会长　李赣骝

朱培康

刘民复

2005年9月27日

8．苏州大学（唁电）

中国江苏省苏州市十字街1号

蔡文珠女士：

为了推动反“独”促统事业，程君复教授不辞辛劳地在全世界各地奔波。程君复教授也多次到芝加哥发表演讲，揭露“台独”势力勾结日本右翼势力，反对美国极端势力利用“台独”分子分裂中国的企图。芝加哥地区的爱国人士高度评价程君复教授的爱国精神，芝加哥著名爱国侨领陈济明先生曾说：“程君复教授爱国至极，容不得任何有损于爱国的言行。”

海峡两岸合则两利，分则两害，程君复教授真心地希望统一后的中国将造福两岸的中国人，实现中华民族的全面复兴。程君复教授是反“独”促统运动中的一面光辉旗帜，我们将以程君复教授为榜样，团结一切反“独”促统的力量，在推动中美友好关系的同时，积极地促进中国的和平统一。

大芝加哥地区中国和平统一促进会

4. 加拿大华人促进中国统一联盟

程君复教授是《全球华人反独促统联盟》的创始人。程教授一生为进步事业。为中美友好关系，为促进中国和平统一事业奔波，贡献毕生精力，是一位不可多得的“和平战士”。

惊闻噩耗，天地为之失色，悲痛之至！

安息吧，程教授，千万人紧跟秉承您的遗志将进步事业，“中国的和平统一”，工作进行到底。

愿“治丧委员会”，向程府家属转达吾等沉痛的哀悼并祈节哀顺变。

加拿大华人促进中国统一联盟同仁

2005年9月21日

5. 欧洲中国和平统一促进会

尊敬的程君复会长夫人蔡文珠女士：

惊悉君复会长于二〇〇五年九月二十一日上午因病不幸逝世，欧洲中国和平统一促进会全体同仁为失去一位最亲近的战友感到万分悲痛。自海外华侨华人掀起“反独促统”高潮以来，君复会长始终站在斗争的第一线，并成为全球华侨华人促统运动中众望所归的著名侨领。在此我们仅以欧洲中国和平统一促进会的名义，代表欧洲27个国家的中国和平统一促进会全体同仁以沉痛的心情向尊敬的程君复会长表示我们深切的哀悼!并向您哀伤的亲人表示亲切的慰问!

希望夫人节哀，保重身体!

欧洲中国和平统一促进会

张曼新　夏康民

6. 香港海峡两岸科技开发交流促进会

惊悉全球华人反独促统联盟会长程君复先生，因病不治在美国逝世。我们深表哀痛，并致以深切地悼念。谨请家属节哀顺变。

缅怀程君复先生生前对海峡两岸人民之间的沟通、交流做了大量的工作，对促进中国的完全统一做出了杰出的贡献。他的逝世，是我们的莫大损失。我们要化悲痛为力量，为中国的早日完全统一而努力。

香港海峡两岸科技开发交流促进会

曾文仲　荣誉主席　　李延生　会长

及全体同仁

2005年9月27日

7. 全日本华侨华人中国和平统一促进会

惊闻美东著名爱国华人领袖程君复先生因病不幸逝世，我谨代表日本全体爱国华侨华人及全日本华侨华人中国和平统一促进会全体理监事，表示深切的哀悼，并向程君复先生的夫人蔡文珠女士及各位遗属表示衷心的慰问。

程君复先生数十年如一日，为中华民族的伟大复兴，早日实现祖国的完全统一，不辞辛劳，奔走全球，努力奋斗，作出了卓越的贡献。程君复先生的逝世，是全球反对台湾“独立”、促进中国和平统一运动的极大损失。

今后，我们全球爱国华侨华人要继承程君复先生的遗志，为中华民族的伟大复兴，尽早实现祖国的完全统一而努力奋斗，作出新的贡献。

程君复先生安息吧！

程君复先生的英名永垂不朽！

全日本华侨华人中国和平统一促进会

会长：金　犟

2005年9月23日

五、挽　联

1．费城侨界程君复教授追悼大会挽联

民族之子

云天高义　保钓促统三纪　魂萦红日怜忠骨

铁胆侠风　爱国为民一心　血沃神州育春华

2．爱国团体和侨界挽联

（1）保卫钓鱼岛行动委员会、全球华人反独促统联盟、全美中国和平统一促进会联合会全体同仁

为保卫中国神圣领土钓鱼岛

为反对日本军国主义的复活

为促进中国的和平统一大业

为增进中美两国人民的友谊

毫不保留奉献了毕生的精力

（2）中华公所董事长麦健永、梁浩龙暨全体同仁

典范长存

（3）费城宗工会、大费城华人工商联合总会（曾庆绍会长）、大费城中国统促进会、宾州福建友好商贸促进会、大费城福建同乡联合会、美东福建商会、费城中国学者联谊会（朱大为主席）、费城长乐公会、大费城华人餐馆协会、美东佛教联谊会、费城业余舞蹈社

悼英灵恸悲失君

念故友音容宛复

赤子之心犹在

爱国之情长留

（4）宾州广东同乡联合总会筹备委员会同仁

天人同悲

（5）费城福建同乡联合会、宾州中国和平统一促进会同仁

鸟鸣悲落日

花谢哭先生

（6）梁辛狄、朱丽芳、李晓丽、陈燕桦

魂系中华

（7）台山宁阳会馆、费城李氏公所、至孝笃亲公所、中华妇女联谊会

共仰遗容

（8）宾州印支华裔老人相济会会长谢业、费城潮州同乡会会长暨全体同仁

一身傲骨，鄙视邪恶，爱憎分明，爱国爱乡，支持文化教育及慈善事业，不遗余力。生前为中华民族的复兴，为促进中美两国的友谊，为维护祖国领土主权完整和统一大业，贡献毕生精力。我们为你至死不渝的爱国情操所感动。安息吧!我们永远怀念你，你的愿望一定能够实现。

（9）毛伟雄、朱大为、曾庆绍、文日新、林建和、赵宇轩、袁树恒、穆建西、林伍、何志坚

名留后世

（10）陈启庄、张炳亮、谢业、黄史豪、陈伟林、周洁贞、陈国贤、胡小英、陈金泰、江创华、黄捷、李永麟

为中国的和平统一贡献了毕生的精力

（11）醉仙楼酒家董事长陈姿暨全体同仁

鹤归华表

3．同事、学生和亲友挽联

（1）周本初

魂系中华

春蚕到死丝方尽

蜡炬成灰泪始干

（2）天普大学暑期教学教师

桃李天下

流芳万世

（3）天普大学中国学生学者联谊会

丰功伟绩铭垂青史

雄魂厚德永驻人间

（4）吴举、李俊（代中国、北美黄河大学校友会）

君香馥郁

流芳千古

（5）苏州大学吴茂庆

反“台独”抱病南呼北号誓保中华完璧

促统一献身东联西合遗愿两岸团聚

（6）梁晓光、宋丹青

敬英雄一世促祖国统一不停奔走

佩豪杰毕生为华夏复兴无私奉献

含悲追忆教授淳淳爱国教诲

发奋继承前辈皓皓统一遗志

六、各地追思会

美国华盛顿

1．中国驻美大使馆参赞发言追思

今天，大家相聚在这里，追思缅怀和沉痛悼念程君复教授。我怀着十分沉重的心情来参加这个追思会，我谨代表中国驻美国大使馆，并以我个人名义，对程教授的逝世表示沉痛的哀悼，对程教授的家人蔡文珠女士表示深切的慰问。

我与程教授相识多年。我在来中国驻美国使馆工作之前，就有幸与程教授相识、相知。十余年来，我与程教授见面不下数十次。至今回忆起来，程教授的音容笑貌我还记忆犹新，他那铿锵有力的话语还言犹在耳。每次见面，程教授总是给我留下十分深刻的印象。

程教授旅居美国多年，但身在海外，情系中华，爱国爱乡，以振兴中华民族为己任，为国家的经济建设和繁荣富强做了许多积极有益的工作。他早年即全心投身于保钓运动，致力于反对日本军国主义复活的爱国行动；他博学多才，关心国家的教育事业，毕生致力于促进祖国教育事业的发展，成就卓著；他关注台海局势，坚决反对"台独"，为国家统一大业献计献策，毕生致力于追求中国和平统一大业，竭尽心力，身体力行，令人敬佩，不愧为一位海外反对"台独"分裂活动的一名斗士。

程教授的一生是为同胞、为国家、为民族无私奉献、忘我奋斗的一生，他的逝世，让我们失去了一位好朋友，更是旅美侨界的重大损失，也是海外反"独"促统力量的重大损失，我们深感惋惜和悲痛。今天我们一起来缅怀、悼念程教授，希望大家继续团结一心，继承他的遗志，延续他的事业，完成他的遗愿，共同推动国家完全统一的那一天早日到来。我相信，程教授的风范必将名记史册，激励来者。

愿程教授千古！谢谢大家！

中国驻美国大使馆参赞 潘云东

2006年2月20日于美国华盛顿

附录：追思会通知

亲爱的朋友：

我们敬佩的程君复教授于2005年9月21日病逝于美国宾州，享年68岁。他的辞世是“全球华人反独促统联盟”和他的朋友们无法弥补的损失。

程君复教授是一位充满爱心的知识分子。他热爱美国，更爱中国的文化。程教授将他毕生的精力都奉献给了百年树人的事业和他的理想。近年来程教授致力中国的和平统一运动。他频繁地穿梭于华府、北京、纽约、和世界各大城市，鼓舞了各地华侨，并号召成立“全球华人反独促统联盟”。他的理想和孜孜不倦的努力，感动了许许多多海内外华人。

程君复教授是位亲爱的丈夫，慈祥的父亲，热情的教授，了不起的导师。他的仁慈、宽厚、和对祖国大陆的深情，触动了我们的心弦——他是一位有远见的长者，他是我们永远的英雄。

“程君复教授追思会”将于2006年2月20日于美国首都华盛顿郊区马里兰州洛克维尔市Glenview Mansion举行。追思会将于上午11：00时开始，中午12：30用餐，下午1：30～3：00的工作会议将讨论如何继续程君复教授的工作。

全球华人反独促统联盟总干事　张文健

2. 追思会气氛肃穆庄严

全球华人反独促统联盟举行　中国驻美大使馆参赞潘云东莅临致意

谭焕瑛

全球华人反独促统联盟日前假洛城的葛兰维尔庄园（Glenview Mansion）举行程君复教授追思会，包括从宾州、纽约等地赶来的程夫人蔡文珠和程君复生前好友多人共六十多人与会，中国驻美大使馆参赞潘云东莅临致意。鲜花、遗照、音乐，加上众人对他生平事迹的忆述，场面庄重、肃穆又哀伤。

程君复是去年9月21日病逝，享年68岁。他出生于江苏南京，在台湾完成小学及中学教育，后随家人移民来美，1975年获宾州天普大学数学教育博士学位，自始任教该校长达30年。

在友朋的忆述中，有人称他为杰出的教育家，他不仅关心大学教育，也关心中学的数学教育，尤其少数族裔或低收入家庭的弱势族群。他为此创设21世纪数学城市教学中心，一面培训师资，一面加强学生数学课程，也为少数族裔学生争取接受大学教育的机会。

此外，他早在七〇年代末即以个人资产及部分友人资助远走郑州创办黄河大学，他的理想除了优质的学术教育，更要教道学生民族精神。他当年的办学计划除黄河大学之外，还要创办各具特色的珠江、长江、长城等大学，可惜黄河大学成立八年后，根据中央对高等教育重新部署，河南省将它并入郑州大学。

数位早年与程君复参加保钓运动的老战友称他为爱国运动的坚持者，当年因反对美国将钓鱼岛群岛连同琉球归还日本而风起云涌的保钓运动，程是费城及美东青年学生的中坚分子，这份保卫国土的爱国精神延续至九〇年代末，由于日本军国主义复活和台湾形势改变，他再度为爱国运动奔走。

近几年，程君复经常应邀到华府参加会议或演讲，是华府侨界熟识的学者，这次的追思会，也是华府友人对他的纪念。

追思会由“反独促统联盟”总干事张文健主持，他在程君复生平纪录短片中配上“Follow the Dream”音乐，追思会近尾声时，他则自弹吉他独唱已故美国乡村歌手John Denver名曲“Leaving on a Jet Plane”，充满离别哀伤。

（《世界日报》，2006年2月22日）

3．美国侨界追思全球反“独”促统领袖程君复先生

新华网华盛顿2月20日电（记者潘云召）“国家没有统一，我死不瞑目”，这是“全球华人反独促统联盟”会长和“全美中国和平统一促进会联合会”会长程君复先生生前留下的一句话。20日，来自美国各地的侨界领袖聚集在华盛顿，缅怀为

中国和平统一大业作出了卓著贡献的程君复先生。

中国驻美国大使馆参赞兼副总领事潘云东在追思会上说，程君复先生旅居美国多年，但他情系中华，爱国爱乡，以振兴中华民族为己任，为国家发展建设做了许多有益的工作，做出了卓著贡献。

他说，程君复先生博学多才，在促进祖国的教育事业方面成就卓著。20世纪70年代，他积极参与“保钓运动”，数十年来关注台海局势，坚持反对“台独”，为祖国的统一大业献计献策，一生致力于中国和平统一大业，竭尽全力，是海外反“独”促统的坚强斗士。程君复先生的逝世是海外侨界的重大损失，也是海外反“独”促统事业的重大损失。

纽约华人联合会秘书长徐守腾说，程君复先生“有为有守，有胆有识”，从“保钓运动”开始到去世前的30多年时间里，积极投身反“独”促统运动，对日本的战争罪行疾恶如仇。1984年，程君复先生曾前往中国河南创办黄河大学，并为此做出了很多个人牺牲。他的目标是要创办一所有民族精神的大学，在校园内建一个民族英雄走廊，让年轻人学习他们的爱国精神。

徐守腾说，程君复先生有理想，有毅力，当年海外坚持参加“保钓运动”的人当中，程君复先生是一个代表，他的去世是海外爱国运动的一个损失。

“全球华人反独促统联盟”秘书长梁辛狄表示，程君复先生人品高尚，他一生致力于反“独”促统是为了实现祖国和平统一的民族大业，没有掺杂任何个人的私心杂念。

费城福建同乡会会长王建明说，程君复先生对祖国和民族有着深厚的感情，海外侨界要继承程君复先生的遗志，以实际行动反“独”促统，以告慰他的在天之灵，这就是对他的最好怀念。

程君复先生生前是美国天普大学教授，著名侨领和社会活动家，1936年11月出生于中国江苏，1958年随家人从台湾移民美国，2005年9月21日去世。

20世纪70年代，程君复先生参加了由美国华人和留学生率先发起的全球范围的“保钓运动”，并成为这一运动的中坚人物。20世纪90年代以后，随着台湾岛内分裂势力日益猖獗、日本右翼势力野心不死和军国主义复活，为了更好地参与、推动和组织民间各类反“独”促统和保卫钓鱼岛等爱国活动，程君复把更多时间和精力用于组织全球华人反“独”促统民间组织，并于2000年当选为“全球华人反独促统联盟”会长，2002年当选为“全美中国和平统一促进会联合会”会长，为反“独”促统事业做出了重大贡献。

“云天高义，保钓促统三纪，魂萦红日怜忠骨；铁胆侠风，爱国为民一心，血沃神州育春华”，这幅挽联是对程君复先生一生的真实写照。

纽约法拉盛

生前好友追思程君复

2005年10月29日（星期六）下午在纽约市的程君复教授生前好友，为纪念程君复教授于9月21日在宾州逝世，举办了一个未公开的程君复教授追思会。

追思会由前纽约华人社团联席会主席黄哲操教授主持，纽约亚美文化协会理事徐守腾先生简短地报告了费城10月15日程君复教授追悼会的经过。会中并放映了程君复生平幻灯片和费城追悼会的纪录片。

参加追思会的50余人，除纽约的朋友外，还有远自华盛顿来的胡比乐教授，王颜铸教授，他们跟星岛日报总编关文亮先生，滋根基金会创办人杨贵平女士等数人在会上都先后发言，追思程君复老朋友。

他们的讲话一致缅怀程君复教授乐于助人，济弱扶贫的侠义风格，在教育岗位上，不仅在天普大学创造新的教学方法，为费城中学数学教育提高素质，而且在艰难困苦的条件下，在中国创办黄河大学，为中国育才，开中国大学教育对外开放的先声；其坚忍不拔，敢于斗争的精神，更体现在他三十多年以来参加保卫中国领土钓鱼岛运动，到统一祖国运动。在反“独”促统，谴责日本军国主义的复活，和唤起中国人的民族意识教育，他是不遗余力，抱病以赴，鞠躬尽瘁，死而后已。

有位跟程君复教授过从不多，但是经常响应程君复教授的号召，参加爱国活动的老华侨也作了发言，感慨程教授的辞世是海外爱国运动不可弥补的损失。

讲话中，多人称赞蔡文珠女士是程教授的生命良伴，没有蔡女士的支持，程教授不可能成就如此大事。

“全球华人反独促统联盟”顾问，政论家刘实先生和熊玠教授，更表示积极支持蔡文珠女士，挑起程教授的担子，他们会坚决帮助她做好工作。

追思会进行了两个多小时，在一片沉思中结束。

（《中华周报》，2005 年 11 月 4 日）

北　京

北京友人悼念程君复

美国侨界推动中国和平统一斗士、费城天普大学教授程君复不幸逝世，在北京的友人 9 月 28 日在友谊宾馆为程君复设灵堂，举行了一个气氛非常隆重的追念会。仪式由“台湾同学会”会长林盛中博士主持。

程君复教授是保卫钓鱼岛及中国和平统一运动的著名“老将”，他克尽心力，四十年坚持不断奋斗，赢得尊重。在追念会中，老友们在一提到他不禁潸然泪下。

会中几乎每位旧友皆发言追念程君复教授。自港来美留学、同为保钓与中国和平统一运动奋斗多年的一位“老将”，提起 30 多年前有一位港友落难在香港，程君复教授曾长期按月给他寄钱维持生活。程君复教授的慷慨与仗义是非常有名的。事实上他本人并不富有。程君复教授为协助河南郑州创办黄河大学，倾尽了他的全部家产。

会中有友人提到程君复教授的夫人蔡文珠女士。蔡女士原籍台湾台中清水，因程君复教授勇于任事，慷慨仗义，故不仅家中客常满，各方联系的工作也很多，这许多里里外外的工作，几十年来全多亏这位既贤惠又能干的夫人无怨无悔的帮助和奉献。

到会的友人认为程君复教授永远活在我们心中！他一生不懈的努力也鼓舞了我们对祖国早日统一的信心。在程君复教授的灵前，有一幅毛笔书写的横幅："魂系中华"。这是程君复的连襟周本初为他写的。

（纽约《侨报》，2005年10月8日）

附录：林盛中（北京台湾同学会会长）慰问函

蔡文珠：

周本初告诉我，君复兄已经去世，我甚感意外和悲痛。我谨对君复兄的去世表示沉痛的哀悼，并向你表示诚挚的慰问。请节哀，并保重身体！

从1970年年底保钓运动开始，君复兄就积极参加，我们常在群众集会和示威游行时碰面。保钓运动转为中国统一运动，他也一直非常积极参与。特别是最近这几年蓬勃发展起来的全球华侨华人反"独"促统运动，他更是率先带头，做出重大贡献。

今年连战和宋楚瑜相继率团到大陆访问，海峡两岸的关系有相当大的改善。君复兄本来可以在祖国统一大业上有更大的作为，却不幸过早地去世。他的去世是祖国统一大业的巨大损失！我们这些保钓、统运的老朋友只有更加努力工作，促进两岸关系更好地发展，促进祖国统一大业的早日实现，以慰君复兄在天之灵。

君复兄，安息吧！

2005年9月22日于北京

台 北

张竣杰致悼词

一群热爱程君复博士的佛教人士于2005年11月6日在台北北投为他举行法会，由张竣杰主祭，以下为他的悼词。

程君复博士，一生任教于费城天普大学教育学院，一生奉献于国际多元化社会

教育及爱国事业，[illegible]对无私无怨之"苦行僧"与义工。程[illegible]

（一）从事于"多元化社会教育事业"[illegible]思想与行动之先驱）

程君复博士[illegible]为中国儒家新学派掌门人，为"方东美博士"之传人）之儒佛道学之教诲与熏陶。[illegible]"信、愿、证、行"，为教育事业[illegible]"多元化社会教育事业"与"爱国事业"之永远的义工。

程君复博士一生[illegible]与世界少数民族之解放运动。程君复博士，他之一生为"中国之师道"，即以"中国之孝道"为本，"信、愿、证、行"於天下。方东美博士之另一位学生，今中国佛教净土宗"净空老和尚"於世界弘法时，即将"佛的如来家业"定义为"多元化社会教育事业"。

（二）一生奔走於热爱祖国之爱国志业

程君复博士，与一大批保钓朋友，"梅谱青云志，同唱志士歌"，一生为中国之众生利益而奋斗。其悲悯慈怀之至性，实为佛菩萨再来。

程君复博士一生之如来志业，缘起於中国第一代领导人之感招。君复一生敬仰"古人最有气节之爱国诗人"屈原及其《九歌》，一生效法其典范（不媚俗，不向有害于中国之思想言行妥协）。

同时，君复一生也最佩服"横眉冷对千夫指，俯首甘为孺子牛"之鲁迅与其中国人骨气。尤其当面对新、老帝国主义时之"金刚仍怒目，菩萨不低头"之可爱可敬之爱国情怀。（老程之为人民服务积劳成疾，病上加病，累劳而死）

君复一生敬仰中国第一代领导人，以其一生志业榜样，他极关心中国之未来，盼望中国统一与台湾未来和平回归，希望老友于祖国统一日，为他上壶好酒，遥寄相思情，"把酒共欢颜，永唱志士歌"。

侧看成峰横成岭（境），只因身在此山中（缘），

两中不执无所住（体），随缘无我度众生（用）。

七、程君复教授治丧委员会感谢信

美东爱国华人天普大学教授程君复博士，2005年9月21日病逝于宾州，享年68岁。

程君复先生任教于费城天普大学三十余年。在当地数学教育界著有声望，特别是对费城当地少数民族教育贡献卓越，备受尊重。

程教授在全美华人界以热心爱国享有高誉，系全美和全球保钓统运著名老将，是“全球华人反独促统联盟”发起人兼会长，“全美中国和平统一促进会联合会”会长。程教授毕生为保卫中国神圣领土钓鱼岛，为反对日本军国主义的复活，为促进中国的和平统一大业，为增进中美两国人民的友谊，毫不保留地奉献了毕生的精力。

程君复教授一生公而无私，对正义事业一往无前，坚贞不移。平日待人接物老实忠厚慷慨仗义，对恶人却一身傲骨，疾恶如仇。程教授的突然去世，无疑是海外统一运动的重大损失。我们深感惋惜和悲痛的同时要以他辉煌一生为鉴，继续努力完成他的遗愿以慰程君复教授在天之灵！

2005年10月15日上午11时，中美各界友好在费城BALDI殡仪馆为程君复教授举行公祭，其后送往WEST LAUREL HILL火化。费城BALDI殡仪馆各位同仁技术精湛，妥善周到，追悼会庄严隆重。

感谢中国国务院侨务办公室、国务院台湾事务办公室主任陈云林先生、中国和平统一促进会、中华全国台湾同胞联谊会、中华人民共和国外交部长李肇星、中华人民共和国驻美利坚合众国特命全权大使周文重、中华人民共和国驻纽约总领事馆刘碧伟大使、中国中华文化交流协会、中华中山文化交流协会、香港海峡两岸科技开发交流促进会、天津市台湾事务办公室、原天津台办主任曲耕莘、台湾同学会等发来唁电，感谢世界各地反独促统联盟分会、加拿大促进中国统一联盟、欧洲中国和平统一促进会、全日本华侨华人中国和平统一促进会、旧金山中国统一促进会、北加州中国和平统一促进会、芝加哥中国和平统一促进会、华盛顿中国和平统一促进会、美国华商总会等发来唁电。

感谢中国驻纽约总领馆旷伟霖代总领事、周赛星副总领事、中国驻美大使馆潘云东参赞、王刚参赞等专程莅临费城向程君复教授致祭。感谢社团侨领、保钓老将、促统战士、学生老师、至亲好友从纽约、华盛顿专程来费城吊唁，惠赐花篮、挽幛、挽联，报章刊登诔词，并亲临执绋。各方亲友的隆情厚谊，治丧委员会全体同仁暨程教授家属铭感殊深。谨此致以衷心谢意。

程君复教授治丧委员会

主任委员：何炳棣院士　暨全体同仁

仝敬启

八、同志、友人、学生缅怀追思

1．“出师未捷身先死，常使英雄泪满襟”

——为纪念君复

周本初

君复走了，对于他的许多老朋友老战友来说，他走的确是太早了一些！祖国尚未统一，我们非常需要像他一样无时无刻皆能向前冲锋开路的勇将；社会也有诸多不平，我们也非常需要像他一样能无私地关怀弱势群体，为后者给予实际帮助的英雄！

他在性格等各方面，是不是一个完人？和他相熟的亲友，自然会觉得他不是。但他的忽然逝别，会让我们许多人皆情不自禁地落泪！为了让君复在天之灵能对我们微笑，我们应尽力促使祖国早日统一，我们也应同时尽力，关怀世界上一切弱势人群！

我在1971年年初次与君复会面，后因既是同志又是亲戚的关系，我们相见的机会自较多。但为篇幅关系，以下我只是回忆几段我们相会的经过，作为我对他的深切怀念！

（一）第一次见到君复

我出生于1936年年初，年岁比君复略大一些，我的原籍是江西省永新县，是井冈山区的一个小村，我八岁前即生活在那里。而君复的祖籍是上海。我的妻子蔡俊珠，与君复的妻子蔡文珠是亲姐妹，俊珠是大姐，文珠是二妹，再有一位三妹，另有三位兄弟。1966年秋文珠自台赴美匹茨堡大学留学，即在那里与君复相识，结婚，而后因君复在天普大学获得教职，他们即迁往费城。不过一直到1971年的夏秋之间，我们因共同参与保钓运动的关系，才在费城君复家里初次相会。

在1971年夏秋间去费城之前，我先到堪萨斯大学参加了一个我一生首次参加的“国是会议”，该会是由就读于堪萨斯大学、爱荷华大学、密苏里大学、伊利诺大学，及我所在的俄克拉何马大学等校的台港留学生组成，定名为“美中西部国是会议”。会中的高潮是决议“支持恢复中华人民共和国在联合国的合法地位”，并让我将此决议书带到即将在美东布朗大学召开的“美东国是会议”中去宣读。这样，我在中西部会后，即携同俊珠及幼儿一道驱车前往费城去拜访尚未谋面的君复一家。一路上，我的心情自然是非常兴奋的！

在费城君复家里我们初次会面，他的豪爽的独特气质立即深深地吸引了我！他个子不高，但一身显得很有力气；他语气短促，声调较低，但很坚定。他与朋友说话时，喜欢用一只手臂轻放在友人的肩上，一路谈，一路走。他这招儿真吸引了不少朋友。总之，君复是一位很有中国传统江湖气息的留美知识分子。他在美国念过大学本科，服过兵役，所以，他的性格和识见，往往竟是中国传统的，但也是很现代的。因此，他在美国的华人或非华人社区里，皆能发挥一些不平常的力量。

在费城短短的几天里，他立即为我介绍了在那里的保钓同志，感到大家皆意气风发。而后即一道开车去波士顿，途中，先在君复的大妹夫家住了一夜，而后在哈佛大学近旁一个寓所里见到了风华正茂的廖约克及他的一些弟兄们，那情景即不用细述了。而后我们即去布朗大学参加“美东国是会议”。到会场一看，但见人数甚众，各路豪杰，特别是在美东的，几皆到齐。气氛至为热烈，真有些“梁山聚义”的感觉！

会中主题为讨论恢复中华人民共和国在联合国的合法地位，气氛非常热烈！后来我被安排上台宣读“美中西部国是会议”中关于此事的决议，一时掌声、闪光灯迎面而来，我都有些“飘飘然”了。自然我知道这掌声和闪光完全不是对着我而来。后来该会也决议应为此一目标在该年联合国大会前在纽约举行一次大示威游行，并将此决议带交即将在密西根大学召开的、规模为全北美性的“密西根国是会议”作进一步具体行动的讨论。君复在会里是重要人物，自然忙得像穿花蝴蝶一般。我也深以为有这样一位“连襟加同志”为荣！

而后我即回俄克拉何马向同志们报告经过，大家皆有些“上了梁山”的感觉！不久我在大家的捐助下再乘飞机前往纽约参与此一空前的、为支持“恢复中华人民共和国在联合国合法地位”的示威游行及游行前的一些准备工作。到纽约后，我先住在台中东海大学老同学翁启元的家，君复也随即赶到。白天我们常常在纽约华埠的“义和拳”团部碰头，作联络，讨论，工作分配；晚上则分成小组去分发游行传单，鼓励大家去支持即将在该年九月下旬举行的大示威游行。

那时的纽约华埠，以国民党为首的右派势力仍相当强大，如安良总会等组织。因而在初始时我们尚不敢在白天上街分发传单，只好在夜色里分组去活动。我和君复即被分派为一组。君复对华埠的街道较熟，因而带着我在夜里一条街一条街地快速去分发。当时已近午夜，店家多已打烊，我们往往将传单插放在店门板缝内后即快速离开。君复他很灵活机警，随时在注意有无在夜色里被人跟踪。如此我们一连数晚分发下来，尚无意外发生。

但在白天里，运气即没有那么好了。有一天下午，东海老同学翁启元与我被分派为一个小组，去当地华埠街头作“斗争”。因为在该地华埠已混了几天，胆子也就不免大了一些，启元和我在那天下午，隔着街对着该地华埠安良总会的大门就大骂起来。该会门口放了一个小桌，有位白人老太太坐在那里，找人签名反对“共产中国”进入联合国。

我俩在该总会门口隔着马路骂了半天，看门内并无动静，甚觉无味。因而商量去买些大纸板和彩色笔来，画成彩色示威牌，以助声势。翁让我去买纸笔，他独留在原地。我因地面不熟，略费了些时才将纸笔买回，但看到翁已走过街站到该总会门口破口大骂！他告诉我说我一走不久，该总会即有数人冲出来向他劈头便打，眼镜也被打落到地上。他当时不但不感畏惧，还冲过街来指着该总会大门连声大骂！

我当时一面快速安慰他几句，一面注意到又有几个宵小想向我们围拢过来。我当时正好带了一把铁杆长伞，即将它摆平对准其中一人，同时并一齐大喊：“安良总会恶霸打人！”这样一下围过来更多的人群，包括警察在内。我们两人不但被解围了，还一霎时变成了“胜利者”，因为围观的人群大多同情我们，警察也了解到我们是被打者。

不一会儿那群宵小皆不见了，该总会也关上了大门，那位白人老妇也对我们说：“应该被赶出联合国的是在台湾的KMT政权。”

当晚，我们向君复报告经过，他对我们深加勉励，但也告诫我们今后在活动中仍应非常小心。可见君复也是胆大心细之人。老友启元也是君复一生至好的朋友之一。

（二）君复救了我的妻子一命

我自从在1971年年初参与保钓运动后，即如同着了迷似的，什么都不闻问，甚至也不关心自己家人的最起码的生活，在学校的实验室也胆敢几年皆不进去，指导教授的善意劝告及警告皆当成耳边风，一心只望保钓/统一运动在北美各校园能不断发展，壮大！例如，有一段时期，我曾担任北美28个校园保钓会轮流放映祖国进步电影的总负责人。总之，我花了不少时间在校内寻找新同志，在外面联系各路好汉，以期星火燎原！

如此家中生活主要来源只有靠妻子俊珠，她在一精神病院做助理工，工资很少，工作也很辛苦，回家还要带我们唯一的一个男孩Scott。她年年在送我的同学们毕业，而只有我则毕业遥遥无期。

这样，我先被奥克拉大学的材料系赶出去，而后幸能转入化学系，实验室是不敢不进去了，但运动仍搞。一次有位老同学来我家当着我同俊珠的面说：“这样的男人是可以不要了。”在1980年秋天，俊珠终于在忍无可忍之后，带着孩子去费城君复夫妇的家了。该时君复买了一个坐落在费城市中心，名叫“Eggroll King”的小餐馆，让他的妻子文珠，连同大姐俊珠，及一位小弟弟一起去餐馆帮忙，每天累得够呛，而营业仍不佳，这家餐馆后来还是歇业了。

就在1981年秋天，餐馆还在艰苦支撑时，俊珠病倒了。初始时请了一位六十多岁的白人大夫来诊治，被认为是一般感冒，但哪知这感冒过了两周仍无起色。有一天在准备吃晚饭时，君复夫妇让他们的男孩Wilson上顶楼去请大姨妈（俊珠）下来吃饭，哪知不一会儿Wilson即匆匆跑下楼来说大姨妈已全身僵硬，不能动弹了。君复得知后立即请了一位才45岁的白人大夫来诊治，该大夫认为很可能是脑膜炎，就立即送往一附近医院急诊。如此俊珠的生命被挽救过来了！

俊珠从医院回到君复家后，身体仍很虚弱，我开车将她从费城带回俄克拉何马后再找专科大夫诊断，该大夫称该病例在美国每年只有二百多起，因而一般大夫往往会误以为是感冒，以致延误了生命，或至少会造成一些神经系统受损的后遗症。但非常幸运的是俊珠的生命不但被挽回了，同时并无任何显著的后遗症现象。日后她为锻炼身体而勤练Ballroom Dance，终能成为一位在北美多次全国性Ballroom Dance大赛中的冠军获得者。

但是君复却先一步离去了！俊珠得知噩耗后，立即尽快前往费城安慰文珠。

（三）为黄河大学尽瘁心力

在20世纪七十年代——即我们所谓的“火红的年代”里，我们这群“造了反的”台湾留学生，在北美大地上兴起了一阵“大串联”活动。如也是我在台中东海大学的老同学陈治利即曾陪同已故的老友陈恒次自伊利诺伊州长途开车到俄克拉何马州诺曼市我家里来过。再远在密歇根州的毛仁浩老兄也曾带着几位同学远道到我家来过。他看我日子过得那么穷困，回去后不久即将他的一辆五年新的Mustang车托人开过来送给我了。我在一个寒假里也陪老友吴国祯及二位自德州大学来的好同志（其一是王义雄）一路东行，经堪萨斯、伊利诺伊州、芝加哥、匹茨堡、华府、费城、纽约、水牛城……一路大串联过去，其中自然曾去在费城的君复家拜望。他盛情接待，菜肴丰富又极可口，皆是他夫人文珠在厨房默默做的。文珠有个特点：她的话永远不多，但不论有多少客人来家，她总能很快地弄出一桌极为丰富又可口的饭菜来！

自上世纪七十年代的后期起，君复对祖国大陆的教育即非常关心，特别是对高等教育。他认为祖国大陆的大学教育在课程设置及选修上不够灵活。君复本人在费城天普大学执教多年，认为应将美国大学的一些较好的教学及课程设置、选修方法介绍到国内来。因而他非常盼望祖国能为他提供一个场所来实验他这一理想。正好河南省可在郑州黄河之畔提供一个很好的校园给他，如此他即不顾一切地全力以赴，后来甚至为之“倾家荡产”。这一校园即为新成立的“黄河大学”。后来因财力不济，终于支撑不下去了，学校的办理只好再交还给河南省当局。

关于黄河大学的成立和发展经过，以后想必有专文叙述。以下我只谈一些为此事君复于1984年不辞远道来请我帮忙的经过。

在1982年的夏天，我在俄克拉何马大学化学系原可能只要再过三至四个星期即可毕业，但终于被俄克拉何马大学研究生院正式开除出院了，理由是未能在指定日期完成所有毕业手续。而后我为生活，连续在该校做了六年清洁工，但期间得到该校电机系数位教授的关切，联合为我“平反”，使我终能在1989年在应用物理学杂志及另一真空科技杂志上各发表一篇paper，内容是提出对处理电子材料而言，“为何光比热处理具有非常大的优势”的理论说明。这两篇文章引起了世界性的影响。因而，在1990年10月，在我将满55岁之年，终于在该校取得电机工程Ph.D.学位。

在1984年，我还在学校做清洁工的期间，君复从费城远道飞到俄克拉何马州我的家里，一方面是来看望一下在“受难”中的我，一方面是希望我能为黄河大学帮忙在美南及中西部地区筹款，他来时并特别精选了几个国内产的精美陶瓷花盆作为礼物送给我。

但这次我只好很诚恳地告诉他，我实有困难。那时我一面得靠清洁工维持生活，一面又得在实验室认真工作。这样我很难有力量向外作有效的募捐工作。他对我的情况表示很谅解。

如今他人已故去，但送我的几个精美花盆仍在！

（四）君复，你走了吗？

黄河大学的事情告一段落后，君复将本身工作以外的精力几乎全部放在为祖国的和平统一而到处奔波上，到了几乎忘记他已身罹重疾的地步。最后他终于倒下了。

我写到这里，自己也深切地在怀疑："君复，你走了吗？你真的走了吗？"

我觉得你好像还时时在我的身边，对我低声呼唤……

2006年11月16日于长春

2. 一位有信念原则的行动主义者

关文亮

程君复兄给我的印象是他似乎思考不多，是一个行动主义者，但是一个有信念的行动主义者。从70年代初的保钓运动，到创办黄河大学，到近年的反"独"促统运动，数十年如一日，他认为凡是正义事业都应投身其中，不计成败，尽力而为，同时他坚信中国的正义事业必胜。

随着时光消逝，我们终于明白只有实际行动才能创造事业，特别是进步事业，因为进步事业需要牺牲而牺牲需要勇气；在芸芸众生中站起来，带领众人往前冲者，就是领袖，或最少具备领袖质素。程君复正是这样一个人，在保钓知识分子当中，十分罕见，极之难得。

所以他创办黄河大学；所以费城不少中国留学生、华裔知识分子拥护他；所以他在"台独"嚣张时刻，挺身而出反"独"促统；所以他在日本反华浪潮再起、军国主义卷土重来之时，再度走上街头。这就是程君复！

他所认为的正义事业有强烈的民族意识。90年代初，我从香港回到纽约，在一次聚会上碰见他，老朋友见面，他第一句话就是大骂"六四"民运分子，以民主之名"出卖国家"，出卖灵魂，随即把我们当年保钓队伍某个别人十痛骂一顿，指他们"思想糊涂"、"言行荒谬"，伙同国际反华分子辱骂中国。他这样做，因为在他眼中，保钓分子都应该有坚强的民族意识。

表面看，程兄看似不重思虑、略嫌冲动，其实不然。他有明确的言行准则，他的敌友分界线在是否支持中华民族团结独立自强，还是倚仗帝国主义从事反华勾当。关于这一点他从不含糊。

回首保钓运动及其后35年，保钓朋友的人生道路、社会际遇不尽相同，但有一点却是共同：我们保土卫国的道路走对了！同时我们也为有像程君复兄这样的战友深感光荣和安慰！若是时光倒流，我真希望有多些程君复！

3．“壮志未酬身先死”——纪念君复大哥

翁启元

一、接到老程重病的消息，感到震惊，这几年来我们都以为他的病已痊愈。我到台湾以后，老程不忘常隔洋联络，一年多前，他万里迢迢来乡下看我们，还答应今年带嫂子一齐遨游南台湾。没想这次竟是天人永别，不知是否他对病情已有预感，前来见最后一面，交代后事。我们应算是亲密战友，一般人只知，老程对国家有利的事总是栉风沐雨勇往直前，对朋友热心仗义的豪情，更是令人心折，却没有意料到，他鞠躬尽瘁的一生背后，有出入生死，感心动魄的故事，包括一群人在他倡导下，齐心合力，改变了历史轨迹的伟绩。更多为人称赞的是担当许多来自祖国的亲人的守护使，让他们不致误蹈陷阱。老程的事业纵横三十余年，涵盖了极大的层面和深度，是钓运以来最突出的典型代表。他的一生，非短文在此所能尽，更不是我的拙笔所能及。许多当事人正相继老成凋谢，有些牵涉的，又是可能永远不会被公布的机密，但其功绩永存，泽惠炎黄子孙。本来老程和他的同志们，对一生的牺牲从来无怨无悔，从未以此交换名利，但因关系钓运在中国近代历史的评价，和后世了解中国在二十世纪末顺利崛起的历史经过，有几位老程的好友倡议，敦请有笔力的名家，为老程立传，借此让钓运以来这些可歌可泣的事迹流传，作为后世年轻人的典范。个人在此抛砖引玉，就个人所知在可能的范围内，提供些前景资料，为此举暖身，以资对老程的怀念。

二、在进一步叙述之前，有两个事件先请大家深思。其一是在二十世纪末，有两个最大的社会主义国家，中国和前苏联，进行重大变革，从自给自足的计划经济走向和国际接轨的市场经济，无论是从国力和经济条件，还是从教育程度、文

化差异和对外的情报工作来看，中国是远不如前苏联。两国同样面临来自敌对势力的颠覆和破坏，中国的内外情况更为严峻，但却产生很不同的结果。有人认为其中一个重要的原因是，中国有一群自发和自觉的爱国侨民。其二是七十年代周恩来总理接见钓运人士时，曾经指出钓运将是另一个改变历史的“五四运动”。回想起来，这位睿智的伟人真是思虑远长。他已为未来的改革开放布下一着重要棋子，虽然他不幸早逝，但很长一段时间内，总理的夫人和他安排的干部，负起了联络和领导海外留学生的任务，并发挥很大的作用。只可惜美中不足，他准备大量楚材晋用的诺言没能实现。

三、现年四十岁以下的人很难想象在七十年代，中国内外所遭逢的困难情况。在下面文章我们以老程为中心，说明他是如何竭心尽力地投入帮助中国脱离困境。但囿于篇幅和我个人写作能力的限制，在此仅能蜻蜓点水般地叙述：

七十年代初期，中国因进入联合国而开始和西方国家有了接触，但当时国内“文革”尚未结束，严酷的政治斗争使得人人自危，任何涉外和来自台湾的关系都是被高度怀疑的对象。“文革”后又经几次领导的大换班。在这样的政治情况下，老程始终秉持爱国的情操，知无不言，言无不尽，也许是他火热的赤心，兢兢业业的精神，融化了隔阂，他一直和历届的中国领导阶层，特别是驻美的代表，保持良好友谊，他因此能为祖国发挥更大的作用。

中国在七十年代以前，一直是受西方国家的孤立和封锁，除了西方国家的少数进步团体外，和中国来往的只有第三世界穷且落后的朋友。对外贸易也只有通过香港的小额贸易，香港也是唯一能看到外面的小窗口，即使这地方还是港英当局在朝、国民党反共黑道势力在野控制的局面。数十年来没有和外界的交流来往，缺乏直接感性的认识，一般人民和干部思想上的封闭和对外面世界的了解的差距，将是中国共产党准备推动改革最大的障碍。同时另一方面，老程以他的资历和用心，堪称是华人社会中最了解美国各阶层的社会和政治关系。他比我们较早来美留学，在美国军中服役过，这是美国社会中很重要的资历。他虽在教育界服务，但也活跃于侨界，他又热心美国的地方政治，特别是少数民族的活动，因此他有不少的朋友是美国各阶层的领袖。他并不以此自满，常常给我看他苦心搜集、日夜钻研的结果，而且把这些堪称在前方第一手经验的心得，通过各种方法管道交给中国的高层。其中他最为人所称道的壮举是倾家兴学，创办黄河大学，并亲任校长，引介一批海外的同志回国服务。他的目的还是要提高中国的民智，使中国和国际接轨。

七十年代的中国虽然在农业和基础建设方面，较建国初期有很大的进步，但由于西方国家集体、长期的围堵和封锁，中国仍是一穷二白，经济和科技落后，同时外汇非常短缺，反映在当时驻外人员拮据的情况。带着浪漫幻想的海外知识分子回到祖国，看到穷困闭塞的面貌，思想上受了冲击，知道未来面临的是艰巨的任务和牺牲，于是三种不同的本性反映出来，一种是选择逃避责任，但伺机图谋私利；另一种是出卖同志，变成叛徒；最后的一群则在痛心祖国母亲的苦难之后，更加疼爱珍惜，相互勉励，决定为祖国的繁荣和强大献身。老程就是这样选择走上三十余年艰辛的道路，这一路来的辛苦，程大嫂都紧紧在旁分担着。这绝不是神话，就如天安门外的英雄纪念碑所启示，中国所以能从帝国主义压迫下破落的家园站起来，而有今日初步强大和繁荣的局面，不是就依赖无数无名英雄的牺牲吗？此后，老程和他的朋友们就千方百计的团结其他海外爱国侨胞，包括很大一部分当时的知名学者，一齐为祖国的科技振兴而努力。他们为中国现代化，献上无数计策，通过回国讲学等合法途径，送回许多国内急需的现代智识。老程更是长期的照顾祖国来的留学生，早期的中国大陆留学生也是有很多优秀的，他们不仅能表现的出人头地，而且往往节衣缩食，购买国内单位需要的仪器材料，实在令人感佩。

现在年青一代到美国留学的人，绝对很难想象六、七十年代的美国。由于白种人的优秀主义和反共的思潮，生活在美国的华人受到相当的歧视，从共产中国来的人更是受到公众的敌视仇恨。台湾国民党的海外工作组织非常猖狂，他们利用帮派组织在美国城市里的华埠进行暴力恐怖，一切和中国大陆有关联的物品、人员或活动都是他们攻击的对象。但华侨间的宣传和团结工作要有人做，舍我其谁，这类带有危险性和困难的任务，便由像老程一样的知识分子承担起来。这么多年来的努力，他所花的心血并没有白费，如今每逢节庆，华埠五星红旗飞扬，而华侨界对老程的怀念，应是对像他一样长期无私投入的先行者，最好的回报。如他的朋友所周知，老程的事业不仅如此，他以所服务的学校为基地，和少数民族活动人士建立友谊，对美国右派分子的压迫进行斗争。为扩大中美友谊统一战线，老程的活动和朋友，涉及大片的美国政界，发挥了许多无人能取代的、中美关系间穿针引线的功能。前面短短几行文字，其实不知包含了多少的苦劳和辛酸。以老程身体的健壮而英灵早逝，应是长年累月不计日夜奔波的积劳成疾，若说是为国捐躯亦不为过，呜呼哀哉！

早先国民党在大陆进行的是血腥统治，后来带了家产逃亡到台湾，在美国庇护下，还时时不忘向大陆偷袭破坏。因此到了七十年代，两岸仍是敌对的武装斗争状态。实际上，由于双方的长期隔阂和仇恨，加上美日两国精心地培养“独立分子”，企图分裂中国，要达成国家统一的神圣任务，中国唯有采取武力的手段。可是如果一旦战争发生，则两岸生灵荼炭，焉有今日繁荣的局面？两岸的交流和解，开始于以老程为代表的台湾海外留学生，也由于他们的努力和爱国的表现，创造了有利条件，促使国内的对台政策从武力解放台湾，转化成高唱骨肉同胞的和平统一。当时的台湾留学生因家庭、师友等和台湾有千丝万缕的牵连，早期台湾的民主运动和海外的保钓运动即有相当的互动关系。岛内的军政教和工商界人士，即通过老程之类热心人的安排和祖国有了接触和了解，大量的资讯也由此管道进入台湾各阶层。台湾当时还在“戒严”时期，这些行动都是冒着一定的危险性，但终于涓滴成流，影响了台湾人心。老程由于家庭背景，在岛内有相当的人脉。近年来为促进中国和平统一，和梁肃老密切合作，风尘仆仆于中美台之间，并好几次和我商议创造来台创业条件。如今中国统一形势越来越好，但肃老和程大哥相继去世，真是壮志未酬身先死！书笔至此，不能自已，潸然泪下！

四．怀念老程，以思忆他的居处四季之景为诗：

夏

夏日炎炎玉黍香，主人义气客欢觞。

天公抖擞人才俱，寥落天涯各一方。

秋

村居为广宏图业，豪客穿庭日益隆。

户外秋枫满野谷，犹输烈士血丹红。

冬

素里红装一片白，朔风怒号竞天威。

九端国事摧心肺，月夜牢寺乡路归。

春

春到郊山满野花，国强民富庆中华。

东风未顾篱边树，人在蓬莱意不佳。

4．怀念具有厚重气质的程君复教授

印铁林

我初次见到程君复，是在一九七一年四月十日华盛顿的保卫钓鱼岛大集会上。这次保钓运动的高潮，程君复是领导人之一。让我印象最为深刻的，是集会接近尾声前，程君复似乎愤怒难忍，面对日本首相SATO的版画像，直走向台上，将其捣毁了。我当时心里就感觉到：太好了，做得太对了，给中国知识分子这文绉绉的示威游行，添些热情与力量。

以后的中国统一运动，创办黄河大学，以及反“独”促统运动，和平统一运动，抗日活动，他都是热诚的推动人领导人（尤其创办黄河大学，是程君复倡议兴起，一力玉成的）。他对于这些理想的真诚与致力，我是见到了，感到了，朋友写的怀念文字也不少了。

一九七一年保钓大集会上我首次见到程君复，其后无数次的谈论，商讨，电话，互访，共事理想，分析局势，纵谈战略等等，真像弹指之间。而今我又在费城追悼会与郊区火化场相送，当棺木缓缓滑入古老的火化房的时候，夕阳斜射，穿透四周萧萧大树，投射出众多饮泣的身影。当时我想着：程君复兄具有不多见的厚重的气质。

他永远谈论理想追求理想

程君复教授自从青年时期从事保钓运动以来，几十年的人生可说是追求理想的人生：保钓运动、统一运动、创办黄河大学、对少数民族的教学奉献以及他内心深处的抗日。固然笔者以及不少的朋友，与程教授之间都是理想上的朋友，然而几十年来，也从来听不到程教授谈论任何其他言不及义的题目。这就是一个人厚重的理想主义气质的表现，是极为难能可贵的。

一个人可能有这样那样的理想，有这样那样的抱负，也因此有这样那样的成就。然而一个人追求的是国家民族利益相关联的理想，仍然不脱青少年时代最纯洁最真诚的理想，则最重要的条件就是此人必具有厚重的气质。一个具有浑厚之气的理想主义者，是不同于一般所谓有抱负的人的。程君复兄就是这样一位难能可贵的有热烈感情的理想主义者。

他永远说不出尖刻的话

人与人相处，往往难免有不投契不愉快的时候，尤其自保钓运动以来的活动，更是涉及各种想法不同，各个人作风不同的问题，人际关系就更为不易。程君复兄热心理想，活动力强，朋友很多。长久以来，我观察到一个现象：在复杂的人事互动中，程君复兄辛劳受怨的时候，生气的时候，只会就事论事地感慨而已。他不懂得如何口出恶言，发发牢骚固然有之，却从未听到他说过许多人如处同样情况下的尖刻话。此时尤见程君复兄浑厚的天性，比共同办成一件艰难事情后的欢乐之情更为可贵。

他珍惜尊重朋友的长处，了解朋友短处

程君复感情热烈，活动力强，朋友遍天下，我却是喜欢阅读，喜欢与观察问题、思考问题的人相处，尤其与思考久在远古、远在天边问题的人相得。然而我与程兄却相处甚洽，经常见面，经常通话讨论问题。犹记"九一一"事件后，程兄来电，我的意见是：美国必先打阿富汗，再打伊拉克，后者更是主要的目标。程兄十分表示同意。这几年的日本问题，我们讨论更多，程兄每作公开讲话，凡涉及抗日的问题，都是最自然、最精彩的，不像我谈日本问题，只偏重历史与局势，必然乏味了，不知如何表达内心的感受。程兄给我以热力，我受到他感染甚深。最近几年我们谈了不少国际战略问题，程兄往往从大处着眼，气度很恢宏。从思想的模式上，也可见程兄是位气质浑厚的人，与他为人的种种，是如此一致的。也正因为他是个厚重的人，我这个不太喜欢活动，对活动事务性贡献不多的人，也和他成为相处甚好的朋友。

在费城郊区的参天大树、淡淡夕阳下，送别了程君复兄，我只写下了一些对他的观察，一个朋友的感受。

5．君复与我——回忆的片断

沈己尧

程君复先生离开我们半年，他的贤内助蔡文珠女士要我写点东西交给龚忠武先生筹备出版《程君复先生纪念文集》。我认为这件事很有意义，能为这位海外华人爱国活动历史留下一页；所以，我义不容辞地答应下来。君复与我相识三十多年，常有往来，并有共识，曾留下不少珍贵的回忆。只是我年事已高，仅能挂一漏万浮光掠影作些简要的追忆。且分三层说一说。

（一）参加保卫钓鱼岛运动时期

1970年前后，日美勾结企图侵占中国领土钓鱼岛的消息传开后，激起了海外华人保卫钓鱼岛运动。1971年4月10日，全美各地以台湾来美留学生为主的华人齐集华盛顿，举行了美国第一次盛大的抗日示威游行。记得那是樱花怒放阳光普照的春天，大批从美国东岸波士顿、纽约、费城一带来的、从美西坐飞机来的，和其他地区开车来的年轻人，首先在公园集合，然后列队浩浩荡荡步行到日本驻美大使馆前广场激昂慷慨地高呼口号，发表演说，向日本使馆送交抗议书。这种示威，引起路人的好奇和媒体的注意，引起世界人士的关心。接着由华人捐款在《纽约时报》上刊出大半页的保卫钓鱼岛声明，展开了长达十年的波及港台等地的爱国活动。就在这次示威游行中，我认识了程君复这位积极人物。此后我们经常见面联系，友谊也不断深入。

（二）创办黄河大学时期

改革开放后，海外华人学生普遍认识到中国真的要站起来，必须重视教育培育新人。君复从事教学工作多年，深有体会；他鼓吹回国办学一事，获得广大的回应。但是，在20世纪80年代初期的中国，海外华人回国办学是一件不可思议的事，尤其想办一所外资的大学，更是难于登天。然而，君复锲而不舍，多方探索，经常邀请热心人士到家中商议，终于找到一个缺口，到河南省郑州市去创办黄河大学。依我的简短日记，有如下记载。

1984年7月22日，君复与我两人飞北京，下榻北京饭店，展开联系，多次与前中国驻美大使柴泽民等人商讨。28日清晨我俩坐火车到了郑州，同车的有河南省委书记刘洁。我们住进国际饭店。次日即与河南省秘书长杨昌基为首的代表团谈判，决定以黄河花园口附近农田中的“三所”（中共中央领导的会址）为黄河大学校址。不日，黄大第一次筹备会商定：1985年开办训练班（包括英语、机械、维修、微型电脑），及高级研究生院（经济管理等）；把大礼堂改建为大学图书馆，先由两个专业人员管理；我们回美后应即进行采购书刊和复印机等硬件。

我俩在郑州期间，走访了附近各大学及图书馆等文化单位，并到“三所”校址查看；还到开封、洛阳、中原油田等地参观访问。8月11日我俩坐火车到西安，13日飞回北京。

同年9月13日，河南省文化代表团来美回访我们。14日何竹康省长领导六个省府高级官员到我家。15日再抵费城程家举行黄大第二次筹备会；基本决定黄大师资由在美华人负责，河南省当局从旁协助。

10月7日，黄大中美代表团三十多人在程家热烈讨论。中方代表包括杨昌基、曾宪荣、杜子青、曹策问等人。

11月24日，黄大第三次筹备会又在程家聚会，决定派遣六人代表团到郑州，开始教学工作。

此后几年，志愿或选拔到黄大的教授和专家人数不少，及时培育许多有用的人才，其中有些也来美进修工作。但是，由于美方华人实力有限，国内办学风气亦不断改善，数年后黄河大学合并于郑州大学。

（三）奔走呼号统一时期

祖国统一是中华民族全体的神圣使命。台湾“皇民”李登辉当权后，以日美为后盾，煽动“两国制”、“一中一台”，使海峡两岸局势严重起来。之后，陈水扁续作“台独”先锋，高唱“公投、制宪、建国”。一连串的分裂谬论，伤害岛内及两岸人民间的感情，让海内外华人高度不安。君复高举“反独促统”、“和平统一”的大旗，奔走于美国及世界各地，参与会议，作出了巨大贡献。我能力有限，只能配合君复的具体行动，做些纸上谈兵的工作；近年所记得有下列几则。

1999年12月12日，君复在费城举办澳门回归祖国大型活动，邀请各地华人、学者、留学生及领馆人员参加。我讲的题目是：“澳门回归与其历史意义”。

2000年11月25日，君复举办“全球华人反独促统大会”，世界各地反“独”促统会代表前来华盛顿与会。这是一次盛大的成功的大会。我作了一次以“台独可诛，统一可期”的报告。

2002年，在君复的进言下，为纪念保钓运动32周年作准备，我写了“钓鱼岛：日本侵华的终点”一文在各中文报发表。

2003年9月18日，为纪念“9·18”事件72周年，美东各地华人华侨在君复号召下到华盛顿游行示威，并到日本驻美大使馆前交付抗议宣言。我首先作街头演讲，题目是“可以宽恕，但不能忘记”。

三十多年来海外华人爱国活动，从保卫钓鱼岛运动到中国和平统一运动，君复一直扮演主要角色。他勇于开拓，不屈不挠地工作，以及他鞠躬尽瘁，死而后已的精神，给人留下深刻的印象和由衷的敬意。这纪念文集就是很好的说明。

2006年2月7日于华盛顿

6. 程君复背后的力量

一 介

西方有句俗话：在每一个成功的男人背后，都有一位贤内助。我认识程君复也得从七十年代说起，在当时的任何爱国活动都会看到穿着牛仔裤的程君复。不论他在台上还是台下，他讲话的口径都比别人大一点。记得在“纪念钓鱼岛运动二十五周年”的大会上，已经病重的王浩教授在朋友们扶持之下，赶来发言。其间他讲了两句话：“中国政府应该尽量实事求是；搞一点市场经济再说吧”，台下有人借题发挥时，程君复立刻批评这个人说：“你的世界观有问题”。几年以前，程君复在一次会后曾经对我说："两岸统一以后，咱们要收回江东六十四屯。那地方可大呢。"年岁渐大，程君复讲话的口径却一点也未见小。

到九十年代中期，不断接到程君复或孙正中的电话，要我参加反"独"促统的活动。从偶尔来到每次都来，我总算正式加入了全球反"独"促统运动。参加了几次之后，我才注意到程君复的太太每次都来，却很少听到她说话，总是默默地坐在另一桌，细心地照顾新闻记者和其他的朋友。活动后照相的时候，她不是不参加照相，就是站在一个角落上，从来不挤在程君复旁边。每次程君复夫妇开3个小时的车从费城来到纽约，都带来大量的复印参考材料。开会通知和文件都打印得好好的。后来才知道这些都是程君复太太蔡文珠的工作。这时我才知道程君复的背后有高手。

钓鱼岛运动的健将，我差不多都认得。但夫妇合作无间像程君复这样的，却是不多见。也许是唯一的一对。程君复的一句口头禅是："我们家已经统一了，我太太是台湾人。"蔡文珠是台湾人，帮助程君复搞反"独"促统活动却是义无反顾的。在任何一次会议上，蔡文珠从来说话不多，但是要说大纽约地区的著名爱国台胞，我们必须把蔡文珠包括在内。今年8月，程君复从北京就医回来，在第一个电话中就告诉我高金素梅要来美国在联合国和日本总领事馆门前示威的事，这件事确实是程君复夫妇联系的。当程君复病重入院以后，平常不太说话的蔡文珠却于一天深夜打电话来，告诉我高金素梅的详细行程，要我从旁协助。时间、地点、一切交代得清清楚楚。在那个时候，在处理这个问题上，蔡文珠却方寸一点也不乱。

陆美琳女士在电话上告诉我程君复已经过世的消息时，我的第一句话是："让我们把高金素梅示威的事办好吧。"那是来自我内心深处的一句话。这不仅是对程君复在天之灵的安慰，也是对蔡文珠的支持和鼓励。这么多年在程君复身边总是默默地不发一语，却对保钓和反"独"促统做了那么大和那么多的贡献，蔡文珠是程君复背后的巨大力量。

（《侨报》，二〇〇二年十月十八日）

7. 程君复教授生前二三事

庞杰民

1972年夏，我参加一保钓旅行团访问中国，认识他君复兄。当时，旅途匆匆，少有交谈，彼此所知不多。旅行结束，上海官员设便宴招待我们。餐叙间，谈及上海外滩建筑群之今昔变化时，程君复心情激动，开怀畅饮大醉，当场挥泪高呼：“中国人站起来了！”

这一情景，令人印象深刻：程君一性情中人也。

80年代，君复在河南郑州协助当地创立了黄河大学。办学校，他的学识与能力，毋庸置疑，但财务如何应对呢？诚是一件煞费周章之事。

记得1976年间，我到他费城家中拜访，知道他除了教职外，还与人合作经营中餐及陶瓷店，也许他有筹集教育资金之意，但小生意筹大钱，似乎不大可能。无论如何，他还是起而行之，把学校办起来了。

在他办黄大期间，我适在华府与友人经营一旅行社，程夫人委托我们代办教职人员有关旅行事宜。如此多批中外教授们先后去黄大长、短期不等地执教，据程夫人统计约四十五人。

随着时日推进，黄大的财务问题逐渐浮现。某日，我了解到黄大支付机票票款有了困难，就与君复联系，他要我协助筹款。我同意，但告诉他我能筹得的款项为他办学所需，实是杯水车薪。我劝他找富有人士募款，他同意去香港一试，后来知道去港募款也未成功。如是，在财务困难不易解决的情况下，黄大之续办与否也就成为问题了。

办学的理想面对的却是筹款困难的无情现实。在君复生前人生旅途中这是一项挫折，但这挫折是短暂的，他又在探索新的报国之路了。

90年代末前后，君复会同来会自大陆台港等各地人士成立“全球华人反独促统联盟”及“全美中国和平统一促进会联合会”，积极推动统一运动，影响遍及全美及全球各地。他为此不辞辛劳，到处奔波。关于他的健康状况，外表看来他似乎精力充沛维持一铮铮铁汉的形象，但多年来他已过度地透支了体力。1995年，他染上了癌症，虽然有病，但并未躺在家中休养，工作与活动频率一切如常，直到2005年7月他女儿传来信息，他在北京一医院住院动了手术。我打电话追踪，找到程夫人，她说“准备出院后返美休养并继续治疗”。君复回来后，我与他通了电话，询问病情，他慨叹道：“生命很短促。”这句话，似乎预示了不祥信息。稍后数日，他因去纽约支援某一活动，感染了肺炎，病情趋于恶化而住院，我随即到医院探望他。他借助氧气罩呼吸与我谈了几句话：其一，他不该去纽约；其二，国家未统一，死不瞑目。

这两句话，在他生命最后的日子理，代表他内心的无奈与沉痛。他多么希望能获得健康，继续未完成的工作与事业。但纽约之行使这一希望破灭了。尚有何言！为了祖国，他已耗尽了毕生的精力，再不能上阵呐喊了，时乎！命乎！他的生命已临近终点。

2005年9月21日，君复病逝于宾州。

青山不老难留客，流水无痕传呻声。

壮志未酬君已去，千钧遗愿待来人。

愿程君安息！

8．悼念钓统运健将程君复教授

叶先扬

认识君复兄是在钓运初期，印象深刻的是华府大游行，他作为代表之一，去递送抗议信。同年暑假，在布朗大学召开了美东国事讨论会，我们布郎保钓第二分会是主办单位。作为东道主，自然就和君复兄经由多次接触而熟悉起来。

后来我去宾州州大，因为离费城只有数小时车程，所以一些钓、统运活动，如研讨会、放电影等，都互相支持，互相配合，和君复兄见面的机会就多了。我们当时组织愚公社，出刊移山集的几位老保钓战友，至今仍然会回忆当年一起去费城串联的情景。

1973年，我搬去纽约，在一些大型的统运活动中，更常见君复兄身影。随着统运的展开，几十年来，不论我们这批左翼老保钓走到那里，都互相支持各地的爱国活动，包括捐钱、游行、集会、办刊物、印杂志等等。

1995年，是马关条约签订的一百周年，是抗日战争胜利五十周年，是台湾光复五十周年，也是保钓统运二十五周年。在哥伦比亚大学，我们这批老保钓，从全美各地赶来，再度相聚，除了讨论会上的发言之外，更多的是老战友重逢，互诉心声，当天君复兄一直活跃于会场中。当然，多年不见，他是发福了，可是他的激情与豪气，依然如旧。

参加2002年台湾同学会的学术讨论会完毕后，回到北京，在一场餐会上见到君复兄，虽然知道他过去几年身体欠佳，但是当天他气色神情很好，尤其是心情十分愉快。

去年高金素梅来美，向联合国控诉日本军国主义罪行。我们中华学社在洛杉矶配合捐款，知道美国东部有君复兄负责一切，我们十分放心。

知道君复兄过世的消息，十分吃惊。由周本初兄和董庆园兄的电子信和电话中，才略知情况，心情除了沉重，更多的是惋惜其英年早逝!

当然，统一祖国，振兴中华的伟大事业，是需要几代人的努力，才能竟全功。可是我们多么希望立场坚定，乐观热情的战友，能共同并肩奋斗更久些啊!

我们深信祖国统一的正义事业，一定会胜利完成！君复兄，安息吧!

2006年10月3日

9．无私奉献，勇于斗争的程君复教授

侯大正（芝加哥和统会会长）

程君复教授是真正的男子汉，是一个堂堂正正的中国人，对中华民族的情感高于一切，十分令人钦佩。程君复教授奔走于世界各地，积极地支持各地的反“独”

促统活动，他有一颗火热的中国心，感动了世界各地的爱国人士。芝加哥的“和统会”、“一中会”等反“独”促统组织，得到程君复教授的大力支持，芝加哥地区的很多爱国人士十分感谢并无比敬佩程君复教授。

“横眉冷对千夫指，俯首甘为孺子牛。”程君复教授充满了爱心，他爱家人，爱社会，乐于助人。他关心改善美国少数族裔的教育境况，无微不至地关怀远道而来的中国留学生，是受学生敬爱的慈祥师长。程君复教授关心祖国教育事业的发展，投入大量的精力和财力帮助河南省建立黄河大学，促进中原地区教育事业的发展。他在用爱心奉献社会的同时，还是一位勇敢的战士，挺身而出坚决地捍卫祖国的尊严。他在和“台独”势力及日本极右势力的斗争过程中，总是冲在第一线。

在没有见到程君复教授之前，听芝加哥著名爱国侨领陈济明先生说起他：如果有人损害祖国的尊严，那么程君复教授会立刻挺身而出坚决斗争。

我多次听程君复教授演讲，每次都被他的爱国激情深深打动。在2000年8月底，我很荣幸地在德国柏林全球反“独”促统大会期间与程君复教授相见，从柏林回来三个月后，在华盛顿举办的全球反“独”促统大会上又见到程君复教授。在柏林和华盛顿的两次演讲中，程君复教授都讲到，为了反“独”促统，甚至牺牲自己的生命也在所不惜。这一句话不仅深深地打动了我的心，也引起与会人士的强烈共鸣。没想到，敬爱的程君复教授就正是为反“独”促统而牺牲了个人的生命。程君复教授伟大的精神永远活在我们心里，我们永远怀念他。我们将在程君复教授爱国精神的激励下，坚持不懈地和“台独”势力作斗争，积极地促进祖国的和平统一。

程君复教授不辞辛劳地为反“独”促统事业而奔走于全美各地。他参加了芝加哥地区的反“独”促统论坛、保卫钓鱼岛论坛和一中会成立座谈会等各项活动，积极支持并热心指导芝加哥地区的反“独”促统活动。

2002年8月，全美中国和平统一促进会联合会在芝加哥成立，程君复教授当选为联合会会长。他联合全美各地的反“独”促统力量，在美国各地深入开展反“独”促统工作。他领导和统会联合会参加了纽约的反“独”促统募款会，并率领全美和统会代表团访问中国。

程君复教授的爱国精神和无私奉献精神将永远活在我们心里，激励我们努力完成程君复教授的未竟事业，为早日实现中国的和平统一而努力奋斗。

10. 又为促统哭健将——敬悼会长程君复教授

宗　鹰

您，毕力在呼喊，
在钓岛风起云涌之时，
声声汇进了“保钓”洪流，
融合了历史回声，
回荡联合国广场；
您，终生在奔扑，
在海峡沧海横流之际，
阵阵推动了“反独”浪涛，
会聚了促统群英，
铭刻在中华史册。

噩耗传来，不能相信，不敢相信，不愿相信。然而，无情的事实，又不能不信。

又为反“独”促统哭健将。这第一个反应绞痛我的心头。

蓦然想起，2002年5月，我的封面报导《疾“独”如仇促统——全球华人反独促统联盟程君复会长剪影》所写：“世无完人。全神全力冲锋陷阵的战士，难免有时目不旁视、心不旁及。一心奔前，同壕友人不易相配，甚至难以协调；全神陷阵，横刀暗箭不及提防，不免屡受损伤。他由此更悟出：真的智者，必须群策；真的勇士，力求群力。纵观和综观全人，志士仁人们由衷敬佩，真诚支持，愿与他一起群策群力。笔者对他的良多感受，试概为‘四如’：爱国如火，仗义如风，疾“独”如仇，促统如命。”程教授，想不到当时的感受，变成了今日我给您的“盖棺定论”。

我又想起文末的话：“这让我想起，宋人黄庭坚诗句：‘风雨极知鸡自晓，雪霜宁与菌争年？’雄鸡，满天风雨应晓自鸣；霜雪，不屑于与‘不知晦朔’的朝菌争一日之长短。您追仿的是自晓晓人的雄鸡。自晓而雄唱共鸣，晓人而群起并进。”当时，我是有实感而发。有人以为您呼喊在前，奔扑在先，是为了个人名位。其实，您不能不当仁不让，时时站在台前，承受“枪打出头鸟”的明箭暗枪。您多次对我和友人袒露胸襟：“我与所有保钓人士、反‘独’促统朋友，大目标大方向一致，我极为敬重他们。即使与其中一些人有某些意见分歧，也依然敬重。如果他们一起奋斗，我与他们并肩而行；如果他们奔跑在前，我也跟随他们之后。”当您被推选为全美中国和统会联合会会长时，一再表示，希望某位或某几位人士一起参与，您可以与他或他们当共同会长，也可以让他或他们当会长而自已退为副会长。您，深知历史使命，勇于挺身而出；您，深明民族大义，杜绝“舍我其谁”。

程教授，我分明记得，今年2、3月间，您从费城给我电话，全美和统会联合会要改选，“我要退下来，让年富力强的人当会长。我退休后，可以在华盛顿租个房子当办公室，要向美国主流社会游说”。您还特别叮嘱我，为此起草一封信函。我建议，请您先与池洪湖理事长商议拟出一个纲要。您答应了。但是，迟迟不见您寄来。我想，您很忙。事实上，我不停地从新闻中看到您到处奔跑、演讲、示威，抗议日本对钓鱼岛的野心和蛮行，反对“台独”分裂祖国的阴谋和罪行。但没有想到，您其实是抱病而为，甚至是在与病魔抢时间。4月初，我因为迁移加州而忙碌了一两个月，好不容易安顿下来，立即与您联系。您只回了简单几句英文信，祝贺我到了一个气候宜人的好地方。此后，我接连打电话、发电邮，都渺无回音。这不合您的风格。我蓦然想起，您多年前罹患肿瘤之症，到北京治疗，服用中药后痊愈，难道……？我不由心慌。因为大搬家，很多地址电话找不到。终于找到费城侨领谢业先生电话。谢先生极为忧虑地说：“程教授到北京检查身体，说三个星期回来，现在一个多月没有回来，可能……详情请问卢代仁会长。”我一直为此不安。

程教授，我分明记得，今年9月初我抱着在北京能够与您会晤的希望，到武汉出席世界华文传媒论坛，到北京参加活动。在武汉，国台办严中洲处长告诉我：程教授在北京成功地动了手术，已经回到美国了。我一时放下了悬挂之心，但又未能完全释然。我在上海见到侯大正先生，说到此事，他马上说："程教授不应急忙回去，手术后应当多休养一段时间。"我说："听说，他惦记着很多活动啊！"

程教授，我分明记得，9月25日，我从上海飞达北京，参加世界华侨华人社团联合会活动，遇见来自欧洲和香港的侨领，都极为痛心地说："程教授走了！听说是感染肺炎……"难言绞痛涌塞心头。夜10时，回到房间看到留条：住在西苑的侯先生让你立即回话。我给正在出席中国和统会会议的侯大正会长打电话。他沉痛而焦急地说："程教授走了！知道吗？我已经电告太太和王永高，立即代表芝加哥和统会向程夫人和家人致悼致慰。"

程教授，您已经无法看到和想象得到，翌日早晨，我到西苑饭店探望世界各国各地的中国和平统一促进会的会长们时的感人情境。一见面，第一个共同话题就是您的遽然永别。南美钟月钧、日本陈福坡……七八位在历次全球大会中见面的朋友们都连声哀叹："可惜啊！他走得太快，太早！"来自华盛顿的张文健先生悲戚难言，未语先泪。我说："程教授本来要在生前完成改选，让你们这些年富力强的人担当重任。可惜，他来不及。"他语带哽塞说："他不该走了，他还有很多事情没做完……"。欧洲中国和统会会长张曼新泪光闪闪地说："程教授太感人了！他动了手术后，我给依然卧在病床的他打电话，安慰他。我劝说，病好后，多休息，不要到处奔跑了。可是他说：'不行！只要活着，只要还能行走，我还奔跑。反"独"促统事业，不能中止不能放下啊！'"。您，真是鞠躬尽瘁，死而后已。我不能不想起您在柏林大会发出的心声："为了反'独'促统，为了维护中国主权和领土完整，我们甘愿牺牲一切，甚至牺牲个人生命"。当时，全场以热烈掌声与您共鸣。如今，这豪情壮志，已成悲情壮行，激荡人们胸怀。

程教授，其实您是"死而不已"。有人以钱财资助活动，有人以实力推动活动。您，没有钱财，没有实力，但是，您以敏捷思维引领风骚，您以实际行动带动潮流。

我深信您在柏林大会上《"反独促统"——我们的历史责任》的话语将与您永生："今天，我们来自世界各地的华人，为了一个共同目标走到一起来了……我们相聚的目的只有一个，那就是致力于实践中国革命的先行者孙中山先生的崇高理想——‘统一是中国全体国民的希望。能够统一，全国人民便享福；不能统一便要受害’……由于众所周知的原因，中国现在还没有完全统一，宝岛台湾至今还没有回到祖国大家庭，相反却有离祖国而去的危险，历史的责任义不容辞地落到了我们这一代人的肩上，这便是‘反对“台独”，促进统一’。今天，中华民族再一次面临被分裂的危机，一小撮心怀叵测的人要将宝岛台湾从祖国版图中割裂出去，我们怎能视而不见呢？此时，该是我们海外华人进行第三次大团结的时候了！”当时，这是大会中一声嘹亮的号角；如今，已经成为环球反“台独”促统一的滚滚洪流的生动写照。

您，走了，
您的呼喊，依然在回响；
您，走了，
您的身影，永远在奔扑。

附录：疾“独”如仇促统一

——全球华人反独促统联盟程君复会长剪影

宗　鹰

早年他在台湾受教育，影响最深的是对中华民族的认同和坚持。他疼台湾，爱中国，认为中华民族面临被分裂的危机，呼吁海外华人团结做中国统一的促进派。他希望向美国人讲理，请他们不要分裂中国，不要破坏中美正常关系！

持恒不懈

程君复爱国奉献，四十年如一日，持恒不懈。

一九八四、八五年间，笔者在国内读有关河南郑州黄河大学新闻报道，就记住了一个响亮的名字：程君复。正是他和一些美国华裔人士，倡导创办这中国改革开放后第一所中外合资大学。笔者从一九八五年年底居美以来十六七年间，时闻程君复名字，常见程君复消息，屡读程君复言论。反对“台独”分裂，促进中国统一、推动中美友好，在他是“三而一”“一而三”。“广大华侨华人积极投身中国统一大业，既是出于华夏儿女的民族情感，也可以增进所在国与中国之间的友谊，为世界和平作出贡献。”这是他的基本信念。从一九七〇年积极参与保卫钓鱼岛运动开始，他四十年如一日，坚持不懈，升温不已。近年来更挺身而出，团聚美国和世界华侨华人以至台湾岛内志士仁人，一起站在海外民间反“独”促统的前列。

神往已久，惜无面缘。第一次面缘在二〇〇〇年八月二十四日柏林。那天，在“全球华侨华人推动中国和平统一大会”报到处，几位人士在热烈交谈。其中一位似曾相识，隐约感到在报纸新闻照片中见过。他正在滔滔而言：“‘台独’如此嚣张，说到底是有美国一些反华势力的支持。李登辉这些‘台独’分子固然是麻烦制造者，但他们是台前的麻烦制造者，还有幕后的真正麻烦制造者啊！”说着说着，涨红了脸，伸出右手用力往下一划，何等义愤填膺！唔，他就是程君复。给我这第一印象，至今历历在目，晰晰在心。在华盛顿大会期间，作为主要发起者、筹备者和主持者之一，他的尽情尽心、尽智尽力，更加深了我的印象。两年来相继在东京大会、北京中华民族振兴研讨会以至促进中国和平统一芝加哥论坛，多次面聆，时通电话，从多角度感受他的为人做事，领悟他的业绩人品。

世无完人。全神全力冲锋陷阵的战士，难免有时目不旁视、心不旁及。一心奔前，同壕友人不易相配。甚至难以协调；全伸陷阵，横刀暗箭不及提防，不免屡受损伤。他由此更悟出：真的智者，必须群策；真的勇士，力求群力，志士仁人们由衷敬佩，真诚支持，愿与他一起群策群力。笔者对他的良多感受，试概为“四如”，爱国如火，仗义如风，疾“独”如仇，促统如命。

爱国如火

多年前，芝加哥著名爱国侨领陈济明先生曾说：“程君复教授爱国至极，容不得任何有损于爱国的言行，一粒沙子都藏不下，对当官的也直言不讳，得罪人也不怕。”这包含更完美的期望，但主要赞许他如火爱国热情。

如火的爱国热情，是怎样淬砺出来的呢？

程君复出生于江苏南京。四十年代末随同父母到了台湾。父母、家庭，与国民党、“国民政府”渊源较深。他先后毕业于台北国语实验小学和建国中学。就读东吴大学法律系两年级之际，随家人移民美国。在台湾岁月不算很长，但是对台湾感情很深。至今他依然心情激动地感谢当时台湾的教育：“不但让我学知识，学文化，而且学做人。影响最深的就是对中华民族、中华文化的认同和坚持。我是中国人，这感情，这信念，从小就渗透心灵。我虽是外省人，但我深爱台湾。我太太蔡文珠是土生土长的台湾人，她与我一样地热爱中国。”笔者在华盛顿大会期间，多次见到蔡文珠女士。她虽然没有抛头露面，却是夜以继日勤快忙碌，默默地协助程君复和大会进行各种文书事务。我感慨地想，他们夫妇共有一颗中国心，同谋统一事。程君复多次说：“有人攻击我，爱国是受了中共影响。不对！我热爱祖国发端于国民党、国民政府的启蒙和教育。当然，不必讳言，中华人民共和国的巨大成就和崇高的国际地位，使我身为中国人更自豪，更热爱祖国。”这就不难理解，他近年来为何从心底里真诚呼喊：“疼台湾，爱中国”。

来美后他改读数学，获数学教育博士。一九七五年始，他在美国天普大学从事数学教育工作，他特别关爱美国少数民族，曾致力为少数民族争取接受大学教育机会；为培养造就少数民族大学生，他参与费城教育局，深入公立中学校，改进数学教师素质并提升学生数学程度。工作成绩斐然，连续获奖十一次。这位朴素而优秀的教育家，没有完全放弃原来的法律专业，而致力于国际法等研究。一九八四年深感祖国改革、开放、建设急需大批人才，他毅然发起在河南郑州创办了黄河大学。一九八五年除夕夜，美国ABC电视台将黄河大学的成立列为当年重大新闻，特别专访向全美播放。到一九九二年间培养的学生，至今多数服务于中国外交界与司法界。

似乎人生命运注定，他要成为一个埋头数理的数学教授和学者。但是，他对人生的真谛有更广更深的感受和认识。最大最深的，就是对祖国前途命运的关切感，对中华民族大义的使命感。研读于书斋，绝不能“两耳不闻窗外事，一心只读数理书”。即使他想完全钻进书斋也不可能，外界的种种事端时来敲窗击门。一九七〇年，他积极参与保卫钓鱼岛运动——被周恩来总理誉为“海外的五四运动”，以“内抗国贼，外抗强权。”为口号，爱国主义为主题。一九七二年组织海外第一团“保钓人士”访问中国大陆，他的爱国热情空前升华。当时许多保钓人士从中国大陆，感受到从来没有过的作为中国人的尊严感和自豪感；反观台湾当局的演变，却产生了羞耻感和无力感。爱国感情自然凝聚到黏附在热爱支持新中国。程君复亦然。

保钓人士，本来理念就有差别，日后更显然分化。一些人淡出，一些人困惑，一些人转向，相当多的一部分人仍以自己人生青春与这一爱国运动相连而自豪。一九九五年，美东“老保钓”黄哲操、程君复、徐守腾、董叙霖、王春生、龚忠武等发起的“保钓运动二十五周年纪念会”，在哥伦比亚大学举行，主持人黄哲操和所有与会者强调追求中国统一的信念不变。程君复表示：“香港澳门的回归及海峡两岸的统一，对中华民族的前途和利益极端重要，希望老保钓们重新恢复年轻时代的理想，为中国的强大和统一尽力”。勉人更自勉，此后七年来，他为了促进中国统一和富强，殚思竭虑，尽心尽力。

疾“独”如仇

程君复疾“蒙独”、“藏独”、“疆独”、“台独”等等一切妄图分裂祖国的诸“独”诸“毒”如仇。疾“独”，绝非个人意气，而是民族大义。他多次强调：“台独”势力的所作所为触犯了包括台湾人民、海内外华侨华人在内的全体中国人的根本利益，违背了中国革命先行者孙中山先生的“中国大一统”的主张。

最初触发他反“独”感情和意志的，正是美国一些反华势力对“蒙独”的煽动和支持。来美不久，他结交了一些蒙裔人，其中有一些交情不错，来往密切。突然，这些蒙裔人疏远他。始则百思不解，继而恍然大悟，这些来自外蒙古的蒙裔人竟认为，内蒙要“独立”于中国，合并于蒙国。更莫名惊诧的是，“蒙独”背后是一些美国人。以后，又接连发现，美国还在蛊惑、支持“西藏独立”、“新疆独立”以至“台湾独立”。他不禁产生疑问：为什么中国人没有来美国搞“加州独立”、“夏威夷独立”，而美国却热衷在中国搞“台独”、“藏独”、“蒙独”、“疆独”……为什么旧金山和约背着和排斥受害最惨重而又是抗日主战场的中国，姑息纵容日本军国主义，不把台湾归还中国?他希望向美国人讲理，请他们不要分裂中国，不要破坏中美正常关系。

随着“台独”的猖狂嚣张，疾“独”之情更烈，疾“独”之思益迫，疾“独”之行更紧。二〇〇〇年他发起成立全球华人反独促统联盟。作为会长，他多次申明:“自古以来，台湾是中国的神圣领土这一事实就是毋庸置疑的。但李登辉上台后，推行‘明统实独’的路线，纵容、扶持‘台独’分裂势力及其活动，使‘台独’势力迅速发展。新上台的台湾领导人一直缺乏追求中国统一的诚意，使中国的统一大业面临严重威胁”。他尖锐指出，陈水扁当政后，虽然不宣布“独立”，但实际上已搞“台独”，不断欺骗中国人民、欺骗台湾百姓，利用时间，扩大加强台湾的军事实力，大肆准备“以战保独”。又为了瞒骗海外华人，分化海外华侨，仍然以“反共促和”来抗衡“反独促统”。民进党的陈水扁继续“台独”的纲领，又要瞒骗台湾人民及海外华侨，开了门叫“中华民国万岁”，关了门叫“台湾独立万岁”，以达到岛内为将来“宣布台独”扎根。为“台独”将给台湾民众造成的不幸，给海峡两岸带来的危害，感到既心痛又愤怒。他大声疾呼，“向日益嚣张的‘台独’迎头痛击，不能任由‘台独’分子分化海外华人、华侨。”

疾“独”如仇，义无反顾，去年十月在推动中国和平统一芝加哥论坛上，他慷慨陈词:“由于主张“台独”的民进党在台湾上台，海峡两岸关系遭遇严峻挑战。在台湾甚至出现‘华人与狗不得入内’，‘中国猪滚出台湾’等侮辱中国人、分裂中华民族的标语口号的时候，我们海外炎黄子孙能够沉默吗？能不拍案而起挺身出来反独促统吗？’说着说着，他神色肃然，时用指头、时用拳头敲击着讲台。我和在场的一百来位人士亲见他动情的神色手势，亲感他填膺的正气义愤。有位人士静中说：“以前看消息知道他很激忿，有人还说他唱高调，今天亲见亲感他发自肺腑的疾“独”之情，真是至情至性”。他奉劝台湾领导人“做一个堂堂正正的中国人，在一个中国的前提下，商谈中国的和平统一，因为这是台湾人民之福，海内外华人之福，中华民族之福”。坚持“台独”只能玩火自焚。他还呼吁海外华人组团访问台湾，加强台湾岛内外沟通，让台湾同胞明白：祖国大陆同胞、海外华人和他们心连心。

促统如命

疾“独”而反“独”，反“独”为促统，促统必反“独”，在程君复心胸中紧密交融。

他促统如命，自觉自愿地把促统视为崇高的超越个人生命的历史使命，甘愿为之付出一切代价以至生命。

笔者第一次现场直接聆听他的讲演，是在柏林大会上。他的讲题是：《“反独促统”——我们的历史责任》。开章明义：“今天，我们来自世界各地的华人，为了一个共同目标走到一起来了……我们相聚的目的只有一个，那就是致力于实践中国革命的先行者孙中山先生的崇高理想——‘统一是中国全体国民的希望。能够统一，全国人民便享福；不能统一便要受害’……由于众所周知的原因，中国现在还没有完全统一，宝岛台湾至今还没有回到祖国大家庭，相反却有离祖国而去的危险，历史的责任义不容辞地落到了我们这一代人的肩上，这便是‘反对台独，促进统一’”。“今天，中华民族再一次面临被分裂的危机，一小撮心怀叵测的人要将宝岛台湾从祖国版图中割裂出去，我们怎能视而不见呢？此时，该是我们海外华人进行第三次大团结的时候了！”当他说到“为了反‘独’促统，为了维护中国主权和领土完整，我们甘愿牺牲一切，甚至牺牲个人生命”时，全场以热烈的掌声与他共鸣。芝加哥和统会长侯大正说：“我的心灵完全被他的精神和话语震动！”

作为华盛顿大会的主要发起人和主持人之一，他重申这历史使命：“辛亥革命和抗日战争时期，海外华侨华人心系民族存亡，先后实现了两次大团结，为国家的独立和民族的振兴作出了重大的贡献。现在两岸关系正处于关键阶段，海外华侨华人正在实现第三次大团结，共同推动祖国完全统一的早日实现。”此后，他到处奔走，一再宣扬：“怀有迫切感的全球华侨华人……要努力促成推翻清政府和抗日战争之后，第三次全球华人大团结，为建立一个强大、统一的中国而努力奋斗。”

他在芝加哥论坛上袒露肺腑之言：“我当了多年教授，也要退休了。我不想当官，不想发财，只是为了中华民族的团结，为了中国的统一，为了中国和世界的光明前途。海外华侨华人有着热爱祖国、拥护统一的优良传统。在当前两岸关系的关键时期，我与所有的华侨华人一样，要挺身而出，坚持做中国统一的促进派。”大义凛然，掷地有声。全场深为所感，一再爆发热烈掌声。他当教授薪金不高，绝非富豪。依靠积储和退休金安度晚年也还能消闲舒适。但他想到的是燃尽自己的热，发尽自己的光，奉献给中华民族统一富强的大业。一位与会女士问：台湾现在动不动爆出议会武斗和种种蛮横行为，你们到台湾去反“独”促统，岂不很危险？他回答很干脆：一、有全中国人民、全世界华侨华人和台湾人民支持，相信“台独”不敢胡来；二、即使真有危险，也义无反顾。

仗义如风

程君复教授为中华民族大义，仗义执言，仗义行动，仗的是中华民族大义，中美友好大义，世界和平大义，言行雷厉风行而又力树风范。

解读江主席提出八项主张时，他特别指出：“充满着情、理、义”。事实上，程君复与全球华侨华人的反“独”促统也是充满着情、理、义。情，是包含爱台在内的爱国之情，包括爱台胞在内的爱中国人民之情。理，是基于“台湾是中国不可分割的一部分”的事实和法理。义，是包括台湾人民真正利益在内的中华民族的大义。如火的爱国热情，凛然的民族大义，与严谨的依法持理紧紧相连。把情义化为法理，以法理实现情义。

这些年来，为了反“独”促统，赴柏林，奔南美，去东京，飞悉尼……马不停蹄，风尘仆仆。一有涉及祖国、台湾的事件发生，他和反独促统联盟的朋友们立即与纽约、费城、华盛顿等地的侨领，召集会议，发表声明，迅速反应，风驰电掣。

情势的紧迫感，敦促着他仗义执言如风驰电掣，仗义行动如风驰电掣。譬如，二〇〇一年下半年反独促统联盟举办了连串活动。择其中数次则可见全貌。

六月，台湾当局试射爱国者导弹，李登辉又要访问美国康奈尔大学等，全球华人反独促统联盟迅速在二十三日发表了五点声明，首先指出美国售台大量武器并派军事人员帮助台湾试射爱国者导弹违反了中美三个联合公报，侵犯了中国主权。其次反对美国对台湾的“以战保独”，敦促台湾当局领导人立即停止玩火，承认自己是中国人，回到一个中国的原则。第三，直斥曾为日本军国主义帮凶的李登辉由隐性“台独”走向显性“台独”，通过金钱贿赂铺成访美之路，违背了国际法与人权法，也不符合美国的正义道德。第四，呼吁海外华侨华人对台湾当局企图封杀民间反“独”促统活动的行径提高警觉，坚定地推进反“独”促统事业。第五，强调促进中国的和平统一是全世界华侨华人的共同愿望，中国统一必定会压倒“台独”，一定能够实现。联盟并与其他华人、留学生团体在康大举行反对李登辉访美抗议活动。

八月中，日本首相小泉纯一郎不顾中韩及亚洲各国的强烈抗议，参拜靖国神社。八月十九日，反独促统联盟与纽约侨领一起，在华埠举行记者会，会长程君复在会上直斥其“前事之不鉴及后事之不师”，是对全亚洲人民的挑战。

“台独”分子原订九月十一日在联合国大厦举行支持以“中华民国（台湾）的名义申请加入联合国活动”，反独促统联盟九月八日联合纽约侨领举行记者招待会，由程君复宣读公开抗议宣言。

十二月台湾选举后，反独促统联盟当即在十九日举行座谈。会长程君复直言不讳：“目前美国仍然‘遥控台湾’，仍然是‘培养台湾独立，制造台独的大本营’”。他揭露美国的台湾教授协会专门在美国破坏中美正常关系，在这次台湾选举中，出钱出力，培植民进党人，又幸灾乐祸地提出三点主张，公开支持李登辉的“国家安全联盟”，推动岛内“台独意识”，配合西方所谓“中国威胁论”，破坏中华民族的团结。

程君复与反独促统联盟发起的一些活动，尽管由于客观情势有所改变或推迟，但是雷厉风行，坚持不懈。大型的两岸三地访问团延期，他与几位朋友先探路。二〇〇二年一月十五日江主席单独会见了他，听取他转达海外华侨华人反“独”促统的情况和意见，嘉勉海外华侨华人致力民间反“独”促统的工作。二〇〇二年的三、四月间，台湾“国安密账”曝光，台湾“立法委员”访美，出现提升“台美关系”的严重性事态。四月七日，联盟与美国公民关心正常中美关系委员会联合在纽约华埠举行记者会，宣读致布什总统、切尼副总统与国会议员的公开信。信中直言“奉劝阁下对这种违法而别有企图的游说活动特别注意，对此事作出调查”。宣读后，程君复说明，“美国逐步走歪路。美国要做的是带领全世界走向经济繁荣的道路，而不是走向战争武力解决的歧途。”

目前，以李惠英为名誉主席、程君复为主席、侯大正为总干事的执行委员会，正紧锣密鼓筹备全美中国和平统一促进联盟大会。为了团结一切可以团结的力量，程君复日夜操心，多方联络。

程君复的仗义如风，绝非风风火火。每发起一次活动，事前集思广益，深思熟虑；事中群策群力，慎言谨行。这让我想起宋人黄庭坚诗句：“风雨极知鸡自晓，雪霜宁与菌争年。”雄鸡，满天风雨应晓自鸣；霜雪，不屑于与“不知晦朔”的朝菌争一日之长短。他追仿的是自晓晓人的雄鸡。自晓而雄唱共鸣，晓人而群起并进。

二〇〇二年五月十四日写于芝郊徜徉室

（《地平线月刊》，2002年7月号）

11．永怀程君复教授

张文健

初识程君复教授是1999年的深秋。当时程教授陪同前立法院长梁肃戎先生访问华府，经友人介绍，由我出面联络与侨胞餐叙。时值感恩节假期，大家都忙着过节，程教授热心陪伴梁院长，令我印象深刻。

到了次年（2000年）我从报上得知程教授号召组团赴柏林参加“全球华侨华人推动中国和平统一大会”，当时热血沸腾，立即报名参加，也从此与程教授夫妇和“反独促统运动”结下了不解之缘。

程君复教授是一位充满了爱心的知识分子。他爱美国，更热爱中国的文化。程教授将他毕生的精力都奉献给了百年树人的事业和他的理想。近年来程教授致力中国的和平统一运动。他频繁地穿梭于华府、北京、纽约和世界各大城市，鼓舞各地华侨，并号召成立“全球华人反独促统联盟”。他的理想和孜孜不倦的努力，感动了许许多多海内外华人。

程君复教授是位亲爱的丈夫，慈祥的父亲，热情的教授，了不起的导师。他的仁慈、宽厚和对祖国大陆的深情，触动了我们的心弦——他是一位有远见的长者，他是我们永远的英雄。他的辞世是“全球华人反独促统联盟”和他的朋友们无法弥补的损失。

旅居美国华府的侨胞们于2006年2月20日于马里兰州洛克维尔市Glenview Mansion举行了“程君复教授追思会”。追思会结束前，我代程教授演唱了一首乡村歌手John Denver的Leaving on a Jet Plane，送给程夫人，并以之勉励程教授的挚友。对我们而言，程教授只是暂时地Leaving on a Jet Plane，继续穿梭于世界各地，为他的理想努力，他没有离开我们。

12．一位反“独”促统的英勇战士——程君复教授

詹文义（全加华人促进中国统一联盟创会主席）

我和程君复教授第一次见面，是在他领导发起和组织的全球华人反“独”促统（华盛顿）的大会上。自那时开始，我们便成为反“独”促统的战友。我过后参加在世界各地举行的全球华人反“独”促统大会时，都和他共同谈商和交换如何推动更有效果的反“独”促统的活动。

作为“全加华人促进中国统一委员会（大多伦多区）”的创办人之一和历任该委员会主席，我有机会与世界各地的反“独”促统会的领导人，保持密切沟通。华盛顿反“独”促统大会之后的年初，我便在加拿大发动当时4个促统会的大联合，年底便在多伦多举行“全加华人促进中国统一联盟”的成立大会，程君复教授和

他的一位朋友特地驾车前来参与我们盛大集会。他在成立大会上发言时，高度评价我们加拿大华人反“独”促统力量之能走向大联合的这个事实，他说，在这一方面，加拿大华人已经成为世界各国和地区华人学习的榜样，如果全球华人在反“独”促统的工作上，同心协力地组成一个全球的反独促统大联盟，把分散的人力、智慧和物质资源集中起来反“独”促统，必能为我一向来所极力主张和鼓吹的在海外的所在国“就地反独”和“创造有利两岸和平统一的国际环境”发挥宏大的力量和影响力。

“全加华人促进中国统一委员会（大多伦多区）”自2001年开始至今，主办和出版了16期的《海峡纵横》季刊，程君复教授与夫人是《海峡纵横》的忠诚读者，他们曾对我说，他们每读完一期，便盼望着下一期的出版。《海峡纵横》就是因为在全球各地有像程教授夫妇这样的读者以及其他许多读者的自动捐助之下，才能继续站在反“独”促统的战线上，用笔来向“台独”战斗和动员反“独”促统的力量。

从20世纪70年代的海外保钓运动直到90年代兴起的海外反“独”促统运动，程君复教授无不站在这些运动的前头，出谋划策，到处奔波，为的不是名或利，而是把反“独”促统当做一生的使命来劳心劳力，任劳任怨；虽然有时甚至遭到一些投机者和为名为利者的抨击和诋毁，但他始终是以实际行动来表达他忠于为中国统一大业效命的坚韧意志。同时，程教授不但非常善于提掖后进，而且也非常爱护志同道合的反“独”促统战士。我本人和他比起来，还仅是小兵而已，可是在每一个全球的反“独”促统的大会上，他都不会忘记（在我不知情的情况下）推荐我成为大会主席团的成员及分组讨论的主持人之一。就因为他的提掖，我的一些如何进行反“独”促统的看法，才能有更多机会扩大其传播的范围。

现在，程君复教授永远离开我们了，可是他作为一位百折不挠的反“独”促统战士的精神，还存留在我们心中，正在鼓舞着我们继续致力于完成他未竟的反“独”促统的使命，直到中华民族完成民族和国家的统一大业为止。

13. 怀念一位反“独”斗士程君复教授

王 坚

笔者尽管只见到程君复教授一面，但还是从朋友们的口中及芝加哥的报纸上了解到很多有关程君复教授的事迹。

程君复教授充满了正义感，反对任何国际势力阻挠祖国的统一。他参加了2001年芝加哥中国和平统一促进会主办的“推动中国和平统一芝加哥论坛”。己所不欲，勿施于人，美国不愿意他国干涉自己的内政，但一些美国势力却要在中国搞“台湾独立”、“西藏独立”、“新疆独立”，程君复教授希望和这些美国人讲理，请他们不要这样做。海峡两岸合则两利，分则两害，程君复教授认为中国实现和平统一不仅将造福两岸人民，同时还有助于中美关系的健康稳定发展，有助于消除亚太地区的不稳定因素，对世界的和平与发展也很有利。他号召全球华侨华人积极投身中国统一大业，增进所在国与中国之间的友谊，促进世界和平。主张“台独”的民进党代表人物在台湾上台后，海峡两岸关系遭遇严峻挑战。程君复教授在怒斥“台独”势力以殖民文化为荣，侮辱和分裂中华民族的同时，还大声疾呼广大华人挺身出来反“独”促统。程君复教授义愤填膺的讲话感动了与会人士，全场以热烈的掌声支持和响应程君复教授。

2002年8月，全美中国和平统一促进会联合会在芝加哥成立，程君复教授当选为联合会会长。程君复教授积极地推动全美反“独”促统力量的联合，团结各界华人在美国各地深入开展反“独”促统工作。

程君复教授有一颗强烈的爱国心。芝加哥著名爱国侨领陈济明先生曾说：“程君复教授爱国至极，容不得任何有损于爱国的言行。”程君复教授勇敢地捍卫祖国的尊严，坚决地和日本极右势力及“台独”势力作斗争。同时，他还以无比的爱心奉献社会，关心改善美国少数族裔的教育境况，对远道而来的中国留学生给予无微不至的关怀。留学生称赞程君复教授侠肝义胆，勇于助人。

一中会会长李志钟教授，五十多年前是程君复教授的邻居。李志钟教授创办一中会，在芝加哥地区向华人社区和美国各界宣传一个中国原则，促进中国和平统一。作为一中会的创办人之一，程君复教授积极支持一中会的各项活动，专程赴芝加哥参加一中会讨论会。在讨论会上，程君复教授揭露“台独”势力勾结日本右翼势力，反对美国极端势力利用“台独”势力分裂中国的企图。

芝加哥和统会会长侯大正称赞程君复教授是真正的男子汉，是一个堂堂正正的中国人，十分值得大家钦佩。芝加哥和统会副会长兼秘书长王永高高度评价程君复教授的爱国一生：程君复教授将反“独”促统、反对日本军国主义复活和促进美中友好作为自己人生不可分割的事业，几十年如一日为此不懈努力、奔走、呼号，他这种对祖国和平统一事业的执著精神，尤为感人！我们要努力学习程君复教授无私奉献的精神，团结一切反“独”促统的力量，在推动中美友好关系的同时，积极地促进中国的和平统一。程君复教授的爱国精神，将永远激励爱国人士为祖国的和平统一而奋斗。

14. 启蒙老师

王　尧

海外游子

中华我心

为国为民

鞠躬尽瘁

死而后已

程君复的名字在我们这些海外华人里并不陌生，自从程君复离开我们以后，在全球的华人中更是热门话题。这位杰出的华人领袖，为了中华民族的强盛，为了祖国的统一，无私地作出了毕生的贡献。

四十年来，他奔波全球，领导着全球华人与右翼分子做着不屈不挠的斗争。如果有人指责中国政府的领导，或是诽谤中国日益强大的成就，他马上会站出来，坚决地抵制与争论。当时在美国的华人中有这样一句话：“费城有两个共产党，一个是程君复，一个是卢代仁（卢代仁是程君复的左膀右臂，忠实的追随者）。”他的外貌和善可亲，与人交谈永远是热情和蔼。但他的内心却是疾恶如仇，爱憎分明，一丝不苟。在他的人生观里，没有妥协与让步。他先后创办了全球华人反“台独”促统联盟和全美中国和平统一促进会联合会，并兼任会长。

他领导着我们与“台独”分子做着不屈不挠地斗争。他经常发表演讲，撰写文章，与陈水扁“政府”针锋相对，彻底揭露了陈水扁“政府”分裂中华民族的狼子野心。

日本的右翼分子企图颠倒历史，混淆是非，不承认侵华历史罪行，程教授就亲自到日本去，召开记者招待会，彻底揭露了日本的右翼分子的阴谋。为了钓鱼岛事件，在美国，他领导华人举行了声势浩大的示威游行，并到日本驻美领事馆前举行了聚会，递交了抗议书。

程教授除了日常工作外，他的全部时间都用在中国和平统一和弘扬中国文化上，他向全世界呐喊：“伟大的中华民族正以惊人的速度发展着，强大着！”他启蒙和劝导着海外华人热衷于中华民族。

通过和程教授的几次接触，我对这位老教授越来越敬佩。他深明大义，实事求是，启发了我对祖国的报效之心；他给我讲述了人生哲理和追求，身为中华子民应尽的责任，使我在浑浑噩噩的生涯中梦醒。他的教诲，经常在我的耳边回响。人生在世，不应只为工作赚钱、享受，而虚度一生的年华，要有所作为，要有理想，有抱负。多想一想自己的祖国，自己的民族。不要总认为自己的国家，应该这样，应该那样，自己的政府应该如何如何，反思一下自己：“你自己为这个国家又做过什么，你自己为这个民族做出过什么贡献。”我越想就越觉得内心的愧疚，真的想马上为这个国家，这个民族做点什么。

以后只要有聚会或开会的机会，我就去向程教授请教和陈述自己内心的不安与亏欠。程教授总是耐心地劝解我：“祖国正在日益地强大，国民经济正在飞跃地发展，当前我们的任务就是号召和团结全球华人和台湾同胞，甚至受陈水扁蒙骗的人们，团结起来，反对和制止陈水扁‘政府’分裂祖国的罪恶阴谋。只要全球华人一致反对‘台独’分子，陈水扁分裂祖国的阴谋就不能得逞。作为一个中华民族的子民，为了祖国的统一，民族的强大，世界的和平，尽已所能作出多大的贡献并不重要，只要有这颗真诚的心。哪怕你发自内心的喊一句：统一祖国！也不愧为中华子民。对得起自己的祖国，对得起自己的祖宗。”

听了这番话我感到热血沸腾，激动万分，内心久久不能平静。暗暗下决心，为了祖国的统一，不惜我毕生的精力！

程教授慈祥的面孔永远展现在我面前，他真诚的教诲永远在我的耳边回响，他坚忍不拔的精神永远活在我的心中。让我们全球华人、台湾同胞团结起来，回到祖国母亲的怀抱！

15．东游杂记

王　尧

晃动的窗帘闪露出灰白色，不等闹钟报晓，我已经起床了，今天又有一整天的事情在等着我，草草地喝了一杯咖啡，就急急忙忙地离开了工厂。昨晚约好了程君复教授和北加州的中国和平统一促进会会长关永文以及二位夫人，早上九点在宾馆大厅见面。今天的安排是中午会见广东省政协陈少基主席，参加省台办的一个研讨会，内容是关于台海两岸关系的前景和我们和平统一促进会今后的工作要领。下午还要参加一个盛大的中国和平统一佛山联谊会。我一路思考着我的发言稿是否完善，有没有漏洞，和今天下午的联谊会有多少人参加。大概有两百多人吧。

车已经到了金都宾馆大门口，这是一家四星级的宾馆，很气派！挺拔的大理石柱子，衬托出大厦的雄伟。翠绿的草坪，争艳的花朵，又增添了庭院的秀色。

我习惯地看了看表，和约定的时间还差着十几分钟。多年的工作，已使我养成了遵守时间的习惯。服务生很有礼貌地为我开了大门，走进大厅，进入我视野的第一个目标，就是已经坐在大厅沙发上看报纸的程君复教授。哟！比我还早！不知是因为时差的关系，或是昨晚失眠，还是这位老教授也是位一贯遵守时间的人。我胡思乱想着，静静地走到他身边，默默地看着他那执著认真慈祥的脸，又想起了十九年前的事。

费城天普大学的校门口停列着一排快餐车，我的哥哥也有一部中式的快餐车在其中，生意还不错，餐期的时候，排着长长的人龙，三个人都忙不过来。这部快餐车还是我设计组装的。那个时代在费城街边除了简单的热狗车之外还没有中式快餐车，我是第一个在费城设计组装中式快餐车的人。第一部是小型拖拉式的快餐车，只限一人工作。当时我给它取了一个名字，叫“美星”。就停在十五街和樱桃街口，背后靠着市政厅。到餐期的时候，排起长长的人龙，于是启发了我做第二部、第三部，为此《费城日报》还采访过我。后来我又设计组装了一部可移动的卡车式快餐车。在天普大学的快餐车里，中式快餐车是第一部。

当时我的装修公司碰到了一些麻烦，公司暂停数日，左右无事，我就到我哥哥的快餐车看看，说来也巧，刚巧碰上我哥哥和程君复教授聊天。这是我第一次见到程君复教授。这位教授热情生动的脸给我留下了深刻的印象。他在谈论中国的前景，尤其是谈到中国的改革开放时，脸上抑制不住的骄傲与激动，给我留下了不可磨灭的印象。当时我在想，这位教授大概是中国派来的政工干部吧。后来我才听到程君复教授的一些故事。他那激动慈祥的面孔，背后却是坚韧和执著。历史的挫折，民族的统一，中国的强大和对中国共产党的信赖与崇拜，让他多年来，为了祖国的和平统一，呕心沥血，不知疲倦地工作着。艰难坎坷的路程并没有半点动摇这位老人的决心与信念，漫长的岁月，白发已爬上了鬓角，脸上又增添了几条深深的皱纹。

“早上好！”关永文和我热情地打了招呼。这是一个好说好动的人，精力永远是那么充沛、旺盛，大嘴咧咧，笑口常开，三句话不离开中国统一后给台人带来的好处。他的演讲水平并不很高，但是他政治见解分析之清晰和反应之敏捷确是屈指可数。厚厚的眼镜，掩盖不住小眼睛里透出来的精明强干。他和我永远有说不完的话，我们的政见相同，在这些和统会里，他和我谈的话题最多。至今我们还是莫逆之交。

为了不耽误和政协约会的时间，我们必须抓紧时间去用早餐。这里的中餐厅非常考究，单间的包房坐落在水榭楼阁之中，曲折的廊亭是模仿宫廷建造的。虽是雕梁画栋，但并不宽敞，我和程教授并肩而行，我滔滔不绝地讲解着这家地道广东菜的特色。跨过了一座小拱桥时，迎面走过来几个老外，我向前跨了一步，下意识地侧了侧身，想让几个老外过去，回头一看，程教授昂首阔步，走在路中，丝毫没有让路的意思，大有我神圣大中华民族勇猛向前的气概！几个老外不得不停下来侧身让路；拐了一个弯，两位袒露妖艳的小姐迎面而来，对我们谄媚地一笑，只待启口，突然我的手被人一拉，不由自主的拐到另一条走廊，侧头一看，原来是程教授。他拉着我的手急急地向餐厅绕路走去，嘴里还不断的叨唠着："下次碰到这样的事还是躲着点儿走。"

16. 相见恨晚，志同道合

梁思信

公元2005年9月21日，程君复教授去世，享年仅68岁，为中华民族和平统一事业贡献了一生。程君复先生的卓越成就随着岁月的流逝而日渐明晰，就像一座高山，山脚下显得模糊，而远看显得高大。他就是一座非凡而伟岸的山峰。

纵观他的一生，保钓运动，反对日本军国主义，促进中美友好，反对"台独"推进和平统一，鞠躬尽瘁，死而后已。作为全球海外华人反"独"促统运动的领袖，他立场坚定，旗帜鲜明。他亲自制定纲领、口号，召开世界大会，短短五年时间，各地的反"独"促统联盟、和统会如雨后春笋般建立起来，当初的星星之火，已成燎原之势，浩浩荡荡的反"独"促统大军已显出它的巨大威力。程君复教授的领袖角色，和他在运动中所起的作用，是任何人都不可替代的。他的丰功伟绩将永远载入中华民族的历史，永垂千秋。

程君复教授任职于费城天普大学，平时课务繁忙，其政治活动均是利用周末时间进行的。程君复夫妇多年来奔走于费城、纽约、华盛顿之间，这条高速公路是他们革命的长征之路，沿途洒满了他们的汗水和艰辛，见证了他们为反“独”促统运动奋斗的历程。他频繁地与纽约、华盛顿的华人，知名人士举行各种记者招待会，针对国际形势的变化，对“台独”的嚣张，日本军国主义的抬头进行了猛烈的抨击，向世界发出正义的声音，表达和平统一的愿望。几年来新闻媒体对反“独”促统运动的报道就有上万条，而“程君复”三个字是新闻中出现频率极高的海外华人名字。

一个夏天的夜晚，我们从纽约开完记者会返回，程君复先生驾驶的是别克车，突然车内所有的照明系统全部熄灭，一片黑暗，只听见车外飞速而过的嗖嗖声，及渐渐远去的尾灯光。情况紧急而危险，随时我们都可能被后面飞驰而过的车撞倒。程教授紧握方向盘，借余力小心翼翼地继续前进，慢慢靠到路边，几经周折，拖车公司将程教授他们送回家时，已是早晨六点啦。

一次从华盛顿回来，我无意中问程太太，是否借机去观赏过樱花，程太太说没有。我似乎有些不相信，追问一句，那有没有参观过华盛顿的博物馆或其他名胜呢？程太太笑了笑，似乎歉意地说：“没有。”“一次都没有？”我又追问一句，仍不死心。“没有。”我愕然！程君复夫妇就是这样地与众不同，而这正是他们的伟大之处，他们将他们的时间，金钱毫无保留地奉献给了他们为之奋斗的事业。

我先生高宏的父亲出生于北平的一个封建大家庭中，高中毕业后失业心情苦闷，经人介绍去了台湾，在一小学任教（当时我先生仅三个月），初期还有书信往来，朝鲜战争爆发后，便音信渺无，母子俩日日盼，月月盼，望穿秋水，仍未盼到亲人团聚。高宏的父亲已于八十年代去世，这特殊的经历使高宏对台湾有特殊的感情，他更是深切地盼望两岸和平统一早日到来。在费城结识程君复教授后，两人相见恨晚，很快成为无话不谈的朋友。高宏敬重程教授的人品，反“独”促统的事业是他多年追求而且最希望全身心投入的事业，自此两人共商大事，精诚合作。高宏曾穿梭于美国、加拿大、中国，与国内的和统会，统战部、台办、侨办多方联系、传递信息，互相交流，发挥了特殊的作用。在华盛顿反“独”促统大会上，程君复教授特地向高宏颁发奖牌、表彰他的贡献。高宏目光敏锐，对事物有独到的见解和策略。在新的形势下，程教授摒弃前嫌，在谢业先生的帮助下主动与中华公所的老侨们举行了会谈，团结一致，共同反“独”。另一方面，高宏介绍卢代仁先生加盟，组建了福建同乡会，作为运动的生力军，在人力财物上给予了极大的支持，开创了费城反“独”促统运动的新局面。

不久，高宏发现患有肝癌，回京在协和医院治疗，程教授心如刀绞，每次赴京，不论多忙，都要抽空去医院探望，倾囊相助，促膝长谈。高宏去世后，程教授对我非常关心，逢年过节，他总邀我去他家吃饭。有一天，他对我说：“辛狄，我昨晚做了一个梦，梦见了高宏，他将你托付给我，让我照顾好你，你知道我是从来不做梦的。你在生活、工作上有任何问题，一定要告诉我……”听到他这番话，我当时就泪如雨下……程君复教授是很了不起的，但对我们来说，他是我们最好的朋友，最亲的亲人。他走了，留给我们刻骨铭心的悲痛和怀念。

17. 深深怀念程君复教授

郑建民

我是侨居美国的福建人，经营餐馆，每天起早摸黑，炉头枕头，过着非人的生活。即便有一天的休息，也是睡懒觉或去唐人街逛逛而已，对于外面的世界像泥牛入海，音讯全然不知。即便外面有金拾，也没有我的份。

1998年冬末春临时光，梁辛狄、谢业和我驱车前往程教授家。那天在他家有很多学生、学者。我们倾听程教授刚从北京带回来的反“独”促统最新的理念，他大声召唤海外侨学界、华侨、华人投身到促进祖国的统一大业中，尽其所能、贡献力量。众所周知，祖国的统一最大的障碍在美国、日本，不在台湾。所以祖国对美国华侨、华人特别重视。他们希望华侨、华人能汇聚成一股力量，发出同一种声音，对统一大业，起到推波助澜的作用。我想这也是我们海外华人分内的事。祖国的统一，是我们海外华人盼望已久的宏愿，祖国的繁荣昌盛，是我们海外华人坚强的后盾。祖国和海外游子息息相关，唇齿相依，就像神舟飞得多高，海外华人也就飞得多高。

我在海外生活30多年，都生活在一个小圈子里，从来没有崇拜过任何人，唯独程君复教授是我心中的政治偶像，是我的政治启蒙老师，他唤醒了我沉沦已久的心灵，对祖国，对侨社释放出关心、热爱。他为了祖国的统一大业，贡献出自己的时间、金钱、精力，自己的一切一切，直至宝贵的生命。他高贵的精神，崇高的情操，圣洁的品德，是我们学习的典范。去年盛夏，为了迎接台湾“立法委员”高金素梅带领的原住民代表团赴美国联合国总部抗议日本军国主义罪行。程教授不顾自己刚在北京动过大手术，身体尚未康复，在华氏100多度的炎阳下，亲自开车奔波往返于纽约、费城数次，安排接待高金素梅代表团活动。就这样，在身体免疫力非常低下的情况下，感染肺炎，就这样走了。伟大而慈祥的程教授这么快就离我们而去，给我们留下了深深的怀念，无限的追思。他的言谈笑语，激励着我们永远向前。

记得在中国申奥成功时，程教授就跟我们说好，2008年他将带领我们反“独”促统费城成员去北京参观奥运会，这是中华民族五千年历史上第一次的伟大盛会。我们对它充满了美好的憧憬，然而程教授却过早地离我们而去，留下深深的遗憾。

我们是多么希望程教授为之奋斗一生的祖国统一大业早日实现，全球反独促统联盟的历史重任早日完成，为此我们仍需努力，用行动以慰程君复教授在天之灵。

程君复教授永远安息吧!

2006年5月1日于费城

18. 与我们在一起

——天普大学中国留学生回忆教授的最后三年

方谋　薛海

2004年11月24日，是我在费城度过的第3个感恩节，刚一下课就急匆匆地从学校往程教授家赶，路人也都行色匆匆，赶着回家过美国最重要的节日之一。11月末的费城，已是寒气逼人，临街房子的宽大玻璃窗，因为室内外的温差，蒙上了一层氤氲的雾气，隐约看到客厅里硕大的火鸡和其他丰盛的食物，我不觉得加快了脚步。351号，那里并不是家，亦不是去过中国人的节日，但3年来，那温馨、祥和、欢乐的氛围每次都给我一种家的感觉。一到感恩节，这里都会聚上十几个中国留学生，火鸡由程教授亲自操刀，程师母则精心备下一桌中西兼备、年年都不重复的菜肴。席间国事、学问、家事、乡情、生活琐事，无所不谈……

然而今年的感恩节，这一切熟悉的场景不再，只邀得同为Temple留学生的好友薛海寓所共聚小酌，街上的繁华和别家窗内的温馨让我陡然间意识到——再也品尝不到教授亲手烹制的火鸡了。教授过世后的一个多月，我才在这样一个最生活化的氛围中，切切实实地尝到了这一记闷棍，才开始能渐渐地整理情绪，与薛海一起回忆教授生命中的最后三年，用文字记录教授与我们在一起时的点点滴滴。

慷慨解囊　既为师长亦为父

初次领略程教授的师德是我“临危受命”之际——2003年1月，因时任Temple中国学生会主席仲海峰的返美签证被拒而由我仓促接任其职时，正值春节前夕，面临着筹备除夕晚会的重任。独在异乡为异客，每逢佳节倍思亲，这个晚会是Temple中国留学生一年一度的盛会，也是中国学生会每年的重头戏。但事出突然，所有的相关工作都没有交接，千头万绪根本不知从何开始，节目刚刚开始排练，赞助资金尚无头绪，晚会场地更是一个空中楼阁。

未曾想，教授在国内讲学时从仲海峰处了解到了这种情况，回美国的第二天就找到我，直接划拨了500美金以作启动资金，而后又利落地拨了几个电话，邀请费城当地一些著名华侨来参加晚会，来帮助提高晚会的知名度和影响力。极不凑巧的是，晚会的前几天，因为缺少一个手续，原来租借的场地竟被临时收回，忙乱之中我只能再次向教授求助，租得了一家中餐馆。2003年1月20日，晚会在中餐店内如期顺利举行，除Temple的中国留学生外，当地华侨、驻美的中国使馆工作人员，美籍华人教师等竟到了百余人，不枉教授在费城华人界“一呼百应”的声望。而后听说，早至80年代初期，程教授就一直担任Temple中国学生会的指导老师，那么想来，这类救学生于水火的故事恐怕是难以尽数了。

更多的时候，程教授在我们中国留学生的眼里是一名慈父。只身求学海外，在语言、文化、饮食、住宿上，都有着种种的不适应，教授着力搭建一个平台，帮助留学生尽快融入美国社会，熟悉当地文化。还记得2003年，Temple与国内合办的法律人才培训班，招收了国内40余名法官、律师、法学家等法律界精英，进行一个为期半年的交流学习。担心他们可能在语言和生活上比一般的中国留学生更不易适应，刚一落脚，教授就亲自去探望，随后又自费组织了一次野餐会，邀请当地华侨以及其他部分中国留学生，与培训班的学生交流。甚至连野餐会的地点都煞费苦心的选在华盛顿当年打游击的地方（Valley Forge）。

一日为师，终身为父，是要求为人弟子的，敬恩师如孝严父，以谢师恩；程教授却是一日为师，一日亦为父，此番恩情，何以得谢？

春风化雨　激发学生爱国热情

教授为师之处，不单在学问、在工作，更重在做人、在思想、在那满腔的爱国热忱。这一点，我（薛海，本节下同）感触最深。

“去美国两年，你最大的变化就是成了一个不折不扣的爱国主义者。”在国内读书的女友曾经非常不解，是什么力量促成了我这么大的改变。在她看来，出国前的我，并非不爱国，但也决不会主动投身到爱国运动中去，不会就统一运动与人争论至面红耳赤，更不会走上街头呐喊游行，而现在，却俨然成了国内一些人口中的“爱国激进分子”，这令她百思不解。

教授在北京医院做完癌症手术后，我就让女友代表我们这些身在美国的学生前去探望，回来后在电话里，女友沉默了很久说，“终于知道了什么才是真正的爱国，跟身居海外的程教授比起来，我们对自己脚下这片土地的爱，还没有他来的强烈；我们这些二十多岁所谓祖国栋梁的心，还没有他的心年轻、有活力。”术后不到五天的程教授，竟然在病榻上谈了两个多小时，不是什么反“台独”、保卫钓鱼岛的大道理，而是专门与学新闻专业的女友聊国内媒体的现状，聊昆曲等传统文化的保护，聊国内青少年的西化以及遗忘历史的趋势。其间，师母数次提醒教授该休息了，教授还是坚持再多聊一会。直到今天，女友仍念念不忘与教授唯一的那一次会面。是的，他的一言一行，有如春风化雨，每一个亲身接触过的年轻人，都很难不肃然起敬，不被那爱国志士的精神所感染和激励。

他请名家来Temple做讲座，帮助我们开阔视野、提高学识、传承爱国传统。场地费、茶水费、餐饮费，大小费用，教授一力承担；联系名家、策划选题、公开宣传，事无巨细，教授事必躬亲。有历史学大师龚忠武的“文革”历史回顾，有政治学大师熊玠的中日关系漫谈；还有不计其数的国是座谈会。

他向美国主流社会介绍中国，甚至请他们到中国去，亲身了解。在教授的组织下，费城当地的华侨在筹款晚会上捐助了2万美元，使费城高中交响乐团中国访问团得以成行。

国内遭遇灾难时，教授更是义不容辞的伸出援手。2003年，SARS在中国横行，教授左思右想，力所能及的事情就是在当地侨界募集一些捐款，尽绵薄之力，但因有学术会议要参加，于是将捐款事宜委托于师母处理，难为身材小巧的师母挑起这个重担，不过也因此发生了一件小插曲——捐款点设在费城的中国城，每天师母都要从家里开一个大卡车，带上桌椅、宣传资料，还有我们几个帮忙的学生的早午饭。身材小巧的师母开着一个大卡车，自然引起了警察的注意，有一天竟然被一个警察拦下，怀疑卡车的归属权，无奈怎么解释警察都不相信，最后还是被罚了75美元。乍暖还寒的天气，从早上8点到晚上6点，10个小时，整整连续三天，终于募集了

1000美元捐到了中国领事馆。

鞠躬尽瘁　晚年坚持保钓统运

35年前，保钓运动在美国兴起，程教授是当仁不让的头号闯将；因为钓鱼岛问题从属于台湾问题，解决两岸统一是根本，所以次年保钓运动就进一步发展成统一运动，于1971年4月10日在华盛顿举行了全美华人游行大示威，教授作为东部的急先锋在示威上发表了慷慨激昂的演讲。30多年来，教授从而立、不惑步入古稀之年，依然活跃在各种爱国运动的前线，60多岁的高龄还一手策划组织了在华盛顿的“抗日大示威”，即便在北京做癌症手术的期间，仍然一心念着第三次抗日大示威的筹备活动。三次示威游行的筹备和组织，我都在一旁协助，切实感受到为了爱国运动教授的鞠躬尽瘁。

首次“抗日大示威”的组织比我们想象中的困难得多，最大的难题就是自愿参加游行的人不够。因为华盛顿的人口不多，聚集的华人相对也较少，而且大多数华人都是来自台湾持国民党政见的；即便是来自国内的，或者抱着两耳不闻窗外事的态度，或者来美国受到一些思想的影响，大都排斥任何政治活动。

为了发动更多的华人参与，2003年的春天和夏天，每隔一周我都陪伴程教授和师母驱车前往华盛顿或纽约宣传，联系当地的侨社和大学，安排相关的历史时政讲座。华盛顿和费城之间，三个小时的车程，当天往返，时间非常紧张，但每月一次的讲座还是在教授的努力下坚持了下来，三年来竟也成了“抗日大示威”附带的一个传统——华盛顿和纽约的高校，每隔一到两个月召开的“国事座谈会”系列。

2003年9月18日，在这个所有中国人都应该铭记的日子，我们成功地举行了“抗日大示威”游行，在华盛顿的日本大使馆门前，我们焚烧了一面日本国旗、一张小泉纯一郎的画像，宣读了战书，直到游行结束，仍没有人走出来做出回应。

从前期宣传到游行当天租用的巴士、游行队伍的饮食、各种资料，每次“抗日大示威”的花费都要近万美元。作为一名大学教授，每年税后不到十万美元的薪水，并不富裕，之前的积蓄还多数用来创办黄河大学了，但教授还是承担了全部的费用。

2005年，教授被诊断患了癌症晚期，依然为了爱国事业，奔波于费城、纽约和华盛顿三个城市之间。有一次教授请另一个中国留学生张汉军开车送他去华盛顿，还关切地问张汉军是否有事。“我的事情不管是什么，跟教授的事情比起来，都是小事，教授您说了，我一定会去做。”说完，汉军转过身来拉我到一边，堂堂七尺男儿，哽咽着对我说：“教授，这是拿命在拼啊！”6月份教授到北京动了大手术，可康复还不到一个月，7月份竟然又回到了美国，为高金素梅美国之行和即将举行的“抗日大示威”奔走，却因为过于操劳再度入院，最终无缘第三届“抗日大示威”。

熟悉教授的人都知道，他一生最敬佩两个人，古为屈原，敬其不媚俗和爱国精神，今为毛泽东，尊其为中华之魂。屈原的精神，教授的一生都在实践，而对毛泽东的敬佩，更浓缩到了他晚年那场为其辩护的战役之中。

辩论始于2003年毛泽东诞辰日美国之音的一个节目，电台方面同时邀请到程教授和高文谦。在节目中高文谦恶毒地攻击毛泽东，说他是个无恶不作的大坏蛋，历数“文革”的种种罪恶。教授怀着朴素的爱国心和对毛泽东真挚的敬仰，果断遏制了这种言论——“吃水不忘挖井人，中国能有今天，海外华人能有今天，与毛泽东是分不开的，‘文革’期间我也多次回国，我看到的情况跟你描述的情况并不完全一样。”节目中的论战后来延伸到节目之外，教授和以高为代表的海外民运倒毛派展开了一场激烈的笔战。

这是一场极其不对等的战役，高文谦原为中共中央文献研究室室务委员、周恩来生平研究小组组长、《毛泽东传》的编撰者之一，是中共的笔杆子，又声称掌握着大量的原始资料，而教授的专业是数学，作为助手的我也只是一个化学博士生；从大环境来看，海外的民运、倒毛势力非常强大，费城的华人报纸几乎一边倒，只要是支持教授的文章都不予刊登。参与到这场辩论中，本身是没有什么胜算的，但教授就像个战士一样，为了理想、信念、全力地投入到战斗中去。不过，这场战役还是给教授带来了很大的精神打击，因为对方在作战中用非常恶毒的语言对教授进行观点攻击和人身攻击，甚至牵扯到了他的家族。当时正患有胃病的教授还是坚持战斗，写出了他晚年甚至一生中比较重要的代表作之一《毛泽东的智慧与远见》来回应，他的凛然正气，不畏强权，最终捍卫了民族英雄。

在我们的心目中，教授如坚韧的斗士，怀着最朴素最赤诚的爱国之心，身体力行地实践他所坚持的、所信奉的理念，几十年如一日，直到生命的最后一刻；教授的一言一行，恰似春风化雨，润物无声。

离别时刻，固然悲痛难忍，然而，我们心中坚定，坚守教授未竟的事业。

19．纪念程君复教授

仲海锋（天普大学中国学生学者联合会会长）

几声急促的电话铃声把我从睡梦中惊醒，还是早晨六点钟，我拿起电话，“程教授昨天去世了！”一声噩耗把我的睡意全部赶走了。这一切来的是那么的突然，让我无法相信程教授走了，真的走了！我不知道对着电话说什么好，挂上了电话，静静地，一幕幕，他的音容笑貌回荡在我的记忆中，而且是那么清晰。一个月前，当程教授在北京医院看病的时候，他刚刚动完手术，我从沈阳去看望他，在病房里，我还在听在谈论关于台湾的时事，一起研究准备在台湾岛内开一次“反独促统大会”，一起吃饭，看戏，没想到，那短短的几天竟然是我们在一起的最后日子了。看见他的相片，真不敢相信他永远地离开了我们了。

我认识程教授还是我当选为“天普大学中国学生学者联合会”会长的时候。当时我们正在为迎接新生做准备工作，作为学生会的指导教授，他把我约到了办公室里，谈起了关于学生会的事，这时我才和他开始了真正接触，才知道他是个非常爱国的华侨，为中国的强盛而努力奋斗，为中美关系顺利发展而四处奔走。

程教授对我们大陆来的新学生非常关心，他在我们组织的新生见面会上详细地介绍了学校情况，耐心地回答每个学生提出的问题。在最后，他把自己家和办公室的电话留给了每个学生，以便方便和他联系。在新学生中有一个是来自云南的少数民族同学，因为家里比较困难，程教授就主动帮助他找工作勤工俭学，在他钱不够交不上学费的时候，程教授不但自己为他出钱，还发动费城的华侨资助他完成了学业。

学生会的经费一直不多，每次活动都因此而受限制。我们在组织第一届“费城中国留学生足球赛”的时候遇到了经费不足的问题，我找到了程教授，他不但对我们的工作给予了大力的支持，还鼓励我们要把比赛办好，像这样的活动还要多举行。他立即就资助我们比赛所用的费用，还联系费城的福建社团支持我们。程教授还经常帮助我们开展爱国主义活动，每年我们在“九·一八”的时候他都会帮我们和华侨社团一起组织一系列纪念活动。在平时，程教授还和我们学生经常展开各种爱国主义和反“独”促统的座谈会，教育我们留学生关心国家大事。

程教授走了，他没有给我们留下什么“格言、警句”，可是他一生的爱国精神，为反“独”促统和保卫钓鱼岛运动作出的伟大贡献，诚恳、宽厚的待人方式，刚正不阿的处世风格，都永远地留在了我们的心中，形成了一个无限崇高的不可磨灭的形象。千言万语道不尽对程教授的怀念之情。程教授虽然与我们永别了，但他永远活在我们心中。

20. 中华师表传扬海外——追忆程君复教授的风范

汪　琳

程君复教授突然西归，使我们震惊之余，感到无限的沉痛与惋惜。他平易近人的态度及纯粹中国大儒的人格及言行，将永远铭刻在我记忆中。

我第一次见到程教授是一九九一年，在费城一所高等中学里，他正在示范教学，我则应教育局征求亚裔数学教员的号召，到该校观摩，正好碰到程教授。

他微拱着腰，不是老态，而是显得亲切，对中学生及教员都是一样的，犹如兄长，耐心而宽容。

不由分说，程教授把我列入他开讲的“在职教员进修班”。当天下午就在同一校址上课，满室的老师都签名，注明任教的学校；我没有学校。老师看看程教授，又看看我，原来只有现任教员才有资格来听课。程教授完全不管这无关紧要的条例，我也一直以“无职游民”去上课。后来跟一些老师熟识了，我告诉他们，这在中国叫“有教无类”。

一年免费复习课，使我温习了十年没碰的数学。因为我原来是读数学的，在课堂上讨论时，教员们心里有数，其中有身为系主任的，就争相请我做代用教员，我因而轻易地滑进了费城教育界。

更幸运的是，当年天普大学教育学院，得到四十个名额数理奖学金，我本来就是天普大学的数学硕士，就顺理成章地收到通知，可免全部学费读二十六个教育学学分。这一切都因为程教授在第一次见面时就收留了我。

程教授创办的轰动全市达九年的“二十一世纪中学数学中心”，设有天普大学暑期讲习班。起初我只能以助教身份，拿低低的钟点费，去充任主讲老师。程教授说不能浪费数学人才，在他的护卫下，我这才得到宝贵的教学经验。

我跟程教授学习，共事并参与保钓，反“独”促统等活动，先后共十五年，也因此结识夫人蔡文珠女士。印象最深的，还是他纯正的、中国人厚道的作风，没有任何虚饰，遇到当做的事，无论私交还是国事，不问前因后果，就勇往直前地作了。对人关切慈祥，对学人循循善诱，只是他要“照顾”别人的热诚的一小部分。

程教授辛苦了，安眠吧！

21．搞分离不统一？打呀！

——悼反“独”促统大将程君复博士

廖天欣（台湾中国统一联盟组织部长）

2000年当选“全球华人反独促统联盟”会长，2002年当选“全美中国和平统一促进会联合会”会长的美国天普大学程君复教授，于2005年9月21日在美国逝世。1936年11月8日出生于江苏省南京市的程博士，尚未满69岁（根据联合国的标准65~75岁是“少年老年”，75岁以上才算是“老年”）正是老当益壮，在海外华人需要他领导时去世，实在太遗憾，是全球中国人的一大损失。

三十年前获得天普大学数学教育博士学位的程君复教授，在天普大学从事数学教育、研究工作长达三十一年，其间担任过少数民族学院副主任、二十一世纪数学教学中心主任等职，造就了许多世界各国的数学人才。程教授为各国培养人才，热爱祖国的他，当然更开心为祖国培养国家所急需的人才。

程博士为培养祖国的人才，于1984年在河南省郑州市创办了第一所中美合办的“黄河大学”，第二年美国ABC电视台把黄河大学的成立选为当年十大新闻之一。

该大学于八年后并入郑州大学，该校各科系毕业生在我国的军队、外交、经贸、教育、司法各部门，多有杰出的表现。程教授为了造就祖国的建设人才创办黄河大学，他除了牺牲三年的工作收入，还到处募捐及寻找杰出的教授，例如获得经济学诺贝尔奖的劳伦斯·克来恩（Lawrence R. Klein）等著名的学者。程博士为了创办黄河大学出钱出力，花了甚多的精力、财力、时间和心血。

有强烈民族意识和爱国心的程博士除了为祖国办教育，三十多年来为了保卫国土钓鱼岛群岛，鼓动旅美华人从事保钓运动。同时为了实现祖国的早日统一废寝忘食，串联全美以及全世界的华侨、华人，从事反“独”促统运动。他跟同志们把美国东西南北各大城市的反独促统会组织起来成立“全美中国和平统一促进会联合会”，并参与“全球华人反独促统联盟”自1999年以来在世界各地，香港、柏林、东京、华盛顿、纽约、费城、芝加哥、洛杉矶、巴拿马、悉尼、南非、巴西、北京等地举行的反“独”促统大会。

梁肃戎先生所领导的“海峡两岸和平统一促进会”（简称和统会），于1999年7月9日主导举行首次全球性的反“独”促统大会。就在这一天，背叛国家民族的李登辉发表了所谓的“两国论”。开会中的来自各地六百多位与会成员一听李奸的“叛国论”，群情激奋，讨伐李贼之声不绝于耳。在台上的演讲者令我印象最深的就是程君复教授，当他慷慨激昂地讲到“搞分裂不统一？打呀！”时，掌声有如“百雷齐响”。

程君复同志在美国之追悼会，于10月15日由同志们在美东举行。有三百多位战友同志及亲友参加此一庄严隆重之追悼会。外交部长李肇星、国台办主任陈云林及侨办、使馆代表，均发唁电致哀，驻美总领事馆副总领事亲自前往祭拜。在台湾的同志们则于2005年11月6日在台北市明德净宗学会举行追悼法会，悼念这位燃烧自己照亮别人的统派大将程君复烈士。百多位来自台湾各地的同志亲友把追悼会会场一、二楼坐满、站满。像程博士这样以毕生的心血、热情投入教育与统一事业的不多，他倘非因积劳成疾而逝，定能为祖国的统一大业及祖国的建设奉献更多的功劳。安息吧程同志！您流的血照亮的路，我们会继续向前走。

2005.11.6

（《远望》2005年12月号）

22. 思想起程君复想做没有做到的事

王津平（台湾中国统一联盟主席）

程君复——对中国统一联盟而言，是一个值得永远纪念的名字。

组成中国统一联盟的骨干有三分之一左右是保钓运动的参与者与支持者，当年，我个人算是从海外回台（一九七五年），从钓运到统运的一个“小老弟”；程君复是我们这些“小老弟”的“老大哥”。在我们心目中，他有着标杆性的崇高地位。

一九九六年海峡危机，程君复大哥和在海外的钓运及统运大哥、大姊们的合作催生了一场在美国参议院的“台湾海峡危机”的公听会，我和高正兄应邀去美国参议院公开论述和平统一及台湾问题的症结。从下飞机开始，在洛杉矶的叶先扬兄家、费城的程君复大哥家、华府的沈已尧及夫人黄瑞我家各叨扰一番；到了纽约，又叨扰了王春生、花俊雄、龚忠武、黄哲操、朱立创等好友，最后又直捣黄龙——到李登辉的母校康乃尔批判李登辉的“两国论”，前前后后搞了七场不算小的活动；那一次，可说是海内外钓运的老同志及统运的老战友们与我们岛内统派完美结合的一场活动。

在费城，我终于看到了程君复大哥家当年美国保钓运动提供给大伙儿开会也开伙的“大”会议室、“大”客厅及“大”厨房、“特大”的灶。君复大哥的安排我们在费城座谈会的阵仗也是够“大”的，我终于见识到了君复大哥的“实力”。在费城，高正和我都留下了堪称完美的印象。

那次后，君复兄返台甚为频繁，我也偶尔会在北京见到他；全球反“独”促统浪潮起来，我们大伙儿相聚在香港、在柏林、在东京，还有在华府（君复大哥为主推动的那一次）、在芝加哥，我们都有机会为国家统一的大问题交换意见。听说他身体不适，还来不及仔细问候他、关心他，他反倒关心我被一百多“台独”暴民打伤的后遗症；真叫人感到“小弟”被“大哥”照顾的温暖。我一直铭感在心中，滋长着对他永远的怀念。

他唯一跟我谈到病情，是有一次返台，我到机场接他，才把他接到师大学人中心，一进门才把行李放下，他就很兴奋地把衣服拉起来，让我看他背部“打”的那个灌药用的不算小的洞，他坚定地主动告诉我：“别为我担心！就这样把药打进去！放一百个心！没事的！”第一次看到他身上为了治病打的一个“洞”，实在有点触目惊心。但是看他满脸灿烂的笑容，真所谓“革命的乐观主义”——勇者不惧的风范啊！

君复大哥一直有个心愿，要带一百个海外杰出华人一起返台开一次“和平统一大会”，也要拜会包括民进党在内的各党派。作为在反“独”促统第一线的我们，在岛内局势混沌未开的那个年头，对岛内大环境无法像他那样乐观，但他要推动，我也只好勉强答应，若真搞成了，我一定全力以赴配合。但是，过了一阵子，他又特地飞了一趟台北，坦坦然地跟我说："你的看法是对的，暂时还不是时候；我是特地来向你致歉的……"君复大哥为人的光明磊落，我又见识到了。

君复大哥的遗愿，我一直摆在心里。思想起程君复大哥想把他全球反"独"促统的活动大无畏地办到岛内来，我一直把它当作一回事在琢磨，在培养实力，在等待最恰当的时机。

近几年来，我自已的健康亮了几次小红灯，养病期间，会没来由地思想起像君复大哥这样的"先行者"。他想做还没有做的事，不就是我们全球反"独"促统爱国者共同的心愿吗？

"同胞需团结，团结真有力！"——当年台湾先贤蒋渭水的遗言，献给所有怀念君复大哥的朋友，让我们在团结中凝聚、发挥更大的力量，也早日把君复大哥想做还没有做到的事推动成功！

最后，想对君复大哥说一句知心、贴心话：我们已相会于中华民族腾飞之时！

23. 继承程君复会长的遗志

李劲祥（全球华人反独促统联盟常务副会长）

2005年10月17日凌晨4时33分，在经过115个小时32分的太空飞行。完成了中国载人科学实验后，神舟六号宇宙飞船返回舱顺利着陆。费俊龙、聂海胜两位航天员和搭载在神舟六号飞船上的纪念物品安全返回。在搭载的物品中，有一幅《中华博爱金石图》展示在全世界人民面前。

神舟六号载人航天飞行的成功，是中国人民自强不息，自主创新的辉煌成果。这对于提升中国的国际地位，增强中国的经济实力、科技实力、国防实力和民族凝聚力，鼓舞全国各族人民和广大海外华侨华人紧密团结，实现国家统一，建设和谐社会，实现中华民族的伟大复兴具有重大而深远的意义。

这幅遨游太空的《中华博爱金石图》是在反独促统联盟程君复会长的授意下由史文宽、李劲祥、杨存恒策划，经程君复会长审查定稿后精心制作的。金石图的上面写着“金石铭记世纪握手，促进祖国和平统一”，两边写着“和平发展、振兴中华”，“一个中国，反独促统”。图的中间刊登了中共中央总书记，中华人民共和国主席、中央军委主席胡锦涛与国民党时任主席连战，亲民党主席宋楚瑜，新党主席郁慕明的合影。下面是中国民主革命的伟大先驱孙中山先生书写的“博爱”两个字。图的背面刻有程君复、李劲祥、杨存恒、史文宽共同起草的庆祝《中华博爱金石图》乘“神六”遨游太空成功的大会宣言及中国大陆、港、澳、台地区，五十六个民族，包括工农商学兵，老、中、青、妇女，儿童代表和66个国家华侨华人社团的领袖们的签名。其中有政协副主席马万祺，有老红军和抗日、解放战争时代即已参加工作的离休老干部代表何光远、熊清泉、陈尤然等人。有航天英雄杨利伟，神舟五号飞船总指挥袁家军、神舟六号飞船总指挥尚志，总设计师张柏楠，登月工程总师孙家栋，叶培建。有海南省文昌市宋氏家族（宋庆龄、宋美龄）故乡的亲属曹素荣、李力、李军、李坚、李琳。有书法美术界的沈鹏、林岫、欧阳中石、李铎、靳尚谊、白雪石、黄均、娄师白、刘勃舒、龙瑞、张仃、刘大为、华君武、秦岭云、王成喜、李燕、韩美林等。有演艺界的明星王铁成、蓝天野、濮存昕、蒋雯丽、徐沛东、谷建芬、于魁智、孟广禄、李腾素、姜昆、唐杰中。也有学术界泰斗季羡林、史树青、徐邦达和著名作家、诗人文怀沙、魏巍、二月河、汪国真以及体育界代表奥运冠军刘翔，工人代表李素丽，农民企业家王学魁和儿童代表李星翰。该图的背面，用著名画家，中国艺术杂志社社长刘人岛绘制的《浮云山霭荞苍苍》山水画铺底，上有436人的签名。充分表达了中国人民热爱祖国壮丽河山，期盼祖国实现统一的强烈愿望。

全球华人反独促统联盟自2000年6月在美国华盛顿成立以来，与全世界一百多个国家和地区的华侨华人民间社团建立了密切的联系。先后在柏林、华盛顿、东京、纽约、费城、芝加哥、洛杉矶、巴拿马、澳大利亚、巴西、南非、莫斯科等国家和地区召开和参加过多次反“独”促统大会。程君复会长还当选为中国和平统一促进会的理事和中国社会名人工作委员会的荣誉主席。

程君复领导的全球华人反独促统联盟的领导成员在2002年2月和8月两次建议中国全国人民代表大会制定反分裂国家的法律，强烈要求依法惩办“台独”分子破坏国家统一的罪行。在此之前的七十年代初，程君复就发动海外华侨华人保卫中国神圣领土钓鱼岛的运动。八十年代中期，程君复会长在中国最先创办了中外合资大学，后来又多次率领海外华侨华人反对日本首相参拜靖国神社，带头声讨国际恐怖活动，多次敦促日本认真反思侵华罪行，揭露外国反华势力干涉中国内政的行径，反对日本担任联合国常任理事国等活动，并为祖国与外国开展文化、教育、经贸、科技交流等方面做了大量工作。

2003年冬，程君复会长带领海外华侨华人为祖国“神舟”五号载人飞船发射成功而欢呼。2005年冬，程君复会长带领联盟主要成员访问中国空间技术研究院和北京航天城，拜会了“神舟”五号飞船总指挥袁家军研究员。回到美国之后召开各种会议，并在报纸上发表文章，高度赞扬祖国采用大量自主创新的新技术，在攀登世界科技高峰征程上完成了一大壮举。2005年2月，程君复会长建议我们制作一幅《中华博爱金石图》，以表达中国人民立志振兴中华的决心。他的创意得到祖国人民，海外华侨华人和中国国务院台湾事务办公室，中国驻外国大使馆、领事馆及国内外一百多家新闻媒体的赞扬和支持。2005年5月至6月，程君复会长在北京医院做手术前后，卧床带病多次和我及史文宽、杨存恒先生研究《金石图》的修改方案，我们遵照他的意见于2005年8月下旬将《金石图》创作完毕，装入“神舟”六号飞船。10月12日至10月17日乘“神六”飞船遨游太空成功，向全世界展示了中国人民及海外华侨华人为实现国家统一而奋斗的决心。

程君复会长虽然没有看到中华博爱金石图乘“神六”遨游太空前后的场面，但他的愿望实现了。我们反独促统联盟的广大战士，将按照他的遗愿，把推动中国实现和平统一的运动进行到底。

附录:《中华博爱金石图》序

方　谋

公元2005年10月12日上午9时，举世瞩目的中国第二艘载人航天飞船，神舟6号，成功点火，顺利升空，遨游天际，畅响寰宇。

伴“神六”飞天，有一稀世珍宝：《中华博爱金石图》。该图由“全球华人反独促统联盟”会长程君复教授倡导，会聚李劲祥等海内外反“独”促统，保卫钓鱼岛群岛的仁人志士,同心策划,合力制作。图长78厘米，宽54厘米，以其方寸之驱，彩绘神州大地娇美多姿,容聚华夏文明古往今来,展示祖国前程光辉灿烂……宝图正面上方，通栏烫金题写“金石铭记世纪握手，促进祖国和平统一”；左右两侧分别为“一个中国，反独促统”及“和平发展，振兴中华”；下方为“爱我中华，共襄博爱义举”；正中略下，镶嵌一枚采自河南省博爱县的椭圆形“博爱圣石”，直径2.5公分，重6克，其正反两面，铭刻孙中山先生墨宝“博爱”二字和中华人民共和国完整的行政版图，版图上部飘扬着一面五星红旗；同时，圣石上还载有传承博爱精神、咏赞中华统一的418字微雕《博爱颂》。圣石上方，附中共中央总书记胡锦涛与先后造访的原国民党主席连战、亲民党主席宋楚瑜、新党主席郁慕明历史性握手的3幅照片。该图的背面上方，印有《促进祖国和平统一宣言》，其下，是英雄航天员、飞天总设计师、总指挥等献身建设祖国，捍卫国家领土完整与主权统一,维护国际正义的优秀中华儿女代表签名，共436人。该图背面的山水风景，为中国文物学会书面雕塑艺术委员会常务副会长兼秘书长刘人岛教授之大作。

我中国之所以伟大，不仅仅是因为我们有源远流长、光辉灿烂的文化；不仅仅是因为我们有多姿多彩、广阔富饶的土地；不仅仅是因为我们有物华天宝、人杰地灵的人民。我中国之所以伟大，更是因为我中华儿女有着受屈原的气节，岳飞的忠义，鲁迅的风骨，和孙中山、毛泽东等革命领袖的智慧与远见的熏陶而传承下来的，为了追求平等、维护民族尊严和国际正义勇于斗争、敢于斗争，和乐于斗争的不屈不挠的斗争精神和浩然正气；更是因为我民族不论在顺境、逆境都始终如一的，要

把中国建设成人类最美好的家园的青云之志。

《中华博爱金石图》：乘神六飞九天，姹紫嫣红，写炎黄子孙凌云志，嫦娥广袖翩翩舞；载圣石播博爱，君香复郁，书中华大地归一统，吴刚美酒滔滔饮。

24. 悼念一位反“独”促统英雄——程君复教授

覃永昭

我是一名中国青年，在大陆国有企业工作。二〇〇一年，我与程君复教授在广东偶然相识，在交谈中，得知他用自己在大学讲学挣来的薪水，奔波于美国、大陆和台湾之间，为中国统一而贡献自己。我为其伟大的爱国情操和热情所感动。此后，只要程教授来大陆，我都要拜访他。在他的感召下，我也投身于反“独”促统的事业，并拿出自己微薄的薪水支持反“独”促统工作。我们彼此有相见恨晚的感觉，几年来，从相识到相知，成为莫逆之交。我是晚辈，所以一直尊称他为程教授。

尊师永别，难见真容，千言万语，难陈悲痛。在得知程教授逝世的消息后，我很想写一篇文章悼念程教授，但始终不知道如何下笔，第一天写了一千个字，就写不下去了，第二天写到两千个字，半夜难以入睡，起来推翻重写，反反复复，笔触无法准确表述我内心对程教授的思念。

十月十五日，程教授的追悼会在美国费城举行，由于种种原因，我无法成行。我决定把几年来和他在一起所发生的点滴事情写下来，纪念这位杰出的爱国侨领、反“独”促统英雄。

他平易近人，生活俭朴。程教授每次来大陆都要上街与普通市民交谈，了解民意。为了节约开支，我们入住普通的酒店，不舍得使用酒店的商务中心，而是在街上找小店打印反“独”促统大会的论文和宣传资料，经常到每人只花费一美元的小食店吃饭。

他坚韧不拔。在北京保钓人士座谈会上，我和冯锦华等大陆青年聆听程教授讲述他四十多年来始终如一参加保钓运动，他那赤诚的爱国之心，使我们深受教育。他语重心长地说：“我小时候在重庆，日本帝国主义的飞机轰炸重庆的声音还记忆犹新，你们青年人没有这经历，你们一定要记住日本帝国主义在中国犯下的滔天大罪，钓鱼岛一定要收回！”程教授这种坚韧不拔的爱国精神，是我们华人青年永远学习的榜样。

他以司徒美堂为榜样，鞭策自己。二〇〇三年十月，我陪同程教授参加在广东江门举办的司徒美堂诞辰一三五周年纪念大会，在参观图片展览时，程教授认真阅读司徒美堂给美国总统罗斯福的信，并在这珍贵图片前留影。他动情地说：“一九四三年，司徒美堂的上书促使美国总统罗斯福提交国会废除了长达六十多年的排华法案，司徒美堂为美国华人做出了杰出贡献，我要以司徒美堂为榜样，为全球华人做一点儿工作。”

他期盼统一。二〇〇二年春节，程教授到悉尼参加全球华人反“独”促统大会，途经香港，我到香港机场迎接并邀请他到深圳。春节期间，香港每天有十多万人过罗湖海关往返大陆，程教授在过关的时候看到人山人海，进出有序的热闹景象。他十分高兴，为香港市民出入大陆的便利而感叹：如果两岸统一了，台湾人民也能像这样那该多好啊！在他心里，只有中国统一，才是两岸人民的最大幸福。

他思维敏锐，洞察力强。程教授出生在大陆，成长在台湾，工作在美国，有着丰富的人生阅历，思维敏锐，对政治事件有极强的预见性，洞察力强。在台湾李登辉上台后，程教授看出了其分裂中国的野心，立即在美国成立了“全球华人反独促统联盟”，在全世界宣传反“独”促统。之后，全球华人组织了八次反“独”促统大会，程教授都参加了。二〇〇五年五月，台湾陈水扁发表就职演说，我们在北京与有关学者进行了讨论和分析。程教授提出了独到的见解：陈水扁的讲话就是“台独”国际化，就是台湾“独立”宣言书，我们反“独”促统的工作将更加艰巨。受到程教授的启发，我向新加坡《联合早报》投稿，发表了《陈水扁在玩理念“台独”》（二〇〇二年五月二十六日）的文章，全球许多华人报刊和网站都转载了，成为揭露陈水扁“台独”国际化的经典文章之一。

他忘我工作。今年五月，程教授偕夫人蔡文珠女士到广东佛山参加台商座谈会，我到香港机场迎接。当时，程教授的精神状态非常好，看上去身体非常健康。万万没想到两个月后，程教授在北京住院了，我专程去探望。当时的景象还历历在目：我去医院看望，程教授已做完肾切除手术，他说：“手术很成功，手术第二天就可以走动了，下个星期就要回美国，要讲学，要召开反“独”促统等会议，很忙啊！”我力劝他多休养几天，而他坚持要回去。想不到这次见面就成了永别。程教授忘我工作的精神值得我们永远学习。

几年来，我们自费组织参加反“独”促统活动，几乎耗尽自己的积蓄。为了更好开展反“独”促统工作，我和程教授刚刚在香港成立了全球华人反独促统基金会有限公司，还没有来得及开设银行户头。我们正在策划在大陆、香港、台北、华盛顿四地同时召开全球华人反“独”促统大会，但尚未筹备，程教授已经离我们而去了。

我是个佛教信徒，程教授也敬仰佛教。在北京，我们一同拜会了中国佛协副会长、北京市佛协名誉会长、北京市雍和宫嘉木扬·图布丹主持，祈祷佛陀保佑中国统一，保佑全球华人幸福安康。程教授说：反“独”促统是极其艰巨的任务，中国的统一要求我们要有智慧，佛教是给人智慧的，要人有平常心，做善人，做好人。如果两岸人民能领悟佛教精神，按照佛教旨意去做，两岸就不会有战争，中国就能够实现和平统一。

九月底，我把程教授逝世的消息告知了嘉木扬·图布丹主持，他为中国失去一位爱国侨领而痛惜。十月十日，嘉木扬·图布丹主持在北京雍和宫按照藏传佛教的仪式为程教授举行了超度法会，参加法会的张桂香居士告诉我："程教授转世做人，继续完成他未完成的心愿。"我深信，中国尚未统一，程教授一定会来，再为中国统一大业贡献一切。

（《侨报》，二〇〇五年十月二十五日）

25. 精神永存　英灵不灭

吴茂庆（苏州大学数学科学学院教授）

1995年4月，我奉命与霍纪良院长一起，接待访问苏州大学数学科学学院的一位美国客人。根据以往经验，我臆测这位美国客人是一位数学领域内的学者，访问目的是学术交流，谈话内容离不开数学某些学科的科学研究进展情况等等。我见到的是一位年龄与我相近、目光锐利、十分健谈的美籍华人，经介绍得知，他的中文名字是程君复。虽然我们素昧平生，但他的坦率、真诚见于形色，对中国的感情、热爱溢于言表。令我费解的是交谈的内容，似乎他的兴趣并不在我和霍院长所熟悉的数学内容，而是数学教学法；但又不是数学教学法的学术探讨，而是带有强烈的社会政治色彩，着重于教学理念的社会背景和对社会的影响。更令我吃惊的是初次见面，就提出由他出资，邀请我们到美国考察基础数学教育的情况。

对这种不可多得的机会，我当然是不会放弃的。同年7月，我与霍院长作好访问美国各级、各类中小学的思想准备，启程赴美。到达美国的第二天，程先生就把我们拉到了Temple大学教育学院，观摩暑期基础数学教学进程班的教学。相对于正规的中小学而言，这不过是一种补习班的性质。我以为这不过是临时安排，以下的日程将会是对正规的中小学的访问和考察，谁知第二、第三天，还是同样内容。我意识到程先生邀请考察的目标，也许正是这个进程班。对进程班仔细了解、考察的结果，震撼了我和霍院长。程先生所致力的，是如何通过自身的努力，组织社会力量，关心和帮助在正规教育中处于弱势的青少年群体，使他们能在不同水平上同样能享受成功，以激发积极向上的精神，成为社会有用之才。

正规教育中的弱势青少年群体，在美国有，在中国可能更多。作为教育工作者，我们该怎么办？程先生以自身的言行，以他全身心投入的进程班，让我们自己去探索答案。他从来没有明确提出过在我们回国后要有所作为，而是敞开他的胸怀，让我们去理解他和许许多多美籍华人振兴中华的强烈愿望，去感受华夏子孙热爱中华民族的心的搏动，带领我们去充分了解美国基础教育的各个社会层面，并以华夏子孙特有的敏锐的眼光，引导我们去与中国比较，让我们去发现其中的异同，让你由衷地感到回国后可以有所作为。

我的业务是在数学和计算机的学术研究和教学领域，从来没有问津过基础数学教育。但在程先生精神的感召下，决心在国内教育领域弱势群体中开展一些力所能及的试验。当我把这种想法告诉江苏省教育部门主要负责人袁主任时，出乎意料地发现，原来他也应程先生之邀去参观访问过，并且也与程先生交流了相同的问题，对我的想法十分支持。于是，我在江苏省内找了一批志同道合的基础数学工作者，开展了“现代数学教学法”的试点，所谓“现代数学教学法”，也是吸取了程先生在进程班内的教学思想，结合国内基础数学教学的现实情况，以“小步子、快节奏、充分培训的教师”为主要内容，以成功教育为追求目标，务使数学基础较差、学习状态不理想的学生，能在不同层次上取得成功。

程先生对我们的试点教学工作倾力相助。除了给予经费、物质支持之外，还亲自两次到苏州、徐州，培训参加试点教学工作的教师。在培训中，他一再强调首先是教学理念上的转变，大力宣传联合国教科文组织提出的、此前在教学第一线人员中鲜有人知的“大众数学、问题解决、以人为本”的口号，并具体解释了“以人为本”的具体含义和具体贯彻的措施。在试点两年之后，他还花费大量精力，以苏州大学和美国Temple大学教育学院为主，组织召开了“二十一世纪数学教学国际研讨会”，这是改革开放以后，国内首次召开的、讨论基础数学教学法的国际会议。与会的国内各地代表，绝大部分都是与基础数学教学有关的专家和教师。来自国外的会议代表们，给中国教育如何适应改革开放形势，提供了大量极有价值的教学理念和经验。江苏省是国内的教育强省和大省，全国各地对江苏省的教育动向十分重视。通过参加试点教学的教师们的实践、宣传和研究，通过数学教学国际研讨会的影响，至少在国内中等职业教育层面上，产生了广泛的影响。1997年年底，中国召开了全国教育工作大会，提出了中国共产党对二十一世纪中国的教育工作的纲领。在这份纲领中强调的素质教育、能力与知识并重的教学和以人为本等最基本方面，与程先生所创导和追求的目标，和我们在试点教学中的做法不谋而合。在这几股力量的推动下，程先生所希望见到的中国的教育形势，已经初见端倪，他为此而鼓舞，为此而欣喜。利用苏州大学百年校庆的机会，他慷慨解囊，从自己并不富裕的收入中，捐赠一笔基金给苏州大学数学科学学院，希望通过苏州大学数学科学学院的力量，进一步打开局面。

现今中国教育工作尚有不少不尽如人意之处，需要通过较长时间，甚至几代人的努力，方能达到理想的境界。痛惜程先生竟离我们而去，使我们失去了一股强大的推进力量。但在扼腕于壮志未酬身先卒的同时，可以告慰于他在天之灵的是，我们总结试点教学的经验，以江苏省中等职业教育基础数学教材主编的身份，努力把程先生的教学理念，在教材中得到体现。这本教材是得到中国教育部审定的仅有两本省编教材之一，并且作为推荐教材允许向全国推广。更可告慰于他的，是经他培训、教诲的一批教师，正矢志于中国的教育改革，在为实现他的理想而拼搏。

程君复先生精神永存，英灵不灭。

26. 无尽的怀念　永远的丰碑

李惠民（原黄河大学校办主任）　范晓民

乙酉仲秋，从友人处获悉著名爱国侨领、社会活动家、原黄河大学海外倡办人、美国天普大学教授程君复先生逝世的噩耗，极为震惊。因为客观上的原因，我们已长时间没有程先生的信息了，没想到现在得到的竟是程先生与世长辞的消息。作为曾经在程先生倾注心血倡办的黄河大学工作过的员工，回忆起程先生当年办学岁月的点点滴滴，他高尚的爱国情怀，来去匆匆的身影仍历历在目，萦绕在心头。我们为失去这样一位崇尚正义，追求真理，爱国促统的侨界领袖和开一代风气，捐资助学，泽被桑梓的著名学者而惋惜、而痛心。

20世纪80年代初期，中国改革开放和教育要面向现代化，面向世界，面向未来的暖融春风吹遍神州大地，各行各业百废俱兴，全面复苏，特别是经济的快速发展令全世界所瞩目。侨居世界各地的爱国华人、华侨欣喜地看到自己祖国发生的巨大变化。他们从原来的关注、期盼，进而转向以实际行动参与和支持祖国的各项建设事业。长期在大学从事教育工作的程君复先生更是高瞻远瞩，他深感祖国改革开放、建设发展最急需的是大批优秀人才，在他脑海里出现更多的是为祖国发展提供智力支持和人才支撑。创办一所大学，培养大批建设人才的念头油然而生，甚至连这所大学的名称及发展规划已了然于胸。如果办在华北地区就叫长城大学，在江南就叫长江大学，在中原则叫黄河大学，满腔如火的爱国情怀跃然腾起，而且愈益坚定。

为了把这个理想尽快变为现实，他以自己长期从事教育的丰富知识，凭自己在侨界的地位与声望在华人华侨中奔走呼号，呼吁人们行动起来，有钱出钱，有力出力，为培养大批建设人才，振兴自己的祖国贡献一份力量。程先生的想法和努力在爱国侨胞中引起强烈反响。同时也得到了恰逢在美国考察访问的河南科技代表团的呼应，经过与河南省有关方面多次接触，积极协商，在中国腹地——河南郑州创办一所由河南省人民政府主办、海外华人资助的新型综合性大学——黄河大学的意向迅速达成。而此时的河南高教事业，由于历史的原因，在三中全会以后虽有不断发展和提高，但仍未完全摆脱落后的状态。高等教育不仅规模小，而且专业种类不全，在省属二十多所院校中，工程、技术专业尤为薄弱。这样的高校结构和布局，远远适应不了改革开放形势下河南省经济振兴对各类专业人才的需求。黄河大学的创办，既能缓解经济社会发展与人才相对匮乏之间的矛盾，同时从一定意义上说也为河南的对外开放打开了一扇宽阔明亮的窗口。同后来越来越多的爱国华人、华侨回国无私解囊，兴办教育相比，在当时形势下，程先生可说是开一代风气之人。后来的实践也证明，黄河大学的创办，是中国在教育领域实行对外开放政策的大胆尝试，为今后更多层次、更多形式的中外联合办学起到了引路示范和积累经验的作用。

1984年9月到年底，以程君复先生为总联络人的华人学者和河南省政府几次接触，商谈创办黄河大学的具体事项，双方在充分酝酿协商的基础上分别成立了黄河大学国内、国外筹备委员会。1985年5月，经教育部批准，双方商定黄河大学先期开办经济管理、计算机软件、英美语言文学、美国研究四个研究生班，并于月初破例在全国范围内单独进行了招生考试。经过国内外筹委会紧张的工作，完成了开学前的各项准备工作，9月初首届137名新生入学，15日举行了隆重的开学典礼，河南省党政军领导和国外筹委会代表亲临祝贺，国内外许多兄弟院校发来了热情洋溢的贺词，美国驻中国大使馆二秘专程赶到郑州，代表美国政府祝贺黄河大学的创立。国内外媒体也纷纷进行了报道。一时间，黄河大学这一新型高等学府声名鹊起，远播海内外，引起了越来越多热心人士的关注。从筹备到开学，短短几个月时间，完成了平时需要两年时间的工作任务，速度和效率堪称一流。这固然要归功于河南省政府的大力支持和国内筹委会的努力，但与以程先生为代表的海外筹委会卓有成效的工作和积极推动也是分不开的。

学校成立后，需要大批优秀的师资、图书和高质量的教学仪器设备。为了筹措更多的办学经费，促使学校不断提高教育质量和水平，程先生邀来了美国威廉·潘基金会主席沃森博士来校实地考察，寻求该基金会对学校的支持。为了提高学校的知名度和影响力，程先生邀请来了包括诺贝尔经济学奖获得者、美国著名经济学家劳伦斯·克莱因教授在内的国外知名专家、学者来校讲学作报告。为使学校发展基础坚实，争取更多海内外炎黄子孙共同努力，支持黄河大学，程先生邀请来了著名美籍华人科学家、教育家顾毓琇、韩诚信、朱绵发、段开龄、林同坡、黄硕豪，著名爱国侨领梅子强和社会活动家孙穗芳女士等参加黄河大学董事会。同时他还发起成立了黄河大学海外基金会，募集资金，聘请教师，购置设备和图书资料等。所有这些工作无不凝结着程先生的辛勤操劳和呕心沥血。为了黄河大学，程先生辞掉了自己在大学的舒适工作，变卖了自己的部分家产，用尽了自己和家庭的多年积蓄，而且不辞辛苦，四处奔走，花费了大量的个人财力、精力和心血。在程先生为代表的国内外同仁共同努力下，黄河大学得到了快速发展，受到海内外瞩目。海外基金会先后聘请了近七十名外籍专家教授来校任教讲学，最多时在校任教的外教达到近二十人，引进了价值近五十万美元的各种最新原版教材和图书、设备，保证了学生培养的高质量。

正是坚持改革开放的办学指导思想，充分发挥有众多海外华裔学者支持的优势，黄河大学办出了特色，培养出了被专家称为“不出国”的“留学生”。在短短的几年间，学校培养的毕业生特别是研究生分赴在国防、外交、司法、教育、经贸等各行各业，大多数人成为工作中的骨干。用人单位普遍认为，黄河大学培养的毕业生知识面宽，思路开阔，外语水平高，值得信赖和重用。对此，程先生生前也是常常感到自豪和欣慰的。

独特的办学特色引起了许多专家学者和学术单位的兴趣，也引起了上级政府部门的高度关注，当时的国家教委负责人到学校视察时说，黄河大学要办成教育改革的窗口。是的，从改革开放之初的挺立潮头，开一代风气，到培养的一批批人才走上社会，服务祖国建设，黄河大学起到了高等教育领域中外合作的窗口作用，同时也为后来不断涌现的中外联合办学起到了积极的推动作用。1992年，根据中央关于高等教育改革的有关部署，河南省将黄河大学并入了郑州大学，以促使郑州大学尽快成为一所文、理、工全面发展的综合性重点大学。但无论如何，在海外华人捐资助学，支持祖国建设的历史上，在中外联合办学，培养高层次人才的历史上，以程先生为首倡办的黄河大学都必将留下灿烂的一章。

程先生走了，一颗火热、真诚、善良的心停止了跳动，但他毕生的爱国情怀和无私奉献为他赢得了海内外华人的无数赞誉。上述回忆也仅仅是程先生在倡办黄河大学过程中众多感人事迹的点滴，是我们这个层面所了解的一些众人皆知的故事。因为接触的机会有限，所处的地位不同，程先生在学校创办过程中付出的种种努力和艰辛难免会挂一漏万，但只要中国的改革开放继续进行，在改革开放新形势下率先倡导中外联合办学，用智力支持祖国现代化建设的程君复先生就一定会像一座丰碑深深地留在人们的记忆中，被一代又一代人尊敬和效仿，因为在他们心中，永远树立着报效祖国、振兴中华的信念。祖国经济发展，社会安定，人民幸福，是包括海外华人在内的所有炎黄子孙共同的理想和追求。

斯人已去，风范永存，程君复先生千古！

27. 怀念保钓前辈程君复先生

童增（中国民间保钓联合会会长）

最后一次见到程君复先生，是2005年七月十九日的北京医院，我们当时还畅谈了“保钓”的前景和未来，想不到就此永别了。

我大约在2001年的时候，在网上看见海外华侨反对“台独”的运动，其召集人就是程君复先生。2003年年底的一天，冯锦华告诉我他去接一位美籍华人到公司，一会儿他带了一位稍胖、皮肤稍黑的老人到了公司会议室，冯告诉我他就是美籍华人，名叫程君复，我们顿时好像早就认识一样，一见如故。会谈中，他极力夸奖我能把冯锦华这样的爱国青年招到公司，在海外受到大力称赞；同时，我也进一步了解到他也是20世纪70年代的“老保钓”。

从此以后，我们就有了紧密的联系，他在美国只要举行“保钓”、“反日入常”的一些活动，他就会把报道的资料传到我的公司，有时候一些日本作出伤害中国人民感情的事情的报道也经常传过来。有几次他组织好大巴车，召集华侨去华盛顿日领馆示威，现场用手机打电话给我，电话里传来愤怒的口号声，使我感到海外华侨的爱国心，的确十分感人。

特别是“七勇士”突然登上钓鱼岛后，程先生非常兴奋，除了组织华侨去日领馆抗议外，还时刻惦记着“七勇士”的安危。

程先生经常回大陆，他一般住在友谊宾馆，每次见到他，都是匆匆忙忙。的确他的事情太多了，除了“反日”活动外，他还是美国华侨“反独促统”的领导人。一次他参加了由中国民间保钓联合会组织的一次聚餐会，这次聚会估计有30人左右，绝大部分是年轻人，他在会上还做了一个即兴发言，博得了年轻人的热情鼓掌。

还有一次在北京西边的新世纪饭店，他参加北京召开的“世界和平统一促进联合会”的会议，我们在咖啡厅里见面，我发现很多人都来与程先生谈事情。他不仅是一位学者，还是一位领袖型的社会活动家。

程君复先生还是一位仗义执言的硬汉子，大陆的年轻保钓人士在大陆遇到什么麻烦，特别是受到一些委屈，程先生表现得非常关心，通过自己的私人关系，给有关部门打电话，发传真，发表自己的看法，表达海外华侨的心声。

程先生虽然先走了，但他的爱国精神将会鼓励更多的国人继续的爱国的大道上前进。程先生的音容永远留在大陆保钓人士的心中！

九、美国友人的怀念与回忆
Condolences from Colleagues

1. A Remarkable Man Remembered

President Emeritus, Temple University
Dr. Marvin Wachman, May 16, 2006

I was proud to know and to work with John Chen for over thirty years. He was a most remarkable man.

Almost daily, the media in the United States decries the lack of training in mathematics and science for young Americans. John worked to overcome these deficiencies his entire professional life.

He pursued his work with young people regardless of the obstacles. He worked at the public school level, and at the university level at Temple University. Without his teaching, many students would have failed or left school. He was down-to-earth, and yet visionary, in his projects and techniques to encourage students to learn.

He was also very successful in providing higher education for students in China. At the same time, John was extremely active in international affairs, dealing with China and the United States with the unification of China.

His rapport with teachers, professors, students, members of the Philadelphia School Board, and others was exemplary.

We miss John very much. He will always be remembered, particularly by the students and professors at Temple University.

2. Letter from Bernard C. Watson

Former President & CEO, The William Penn Foundation
Dr. Bernard C. Watson, October 5, 2005

Dear Isolde,

Lois and I extend to you and your family our sympathy and condolences on the death of your husband and our dear friend, Dr. John Chen. Although your loss is deeper and personal, John's death is a loss to those who sought opportunity and fairness in a sometimes hostile and uncaring world.

John was my colleague and my friend. We stood side by side in battles to make this country live up to its promises to all its citizens. We worked together to help those seeking quality education achieve it. I have rarely encountered anyone more dedicated and tireless; John was unique.

My son, Bernard Jr., and I also had the opportunity to see John's dedication play out on the international scene. We visited the People's Republic of China together and saw first hand an example of John's creativity and development: Huanghe University, an English language graduate institution staffed by an international faculty. John's dedication to fairness, opportunity and education did not recognize geographic boundaries. Our joint visit to China to this day represents a special moment in the life of my son. The impact of that visit on me was profound.

We shall all miss John, but his legacy of courage, compassion and commitment to peace and understanding among all people will remain. The world is a better place because John Chen passed this way. You and your family should be comforted by that fact.

3. Dr. Chen, My Teacher, Friend, and Brother

Bodine High School for International Affairs
Mathematics Teacher, Mary Ellen Jeno, June 27, 2006

When I first arrived at the Franklin Learning Center to teach in September 1989 Mary Ellen King, a teacher there, asked if I wanted a Dr. Chen from Temple University to teach one of my classes. I wondered if this was a trick question, as who would not want to have someone from Temple teach one of your classes? I accepted the offer, and this was my introduction to the 21st Century Math Program at Temple University.

I learned so much from Dr. Chen and Karen Poles. Ms. Poles was my co-worker who was also in the room with the same Algebra 1 class. I learned from Dr. Chen the teacher, but I also learned from Dr. Chen, my friend and "brother". We were not only co-workers, but also friends. For example, Dr. and Mrs. Chen came to my daughter, Helen Jeno's, one year old birthday party and gave her beautiful gifts from China. Dr. and Mrs. Chen would come to my end of the school year parties, where Dr. Chen would help in the kitchen, cooking the pasta if that had not been done yet. Dr. and Mrs. Chen and my daughter and I met in Chicago, where Dr. Chen looked at the tall buildings and told my daughter that he was Spider Man and that he could climb the buildings. To this day my daughter calls Dr. Chen Spider Man. At a banquet Dr. Chen spent time with my daughter teaching her the trick of magic squares. How he loved children and mathematics.

The term Dr. Chen my "brother" started in the winter of the 1989-1990 school year. We always talked about math and the students, but this time I was talking to Dr. Chen about how it was difficult for me to get to the bank (before I owned a MAC card) to get money because I would stay after school and work until after the banks closed, and I needed money to buy home heating oil. (The oil company only accepted cash.) I was concerned that I would run out of oil. My concern immediately became Dr. Chen's concern, as my daughter was only one year old, and he reached into his pocket and asked how much I needed. I was shocked! I told him that I could not accept any money, but he insisted, and loaned me $300 to buy oil that day. Since then I have called Dr. Chen my brother.

So you see, Dr. John Chen was not only a great teacher, but also a great friend and brother. I am sure that I can say this is true not only for me, but also for many, many other people who have crossed his path.

4. Remembering Dr. John Chen

Mathematics Teacher, Germantown High School
Cathy Michini, June 2006

I will always remember Dr. Chen as one of the most caring, generous, warm individuals I have ever known.

After teaching the final class in summer school (I was his assistant teacher), Dr. Chen had asked me to come to his office. I remember sitting in his little office on the fourth floor at Temple University's Ritter Hall; his desk was cluttered with papers and his covered tea cup and his red hot pot. He told me about his time as a cowboy in Helena, Montana, where he took the name John. He showed me his math books from China and how thin they were; the American publishers stuff too many materials in the high school math textbooks.

Dr. Chen always wanted to know how I was "really doing." He called himself my "big brother." When Dr. Chen was taking a group of teachers to China, he offered to pay half of my airfare and would allow me to go without other fees. He wanted all of us to see his university, his school and his country. Unfortunately, I did not take advantage of that once in a life time opportunity. I still regret it to this day.

When I was going through a rough time in my personal life, Dr. Chen would always give me pep talks and cheer me up. When I was married, I was so honored to have Dr. and Mrs. Chen attending my wedding. I wanted them to know how happy I was.

I taught with and for Dr. Chen for 8 summers. He hired me when I was a new teacher to the School District and took me under his wing and gave me many opportunities to develop new teaching experiences. He allowed me to co-teach a class with him; I had learned not only how to teach math but also his passion for students' learning. He used to offer students a dollar if they found any mistakes in his work.

I watched him tell students what doors mathematics would open for them and how every student could DO MATH. He was very adamant that every urban student should have the opportunity to take Calculus before the end of high school.

In return, I would do anything for Dr. Chen. One summer I happily agreed to take the worst schedule — teaching the first and third session classes, spending the time of the second session helping his secretary doing office work—for a much smaller salary than the other teachers were receiving.

When Dr. Clayton was no longer superintendent of the School District of Philadelphia, and Dr. Chen had to convince the new regime of the merit of his programs, I went with him to the Board of Education building to tell them what an impact his work and program had on so many students in the city of Philadelphia.

So many students in Philadelphia know Dr. Chen because of his TV show, even if they have never met him. I used Chen's texts in Germantown High School for many years and when I would pass out the books, students would say, "Oh I watched Dr. Chen teach Algebra on TV when I was in middle school!" When I was at the Board building with Dr. Chen, we saw his former camera man from the show and he was so happy to see Dr. Chen. Everyone that worked with him loved him!

I also remember how many times Dr. Chen entertained the math teachers who worked with him. He treated us to an end of the program 7 course dinner every year. It was at one of those dinners that I ate jellyfish for the first time! He also invited us to his lovely home in Spring City. He would cook a delicious dinner on his custom made stove top. Mrs. Chen prepared lotus root, which I also enjoyed for the first time. The last time I visited the Chen's house, Dr. Chen was raising Chinese silk worms. We spent an hour cleaning out their aquarium while they were busy eating mulberry leaves. We then went and gathered new leaves from his vast property. I took some worms home with me in a shoe box and combed the city for mulberry leaves to feed their voracious appetites!

I still feel the hole he has left in the mathematics education community and in my heart.

I so admire Mrs. Chen and their friends for putting this memorial book together for Dr. Chen's legacy to live on. I am also grateful to our friend Anna Wang for pursuing her colleagues and not only hosting us and inspiring our writing, but feeding us a New Year's dinner as well. In all of us, Dr. Chen's ideas and spirit live on!

5. My Good Friend, Dr. John Chen

Site Director, American Foundation for Negro Affairs
Earl Vinson, October 11, 2005

My name is Earl Vinson. I am the site director for the AFNA program at Drexel University and at the University of Pennsylvania. Dr. Chen tutored for our program on a weekly basis. I had the honor of introducing Dr. Chen on several occasions as he was often our guest lecturer for our classes at Temple University. When you introduce someone several times, you get to know that person. Also, "DOC," as I often called him, had read some of my writings, we became fast friends.

Dr. Chen truly did wonderful work with minorities and the underprivileged as some of our students are such. He was a true humanitarian. However, Dr. Chen, my friend, was much more. I knew him as a trailblazer in the field of education. His approaches to teaching mathematics to our young students were before his time. His techniques and innovations will become the norm in the near future. Although Dr. Chen's theories led to his creation of several formulas and equations, he never bragged or boasted, not of accomplishments or of his unselfish help of others.

While many were contemplating who I am, and what I mean, Dr. Chen being an active leader in Chinese American affairs came to me and pledged the support of the Asian community. Dr. Chen realized my providential and unpretentious mission for mankind. I requested that the doctor tell the people to hold on for right now, for my time for progression had not yet come, but in due time the people would take their rightful place among men and under God.（Romans 9:25-26）（Hosea 2:23）

A great man has gone to rest. A man in whom I am honored to have called friend.

Dr. Chen

A father, a husband, a genius, a doctor
But never a foe;
This wonderful and gentle man,
Our hearts swell to let him go;
Kindhearted, sincere, honest, teacher,
All these words were he;
And yes, an innovator and a scholar,
But most of all, a true friend to me.

Note: This poem is an original written solely by me with the sincere hope that it may in some small way have some consolatory effect. Peace be with Dr. Chen's family.

中编

爱国活动

一、在费城的爱国活动

1. 钓统运、家事、国事

蔡文珠

说起保钓运动对个人家庭的影响，可歌可泣的真实故事太多了，各人有各人的遭遇。

就拿君复和我来说，我没有君复个性中的激情和豁达，也没有太多的实际保钓经验，因为我们两个孩子分别出生在1968和1970年，那些年我基本上都在带孩子，很难外出参加活动。不过，钓运统运中的台籍人士比较少，所以很多时候我还得出面，这样对于同是台籍的年轻留学生比较有亲和力。君复的爱国活动很少受到家累，因为我完全支持配合他的活动和事业。至于小型的会议或活动常常在家中举行，这在当年也是很普遍的。

有人在运动中找到志同道合的对象结婚了，也有夫妻在运动中闹僵了而离异分手。更多的是因为政治理念不同或政治立场的制约和自己的父母亲关系搞坏了。譬如说，某某台湾政要的孩子在海外参加保钓运动，好事者把消息传到台湾，当局就对其父母亲施压，试图阻止他们的儿女参与运动。台籍同学和同胞受到的压力不太一样，因为那个时代，我们在台的家人参政的比较少。我的家人（包括已出嫁的妹妹），台湾当局经常不请自到，自动上门作“户口调查”，却不惊动左邻右舍；弟弟在大学教书，屡次获推荐提升，每次都被压下；父母亲申请来美探亲，得不到出境许可。这一切都因为我这个出国的孩子在国外从事台湾当局认为是“反政府”的活动。一直到1979年父母亲才获准出境来美，探望我们兄妹三人。

君复的父亲，也就是我的家翁程石泉，30年代留英，回国后基本上从事教学。1949年随国民政府阖家迁往台北，50年代中一家人又陆续移民美国。家翁在美国宾州的匹兹堡大学和宾州州立大学执教，直到1976年退休后再度到台湾，仍旧从事教学。但是他在台湾国民党的政坛上也有不少熟人，为了儿子参与保钓运动也受到一定程度的压力。同时家翁又是个坚决反对共产主义的学者，他始终不理解也不能接受儿子竟会爱上“中华人民共和国”这个事实。父子二人自1972年统运开始就经常为认同中国的问题争执，三十多年下来，谁也说服不了谁，只好避不见面免了冲突。一直到2005年父子两人相继去世，也没有谈拢这个中国人的国家认同问题。君复曾经多次告诉我，父亲实在是很爱他的，可是父子两人为了国家认同的分歧，不能交谈，也不能见面。我相信他们彼此爱得太深，不愿意伤害对方的心，所以宁可不见面。父子两人的心一定都淌着血，直到去世。

为什么做一个中国人这样痛苦呢？

1970年7月我们从匹兹堡搬迁到费城。费城是美国宾夕法尼亚州的第一大城，美国的第六大城，又是美国建国时的首都，宪法的诞生地，地处纽约和华盛顿之间，各距车程2至3小时。因此，当年保钓大串联时，费城成为美东重要的中转站。我们和两个孩子在家里（虽然他们还小）一起接待过无数认识或不认识的保钓人士。

1970—1975年间，君复正在修读博士学位，课余全心从事爱国活动，我是默默地全职相夫教子。我们对物质生活的要求不高，精神生活却很丰富。我们在运动中结交了许多志同道合的朋友，亲如手足，我们都憧憬未来美好的社会主义社会。两个孩子随着保钓运动和中国统一运动成长，他们从小就知道要做一个堂堂正正的美籍华人后裔，爱国爱乡，服务社区，特别要关注弱势群体，主持正义，在种族、教育、经济、政治及文化各方面不歧视人，也不接受别人的歧视。

2. 费城保钓三年经验总结

程君复

文珠按：1970—1973年间保钓的初阶段是留美中国学生的一个单纯的保土爱国运动。这三年中透过运动本身的发展，台湾留学生慢慢了解到国民党反人民的本质及与帝国主义勾结的事实，因此运动便走向要求“中国的统一”的路线。君复曾为保钓最初三年的运动，作出以下的总结，读者可从中了解保钓运动不只是示威游行喊口号。当年的港台留美学生一踏上飞机，就没有想过要回国服务。留学变成学留，造成长年的人才流失。正是保钓运动唤醒了一部分留学生的民族意识，使他们找到人生的方向，用信念和爱国心引导，不再迷茫於安逸的美国生活。

保钓三年经验总结

1. 保钓运动的性质是海外留学生与知识分子的左翼与右翼在意识形态领域中的斗争。当时虽还不能直接结合台湾广大的劳动人民，但是可以间接影响台湾岛内的政治斗争。

2. 保钓运动的当前任务

（1）为台湾的回归和中国的统一促进其条件及减少其障碍。

（2）从政治、经济及思想文化上各个领域中去深入了解并广泛宣传在帝国主义控制下的台湾现状及日益没落的蒋政权勾结帝国主义压迫剥削台湾广大人民的本质。

（3）从政治、经济及思想文化上各个领域中去深入了解并广泛宣传在社会主义制度下日益成长壮大的新中国。

（4）了解并宣传社会主义的优越性及资本主义在当前帝国主义阶段的寄生性与腐朽性。

（5）了解并宣传社会帝国主义的帝国主义本质。

3. 宣传及团结的群众（留学生为主）大致可分为下列四类（以主要顺序排列）：

（1）关心台湾的前途，想了解新中国，对台湾的感情较深厚，将来愿意回台湾的或能积极参加海外爱国运动者（包括大多数同情“台独”及对社会主义不了解的台籍同胞及有强烈民族感情又关心台湾的外省籍同胞）。

（2）有强烈民族感情，对台湾的感情不深，回台湾的可能性较少，但在一定条件下能帮助运动推行者。

（3）关于费城华埠居民的宣传主要由黄籽会在进行，保钓会在各方面支援（如筹募活动经费、翻译、抄写黄仔报等）。

（4）有相当的民族感情，想了解新中国，对台湾的感情不深，不能为运动做点牺牲者。

（5）对中国大陆或台湾毫不关心，甘心做美国人者。

4. 孤立的对象——自私自利、积极反共、反中国、拥护蒋家政权、甘心作帝国主义之走狗者。

5. 过去的经验

（1）大多数时间放在第一类群众上，透过私人关系认识的，由个人进行工作。

优点：重质，深入的认识问题。

缺点：接触面不够广，选择性小，容易犯主观主义或自由主义的错误（急攻心切或工作态度消极），同时本身对问题的认识不够也难以做说服的工作。

（2）对第一、第二、第三类的群众工作。

（i）刊物：三年来共出刊九期，以转载其他刊物或报章杂志的文章为主。内容包括报道台湾现况及认识社会主义新中国，性质以报道性与分析性为主。缺点是出刊不定期，缺乏群众反映，社论或文章缺乏照应到台湾人的感情。

（ii）座谈会

举办过两次大型座谈会：1973年1月的台湾问题恳谈会，由费城主办，匹兹堡和宾州大学城协办，主讲人清一色是台籍同胞。1973年10月举行国事座谈会，广邀纽约、新泽西和宾州具代表性的左、中、右学者主讲。

检讨：会议制造了舆论，刺激留学生的政治冷感，提高部分人的积极性，可惜本地群众基础还不够。

6. 筹募经费的渠道

（1）参与费城一年一度的民族博览会（与黄籽会合作）。

同时增加工作朋友的积极性，在工作中增加感情，增进了解。

（2）举办电影会和聚餐等活动。

（3）参与其他民族如非洲裔博览会。

7. 对外关系

费城保钓会员以个人身份支援黄籽会或美中友好协会，从不以保钓会名义参与美国的政治性活动。

8. 结论

我们的优势：（1）在工作中不断增加自己主观上的认识。

（2）在工作中大家互相了解，增加感情，提高积极性。

我们的劣势：（1）主观上的认识还不够，要在实验中不断地改造自己的主观世界。缺乏读书学习也难以对知识分子做说服工作。

（2）积极性不高，自由主义、个人主义的作风很多。

（3）主观主义。

（4）缺乏自我批评，互相批评的精神。对于矛盾应该揭发，矛盾的解决只有透过讨论。讨论的方式是摆事实，讲道理，尽量以说服的方式。要尊重不同的意见的存在，要克服自由主义、个人主义的作风，才能提高普遍的积极性，才能不断地在新的基础上团结起来，推动运动向前发展。

以后的工作态度

（1）多读书学习。

（2）理论与实验不断循环交互发展。

（3）发挥团结，批评再团结的精神，以提高普遍的积极性，团结大多数，打击最主要的敌人。

3．程君复与钓统运

蔡文珠

保卫钓鱼岛运动的产生

上世纪70年代初期，只要有华人留学生的地方，就有不同程度的保钓活动。当然事出有因，都是石油惹的祸。事缘位于台湾东北100海里、行政区属宜兰县、距琉球首府那霸230海里的由八个无人居住小岛组成的钓鱼岛列屿，据1961年《美国地质学会会刊》发表的《东海和南海浅水区的沉淀物》的研究报告，可能蕴藏丰富的石油资源。后又经1968－1969联合国“勘探亚洲海底矿产资源协调委员会”组织的中美日韩12位地质学家所作的地球物理勘测，得到证实。于是，钓鱼岛的潜在经济价值自此日渐受到中、日、美的关注。

但这座列屿的命运坎坷，1894年中日甲午战争后，清廷被迫签订《马关条约》，随台湾一起割让于日本，钓鱼岛列屿虽在条约中没有明文规定，清政府显然自动放弃了所有权。1945年8月日本战败投降，无条件接受《波茨坦公告》后，日本必须按照《开罗宣言》的规定，将其窃取的中国领土满洲、台湾、澎湖列岛等附属岛屿都归还中国，但是美国却单独占领托管了琉球群岛和中国领土钓鱼岛列屿。1947年4月，联合国《关于前日本委任统治岛屿的协定》，称琉球群岛和钓鱼岛群岛“主权未定”，应由美国托管。这就埋下了钓鱼岛运动的伏因。

1970年媒体披露了美日两国就归还琉球问题进行磋商，美国准备于1972年将钓鱼岛与琉球一并归还日本，而日本已加紧在钓鱼岛活动。台湾的《中华杂志》和《中央日报》，香港的《明报》和《七十年代》等报刊都有报道，激起了海内外华人的愤慨，引起强烈关注和讨论。费城也在1970年底普林斯顿大学召开钓鱼岛归属问题讨论会之后成立了“费城保卫中国领土钓鱼岛行动委员会”，主要是宾夕法尼亚大学、天普大学和瑞克索大学的中国留学生和学者参加，但同时也吸引了一批土生土长的华裔子弟。在一个多月里，在程君复和其他志同道合的朋友的推动下，大费城地区举行了各种大小规模的演讲会、讨论会、说明会，宣传美日私相授受钓鱼岛列屿违反国际正义的不正当行为。他们更到德拉瓦州立大学宣传介绍钓鱼岛的归属问题，各大学和学生团体的反应都很热烈，他们热血沸腾、义愤填膺。

校园内外不论来自何方的中国人，对钓鱼岛问题关心的程度迅速增高。渐渐地，经过思想沟通后，以行动团结海外的中国人的呼声逐渐响起，保钓的浪潮以不可遏止的力量激荡着美国校园的每一个角落。同时，保钓运动也得到了爱国侨胞的有力支持。多数的侨胞和华侨社团都关心祖国的主权完整和民族尊严，他们捐钱、出力，提供各种方便，支持保钓运动。君复在这运动中的角色一直是积极的推动者。

保钓运动走出校园

1971年1月29、30日中国留美学生为保卫钓鱼岛在美国各大城市举行了第一次大规模的游行示威。费城保钓行动委员会也积极响应，参加纽约市的大游行。来自美东各地的大专院校中国学生和侨社人士约一千五百多人，冒着严峻的寒冬走上街头，抗议美日私相授受中国领土钓鱼岛。当时的中国留学生多数来自台湾和香港，少数来自东南亚或其他国家，从来就没有示威游行的经验。这第一次的游行让保钓人士意识到群众的力量。除了纽约外，华盛顿、西雅图、旧金山、洛杉矶以及檀香山也都举行了保卫钓鱼岛示威抗议游行，而以纽约的规模最大。

保钓运动发展得非常快，在留美中国学生和知识分子的推动下，同年（1971）4月10日，全美保卫钓鱼岛人士在华盛顿举行空前盛大的示威游行，人数超过两千五百，他们来自美国东部及中西部，还是以台湾和香港留学生为主。游行队伍首先到美国国务院，要求美国政府更正其副国务卿约翰生所说"钓鱼岛是琉球群岛的一部分"的声明；接着游行队伍到"中华民国大使馆"，要求周书楷大使答复全美58个钓鱼岛委员会3月12日的公开信；游行队伍最后抵达日本大使馆，程君复和另外一位台湾留学生、一位香港留学生代表示威群众递交抗议书，谴责日本政府公然侵略中国领土钓鱼岛，反对日本军国主义复活。出面接受抗议书的日本外交官除了一再说"不予置评"外，最后竟然补上一句"你们的政府不也是对此事说不予置评吗？”三位代表回到现场向群众报告经过，群众的愤怒声响彻云霄。同一天和前一天（9日），在西雅图、洛杉矶、旧金山、休斯敦和芝加哥的中国学生也举行了保钓游行。这两天的美国各大报纸都以重要新闻报道了这次的游行，国际媒体也注意到了这个新闻。

从钓运到统运

1971年4月10日的华盛顿游行是保钓运动的高潮和转捩点，事后北美各地保钓会纷纷举行讨论会，对国民党当局对待钓鱼岛问题的冷漠、不关心批评有加。不多久，台湾和香港学界也响应了美国的保钓运动。当时的台湾还处于戒严时期，“非法”集会或上街游行都是不可思议的事。保钓运动可以说替70年代的台湾青年打开了窗口，激发民族主义情绪和关怀社会大众。在这些遍地开花的讨论会中，北美的“美东讨论会”和“中西部国是讨论会”是关键，影响保钓运动后来的走向。1971年8月21至22日“美东讨论会”在布朗大学校园举行，9月3至5日美国“中西部国是讨论会”在密西根大学安娜堡校园举行。北美各地保钓人士代表经过激烈的讨论和辩论后，很明显地继续要支持国民党当局的已成为少数，原来无党派人士的立场已转向要认同大陆的新中国，反对“两个中国”的国际阴谋，支持台湾问题是中国内部问题，应由中国人民自行解决。安娜堡大会终于通过决议，承认中华人民共和国政府是唯一合法代表中国人民的政府，由此海外保钓运动演变成推动中国统一运动。因为只有统一的中国才能站起来对付国际纷争，维护国家领土主权。保钓运动发展到统一运动，君复更是旗帜鲜明的推手。

同年9月21日，由纽约保钓会主导的“美加华人拥护恢复中国在联合国的一切权利”示威游行在联合国广场举行，君复负责指挥、警卫，带领呼喊口号，并接受电视台采访，他说要让美国社会知道，海外华人是心向祖国的。10月25日联合国通过第2758号决议，确认中华人民共和国在联合国的席位和权利。消息传来，主张统一的保钓人士和海外侨界爱国人士心情激动，雀跃欢呼，为突破了国民党的白色恐怖，更为中华人民共和国恢复了联合国席位。

保钓运动的影响

1972年5月15日美国将琉球的行政归还日本时，美国认为钓鱼岛是琉球的一部分，故同时归还。但是钓鱼岛群岛属于台湾宜兰县的历史事实不容否认，中国人民必须坚持继续对钓鱼岛领土宣示主权。以致到了2001－2005年间，君复还主导无数次的座谈会，新闻发布会，公开信以及三次示威游行，谴责日本非法窃占中国领土钓鱼岛。

三十多年之后回顾保钓运动，很惊讶地发现这运动发展如此迅猛，然而激情仅仅持续短短几年，复归平淡。可是在我们这一代亲身参与运动的人心中，那是很长久的一段人生里程。因为我们在那几年做了那么多的事，影响我们的人生观那么大，那怎么会是短短的两三年呢？当时的青年，今日逐渐步入老年的我们这一代，对于参与保钓运动的经验多半是无怨无悔的。因为在运动中我们的民族意识觉醒了，政治水平提高了。作为海外华侨华人，更深切体会对祖籍国的依赖和应该负担的责任。周总理曾经在接见保钓人士代表团时说过，保钓运动是海外的五四运动！事实上，我认为保钓运动一直持续发展，可以说1970－1972年运动的重心是保土卫国，内除国贼，外抗强权；1972－1978年运动转型成统一运动，呼吁海外华人重新认识新中国，认同新中国。认识的渠道是回国参访，读、听报告，阅读文学作品，欣赏电影戏剧，进一步更自编、自导、自演进步话剧和戏曲等。钓运统运完全是自动自发的一个海外进步爱国运动。

保钓运动精神的延续

在分裂的祖国（大陆与两岸三地：台湾、香港、澳门）前疾呼认同与统一已经不容易，更何况身在北美。但是君复仍然一本初衷，继续坚持进行爱国活动。80年代改革开放政策落实，他组织了一批老保钓人士加上新的一批爱国知识分子，前往河南郑州支援教育改革，1985年创办了第一所中美合资的大学——黄河大学，为祖国培养人才。90年代至21世纪初，他不仅在居住地美国费城推动中美友谊、文化、教育、商贸之交流，更向华侨华人社区以及美国主流社会宣讲中国必须和平统一的历史使命及统一的中国对世界的和平、稳定与发展会有更大的贡献。他呼吁“反独促统”，发起反“独”促统组织，足迹遍及世界各地；他不停的奉献自己，三四十年如一日。临走前万般不舍，只要求“以中美国旗，覆盖我身”。因为他既是一个美国公民，同时又有一颗热爱祖国的赤子之心！

4. 总结费城保钓三年经验（1970～1973）

费城保钓会

理性认识依赖感性认识，感性认识有待发展到理性认识，这是辩证唯物论的认识论。

要认真总结经验，历史的经验值得注意。一个路线，一种观点，要经常讲，反复讲；只给少数人讲不行，要让广大群众都知道。

保钓运动在美东

保钓是一个保土卫国、自动自发的爱国运动。由召开小型集会到定期办刊物，而后发展到大规模示威游行。1970年1月29日第一次在纽约发起保钓示威游行，有1500多人参加；同年4月10日在美京华府的第二次示威游行 有2500多人参加；1971年9月21日在纽约，为支持中华人民共和国在联合国的合法权益，有700多人；然后到了1972年5月13日最后一次的保钓示威游行有700多人。其间还有布朗大学的座谈会，400多人参加，密西根大学的座谈会也有400多人。之后在纽约举办的统一大会也有300多人。保钓运动自此进入了中国统一运动。

保钓运动的进展

保土卫国和统一中国在基本上是没有什么差异的。保土卫国运动的主要成员是一群积极分子主动出来说服人；用统一战线的方式来达到统一的目的，这里面我们就不能不作分析、调查和分类。

1. 留学生（外省籍）

（1）自动自发的（认识到的）

（2）能被说服的（认识不清楚，客观的）

（3）很难被说服的（认识不清楚，主观的）

（4）漠不关心的（永久留在美国）

（5）根本反对统一（既得利益者）

2. 留学生（台籍同胞）

（1）自动自发的（认识到的）

（2）同情“台独”的（反对蒋家集团的压迫和外省籍人在台湾享有特权）

（3）参加“台独”的（因反蒋而加入“台独”的或因个人野心而加入“台独”的）

（4）反对外省籍人士搞的运动

（5）“台独”左派

（以上人士对台湾的感情比较深）

3. 持绿卡者或美籍公民

漠不关心的占大多数，但其中也有主张统一的和不主张统一的。但是我们要争取主张统一的，说服不主张统一的。

（以上人士只要保证在美国的自足、自保和自满）

4. 办中间性刊物者

自由主义者占大多数，但不积极反共，对统一是赞成的。但主张慢慢来，长期和平的方式。

5. 为蒋家卖命的一些人

（1）极端反共

（2）绝对反对统一

（3）主张“两个中国”，和平共存，和平竞争。

（4）决定依附美国

费城三年来的工作

1. 一次台湾问题恳谈会（280人）

2. 一次国是座谈会（258人）

3. 九期刊物（每期1000份）

4. 一次美中友谊聚餐会（200余人）

5. 两次参与Philadelphia Folk Fair筹募活动基金

6. 一次保钓聚餐会筹募活动基金

7. 参加袁懋如的座谈会（右派闹事）

8. 参加台湾来的青年文艺访问团晚会（有肢体冲突）

9. 不定期放映新中国电影

10. 多次举办介绍新中国的演讲会

11. 主动参与费城中国同学会的组织和活动并参加费城台湾同乡会的活动

5．费城左、中、右国是座谈会实况纪要

费城国是研究社程君复供稿

主办单位：费城国是研究社

地　　点：宾州费城，宾州大学戴维·雷顿河实验室

时　　间：一九七三年十月二十七日上午十时至傍晚七时半完

一九七三年十月二十七日，此地正适秋色浓也深，费城国是研究社邀请美东各地许多朋友在费城宾州大学的戴维·雷顿河实验室里，以摆事实、讲道理、开诚布公的立场来研讨台湾问题和今日中国的统一，参加者约三百名。为使台湾问题提早解决，中国也能早日迈向统一和富强，无论是左派、右派、中间派或是中国派，只要目标是中国未来的康乐和富强，大家提出来讨论，然后面临着时机到来的时候，付之于实际行动，献身献力，也是留美知识分子对自已的国家和民族所应尽的一份力量和责任。

参加此次座谈会包括地区有：纽约州，纽约市，匹兹堡，水牛城，纽哈文，华盛顿特区，新泽西州，波士顿，石溪，马里兰，巴尔的摩，俄亥俄州，印第安纳，

德州，费城，宾州州立大学，哈里斯堡等。

这次座谈会的一些主讲人、主持人和主席有：

上午主席：邓泽民——费城华侨中文学校校长

中国近代史主讲人：赵善鸣——费城天普大学历史系教授

台湾现况主讲人：张显钟——台湾“人与社会”杂志美东负责人

台湾现况主讲人：黄哲操——纽约约克大学大众传播系教授

台湾现况主讲人：庄怀义——纽约台湾同乡福利会负责人

下午主席：吴开恕——“野草”发行人之一

大陆现况主讲人：牛满江——费城天普大学生物系教授

大陆现况主讲人：陈宇——纽约州立大学政治系主任

大陆现况主讲人：孙正中——I.B.M.工程师

自由讨论主持人：徐守腾——哥伦比亚大学教育系任职

自由讨论主持人：陈立家——《桥刊》发行人之一

自由讨论主持人：张光华——“联合”发行人之一

自由讨论主持人：段家锋——台湾中正理工学院教授

自由讨论主持人：任德厚——纽约哥伦比亚大学学生

这些主席、主讲人和主持人在美国所学的及对中国问题的认识都各有不同，也充分地代表着今日留美知识分子的一些不同论点，或大或小，或异或同，但是整体上来讲，各人都是热心于国家民族事务的。

此次座谈会是由早上十时开始直到傍晚七时半，共中有一小时的午餐及十分钟的休息，讨论和演讲的时间总共八小时又二十分钟。气氛是轻松的，紧张的，愉快的，也是严肃的，程序是人人举手，人人发问，也是人人说话。

（节选自《七十年代》，1974年12月）

6. 费城华侨服务社成立宣言

全体华侨叔伯兄弟姐妹们：

我们远离祖国几千里的路程，我们无时无刻不能忘记我们的祖国，我们的家乡，父母兄弟姐妹。但我们只知有国有家，却无法看到我们深爱的祖国或听到那美丽而温暖和慈爱的父母声音。这是什么缘故呢？

侨胞们，我们并不是不爱我们的祖国和家乡，而是二十三年来美国政府的所谓法院禁令“凡是美国的居民，不论任何国籍民族、色种，未经政府签证出国者（如到古巴、朝鲜、北越、中国）都是违犯美国宪法”。因此，这就成为我们无法成行回到祖国的真正原因。

侨胞们，在这二十三年间，我国的一切都在进步，连美国总统尼克松也大为感叹。特别是新中国恢复联合国的合法地位以来对于国际的影响，所有中小国家和正在发展中的国家联成一气，共同反对两个超级大国的联合精神，是史无前例的。在联合国开幕各国代表致词时，连两个超级大国的代表在内也或多或少的缺席。但是我国代表乔冠华团长致词时，却全体132个国家代表都踊跃参加，而且在讲词的每一个段落都博得全体如雷似的不停掌声。这个表现是什么呢？我们不难知道，就是我国代表的所作所为都是勇敢前进与正义，就是为全人类谋福利的结果。我们身为中国人，到了今天总算扬眉吐气，值得自傲了吧。

侨胞们，空中楼阁的睡梦已成过去，那是像一个巫师那样不能再支配自己的符咒呼唤出来的牛鬼蛇神。起来吧，参加我们的行列，各尽所能的为侨胞服务，争取我们应有的幸福自由。

本社的组织是“名正言顺”的费城爱国华侨联合中心。本着爱国如一家的精神，地不分南北，人不分老幼，向大家介绍祖国二十三年来的真正情况和真面貌，愿大家认识和了解当前祖国的建设和祖国人民艰苦奋斗的精神。

我们对团结全体的侨胞争取在种族上经济上的平等，觉得是应有的职责，我们的活动范围将为适应华侨需要而举办。凡对华侨大众有利益及进步的事业，我们都支持到底。我们的宗旨包括下列各项：

第一：我们承认中华人民共和国为中国唯一合法的政府。

第二：娱乐方面，为了方便华侨业余的需求，我们将设有乒乓球桌各种图书报刊，并尽量多放祖国影片以供娱乐。

第三：英文补习班：在最近将来，我们准备设免费英文补习班。

第四：我们尊重一切设于华埠的华侨社团，并愿意诚心诚意的与各侨团通力合作，谋求同胞更大福利。

费城华侨服务社

（程君复草拟，一九七二年）

二、创办黄河大学始末

悲夫！滔滔黄河，秋水连波，程门立雪，只余恩师梅影横斜。

为民族福祉，漂洋越海，递火传薪，兴教泽，育栋梁，惠神州万里，融融春晖溢门墙，有天地可鉴；

壮哉！浩浩大洋，惊涛拍岸，世人垂泪，犹忆先生松姿卓立。

谋中华复兴，泣血锥心，奔走呼号，复国威，保钓岛，促江山一统，拳拳赤子爱国心，与日月同光。

——仉建涛代在豫工作的全体黄河大学毕业生沉痛悼念恩师程君复教授

黄河大学简介

吴 举

上世纪八十年代中期，"中国第一所中外合办[的]综合性高等学府，黄河大学"，在中原大地河南省郑州诞生了。这所新型大学的问世，在中外媒体、社会都产生了巨大的影响和轰动。

黄河大学的诞生，既有其社会背景——中国教育改革要面向未来，面向世界，面向四个现代化，也基于创办者的坚定信念：国家的富强，民族的振兴，教育为本；尽快让更多的中华儿女接受高等教育，不仅是国家的责任和义务，也是海外华人关注报效祖国的大事情。

程君复教授和其他美籍华裔学者创办黄河大学的初念萌动于1979年。是年1月30日，邓小平来美国进行国事访问，同时接受天普大学（Temple University）荣誉法学博士学位。该校著名学者牛满江、程君复等参与盛典。同年3月18日，美国费城国是研究社倡议海外华侨捐献祖国一所现代化科技大学，是为创办黄河大学之滥觞。1980年初，来自美国波士顿、纽约、费城、芝加哥等地的华裔教授学者，议定在河南郑州黄河南岸，创办一所新型的高等学府，取名黄河大学。1983年，河南省生物工程科技代表团利用在美考察之便接触程君复教授，就合作筹办黄河大学一事进行初步探讨。1984年初，程君复教授代表美籍华裔学者向河南省访美代表团提出合办黄河大学的倡议。是年3月，河南省委书记刘杰亲自致电邀请程君复教授去郑州商谈具体办学事宜。1984年4月1日，河南省人民政府副秘书长杨昌基与程君复教授分别代表黄河大学国内外筹委会，正式签署备忘录：河南省提供当时的省委第三招待所，位于黄河南岸，占地约1500亩，环境优美，建筑精巧，作为校舍；海外负责购置图书、先进仪器设备等。1984年5月17日，中共中央颁布《关于教育体制改革方面的决定》。次日，中国教育部正式批准河南省与海外华人在河南郑州合资、合作、合办一所综合性的黄河大学，作为中国教育改革的试点。1985年5月，中国教育部批准黄河大学先期开办经济管理、计算机软件工程、英美语言文学和美国研究四个研究生班，破例举行全国招生考试。经过高效认真的筹备，1985年9月1日，黄河大学如期正式成立，四个专业共招收的137名硕士班研究生正式入学上课，首届校长由原中国科学院应用数学研究所所长秦元勋（哈佛大学）博士出任。

在建校后的7年间（1985年9月至1992年9月），黄河大学一步步发展壮大，由建校之初单一层次（硕士）的四个研究生班（共137名）发展为一所以工科为主、多学科、多层次（硕士、本科、专科）的综合性大学，为本省和全国培养输送了大量不同类型的人才，在多条战线和领域乃至世界其他各地取得傲人的成就，发挥着不同凡响的作用。

1992年9月，根据中央《关于高等教育改革有关部署》，黄河大学与郑州大学联合归并，与后来的其他院校（郑州工业大学和河南医科大学）共同组成国家“211工程”重点建设项目之一的新郑州大学。因此，曾一度作为中国教育改革试点的黄河大学，其先河效应已惠泽中华，又继续在这所占地4000余亩、设有理、工、医、文、史、哲、法、经、管等学科门类的全国重点建设项目——新郑州大学——的百花园中争奇斗艳，溢芬流芳。

黄河大学之意义和必要性

1. 为什么要办黄河大学

程君复　管见　庄悦

黄河是中国第二大河，流经九个省区，长达五千四百六十四公里。我们的祖先自古以来就在那里辛勤劳动，创造了灿烂的历史文化，中华民族就在她的怀抱里诞生，哺乳、壮大、成长。如今在她的两岸，发掘出星罗棋布的中华民族古老文化，有史前期的仰韶文化，散布于广大的西北、中原和华北地区，河南郑州市渑池县的彩陶绘画是世界艺术的无上珍品，乃黄帝族遗留下的文化，当时农业、家畜、陶器、骨器以及弓箭已广泛利用，生产的进步带来了中国古文化的繁荣，世界东方文明的晨星就在这里升起，而河南郑州二里岗、安阳小屯文化则是商王朝文化的代表，河南郑州就是早期商王朝的国都——龙山文化。

周秦汉唐，中国历史的鼎盛时期，也正是十六世纪以前黄河流域是世界科技和艺术的中心，自十六世纪以后，中国在朦睡，中国在落伍。终为欧洲的文艺复兴夺走了乃以我中华民族为世界文化进展的中心，以至十八世纪以来，欧美各国在工业革命后全速竞进，而昏庸的清王朝却夜郎自大，盲目自夸，关闭自守，自愚愚民。

迄自鸦片战争，外有列强掠夺我资源，霸商埠，故国财富被鲸吞蚕食，内有军阀蜂起，竞相攻城略地，火拼混战，引狼入室，为虎作伥，故国竟瓜剖豆分，给人民剩下的只有贫穷、落伍、被奴役、受欺凌。如是中原鼎沸、民生疲敝，千代之经营、文化之精英、千年百世、锱铢集成，尽毁于硝烟炮火之中矣！

当时日本乘中国之虚弱，入侵中国，横行霸道，残杀赤贫无依之百姓，如是贤哲志士离乡背井，潸涕去国，嵩岳凄怆，黄水呻吟，中原大地满目疮痍，中华文明凋零不堪矣！

是以炎黄子孙先驱者拍案而起，嚷声疾呼，二百年来多少烈士，千千万万的岳飞为拯救中华洒热血、抛头颅，前仆后继，斩木为兵，揭竿为旗、自强不息，将鲸吞蚕食的列强驱逐出中国，扫平杀人放火之军阀，旨在为民族之复兴——中国人民从此站起来了。

祖国之幅员并不小弱。祖国之资源依然丰硕。中华民族才智无尽，祖国之人民刻苦勤劳，以此来共同振兴中华，探索强国济民之道。究其本，不外廉明政治，发展经济、振兴科学，但这三项方针必须通过教育途径。

是我同仁，虽身居海外，但仍属轩辕苗裔，炎黄子孙，为支援祖国之发展，重振中华，共商集资创建最具现代化综合性之黄河大学，开发智力、造就人才，为国植本，在黄河之滨——郑州市合办黄河大学，希望逐步将这所大学办成具有特色之多学科、高度现代化之综合性大学。包括若干个学院、若干个研究院，以及若干个训练中心。黄河系中华民族文化之摇篮，黄河乃我们的母亲，创办黄河大学是海外游子对我民族之一缕赤诚。

陆放翁诗云："位卑未敢忘国忧，论定仍须待阖棺"，人生几何，盈虚有数，报国之举刻不容缓。

屈原诗曰："陟升皇之赫曦兮，忽临睨夫旧乡，仆夫悲余马怀兮，蜷局颜而不行。"屈原之伟大在于他在天堂与祖国之分水岭上选择了祖国，抛弃了天堂。

振兴中华，匹夫有责。有同此心者，或共与义举，慷慨解囊，或临轩传授，广植桃李，集腋成裘，聚沙成塔，众志成城。我们一定要把"黄河大学"办出来，为培养我们的后代出汗马之力。

美国费城：程君复

中国北京：管　见

台湾台北：庄　悦

（《美洲华侨日报》，1984年5月19日）

2. 中国教育上不去，四化只能是空话！

——程君复教授谈办好黄河大学的设想

俊　雄

研究生院九·一开课

“黄河，是中华民族的象征，以黄河为校名的黄河大学，一定要办成世界一流的大学，也一定要是有中国特色的大学。”为筹办黄河大学奔走了几年的程君复教授不止一次这样说过。

坐落在河南省郑州城内的黄河大学的四个研究生院今年九月一日就要正式开课了，那么，决定这所大学前途的办学原则将是什么样的呢？日前，程教授向记者介绍了他们的一些具体的想法：

黄河大学虽然是一所立足国内，以为中国现代化建设培养人才为己任的中国的大学，但并不排斥对外国先进经验的学习。美国教育有两个最为成功的地方：一是机会多，只要愿意，每个人都有可能接受高等教育；二是其研究生院体系。大学教育普及程度与国家的经济水平有关，中国在这方面目前尚难与美国匹敌。但中国大学的本科教学水平并不低，薄弱之处在于研究生院，因此中国应该加强研究生院的建设。这也就是为什么黄河大学花很大力气办好研究生院，甚至未办本科，就先办研究生院的原因。

提倡“通才教育”

针对中国大学生过分强调专业学习，因而知识面较窄的弊病，黄河大学提倡“通才教育”，让学生根据自己的能力和爱好选修一定数量的选修课，文科学生可以选理科的课程，理科学生可以选文科的课程，以令他们在各种知识领域里触类旁通，开阔视野。

“只能成功，不能失败”是中国人的性格，争强好胜固然有可爱的一面，但经一次失败就好像面目无光，甚至有如末日来临，这不能不说是一大缺点，尤其搞科学，哪能不经过失败。黄河大学基金会对研究生课题研究的资助并不取决于研究的成败，允许学生的研究失败，鼓励他们吸取教训，锲而不舍继续研究。

让社会去办学校后勤

中国现在的大学是一个个小型的社会，衣、食、住、行、请医生、看电影……事无巨细都由学校一手包办。程君复教授的说法是学校百分之六十的力量用了来办后勤，国内的说法是“学校办社会”。黄河大学在这方面必须有所改革，初步的设想是，把学校的后勤交给社会去办。学校将建造一批房屋，让校外的人进校办食堂、商店等生活服务设施，学校只提供一定的方便和实施必要的监督。住在本市的师生将不分配宿舍，每天乘坐校车上学。这样将会把学校的生活后勤工作压缩到最低限度。

加强教育行政管理

教育行政科学现在在中国还未受到应有的重视，相当一部分人规章制度概念模糊，甚至不承认行政管理是一门科学。黄河大学将要为国内同行做出改革的榜样。程君复教授从事教育行政管理工作十几年，这里正是他的“用武之地”。黄河大学最高权力机构是由海内、海外各七人组成的董事会，董事长由海外人士担任。校长从国内招聘（据报道，原北京大学数学研究所所长秦元勋先生已应聘为第一任校长，他五〇年获哈佛大学博士学位），校长对董事会负责，学校当局可以解聘教师，辞退学生，被辞退的师生也可以据理申诉，学校将设有相应机构接受咨询和作出仲裁。

程教授最近到东南亚和欧洲走了一趟，考察了一些大学，获益颇多。东京大学里浓烈的民族感情，新加坡大学提倡的“知行合一”等都给他留下深刻的印象；而马尼拉大学内宗教气氛过强，学生构成不稳定，好的学生多流出国外的现象也使他警惕。考察归来，如果要把感想概括为一句话，那就是：办好黄河大学的心更急了。

当然，要把黄河大学办好不是一件很容易的事，但是，黄河大学能够办成、办好，程教授对此却是深信不疑的。国内，从中央到省市，各级政府皆十分重视黄大的建设；国外，正在替黄大出力的，光博士就有三百多位。上月底，与李鹏副总理在洛杉矶的会面更使程教授信心十足。这位新任的中国教育委员会主任有魄力、有能力，思维敏捷，判断力强，并且思想开放，给人印象甚佳。当程教授向他介绍了黄大的情况后，他表示：此事很好，相信中央是一定会给予大力支持的。

“中国教育上不去，四化只能是空话”，“振兴中华，匹夫有责”（均是程教授语）。愿我海内外同胞，人人以国家民族命运为念，把自己的才智心血，贡献给祖国的教育。这是千秋万世的事业。

（旧金山《时代报》，1985年8月12、13日）

3．从筹建黄河大学看今后中国的教育改革和开放

——1986年7月下旬在广州教育委员会讲话

程君复

今天很高兴和大家见面，从一位海外华人的角度来看今日中国所面临的教育的改革与开放。这是初步的探讨，非常的粗浅，如果能引起大家的注意和思考，这也是好的。中国的教育的改革与开放是走向中华民族富强之路，也就是说“振兴中华”的关键是教育。中华儿女的教育是他们的基本权利，是国家应尽的义务和责任，也是海外华人非常关心的一件大事。

黄河大学耸立黄河畔

自1979年开始我和国家教委谈合作办学的事，直到1984年，我代表了一些美籍华人和河南省商量共同筹建一所大学。地点选在河南郑州花园口附近，离黄河仅半公里路，土地面积约一千三百亩，上有十幢大楼，原来是六十年代初建造的高级招待所。校园里种植了松、柏、柳和法国梧桐等各种树木和苹果、梨子、桃子、李子等果树，还有美丽的花圃和苗圃。树荫浓密，百鸟成群。小溪里青蛙欢跳，池塘中荷花盛开，斑斓蝴蝶穿梭其间。这是具有中原特色的中国北方与南方景观交会的地带，河南自古是中华民族的文化摇篮，隋、唐、五代、宋时期是中华民族文化的鼎盛地区。

中国最古老的嵩阳书院耸立在河南登封高山流水之间，当年书生与书童分别步

行上书院的两条小道似乎还在向你招手。今天能在千年故土的中原，黄河之滨，重建一所高等学府，也就是在古老的中华民族的文化发源地来发展教育，其意义非常深远。一九八五年九月一日，黄河大学正式开学，美籍华人与河南省政府紧密合作，采购了教学设备与图书等，创建了四个研究所，即经济管理，英美文学，计算机科学和美国研究，向全国各地招收了一百三十七名研究生。每一个研究所都有国内外负责人，国内的十几位教师和十几位外籍教师一起工作，一起商讨，一起教学，到今天已完成了一年的课程。日前，我总结了一些黄大学生和教师的评语，和大家一起分享。

黄大的学生们说：一年来我们的学习还是相当不错，课程比较新，知识面比较广，教学方法和以前不一样。外籍老师给了我们新的思路和新的探讨。图书不多但很新。现在我们不但懂了专业，而且掌握了语言工具，自己可以直接接触国际上的资料，不再需要等别人的翻译，这样自己的专业可以日新月异，希望你们再尽快聘请质量更高的外籍老师来。

黄大的老师们说：一年来学生们都勤劳好学。刚开始只有百分之二十的学生听得懂课，一年后已有百分之八十的学生都听得懂课了。学生们好学，懂得专业，也掌握了专业语言，他们可以很快得到第一手资料和信息。一年来学生的质量显著的在进步，但由于学校的行政管理不佳，配合不上我们的教学，甚至影响教学，损害很大，这方面需要加强和改进。

如何逐步形成黄河大学的校风：第一，学生认识到自己是国家未来的主人翁，对自己要求要高，纪律、公德心、卫生、组织、健康是德智体的全面发展。第二，教师们治学要严，要搞研究，讲科学。第三，学术风气自由，百家齐鸣，科学方法的探讨，鼓励创作，并尊重少数人的意见。

黄河大学是带有中华民族特色的综合大学，同时又是人文科学与自然科学并重的学校。我们提倡古为今用，洋为中用。黄河大学的行政体制是依照国家教委成立的董事会领导的校长负责制。一九八六年六月十六日，经中央批准，黄河大学的中外联合董事会成立。董事会由十四人组成，国内、外董事各七人。董事会选出董事长、副董事长、秘书及校长。

现在让我们看看几年来中国在“四化”和“振兴中华”的前提下所进行的教育改革与开放。我本人两年来为了筹建黄大，四处奔走，也周游列国，访问了许多大学和专家，探讨了许多地区的教育动向和教育改革，其中包括美国、日本、欧洲、中东、香港、菲律宾、新加坡、泰国以及中国，也访问了许多名流大学。我可以这么概括地说，世界各地都在探讨现代教育的动向，加紧改革，加强开放，以适应时代的需要和科技、人文科学的发展。各国都依照自己的国情面对世界，面对现代化的条件，来促进人类生活的改善和文化的提高。下面我们就来谈谈现代教育的动向。

现代教育的动向

五十年来，世界各国随着社会的经济和文化的飞跃发展，由电话、电视和电脑的“三电”浪潮，从海底到太空，由北极到南极，自动化的突飞猛进，劳动力的大量减少，人类已由劳动力的竞争变成智力的竞争，从“量”变“质”的竞争。人们的要求从过去以国家为主，以外交、军事、财政为主的教育思想，转向重视国民经济、卫生、福利和各种服务性质的教育思想。这在世界各国都已普遍发展，尤其是各国的教育对象的数量迅速增加，各国的教育组织不断扩大，教育的内容也要求广泛，课程也多样化了。大学课程日新月异，也因此人们要求当政者重新评估教育的新趋势，新的指导和新的内容，同时要求尊重教育的自然趋势及自主性和多样化。如今交通方便，电讯快速，人与人之间交流日趋频繁，国与国之间的来往也多，世界的确是越来越小了，互相学习，相互取长补短，国家之间的了解、谅解和友谊不断增长。这也就是世界人们在逐步要求教育的中立性了，也就是教育的共同性。教育是形成人品的精神活动及思想和良心的发展，为适应多元化的社会，不能用单元的观点来控制它，要充分发挥人的智慧，为推进社会的物质和精神文明服务，这就是现代教育的动向。

中国是一个古老的国家，具有独特的文字和固有的文化，而对世界性的几次新浪潮和教育的新动向，中国都错过了机会。欧洲经历了文艺复兴，日本推行了明治维新运动，中国尚在“闭关自守，夜郎自大”，中国人的贫穷与落后招来了世界列强的侵略。经过孙中山先生领导第一次革命，推翻腐败的清政府，又经过毛主席领导第二次革命，把外国势力彻底赶出中国，恢复了中华民族的自尊，震惊了全世界，同时也确定了中国在世界上的独立自主地位。如今我们中国所面临的问题是如何发展自己的国家，如何同世界先进国家又竞争又共同发展。当然，教育和经济是一个国家的命脉，也是一个国家民族的根本利益。教育与经济是血与肉的关系，两者是不可分开的。有人说有经济就有教育，也就是说有钱就有人才。又有人说有教育就有经济，也就是说有人才就有钱，就如同鸡生蛋或蛋生鸡的问题。那么，是先发展经济再发展教育，还是先发展教育再发展经济呢？理论上各有说法，各有依据。如此争论是好的，如此探讨问题也是好的。但是，我们不能停留在争论中，应该认识到教育与经济是并驾齐驱，相辅相成的。

从一九七二到一九八六年，我一直频繁往来于中美之间。十四年的变化是相当的大，不管是在美国还是在中国。美国是一个个体社会，它的变化有它的特殊性，个人的利害比较突出；中国是一个大众化的社会，它的变化也有它的特殊性。譬如一九七二年我第一次回国时，看到很少的汽车，可购买的东西不多，高楼大厦少，学校也少，但是物价很低，人们也不大议论。然而到了一九八六年，汽车多了，可购买的东西多了，高楼大厦在增加，学校多了，物价涨了，人们议论也多了。中国显然起了很大的变化，这个变化是好的，也是大众化的。家家户户从没有电视机、电冰箱、洗衣机，到逐步拥有电视机、电冰箱甚至洗衣机。变化是社会前进的客观规律。对国内的人来说，天天生活在这里，也许不知不觉。对我们海外的华人来说，中国像一条大船在海上。我们清清楚楚的看着那条大船在慢慢地转动，远远地看着这条大船应该转四十五度的只转了三十五度，否则它会变化得更快一点，变化得更好一点，我们心里干着急。从一个海外游子对祖国的关心和对民族的热爱，我很坦率地把心里的话和大家谈，谈自己对中国教育的改革和开放的看法和建议。

中国教育的改革和开放

A.改革

（1）目前国家的教育行政体制错综复杂，人为因素胜过制度。行政体制配合不上学生和老师的需求。教育的领导权非常含糊，中央的政策和地方的政策有矛盾，只注重大的红头文件，忽略很多小问题。长此下去，积小成大，工作效率极低。各自为政，无章可循，无法可据。教育只面对领导，其他一切都是次要的，其结果造成极大浪费，无人负责，无人考核，做事马虎，每个人都看大的，不做小的。领导只想做官，不做事，不得罪人，只注重人际关系。

（2）师资都集中在大城市，亟待发展的地方无法寻求师资，也就无法开办学校。地方上的老学校就唯我独尊，中国的教育长期便形成地区性不均衡的现象。譬如苏北与苏南，内陆与沿海，这是非常严重的问题。

（3）全国统一招考过分注重一次考试的成绩，也就是一次考试可以决定青年人的未来，这是非常可怕的，给予学生和家长压力太大。教育成了考试教育，就如同过去考状元一样。我认为可以建立区域性的统一招考，给学生更多的机会在不同地区参加考试。长期设置重点大学和中学，甚至重点小学可能妨碍其他学校的发展。是否可以考虑定期考核学校，更新重点学校名单。

（4）大学课程中可以选修的课程太少，专业课程偏重，学生的智力没有得到广泛的发挥，毕业后学生的素质就只是会读书考试，不会做事，独立性低，创造力也差。

B.开放

（1）国家计划中的九年义务教育非常好，这种普及教育如何能尽快实行呢？国家应该采取大幅度的开放政策，让私人、退休教育工作者，甚至各行各业去开办学校，大小规模，良莠不齐都无所谓，只要教育部门监督和辅导的态度，鼓励各自发展，尽快减少文盲，推广人民的文化水平，这方面国家应大幅度开放。

（2）国家应鼓励办学，办夜间大学，办大众化的教育（二或三年制），使得在职成人或青年有机会改行换业，增加知识，让他们感到有再一次的机会工作。大众化教育的例子如利用暑期培训中小学教师，凭学分提升质量。单位应鼓励并辅助职工继续学习或追求新知识，否则一个人在原工作太久而又没有兴趣，工作效率当然不会高，甚至会起破坏作用。对此政府应该尽量开放。

(3)在国家宪法的规定下，在不违背国家民族利益和自尊的原则下，中外人士都可以在中国办学，办培训班或其他专业学校。大众化的教育必然促进大众化的经济发展，人才的培养必然是多样化的。国家对此应该大幅度的开放。

(4)知识是教育的目的也是手段，不仅仅是一方面的，它本身是非常纯真的。学术自由，百家争鸣，是保证文化水平的质量，也是保证为国家创造财富。有计划和固定式的知识面是非常狭窄，往往浪费人才，延误人的智慧发展，对国家造成损害。对此，国家应大幅度开放学术界的知识面。

今天能有机会和大家谈谈，希望没有耽搁大家的报告时间，我只想起到抛砖引玉的作用。教育是人民的基本权利，海内外的炎黄子孙都有义务和责任为振兴中华贡献一已之力。

附录：程君复经港谈黄河大学

本报记者　蔡嘉亮

黄河，是我国的第二大河，是中华民族的文化摇篮；河南郑州，是商代文化的发祥地，现代中国交通的枢纽。而一所以黄河为校名的大学，它正好屹立在黄河之源。位于郑州邙山的附近。

经五年艰苦筹备，在去年才正式成立的黄河大学，它成立的意义，不仅在于它是第一所由中国和美国华侨合办的高等学府，更重要的，它更是首所将外国的开放式教育引进中国的一所综合大学。

黄河大学提倡通才教育

不久前经港返美的黄河大学创办人之一，又是黄河大学基金会董事长的程君复教授强调，该大学与国内其他大学不同的地方有四点：

最明显的是教育制度方面，黄河大学提倡通才教育。程君复指出，中国大学生过分强调专业学习，这种制度虽然可以培养出很多出色的专业人才，不过，他们的知识范畴很可能较狭窄。黄河大学所提倡的通才教育，学生可以根据自己的学习能力及兴趣选修一定数量的选修科目，例如理科生可选修文科课程，文科生也可选修理科课程等，令他们在知识范围里可以触类旁通，开阔视野。

其次是提倡开放式教育，鼓励从事研究工作。程君复认为，目前中国式教育是传统而保守的，学生大都只有听的份儿，很少有机会发表自己的观点，也不鼓励学生跟教授一起从事研究工作。不过，黄河大学会鼓励学生发问、创造和放胆发表自己的意见。培养开放自由的作风。

鼓励研究从失败得教训

他并批评中国人害怕失败的性格。他说，失败乃成功之母，尤其做科学研究，那有不经过失败便成功的？因此，校方基金会将鼓励及资助研究生从事研究工作，就算失败，也会鼓励他们汲取教训，要用锲而不舍的精神继续研究。

第三是让社会去办大学后勤服务。中国现在的大学都是一个个小型社会，衣、食、住、行，甚至请医生、看电影等，事无巨细都由学校一手包办。但程君复认为学校只是办教育的地方，这方面的后勤工作应该让校外的人到学校来办，而学校只提供地方和负责监察。这样便可让校方专心打理校政。

董事长由海外人士担任

最后是要为大学建立一套完善的管理制度。程君复批评中国对学校行政管理的概念模糊，导致管理人员也不太了解自己的权限和工作范围，甚至个别学校出现由行外人管理行内人的问题，他希望黄河大学有一套完善的教育行政管理制度。学校的最高权力机构是由海外及国内各七人组成的董事会，董事长由海外人士担任，校长从国内招聘。校长需对董事会负责，院长隶属于校长，而系主任则要向院长负责。师资来源包括国内教授和回国作长期或短期讲学的海外学者。学校当局应有权解雇教师和辞退学生，不过，被辞退的师生有权申诉，而校方亦会设有相应机构接受咨询和作出仲裁。

先办研究院已提早开课

此外，一般大学都是先设大学本部，然后才设研究院的，但程君复有鉴于中国的大学本科已有相当程度，而研究院则非常缺乏，所以，黄河大学先办研究院，让多些大学毕业生继续进修。

黄河大学研究院已于去年九月开课，最初设有经济管理、英美文学、电脑和美国研究共一百三十名研究生，其中美国研究占四十名。这批研究生明年毕业后，成绩优异的会获推荐到美国继续修读博士课程，毕业后回到黄河大学服务。他认为这样将可以提高该大学的学术水平，也不用过分倚赖海外学者。

大学本部先设土木工程

至于大学本部，今年九月将开设土木工程，预算招收一百二十名学生，明年又会开办文学院。八四年在美被暗杀的作家江南的妻子崔蓉芝将捐款赞助新闻系。稍后将陆续开办理学院、科学院、财经学院、医学院及农业学院。计划中，程教授希望大学在五年内容纳五千学员，十年内容纳一万人。

虽然大学是用英语授课，但程君复认为国内大学生的英语程度已有相当水平，相信可以应付得来。

要办好一所规模完善的专业学府，绝不是一个人的力量可以做到的。现时除美国华侨外，中国政府也非常支持这计划，而正在为这所大学出力的华侨，单是博士已超过三百位。

不过，建立一所大学的费用是非常庞大的，预算需三千万美万左右，而较早时筹得的五十万美元已用得差不多了。程君复表示，他返美国后将会再向华侨及各个基金会筹募款项。

（《大公报》，1986年6月14日）

4. 中国教育需改革开放，免成经济改革绊脚石

——黄河大学创办人程君复教授谈教育改革

（本报记者程怀澄六日报导）黄河大学创办人，海外筹委会总联络程君复教授日前由中国取道香港回美，途经三藩市，特向本报记者介绍黄河大学董事会成立情况及他对国内教育的改革意见。

黄河大学董事会经长时间酝酿，于六月十五日正式成立，董事会由十四位董事组成，国外国内各七位。

国外的七位董事是：朱绵发、林同坡、段开龄、顾毓琇、梅子强、黄硕豪和韩诚信。

国内的七位董事是：于友先、左明生、杨昌基、钟力生、胡廷积、徐玉坤和滕维藻。

另聘四位名誉董事，他们是：孙中山先生的孙女孙穗芳、程君复教授和国内两位教授朱树鹏和范濂。

董事会推举胡廷积为董事长，韩诚信为副董事长，徐玉坤为秘书长。董事会还通过了《董事会章程》。

根据《董事会章程》，提名曾宪荣为校长，待聘任后，由校长提出副校长人选。

黄河大学开学一年，现有研究生一百三十七名，计划到一九九〇年时，在校学生三千人，本世纪末发展到七千人，以后再发展到一万人。

黄河大学自创办以来，发展很快，成了国内唯一一所由海外学人筹办的大学，但存在问题也很多。终年为黄河大学奔波的程君复特别指出，师资问题是最突出的问题之一，请国内师资去黄河大学有很大阻力，大城市的教授大多不愿去，愿去的又有家属小孩等附带问题要解决。

针对国内教育存在的问题，程君复教授在京、沪、穗、港等地作了多次讲话，引起香港教育界和舆论界的重视。

程君复认为中国对外开放，必须对内也开放。经济开放，必须教育也开放。他

对中国教育的改革和开放提出了一系列的具体建议。

程君复认为中国的教育思想必须从以国家为主，以外交、军事、财政为主转向以经济、卫生、福利和服务为主。只有这样，才能适应经济改革，如不及时改变现在的教育思想，在不远的将来必将妨碍经济改革。

中国国家设立的大学还不能满足社会上需要，程君复以广州大学为例，这是地方新办的大学，专门培养食品加工、包装等技术人才，而这些科系在名牌大学里根本没有。

程君复认为中国太偏重“专才”，对海外学人也如此，偏重“物理学家”“化学家”，而欠重视“通才”，懂教育人很少，真正的教育家是知识面很广的“通才”。国内青年报考大学，要进重点大学，主修物理数学，这和社会脱节，和人民疏远，成为特殊阶层。这种风气甚至影响海外学人，回国讲学任教，也争重点大学。

程君复希望海外华裔学人多为中国的教育改革出谋献策。程君复在三藩市停留一日，便去洛杉矶，然后回费城。不久将再去河南郑州。

（《星岛日报》，1986年8月7日）

附录：中国教育必须改革

——黄河大学创办人程君复教授专访

（本报记者田原采访）美国天普大学教授程君复为了筹办黄河大学，曾花了两年时间到世界各著名大学取经。今年六、七月间，为了促进中国教育改革，他又冒着溽暑，在中国各地考察教育情况。

最大问题是缺乏教育家

程君复七月底返回美国，日前在接受记者采访时表示，中国教育问题还很多，需要不懈地进行改革和开放。

程君复认为最大的问题是中国极端缺乏教育家。现在中国大学的校长大多是某一方面的专家，如数学家、物理学家等，但学校应该由教育家来领导。程君复认为教育家应该是知识面广的通才，除教育之外，社会学、心理学、生理学都要懂一点，因为不同年龄、不同性别的学生在心理和生理上都各有自己的特点。此外，教育家还必须了解世界教育动向，不能闭门造车搞教育。

另一弊病是一考定终身

中国教育的另一弊病是一考定终身。程君复说，“文化大革命”中什么都不考，现则走向另一个极端，从中学到大学，什么都考，教育建立在考试制度上，考不上的学生，家庭和社会对他们另眼看待，学生心理负担很重，不少考不上大学的年轻人感到人生无望，程君复认为十几岁的人就对人生悲观失望，是一个很可悲的现象，将来一定会导致社会问题。

大学少　师资潜力未发掘

一方面大学数量少，招生有限，另一方面大学的师资潜力却没有充分发掘出来。程君复举例说，美国大学老师一般要开三门课，每周花六小时在办公室和学生见面。中国大学老师一般只开一门课，对学生是愿见才见。中国大学老师往往花太多的时间到图书馆查资料，然后在课堂上把这些资料一股脑儿灌输给学生。学生大多忙着记笔记，连思考的时间都没有，这和美国大学启发讨论式教育形成一个鲜明的对比。

侧重尖端科学　缺乏多元化

另外，国家过于侧重尖端科学，教育缺乏多元化。程君复举例说，现在国内家用电器日益普及，但维修人才跟不上。在上海修一个电冰箱往往要等二周至一个月，还要靠关系。为解决人民住房问题，许多城市现在都大兴土木盖大楼，要是不及时培养建筑维修保养人才，不出十年，这些新建筑都会产生大问题。

程君复认为教育计划不能一刀切，各地应该根据自己的人才需求情况制定各自的教育计划。

过分重经商　文盲在增加

中国教育中一个令人担忧的现象是文盲在增加。中国国家教育委员会副主任委员刘中德告诉程君复，现在城市中学生的退学率也在增加。

鉴于中国高等教育远远不能满足国民经济建设的需要，程君复认为政府应该鼓励国内外人士办学。程君复希望能“在不违背民族自尊和国家民族利益前提下，中外人士皆可到中国办学”。

程君复离开中国前，曾在广州市教育委员会就中国教育问题发表讲演，讲演中提到中国教育需要的四项改革和四项开放。

（《时代报》，1986年8月13、14日）

5. 向治理黄河迈开步伐

——访“黄河大学”总联络人程君复教授

郑衣德

“中国预防黄河改道的工程，是世界上最伟大的水利工程之一，但是这种工程并不是治理黄河的根本方法。”中国第一所与海外华人合办的“黄河大学”总联络人程君复教授说。“且不说它没能解决黄河每月流失亿万吨泥沙的问题，而且就是那种在老堤坝坍塌前，先在外面建一道新堤防止黄河改道的办法，也不是长久之计。黄河大学在这方面，将为中国做一些事。”

应邀出席“黄大”海外董事会第一次会议的程君复，十五日接受记者访问时，作出如上的透露。

他说，中国国务院黄河水利委员会已投资了一千万人民币，委托“黄大”培育一批专门研究黄河水利问题的人才。为此，该校将于今年九月成立水利工程学院。建立世界上最大的一所专门研究水土流失的实验室。在国内，“黄大”将与河南水利专门学院合作；在海外，则由洛杉矶黄河大学基金会分会负责筹备工作。

开办已近一年的“黄大”在今年九月还有两大发展。据程教授说，“黄大”将设立土木工程学院和应用数学研究所。而在应用数学研究所中，将列入在科学领域中，最新的一项研究课题——“人工智能”（ARTIFICIAL INTELLIGENCE）。

自从一九八四年五月十八日本报率先报道了“黄大”正式筹建的消息后，这第一所由中国和海外华人合办的综合大学，以极快的速度成立于黄河之畔。明年六月，第一批一百三十名硕士，将在“黄大”产生。程教授告诉记者说，海外董事准备从中选拔十至二十名研究生出国攻读博士学位，为“黄大”本身培育师资。

另外，海外董事决定继续推展募款活动，预计先筹集三百万美元，以期在明年为“黄大”兴建一所包括博物馆在内的现代化图书馆。筹款的方式包括设立“黄大之友”，吁请海外关心中国教育的华人每年捐赠美金三百元，一连捐赠五年。“这笔负担对一般人来说，并不太沉重，但对第一所由中美华人合办的大学来说，是十分重要的。这是聚沙成塔、集腋成裘的作法。”

在两年多前，当记者专访这位当时“黄大”的海外发起人时，他也是那么说。记者会不无疑虑地问他，这么宏伟的计划，你乐观吗？他的回答是坚定的肯定。今天坐在记者面前的程教授，瘦了，眼睛中布满了血丝，但他的热情未减，信心依旧。问他为什么，他说，“因为海外有一大批关心中国前途，想要协助发展中国教育的炎黄子孙。”他在一张纸上，默写下一部分为“黄大”奔波的在美华人。

他们是：纽约的徐守腾、董庆圆、董叙霖、黄哲操、杨高雄、杨贵平、赵麟、黄嘉平、孟仪正、陈晓莉等；华盛顿的沈己尧、黄瑞我、翁启元、杨世芳、胡比乐、余珍珠、王颜铸、李觉亮等；新泽西州的许璞、陈骝、陈玉清等；德拉瓦州的李乃信、叶翘等；旧金山的曹建华、翟孟斌、谢善元、胡芷民、李乃义、程道生、吴文伟等；洛杉矶的王鹤书、杨照海、杨腾德、周传钧、徐美源、余家煜等；康乃尔的萧镜如等；波士顿的邵正元、焦蔚芳、文乃建等；檀香山的谢月梅、杨军德、孙穗芳、阿雨。詹森等；米尼苏达的朱绵发、萧锋等；俄克拉何马的周本初等；费城的雷紫薇、罗希文、蔡文珠、窦杰、陈伟、张和、孙家骧、管楚杕等。

黄河大学的海内外十四名董事将于今年六月十五日在该校召开第一次联席董事会。据程君复说，除对校务发展和课程筹划提出建议外，海外董事还将提议将黄大的英文名字，从罗马拼音改为YELLOW RIVER UNIVERSITY，因为许多人听到了

YRU立即就会知道这是一所在中原文化发祥地上的大学，而黄大成立的目的就是要替中国兴建第一所“结合当地实际的经验，将其科学化起来”的综合大学。

（《美洲华侨日报》，1986年4月18日）

6. 筹办黄河大学，出于强烈民族感情

穆锦辉

郑州开办的第一所由华裔美人投资的“黄河大学”的支持者中，有百分之九十是自台湾来美的移民，而其创始人程君复教授本人即是台北建国中学毕业之后来美进修，继续长期居留的。

此一事实引出了一个发人深省的问题：为什么这群曾在台湾受过基本教育的高级知识分子，会选择由中国大陆来接受他们对“祖国”的回馈？

“纯粹只是因为大陆的人民有较迫切的需要。”这是程君复和他的友人的回答。

在TEMPLE大学担任数学教授的程君复，虽已入籍美国，仍有家人住在台湾。来美三十余年，早年在纽约皇后区受尽种族歧视之苦，也因此产生强烈的民族感。程君复说，是这一份民族感情，使他愿意将一部分精力贡献到中国大地。

程君复的一位密友李先生，对于筹办“黄河大学”一事非常积极。他亦来自台湾，在柏克莱加大取得博士学位，目前是湾区成功的华裔企业家。李先生与程君复持有相同的理想，并给予他许多协助，但却不愿“正式”或“公开”参与，因为他的公司业务主要是以台湾为往来对象，他担心兴办“黄河大学”之举无法获得台湾当局的谅解，而对公司业务造成不良影响。

李先生说：支持“黄河大学”建校计划的华裔美人“班底”，平均年龄在四十岁左右，其中大多数是早年由台湾来美国留学，然后入籍。“这些人来到美国之后，由于眼界较开，对国际局势有较正确的认识，对中国问题的看法在基本上受到冲击。他们在美国的名流大学受完教育，个个自视甚高，但进入社会之后，发现由于种族关系，与美国社会始终有隔阂。”李先生说。

他接着说："追根究底，是因为自己的民族让人看不起。"但是，作为华裔美人，应该从何处着手，才能提升自己的民族地位呢？李先生说，他们经过思虑的结果，认为只有从教育着手。

"国共两党的政治体系，不是我们海外华人所能动弹改变得了的，因此，经过了无数的冲击之后，我们仍究回到了原点。但是，天下国家的责任感情必须要有出路，于是我们决定，真正为中国同胞做点事情，尽点心力。"他说。基于这个共同的认识，他们要办学校。"台湾的大学很多，香港学生又多数不会长留香港，而且中国的问题根本还是在大陆。根据统计，大陆仅有百分之零点三的人口受过大学教育，而许多落后贫瘠的地区根本没有大学。"李先生说。就这样，他们选择在河南设立"黄河大学"，期望借此能在中国大陆振兴教育，并借着兴学而带给黄河畔这块贫瘠的土地些许繁荣。

然而，理想归理想，现实归现实。他们也了解，教育制度是无法与一国的政治体系分割的。在中国共产党政权控制之下，"黄河大学"将来在课程、管理、师资与学生成分各方面，是否真能依照这群热爱中华民族的华裔美人的理想来安排执行，而完全摆脱中共的掌握？李先生不讳言地说，这是他们最担心的问题。

"在程君复此次起程往中国大陆进一步洽谈之前，我便一再告诉他，要坚持拒绝中共可能提出的任何由政府掌握学校实权的提议。"他说。

中共有可能接受吗？"我是学科学的，我总认为，社会问题是多变数的函数，也许是我乐观，我相信这个问题应该会有答案的。"他回答。

（《国际日报》，1984年7月26日）

黄河大学之筹办与诞生

（一）谋划倡议阶段

1. 创办黄河大学之倡议

段开龄

一九八四/八五年间可视为中国教育现代化的分水岭。这一年之中，中国提出了若干教育改革方案。五月中旬国内召开全国教育会议。五月十七日中共中央宣布了《关于教育体制改革的决定》（其中第一次决定为“在国民教育方面，实行九年制义务教育”。此在台湾实行多年，是为大陆与台湾竞走，五十步与百步之别的又一例证），六月间将教育部升级改组，成立“国家教育委员会”。得知这些“宣布”之前，我们已体会到中国教育政策一项明显的改变是教育开放，准许民间创办各级学校，也可和港澳华人、海外侨胞或国外人士合办学校。这体现了中国的教育“开放政策”。其实这也是情势所迫，中国迫切需要兴办更多的各级学校，而这为中国政府财力所“包”不了。早在一九八〇年，程君复博士和我们一些友好向教育部建议在国内创设一系列大学（自北到南，设立四所大学，定名为长城大学、黄河大学、长江大学及珠江大学）但一直没有反应和下文。去年（一九八四）三月。君复兄忽然接到河南省政府的邀请，回国商谈筹建“黄河大学”。经一年多的共同努力，黄河大学将于今年九月一日在河南郑州正式开学，几乎是同时期加州的陈树柏教授也回国在深圳创设“中国实验大学”。两者之间并无先约，但却有很好的分工。目前“黄河”以人文，社会及管理科学为兴办之端；而“实验大学”则自理、工学科着手。其他如香港知名人士李嘉诚先生捐资创办广东汕头大学，安徽副省长杨纪珂教授亦争取到美国资金支援，设立“江淮实验大学。广东省政府亦邀请挪威的教会去创办大学。至于国内民间兴办的各级学校更是风起云涌。民主人士在各地所办的学校比比皆是。高等学校如前述在沈阳成立的“东北中山大学”，以前上海的立信会计专科学校也已在上海复校。芜湖侨联办有“侨友大学”（经我的建议，将正式改名为“长江华侨大学”。以长江流域各省在海外的华侨子弟为对象，并为国内青年提供升学机会）。

财经及管理教育，几十年来在国内迄今未受到重视。国内的所谓“重点”大学及次级的大学之中，并没有现代的经济管理学系。仅有的几所财经学院（属于财政部领导或中国人民银行教育系统）在“文化大革命”中都遭受到封闭的厄运，一直到一九七九年之后才逐渐恢复。近三年来一些综合大学中添设“经济学院（如北京大学、南开大学、安徽大学），工科大学中添设“管理学系”（如清华、上海交大、大连工学院等校，实际上相当于美国大学中的“工业工程”，Industrial Engineering，而非全面性的企业管理）。希望这是一个好的开始。

（《时代报》，1985年9月10日，

择自作者的《回国讲学与探视》一文）

2．把兴建黄河大学当做大家共同的事业

——访黄河大学联络人程君复教授

郑衣德

萦绕在他心头的是一所巍立在滚滚黄河畔的综合大学，展现在他眼前的是一条艰巨而漫长的道路。拟由海外华人和中国当局合作兴办一所文、理综合性的大学，是宾州“天普大学”（TEMPLE UNIVERSITY）少数民族学院副院长程君复博士十多年来一直想要实践的理想。今年的四月一日，他终于朝这个理想迈出了一大步——这一天，他和河南省人民政府副秘书长杨昌基先生，分别代表“黄河大学”的美、中两地筹备委员会签署了一份备忘录。

四十多岁的程君复，为了兴办这所大学，已在美中两国之间奔波了四年。劳累的迹象从他微红的眼角可以明显地看出，但是从他那兴奋而略带沙哑的语音里，更可以听出他办学的决心。

八〇年起研商办大学

他说，目前中国大学生的比例只占全国人口的百分之零点三，而教育正是中国

各项建设的首要关键，因此他和一些朋友早已想为祖国的高等教育事业作些贡献。从八〇年起，他每年都回国和有关当局研商这个问题。起初，中国方面并没有拒绝也没有表示同意，但表示这是件意义深远的大事，需要好好地筹划。因此只请海外学者到中国各大学去蹲点，先从改良现有的学校做起。

但是“天普大学”教育数学系出身的程君复博士，作为一个从事教育事业十多年的海外知识分子，却有着不同的看法。他认为中国目前教育的根本问题不在于改革，而在于如何积极的增添大学。他说：“美国是华裔知识分子最集中的地方。他们都对国内的教育不但非常开心，而且很感兴趣……个别地到国内去讲学，虽然在质的方面可以有所推展，但是对于量的方面就显得十分的无力了。”因此，他一本初衷，继续的和国内教育单位洽谈兴建一所侨办的综合大学。

提四个地点供中国考虑

在过去的几年中，程教授设想了四所侨办大学供国内参考：一、设在长城附近的“长城大学”；二、设在安徽芜湖的“长江大学”；三、设在珠江河畔的“珠江大学”；四、设在河南郑州的“黄河大学”。双方经过数次慎重的考虑，终于决定选择在气派豪迈的黄河畔，兴建一所由海外华裔和中国当局联合筹建的“黄河大学”。

对中国带着浓郁情感，祖籍江苏的美籍华裔程君复先生指出，自古以来，郑州就是一个兵家必争之地；本世纪复历经军阀互斗的蹂躏和日本侵略的破坏，当地人民的生活一向贫苦。但目前河南省人口占全国第二，共有七千万人，屡受破坏的郑州也已发展成为一个极具潜力的新兴都市。交通方便，资源丰饶，又是孕育中原文化的地域，所以在郑州设立一所侨办大学，不但将对中国高等教育注入一股新力量，也将促进郑州本身的发展。

他回顾最近有个河南代表团来美访问，他遇见了李志杰、刘竹林、管楚杕等几位负责科技和外事的年轻人。接谈之下，发现大家对中国的教育问题，尤其是下一代的教育问题，都十分关心，双方谈得很久，也谈得十分愉快。当这个代表团返回中国后，这几位团员在河南省召开的一项会谈中，反映了这次谈话。于是河南省省委书记刘杰先生立即打了通越洋电话给程博士，要他马上回去面商。程博士于是回国谈了三十天，终于在四月一日签订了一份兴办“黄河大学”的备忘录。

备忘录几项主要内容

备忘录主要的内容是：河南省人民政府副秘书长杨昌基先生和美籍华裔博士程君复先生发别担任“黄河大学”国内外筹委会的联络人；国内筹委会负责提供占地一百公顷和建筑面积达四万平方米的房地产，国外筹委会负责筹集资金，承担大学的新建筑的投资，以及负责提供仪器设备和图书资料等物资；立即成立由国内外各荐七人组成的联合董事会，和着手培训师资，设立训练班等。第一所在中国内陆，由华侨和中国合办的大学，至此已勾画出一幅初具规模的蓝图。

程君复教授说，“黄河大学”已有部分的校址了。它包括濒临黄河畔的几个招待所和历史悠久的“嵩阳书院”。他表示大学的第一步计划，是争取在今年九月设立一个语文训练中心，然后依照资金的筹集进展，逐步加以扩展，希望在五年内能有小成，十年后可有大成，使得“黄河大学”能够成为一个“开发智力、造就人才、为国植本”的，由国内和国外华人共同兴办的综合大学。

他呼吁海外各界华人，本着游子对“民族之一缕赤诚”，积极参与筹建“黄河大学”的工作。他表示兴建一所综合大学需要庞大的人力物力，因此希望能以武训和陈嘉庚兴学的精神和方法来筹建这所大学，并计划采取教经结合的方式，鼓励华侨与“黄河大学”合办工厂，减少国家的负担。程博士认为，只要海外华人能以本身的力量共襄盛举，那么便可以“集腋成裘，聚沙成塔”，建成一所具有多种特色，多种学科的现代化大学。

黄河大学有四点不同

他强调“黄河大学”与国内其他大学不同之处有四点：一、它是第一所由海外华人集资同中国在中原地区合办的大学；二、它不但有主修并且还增列辅修，以期使学生不但具有专业知识，还有广泛的各方面学识；三、它将采取系、院、校三级制。校长由国内提名，由联合董事会批准。院长由校长荐举，经董事会通过。系主任由院长聘任。师资来源包括国内教授和回国作长期或短期讲学的海外学者专家。四、它将是一所面对全国的大学，也是一所欢迎海外子弟回去就读的大学。

和立即将要前往美国各地联络组织“黄河大学”海外筹委会的程君复教授握别时，已是夜幕将临的时分。在嘈杂的嚣音中，他那带着赤子之情的话语，虽然显得低沉，却令人情感激荡。他说：“不为了什么，只是为了我们中国后代子孙的幸福和祖国的繁荣昌盛……我这一辈子已经是完全投入这件事情中了，希望海外华人都能够积极参与，把兴建‘黄河大学’当做大家共同的事业。”

（《美洲华侨日报》，1984年5月18日）

3．筹办黄河大学备忘录

程君复　杨昌基

美国黄河大学筹委会联络人程君复博士于一九八四年三月到河南省郑州市和河南方面的杨昌基，曾宪荣就美籍华人资助与河南省合办一所以黄河大学命名的综合性大学问题，进行了商谈。商谈期间，河南省何竹康省长接见了程君复博士，对程博士和其他原为振兴中华作贡献的各界人士所表现的热情表示敬意，对合办黄河大学表示积极支持。

现将双方商谈的初步意见纪要如下：

一、双方认为，黄河是中华民族文化的摇篮，在黄河之滨的郑州市合办黄河大学是适宜的，这对提高河南省的科学文化水平是很有益的。双方希望逐步将这所大学办成具有特色的多学科的高度现代化的综合性大学，包括若干个学院、一个研究生院和若干个训练中心。

二、为了迅速开展这种有意义的筹建工作，国外将迅速建立黄河大学筹委会，国内也应马上建立筹委会。双方协商确定，国外筹委会的联络人为程君复博士；国内筹委会的联络人为河南省人民政府副秘书长杨昌基。

三、双方同意，国内筹委会负责提供占地一百公顷、建筑面积四万平方米的房地产，作为河南方面的投资，并负责现有房屋的修缮和办理向教育部申报合办黄河大学等有关事宜；国外筹委会负责筹集资金，承担黄河大学全部新建建筑的投资（如图书馆、教学楼、实验楼、室内运动场职工和学生宿舍、超级市场、幼儿园、小学、中学等）和提供仪器设备，图书资料等物资。

四、双方认为，黄河大学筹委会近期的工作是：

（一）立即着手成立黄河大学海内外联合董事会。董事会由双方各推荐七人组成，每年轮流在河南郑州和美国费城举行一次年会。

（二）具体商定黄河大学的总体规则，五年小成，十年大成，分步骤完成计划。确定黄河大学的规模、院系设置、办学章程以及教育经费来源等事宜。

（三）协商后一九八四年起，三年内每年从河南省选派二十人到美国培训，为黄河大学培养师资的具体办法。

（四）争取于一九八四年九月举办电脑训练班、英语培训班、机械维修训练班。

（五）争取在一九八五年九月建立研究院。

（六）积极促成黄河大学与河南各高等院校互相协作，联合办系。

（七）商定一九八四年国内外各项筹建工作的工作计划和进度要求。

五、双方商定，在筹建过程中要保持经常联系，并就近期要办的几件事尽快进行具体磋商。

美国黄河大学筹委会联络人

程君复

一九八四年四月一日

河南省黄河大学筹委会联络人

杨昌基

一九八四年四月一日

（《美洲华侨日报》，1984年5月19日）

4. 为培养四化人才出力

——访黄河大学发起人程君复

新华社记者　范丽青

由海外华侨、外籍华人与河南省合作兴办的大学——黄河大学，经过四个多月的努力，已进入筹建第一个研究生院和设立训练班的阶段。预计今年十二月，这所大学的第一个研究生院将正式开学。黄河大学美国筹委会联络人程君复教授最近在北京饭店会见记者时，高兴地向记者谈到了这一令人兴奋的消息。

程君复教授是为了去河南落实黄河大学研究生院、图书馆和训练班等开办的具体事宜时途经北京的。今年四十七岁的程君复，是黄河大学的主要发起者和创办者之一。他现任美国费城天普大学少数民族学院副院长，同时是费城华人总商会董事长、费城世界文化交流学会董事、美国社会大学董事。

程君复教授出生于南京，父亲曾任原国民党上海市教育局局长。一九四九年他们一家到了台湾，六年后他到美国上大学。一九七二年他第一次回到大陆探亲，以后他几乎每年都到中国。访问中他参观了很多大学。他深深感到，海外学者在帮助中国发展教育事业方面大有可为。一九七四年，他在费城天普大学获得教育数学博士学位后留校任教，后升任这个大学的少数民族学院任副院长。

程君复教授认为，为了搞好四化建设，中国必须扩大办学，培养更多的人材。一九八○年，他提出了在大陆兴办“长城大学”，以及附属的长江、黄河、珠江等大学的一个规模庞大的兴学设想。他为实现这一设想，在美、中之间奔忙了四年。今年三月，他接到了中共河南省委第一书记刘杰的越洋电话，刘杰热情表示，河南省将全力支持在郑州开办黄河大学，并请他回国面商办学事宜。中国教育部也很快批准了河南省与程君复教授合办黄河大学的计划。程君复教授对这一进展感到万分欣慰。

一谈起黄河大学，程教授就口若悬河，他介绍说，黄河大学选址河南省郑州市黄河下游的花园口附近，距黄河仅四里地。它以原省委第三招待所为基本校址，占地面积一千二百亩，学校规模包括若干学院、一个研究生院和若干培训中心。这所多学科综合性大学，将办成实验、教学、科研、生产等方面相结合的新型学校。

程君复教授指出，黄河是中华民族文化的摇篮，黄河大学的开办，具有特殊的意义。他说，筹办黄河大学的设想一提出，立刻在美国的华侨和美籍华人中引起强烈的响应，单是发起者就有一千一百多人，其中有许多是来自台湾的侨胞。目前黄河大学在美国已有十七个联络中心，美国东部各州都成立了筹备处，拥有五十个筹备委员。这些委员都是热爱中国的专业人才，其中百分之九十五的人拥有博士学位，他们将来都是黄河大学教学、科研的骨干力量。

（《河南日报》，1984年8月1日）

5. 奔腾的黄河激励赤子心

——记程君复教授创办黄河大学的努力

记者　吴越

中华人民共和国建国三十五周年前夕，河南省黄河大学中方筹委会代表团一行五人，在团长杨昌基先生、副团长曾宪荣先生率领下，来到旧金山。

五年前，天普大学教授程君复就开始奔走呼吁，要求中国政府能批准美籍华人与中国合办大学。经过长期多方面的努力，现在是水到渠成了。程君复先生眼见自己辛勤培育的种子已经萌芽，他怎么不兴奋！他更加努力地四处奔走，到处呼吁，冀能有更多的人加入这一行列。

为了安排黄河大学中方代表团的全部行程，程教授又从东岸飞到西岸。记者看到他，眼睛熬红了，声音也沙哑了。他说：“真是累坏了！”当然，只要工作有成效，再忙、再累也是值得的。

程教授说，河南代表们于十月一日至三日到圣地亚哥加大，十月四日至八日到费城，此外还将到洛杉矶、波士顿、华盛顿、纽约及大西洋城等地。全美国已经成立起了二十三个联络网。美国各大学都主动地参加支持黄河大学的各项活动，筹备委员会已增至一百多人，各地分会亦在不断扩大……

河南位于中国的中原地区，一千多年前曾是中国的文化中心。早在汉朝，就已有了汉太学，相当于现代的研究生院，有研究生二至三万人，而且还有日本、朝鲜及东南亚、中南半岛地区来的留学生。中国第一所大学“嵩阳书院”亦在河南，就在黄河大学现址。河南是中华文化的摇篮，最早的甲骨文、石鼓文等用文字记载的中华民族最古老的历史文物，就是从这儿出土的。

程教授说，黄河大学不仅使炎黄子孙缅怀民族先辈的光荣业绩，更将为中华造就大批优秀人才，为振兴中华而尽力。他期望，黄河大学要五年小成，十年大成，务使它成为世界最现代化的大学之一。

程教授说，各地朋友们的热情使他感动，炎黄子孙为振兴中华的努力使他激动。他走遍了美利坚的东南西北，经常与朋友们，甚至是第一次见面的陌生人彻夜长谈。很多当年保钓的热血青年，一度消沉了，但是奔腾的黄河，可使他们激情满怀，虽然少了当年的冲劲，但是增加了的是缜密与周详。

你只要看看从九月二十八日至十月十八日河南代表团的行程表，就可以看出程教授付出了多么艰巨的劳动。他要陪伴代表团走完全程，每处都有组织安排负责人，而且不止一人。记者粗略地统计了一下，光是“负责人”就有近三十人。其中有教授、专家、工程师、科学家、律师、商人、医生等各行各业的华裔。他们尽管政治观点、出身背景、个人经历、学术专业各异，但是有一个共同点，那就是热爱祖国的赤子之心。大家一致认识到，要振兴中华，只有一条坦途：加速培养人才，提高全民族的知识水准。

程教授的热情投入，引起了巨大的反响。正在斯坦福大学进修的中国中央歌剧院首席指挥姚学言先生表示，准备在湾区组织“黄河大学合唱”的演出，以此来筹款，支持黄河大学。“振兴中华”的口号，已经变成了全美炎黄子孙的信念。程教授说，美国是华裔知识分子最集中的地区，一定要把大家组织起来，共同为创建黄河大学而奋斗。十年树木，百年树人，有了美好的信念，加上艰苦卓绝的努力，理想一定能变成现实，黄河大学一定能哺育出一代新人。

（《时代报》，1984年10月9日）

6．为创办黄河大学尽力的程君复教授

方　城

黄河大学是我国第一所中外合办的综合性高等学府，它位居黄河之滨的郑州，于今年五月正式成立。该校旨在振兴中华，促进四化建设。它将广泛地吸收国内外先进科学技术、教学设备及管理方法，以培养各种高级专门人才。美籍华人程君复教授，为创办黄河大学煞费苦心，不遗余力。这位海外赤子献身祖国教育事业的事迹是感人的。

程君复教授，祖籍江苏，现年四十多岁。长期从事教育工作，现任美国天普大学数学系教授、少数民族学院副院长。

程君复教授虽然身居海外，但对祖国一往情深。早年，他曾和许多爱国的台湾留美学生一起，积极参加保钓运动。

他认为，中国的四化建设能否实现，教育是关键。因而，他有志为此贡献自己的力量。自八十年代起，他每次来中国大陆，都和有关方面就在祖国联合创办大学的问题研商洽谈。一九八四年，河南省领导邀程教授来中国，进一步商谈。四月一日，他与河南省政府的负责人，分别代表美、中双方筹委会，就有关兴办黄河大学的事宜签署了一份备忘录。程教授夙愿将要付诸实现了，他怎能不格外高兴！

为创办黄河大学，程君复教授不辞辛苦，足迹遍美国东西南北。他呼吁海外华人予以热情支持。海外朋友，炎黄子孙的帮助，使他激动不已。在美国先后成立了二十多个联络网，参加筹委会者逾一百多人，其中有华裔学者、实业家等各界人士。

黄河大学今年就要招生了。应聘前往执教的名教授、博士已有一百二十多人，其中来自国外的有五十四人。首届研究生班要在全国招入硕士研究生一百二十名，

开设经济管理、美国研究、英美语言文学、计算机软件等四个专业，学制两年，将于九月正式开课。在中国的教育园地上，程君复教授撒下的汗水，必将结出丰硕的果实。黄河大学定会培养出从事祖国四化建设的栋梁之材。

（《人民日报》，1985年8月10日）

（二）群策群力

1．为黄河大学请命

谢善元

楔　子

经过海内外有心人不断策划、联络、奔走、呼吁，以及出资后，由河南省政府及美籍华人合办的黄河大学（以下简称黄大），已于九月十五日开学。跟三十年前东海大学在台湾台中开学的情况一样，黄大初创的规模很小——四个研究所总共只有一百二十名学生。可是，像东海一样，黄大的远景令人兴奋。

黄大扩建的蓝图

据黄大美国筹委会负责人程君复教授说，黄大计划在五年内，把入学学生从一百二十人扩充到三千人，十年后，预计招生一万。院系方面，将逐步添设文、法、理、经管、科技、工、医、农、水电，以及资讯学院。由于河南省只提供土地（一千五百亩），现有建筑物（计十一栋房子，可用面积四万平方米），及大部分行政费用，所有新建筑物，包括图书馆、教学楼、实验楼、仪器设备、图书资料以及师资等等，都须由海外华人投资。

很明显，要达到依蓝图建立黄大的目的，是一件艰巨的工程。程君复和他的同道，因此建立了“分区筹划，广结财源”的战略。目前的设想是：由美东同道负责文、理，及法学院的筹划；美西同道负责资讯及工学院；美南负责农学院；而中西部负责医学院。

财源方面，则准备以校养校，但在最初几年，拟邀集一万名以上有心的海外华人，每人每年承担三百美金，如此则每年可望有三百万美金用作黄大的建设及行政费用。这数目虽然只占年预算的百分之三十，但却可以让黄大美籍华裔筹委会同仁挺起腰来，在行政会议上与河南省政府分庭抗礼。“谁付钱，谁就点唱”。

黄大成立的意义

黄大的建立，有它特殊的意义。中共教育部部长何东昌曾说，黄大是“中国教育改革的窗口”“程君复说：“黄大是中国教育体制改革的试点”。

就有形方面的改革说，黄大之将采取学分制、学位制、导师制，及教授聘请制，代表黄大在体制方面，将以美国一般大学通制为准，而有别于大陆上惯行的旧体制。可是，更重要的改革，在于黄大为海外华裔学人提供了知识报国的常设据点。这些华裔学人无论是思考方式、价值标准、专业水平，以及待人接物的态度，都或多或少地与世界先进水平拉齐了甚至超越了。这些宝贵但无形的资产，虽然可能透过个人的管道传达给中国的莘莘学子，这种机会毕竟是可遇而不可求的。如今有了黄大，海外学人的学识涵养，便有了正常的管道可以输入给中国学生，而透过这些学生，广大老百姓也能间接受益。

海外华人为何要支持黄大？

上述种种理想，听起来当然言之成理，可是，要海外华人群起支持黄大，还需要更多的理由，就以我来说，我由“对黄大淡然处之”，以至于今天“颇热衷于黄大前途”，心理上也的确经过一番转折。

我于抗战前在上海出生。一九四八年冬，随父母杂迁往台湾，并在那儿接受中学及大学教育。一九六二年出国后，便一直待在北美洲。对大陆及台湾，有几乎同等的感情。而回顾十五年国共两方面的政绩，我总觉得，国民党的表现优于中共。因此，我常有回台工作的冲动。

近两年来，国共两方面的总趋向，似乎有了明确的变化。大陆上“干部年轻化”，而台湾的“政权家族化”。另一方面，若对台湾提供资助或服务，我的边际效用，远不及对大陆所提供的资助或服务为大。而且，我若帮助黄大建校，使大陆上的青年多一个进修和就业的机会，是对国家、对民族的效劳。这是超政府、超党派的，并有助于将来全国的统一。试如本世纪初德国大学者韦柏所说，传统上中国政治的毛病出在从政者没有独立谋生的准备和本领。这就注定中国政客不管他才德如何，必须想尽方法赖在官场里，而且是世世代代在官场里混。中国若想进入现代国家的行列，首要之务便是打破这种积习。建立黄大，并希望以后大陆上能出现无数黄大，是促使中国政治及各方面现代化的起步。

结　论

人生苦短，而在这短短一生中，大多数人必须为衣食奔波。好在美籍华人在年收入方面，平均数比一般美国人高。我因此觉得，我们若有余钱，不妨多捐助给黄大这类团体。这不仅是因为“同族相顾”，现实一点说，中国能因年轻人多受一点像黄大那样的高等教育，从而提高中国在国际上的地位，则我们这批海外华裔，颜面上也会光彩一点。犹太人千方百计地透过美国政府及各种私人团体，援助以色列，难道不是华裔美籍公民最好的榜样么？

九月十五日于加州屋崙

（《美洲华侨日报》，1985年9月26日）

2. 吁速筹黄河大学资金

百　铸

五月间，《华侨日报》报导，美籍华裔教授程君复，于一九八○年发起，在海外集资，与国内联合在河南省兴办一所定名为“黄河大学”的综合性大学，历年经与中国当局多次磋商以后，已于今年四月一日，与河南省人民政府副秘书长杨昌基，分别代表“黄河大学”在美国和河南省两地筹委会的联络人，签署了一份“筹办黄河大学备忘录”，获得正式批准。

备忘录第三项规定：“双方同意，国内筹委会负责提供占地一百公顷，建筑面积四万平方米的房地产，作为河南方面的投资，并负责现有房屋的修缮、和办理向教育部审报合办黄河大学等有关事宜，国外筹委会负责筹集资金，承担黄河大学全部新建建筑的投资（如图书馆、教学楼、实验楼、室内运动场、职工及学生宿舍、超级市场、幼儿园、小学、中学等），和提供仪器设备，图书资料等物资”。

据国外筹委会联络人程君复告报界称，黄河大学已有部分校址，包括濒临郑州黄河畔的几个招待所和历史悠久的“嵩阳书院”。大学的第一步计划是争取在今年九月设立一个语文训练中心，然后依资金筹集的进展，逐步扩充，期在五年内有小成，十年后可大成。

如何筹集资金，美国费城程君复、中国北京管见、台湾台北庄悦共同签署发表的“为什么要办黄河大学”一文的结语说：“振兴中华，匹夫有责，有同此心者，或共与义举，慷慨解囊，或临轩传授，广植桃李，集腋成裘，聚沙成塔，众志成城，我们一定要把“黄河大学”办出来，为培养我们的后代出汗马之力”。

七月三十日，《世界日报》香港专讯转载的河南日报二十五日的消息，说河南省决定与费城天普大学任教的程君复合办大学，参加参办的沈已尧最近至北京及郑州接洽。足见“黄河大学”的筹建工作在继续推动中，双方筹委会虽在积极进行具体洽商，惟尚未闻国外集资的成绩如何。

由海外华人集资与国内合办大学的构想应属可行，有国内主管当局的积极支持，现实性更形增加。然而在海外筹集资金，凭几位书生的诚挚呼吁，希望能够聚沙集腋，恐非易事。不知程君复教授等发起人有何妙计，以使有钱人“共与义举，慷慨解囊”。

筹办大学的资金为数不菲，筹办如“备忘录”中的“黄河大学”更较一般大学花钱。为助祖国的教育，不但祝愿“黄河大学”办成并办得有声有色，还希望以此为热心祖国教育者继起效法的模范。但最根本的是须从速筹得资金。

（《美洲华侨日报》，1984 年 8 月 2 日）

（三）诞 生

1. 让我们大家举起双手，迎接黄河大学的诞生

吴 越

由美籍华人及中国河南省政府合作兴办的黄河大学，经中国教育部正式批准，已交河南省政府主办。今年七月，美国程君复教授再度回国，与河南省进一步商讨办学细节。河南省成立了以省长何竹康、主管文教的副省长胡庭积、省政府副秘书长杨昌基等十四人组成的筹备委员会。美国华人方面也相应由十四人组成一个筹备委员会。

九月二十六日，河南省黄河大学中方筹委会代表团一行五人到达旧金山。团长是杨昌基先生，副团长是河南省教育厅长曾宪荣，团员有省科委副主任李明仁、新乡师范学院副院长杜子清、郑州大学数学系主任曹策问等。代表团将访问旧金山、圣地亚哥、洛杉矶、波士顿、华盛顿、纽约、费城等地，并将在大西洋城开三天会。

黄河大学将设在中国河南省花园口。河南省为了办学，特拨出一千多亩地、一所高级招待所十一幢楼。这座招待所原是中共中央开会用的，有直通全国的长途电话设备，有铁路专用线，有高级干部专用楼。全部拨地拨房造价折合人民币一亿元左右，可见河南省决心之大。

学校打算利用一座大礼堂楼上的房间先把图书馆建起来。美方负责图书馆设计建造的沈已尧先生看了建筑物后十分满意，并就改建改装提出了许多建议。

黄河大学将先设短期训练班及研究院，招收经济管理、电脑软件及语言专业的学生。中国已正式批准黄河大学为教育体制改革的试点。学校拟进行的改革有以下几方面：改革期制为学分制，改助学金为奖学金，改包干制为自费制，改住宿制为走读制，改任命制为聘请制。这些改革，在国内尚属首创，将打破大锅饭的作法，充分调动教师及学生的积极性。

黄河大学分别在国内外聘请专家担任教授。对于来自国外的教授，校方将大力创造条件，尽量不降低他们的生活水准。他们对国外专家，无论短期、客座或长期

讲学、执教，都一律欢迎。

该大学的另一个特点是：教学与生产、科研、经济相结合。学校不仅有完整的教学设施，而且还有工厂企业和科研基地，将与美国或其他国家合资经营一些项目，以所得外汇支援办学。黄河大学将与旧金山华茂国际企业合作开展贸易就是其一。河南省决定，省府所属各部门要为黄河大学开绿灯。

今年是新中国诞生三十五周年，黄河是中华民族的发祥地，黄河大学在此时此地应运而生，呱呱坠地，是中华民族又一大吉大祥的好征兆。让我们大家举起双手，迎接黄河大学的诞生！

（《时代报》，1984年9月30日）

2. 黄河大学诞生记

——美国华裔学者为振兴中华作贡献

马云龙

在郑州市北郊花园口，离四十多年前黄河大决口处不远的地方，一座河南省人民政府与海外华裔联合创办的新型高等学府——黄河大学（简称黄大）已经崛起。一九八五年九月十五日，来自海内外的近百名贵宾和黄大师生聚集一堂，为这所新诞生的大学举行了隆重的开学庆典。在大会主席台上，黄河大学的倡办人之一、海外筹委会负责人程君复先生十分激动，他流着热泪说："在这难忘的时刻，我想到了那一大批正在美国为黄大事业继续奋斗的人们……"

故国情切

一九八〇年，大陆开放与改革的热浪，拍击着大洋彼岸。一群身居海外、心怀故国的华裔学者在纽约聚会，探寻一条报效故国的途径。一个大胆而新颖的构想提出来了：利用在美国的华裔智力资源，在中国办一所新型的大学。

此议一出，群起响应。天普大学少数民族学院副院长程君复教授受命回大陆实施这一方案。从此以后，整整五年，他就把整个身心都献给了这一理想中的事业。

程君复先生祖籍江苏，他父亲曾任原国民党上海市教育局局长。一九四九年全家迁到了台湾，九年后他留学美国，以后又加入了美国籍。多年来，他一直隔着大洋，注视着故国的风风雨雨。早年，他曾和许多台湾留美学生一道，投身于“保卫钓鱼岛”运动，倾一腔热血，争民族权益。近年来，他每年都回故国，希望能为中国的四化事业尽一份力。他在《为什么要办黄河大学》一文中深情地说：“是我同仁，虽身居海外，但仍属轩辕苗裔，炎黄子孙……重振中华，开发智力，造就人才，为国植本，创办黄河大学，是海外游子对我民族之一缕赤诚。”

就是怀着这可敬的“一缕赤诚”，他频繁地奔波于大洋两岸。他先后为实现办大学的设想，而走遍了长城内外，大江南北。

中原知音

一九八四年春的一天，程君复家里的电话响了，原来是中共河南省委书记刘杰亲自打来的，他邀请程先生速来郑州商谈办学事宜。程君复先生欣喜万分，立即登程。

河南省，这中华古代文明的摇篮，现有七千六百万人口，居全国第二，但没有一所全国重点大学，大学毕业生只占全省人口的万分之三，在全国倒数第一。这个数字使程君复震惊，也更加激起了他办好黄河大学的使命感。

郑州北郊，黄河南岸，有一所环境幽美，建筑豪华的全省最高级的宾馆，占地八十余公顷，总建筑面积达四万五千平方米，省政府准备全部提供给黄河大学作校址——这魄力和决心，使程先生深受鼓舞。

这年四月一日，“筹办黄河大学备忘录”在郑州正式签订。这是黄大的“奠基石”，也是她的“总蓝图”。筹办工作起步了。

在美国，黄河大学海外筹委会正式成立，扩大宣传，筹集资金，拟订方案，延聘教师，选订教材，购置设备……各项工作加紧进行。在河南，国内筹委会也同时开始工作，建立机构，遴选校长，接收校址，考试录取，准备开学……也有条不紊地进行着。

大洋两岸，大家为了一个共同的目标协调一致地行动着，要保证黄河大学在一九八五年金秋开学。

众志成城

黄河大学海外筹委会刚成立时仅七十多人，如今已发展到三百多人。这些筹委会委员遍布美国各州。尽管个人经历、学术专业和政治观点各有异同，但大家有一个共同点：愿为中华的振兴出一份力量。一年多来，他们都以忘我的精神为黄大工作着。其中不少人不仅拿出了全部业余时间，甚至放弃了一部分薪金优厚的工作。例如萧镜如教授，他不仅承担了黄河大学经济管理研究生班教学方案的设计工作，而且只身来到黄大，任教半年；沈己尧教授主动承担了为黄河大学图书馆募集和购买图书的繁重任务，把几个月的业余时间都花在为图书登记造册、编制目录的艰巨工作上；国际问题专家范光焕教授，主动提出了在黄大开设美国研究专业的建议，并为这一专业制定了周详的方案，聘请了高水平的教师……

在海外筹委会的委员中，有不少人全家都投入了黄大的筹备工作。例如，罗希文、雷紫薇夫妇，听说筹委会成立，把刚出生四个月的孩子留在家里请人照看，驱车几百里赶去赴会。罗希文担任了黄大筹委会的法律顾问，雷紫薇担起了筹委会总会计的重任。胡比乐、余珍珠夫妇双双加入筹委会，带着两个孩子去开会。董庆圆、董叙霖兄弟都是黄大事业热心的支持者，董叙霖还带病赶来黄大……

作家江南（刘宜良）是黄大最早的筹委之一。他被害的那天，案头上还摆着一份刚刚开头的《黄河大学新闻系筹备方案》。如今，他的夫人崔蓉芝女士毅然接过了他的未竟之业，努力工作着。

引人注目的是，这三百多名筹委中，百分之九十是从台湾去美国的华人，其中不少人的父兄曾任国民党军政要职。而且，其中河南籍人士极少。他们为什么热衷于在河南办大学呢？

专程来黄大参加开学典礼的几位海外代表是这样回答的：

“我们都是中国人,我们殷切盼望着祖国富强。”美国华人联合会名誉主席梅子强先生说。

“我是广东人，但更是中国人。黄河是中华民族的母亲，为办黄河大学出力是我们的责任。”这是美中人民友协朱绵发医师的回答。

海外筹委会夏威夷分会最近刚刚成立,也派出当地侨领谢月梅女士和孙穗芳女士为代表前来参加庆典。孙穗芳女士说：“我和程君复先生素昧平生，但他对中国的赤诚，对黄大事业的信念，有强烈的感染力。”这位孙中山先生的孙女说：“先祖父孙中山先生一直大力提倡普及教育……我要继承先祖父、先祖母的遗志,为促进祖国的繁荣作出贡献。”

创业校长

经过海内外共同的努力，黄河大学首届经济管理、电脑软件、美国研究和英美语言文学四个研究生班的招生录取工作终于在一九八五年六月底完成了。人们的注意力转到“谁将出任校长”这个问题上。经海内外筹委会广泛酝酿和反复磋商，最后选定由德高望重、学贯中西的秦元勋教授担当。

秦元勋教授，一九二三年出生，贵阳人。一九四三年毕业于浙江大学数学系，后在美国哈佛大学获得数学和物理学博士学位。一九四九年回到祖国，参加新中国的建设。三十多年来，他做过文教管理工作，科研领导工作，并亲自参加了一些重大科研工作。在常微分方程学科、核武器理论与设计的数学计算等方面、人工智能研究以及经济教学研究等领域里，他都取得过开创性的成果，多次荣获全国科学大会、中国科学院和国家科委的“重大成果奖”。秦教授来黄大前，曾任中国科学院应用数学研究所副所长，现仍担任中国人工智能学会、中国计算物理学会理事长、数学会理事，并且是天文学、自动化、力学等学会的会员。

一九八五年七月，这位一生喜欢做开创性工作的科学家来到黄河之滨，又着手黄大的开拓工作。他对黄河大学的特色作了这样的设想：一是体制新，中外合办，实行董事会领导下的校长负责制；二是管理方法新，教职工全部实行聘任制，学生实行学分制；三是学制新，每年设三个学期，把暑假变为一个学期，利用中外学者暑假之暇，把他们请来讲学；四是专业设置新，重点开设国内短缺、国外新发展起来的学科；五是发展道路新，先从研究生院办起，努力培养一批高级人才，送到国外深造，几年后就会形成一支可观的高质量教师队伍，再逐步发展本科；六是教师来源新，可以广揽海内外英才任教……

黄河大学已经建立了一个制度，每星期六下午是学术报告时间。九月一日开课后，第一个星期六，秦校长率先做了题为《试论“一要吃饭、二要建设”的数学模式》的学术报告，把自己运用数学方法研究经济规律的最新成果展示出来。报告一结束，学生们围拢过来，纷纷向他提出问题。有的是尖锐的质疑，校长和学生们展开了热烈而平等的讨论。秦校长欣慰地说，这正是他所要追求的校风。

（《中国建设》，1986年2月号）

3．新时代的黄河大合唱

——程君复教授谈黄河大学开学

俊　雄

灿烂中华文明的摇篮

“遥远的东方有一条河，她的名字叫黄河……”黄河，汹涌澎湃，一泻千里的黄河，她自西而东，不舍昼夜地流过神州莽莽苍苍的中原大地。辽阔的黄河流域，是中华民族的发祥地，是数千年灿烂文明的摇篮。位于黄河流域中心的，是中国的第二人省——河南。

曾经是中华民族首善之区的河南，由于历史的原因，现在成了中国比较落后的地区之一。尽管有着辉煌的古文明，丰饶的物产和便利的交通系统，尽管近几十年来有了长足的进步，但河南省的发展水平与中国先进地区相比，还是相当低的，尤其是教育事业的落后，更令人担心——全国八十多所重点大学，河南竟没有一所。

海内外有识之士早就痛感到，改变河南的教育现状，是该省经济迅速发展的关键。这也就是黄河大学之所以决定在郑州建立的主要原因。

五年怀胎一朝分娩

经过四年酝酿，一年筹建，黄河大学将于今年九月十五日正式开学。目前，在海外采购的图书、电脑等教学设备已启运回国。费城天普大学教授、黄河大学倡办者、黄大海外筹委会总联络人程君复先生日前刚从中国和东南亚回来，他向记者透露了这一喜讯。

黄河大学是第一家由海内外华人合办的高等学校。她将以崭新的姿态出现在黄河之滨。虽然，黄河大学引进了若干美国及西方的教学原则和方法，如着重培养学生的独立研究和实际工作能力，一年分三个学期，采用最新的教科书和教学设备。但毫无疑问，她是一所中国的大学，其最终任务是总结和重新认识中国文化。

程教授说，中美两国对黄河大学这个中美教育交流十年的结晶极为重视。河南省政府把环境优美的省委第三招待所划给黄大，并由省长何竹康先生亲自担任黄大国内筹委会的主任；九月十五日黄大举行开学典礼时，中国政府和美国驻华大使馆高级官员将会出席，所有美国驻华记者也会到场采访。程教授毫不掩饰他的兴奋："黄河大学的事情闹大了，除了把她办好，再没有退路。这是一个只许成功，不许失败的尝试。"

创办初期的黄河大学，首先开设"计算机科学"、"经济管理"、"美国研究"和"英美语言文学"四个研究生班，每班三十人，两年之内为中国培养出一百二十位具有真才实学的硕士。以后，黄大将逐步发展为一所自然科学和人文科学并重，本科和研究院各级课程齐备的综合性大学。

振兴中华　慨为己任　华夏子孙　心同此理

从一九八〇年程君复教授向中国提议由留美华人与中国合作创办一所大学算起，劳碌奔波，惨淡经营，于兹五年矣。现在，蜷伏胎中五年的婴儿就要呱呱坠地，"梦"就要变成现实。回顾这几年走过的艰苦历程，程教授真是感慨万千。

想当初，在他萌生办学想法之时，断言中国政府不会同意其计划的人有之，对他冷嘲热讽的人有之，他一概不予理会；面对困难重重，错综复杂的谈判，他没有退缩；反复来回于大洋之上，唇焦舌燥，奔走呼号，他不以为苦；从章程规划制订，筹款到设备采购，事无巨细，务必亲躬，他不以为累；为了黄河大学的诞生，他，他的家人，以及他的朋友们，呕尽了几多心血。而在这几年中，使他最为感动，也一直鼓舞着他的，是炎黄子孙那股以振兴中华民族为己任的强大的向心力。中国当时的教育部部长何东昌，亲自过问了黄大的筹建，并为他们大开方便之门。杜子清、曹策问、马怀松等国内筹委们离开家庭，夜以继日，切实办事，不挂虚名，为黄大的建成作出了重大的贡献。他们以前所未有的高效率，仅用一个星期时间就完成了浩繁的招生改卷工作。众多的海外华人，不吝金钱、力气和时间，为黄大提供了有力的支持。东南亚的华侨，间或有人对国内的政策和做法存在误解和不满，但一听说是黄大需要，马上欣然表示支持。孙中山先生的孙女孙穗芳女士，与程教授在夏威夷为黄大事务会谈竟日，不仅立即加入海外筹委会，而且答应为该校筹款。现在，散居世界各地的海外筹委已有三百多人，他们每人每年向黄大捐三百美元，持续五年。黄大海外筹委准备发展到一万人，这样每年便可为学校筹到三百万美元。

办好黄大　任重道远

黄河大学的建成开课，并未使程教授卸下肩上的担子。他清醒地意识到，要办好黄大，正任重而道远。他的工作更多，更苦，更累。他六月二十三日离开北京，到东南亚走了一圈，七月一日回到美国，七日又赴欧洲去了。他表示，经费仍是黄大面临的最大困难。现在国内方面，由河南省提供三百万元人民币，这是不够的，如果中央给予支持，能拨给三千万左右，就十分理想了。程教授对中国政府改革教育体制，李鹏副总理担任教育委员会主任表示乐观，并希望李鹏主任继续重视黄大的建设，因为没有他的支持，黄大是办不下去的。

黄河大学的建成，肯定会在某种程度上改善河南省乃至全中国的教育落后状况，她将为古老的东方文明注入新的活力。黄河仍然自西而东，不舍昼夜地流着，但在她两岸广袤的土地上，已经发生了巨大深刻的变化，而且在未来的岁月里，还将会发生更为巨大、更为深刻的变化。中国，正在起飞，而促成这个伟大的起飞的，正是我不分海内海外的亿万华夏同胞。

（《时代报》，1985年7月12日）

4. 中共与在美华人合办黄河大学

黄　文

自从中共宣布“对外开放”政策以后，散居国外的华侨华裔，发出一股捐资办学的热情。美籍华裔陈树柏教授，在深圳开办“中国实验大学”，为华侨华裔在国内办学开阔了道路。另一个美籍华裔程君复教授，于一九八○年曾作了一个设想：在国外华裔、华侨界筹募资金、物色人才，在大陆的北京、河南、安徽、广东四省市，同中共合办长城、黄河、长江、珠江等四所新型大学。这个意见得到了美国一些华裔、华侨的响应，并委托程教授主持其事。四年多来，程教授为实现其办学夙愿，奔走于欧美、东南亚与大陆之间。一九八四年四月一日，与河南省签订了“筹办黄河大学备忘录”，河南省成立了以省长为首的筹委会，献出了价值一亿元的房地产。至此，兴办“黄河大学”的设想已初步有了一个轮廓。

美国华人努力不懈

与此同时，美国方面也成立了“黄大筹委会”。筹委会有三百多名筹委，百分之八十拥有博士学位。在此后一年多的时间里，筹委们出资出力，四处走访联络、筹集经费、拟定教案、选定教材、购置设备、聘请教师。作家江南生前也是筹委之一。他在遇害前曾拟定筹建“黄大”新闻系的方案。现江南遗孀继承其先夫遗愿为参与筹备工作而奔忙。

在国内外人士的共同努力下，今年九月十五日，这所由海外华人、华侨与河南省联合创办的“黄河大学”终于在郑州北郊正式成立。程君复先生、孙穗芳女士（孙中山先生孙女）也参加了典礼。

秦元勋出掌“黄大”

担任“黄大”校长的是秦元勋博士，现年六十二岁，一九四七年获得哈佛大学博士学位，一九四九年后担任过北师大数学系副教授、中国科学院数学研究所副研究员、应用数学研究所执行所长等职。现任“黄大”校长、科普协会常委、教学研究所研究员、英国爱丁堡皇家学会会报编委等。他在微分方程、计算物理、人工智能等方面的研究均有突出成绩，特别是微分方程中的希尔伯第16问题的研究处于国际领先地位。

“黄大”规划和特点

这所综合大学分设“二院一中心”。研究生院将陆续开设七个专业，文理学院开设十七个专业，培训中心开设三个专业。目前，只有研究生院四个专业招收了一百六十名学生。预计到第七个五年计划期间学生将达三千。

秦元勋校长为黄河大学归纳几个特点：体制新，中美合办，董事会领导下的校长负责制；办学思想开明，学术上兼容并蓄，汇集百家，自由交锋，以求真谛：学制长，实行一年三个学期制，专业设置实际，重点开设国内短缺、国外新发展起来的学科；教师来源广，可以聘任海内外优秀教授任教。

历史的经验值得注意

华侨捐资办学有着光荣传统，远的且不说，近代较著名的是爱国华侨陈嘉庚，创办了厦门大学、集美中学等。其婿李光前在闽南创办国光中学，也为闽南人民所熟悉。中共建政后，广州的暨南大学、福建泉州的华侨大学都是海外华侨、港澳同胞集资创办起来的。这七八年来，大陆各地方侨办的大学、中学、小学多得不胜枚举。孙中山先生当年奔走革命，华侨曾捐款输将，赢得了“华侨为革命之母”的美誉。华侨荣誉从此载入史册。可是，到了四人帮时期，华侨变成了“资产阶级”代名词，并受到批判。“暨大”、“华大”被戴上“臭”帽子而被解散。自此，华侨、港澳学生不再回国升学，旅游观光者也视大陆为畏途，更遑论投资参加建设！历史事实说明：歧视华侨的结果将给国家带来巨大损失！经过“拨乱反正”后，华侨开始恢复了名誉，人们过去以有“海外关系”为耻，现在却以此为荣。只有恢复华侨固有的荣誉，赋予华侨光荣感。落实华侨政策，中共才能更大限度地团结海外的千万华侨，争取他们的力量为建设家园服务。

（《快报》，1985年12月24、25日）

5. 秦元勋谈黄河大学

赵健（中国新闻社）

中美合办的第一所高等学府——黄河大学开学已半年多了。笔者最近驱车来到位于花园口北郊的黄河大学，访问了该校首任校长秦元勋。

秦元勋校长告诉笔者：从去年九月开学以来，黄河大学在校学生已有两百多人，其中经济管理、计算机软件、英美语言文学和美国研究四个专业的研究生共一百二十名；培训准备参加美国“托福”考试的大学毕业生七十多名；为其他院校代培研究生三十多名。

这位年过六旬的校长曾在美国哈佛大学文理研究院获数学、物理博士学位。出任黄河大学校长前，是中国科学院学部委员、应用数学研究所副所长。

他说：黄河大学的发展，与海外华人的鼎力支持是分不开的。目前，黄河大学海外筹委会成员已增加到三百多人，遍布美国各州。黄河大学已聘请十二名美国教授，其中十一位美国人、一位美籍华人。美国南康州商业经济学院教授，美籍华人萧镜如先生，不但设计了黄河大学经济管理研究生班的教学方案，而且亲自执鞭任教。由国际问题专家范光焕教授提议开设的美国研究专业，聘有四名美籍教授，分别讲授美国政治、总统制政党、外交、历史、外贸等题目。此外，黄河大学还在国内聘请七位教授和十多位副教授。

秦校长说：“黄河大学不仅有广揽海内外英才的优势，而且拥有最新的图书资料和先进设备，黄河大学用的教材和图书内容都很新，学生可以及时掌握最新的研究成果。目前，我校已有图书一万余册，另有五万册正由美国运来。我校还有近三十台计算机和四十八座电教设备。

“今年，我们将招收本科生了。”秦校长向笔者谈了今年的打算。“河南省建筑学院、河南省水利局委托我校开办的建筑工程学院和水利学院，今年将分别招收八十名和一百二十名大学本科生。去年招生的经济管理、计算机软件、英美语言文学和美国研究继续招收研究生九十名。”

谈到黄河大学的发展，秦校长兴致勃勃地说：“河南省已拨款四千万元作为我校‘七五’期间的基本建设投资。在五年内，我校的学生将达到三千人；一九九〇年以后，招生人数可增加到七千人，到本世纪末，我校将有一万名在校学生。除招收中国学生外，我们还将招收外籍学生来学习中国文化。”言谈之间，这位校长对黄河大学的前景显得信心十足。

（《时代报》，1986 年 5 月 23 日）

6. 为“黄大支援会”催生

谢善元

黄河大学海外筹委会负责人程君复教授，在出席黄大的开学典礼后，已于上月中旬自中国返美。随后，他在旧金山会见了亲友及当地华文记者。由他的谈话及携回的河南日报上，提供了许多黄大的最新消息。

一、隆重的开学典礼

在九月十五日参加黄大的开学典礼的四百多人中，除师生员工外有近百名来宾，包括了河南省党政领导、黄大海外筹委会代表、美国驻华使馆秘书以及南开大学副校长等。中共中央统战部长也亲自打电话到黄大祝贺。黄大的开学是中外都瞩目的一件事。

值得特别一提的，是《河南日报》在报导开学典礼时所用的标题——“凝聚海内外炎黄子孙的心血，架设起中美友谊的桥梁”。虽然后一句话只道出了黄大毕业生将来可能扮演的角色，前一句却是千真万确。如果河南省及全中国的读者们都能深切体会到黄大诞生的辛苦经过及其深远意义，则黄大事实上就已经成功了一半。

二、成功的起步

黄大的校址，原来是“全省最高级的宾馆”。“绿荫环抱，风景优美……一幢幢建筑别致典雅，富丽堂皇……房地产价值一亿多元。”河南省政府拨出这么美丽的场地作为黄大的校园，的确是一个值得赞扬的有魄力的决定。

黄大的建校构想，也确与美丽的校园相称。据记者报道，黄大共有六新：体制新；管理方法新；学制新；专业设置新；发展道路新；以及教师来源新。这些不掉入旧框框的创新作法，只要成果好，必然会对中国其他大专院校起示范作用，从而引起其他院校的改革。因此，期待黄大成为中国教育改革的窗口是合理的，而所有海外人士对黄大的支持，将来很可能会对整个中国有十、百倍的效果。

三、令人满意的校长

黄大的创业校长秦元勋，可说是一位非常优秀的大学行政主脑。他的学历（哈佛大学数学系博士）好，行政经验（中国科学院数学研究所所长）好，尤其难能可贵的，是他对真理及理想校园的看法。

据《河南日报》记者说，黄大每星期六下午有个学术报告时间，而第一个报告是由秦校长提出的。他以《试论“一要吃饭、二要建设”的数学模式》为题，用数学方法研究经济规律。报告完毕后，学生们纷纷提出问题，于是“校长和学生展开了热烈而平等的讨论。”秦校长之所以如此做，是因为他相信“真理正是在这种汇集和交锋中发展”出来的，而他的理想校风，是北京大学当年在蔡元培主持下，把辜鸿铭、李大钊和陈独秀等都请去任教的“兼容并包”作风。

面对这么一位有胆识作现代蔡元培的黄大校长，我们还能有什么苛求？

四、黄大有待努力处

黄大有优秀勤奋向上的学生，他们对世事也很关切。他们对北京等地大学生抗议日本首相参拜神社也深有共鸣。

可是，程教授也觉察到黄大学生缺乏纪律性和公德心。他们搭车和进饭厅吃饭时都不排队，对自己宿舍以外的公共场所的清洁，也漠不关心。

对台湾东海大学的校友来说，黄大学生欠缺德育方面的修养，似乎并不是新闻，也不必使学校当局觉得气馁，因为台湾的高中毕业生并不比他们高明到哪里去。可是，经过东海四年的劳动教育之后，很多学生的纪律性和公德心都增强了。这个经验似可借鉴。

除此之外，黄大继续需要海外华人在金钱和人力上的大量支持。

五、全美宜成立“黄大支援会”

到今天为止，黄大已获得四百位左右每年认捐三百美元的支持人，而这一支援阵容正在不断扩大。当然，比起香港船王包玉刚君一口气捐一千万美元给宁波市，让它创立宁波大学的壮举来，黄大海外筹委会目前的募款成果显然是瞠乎其后的；可是，关心黄大的人愈来愈多，认捐的款项也愈来愈高，相信众志成城，十年之内，黄大的财源将不会比宁波大学逊色。

目前所有向黄大认捐的仁人君子，都会定期从纽约市黄大筹委会的办公室收到一份“黄河大学通讯”。这当然是黄大筹委会向关心黄大的捐款人报告学校近况的一个好办法。可是各地关心黄大发展的朋友，也不妨在所居地纷纷成立“黄大支援会”，并定期聚首谈谈。这样不仅同志之间可交流意见，也便于筹委会与各地同志联系。异日黄大教职员或学生来美访问时，各地支援会同志更可安排与来访人见面，从而获得黄大最新资料。

六、结论

中国必须改革，中国也正在改革。改革的方法很多，有的与制度有关，有的关系人心。个人认为，体制上的改革固然非常重要，人心的转变尤其要紧，而教育是转变人心的最可靠途径。

黄大是一所中外瞩目的大学，是中国教育改革的窗口。中国境内，鲜有比黄大更具历史性意义的学校了。

朋友们，让我们来为黄大尽一点力气吧！

（《时代报》，1985 年 11 月 9 日）

中外各界评论

1. 炎黄子孙的事业——黄河大学

渠 杰

来到黄河大学，秋雨刚歇。抬眼望去，占地一千二百多亩的学校分明是绿色的海洋。这里原是中央高层领导来豫歇息、开会的地方。难怪海外“黄大”筹委们看到这美丽的校园后拍手叫好，连连说，“超出了我们的想象。是个办学的好地方。”

一九八〇年前后，中共的开放和改革的政策震动了世界。在美国的华侨、华人也热血沸腾。一个大胆而新颖的设想由美籍华人程君复教授提出来了：利用海外华侨、华人的智力资源与大陆的京、豫、皖、粤合办长城、黄河、长江、珠江等四所新型大学。此意一出，反响热烈。受众人之托，四年多来，程先生为此事往来于欧美、东南亚与中国大陆之间，走到哪儿就呼吁到哪儿，见一人就宣传一人，痴心办校，不辞劳苦。

一九八四年初，河南省首先响应程先生的建议。双方经协商于当年四月一日签订了《筹办黄河大学备忘录》。河南省成立了以省长为首的筹委会，拿出了全省最好的、价值一亿元的房地产。只此一举，已令海外人士备受鼓舞。海外也成立了“黄大筹委会”。三百多名筹委百分之八十拥有博士学位。此后一年多的时间里，海外筹委们忙着走访联络、筹集经费、拟定教案，选订教材、购置设备、聘请教师……许多人为“黄大”花去了大量业余时间，捐献了多年的积蓄。令人感动的是，最早的筹委之一的江南先生在遇害前的日子里还拟定筹建‘黄大’新闻系的方案。现在，江南的夫人为完成丈夫的遗愿仍在四处奔忙。

经过海内外人士一年多的共同努力，一九八五年九月一日，一所新型的大学终于以其勃勃英姿出现在黄河之滨。“黄大”第一任校长——秦元勋博士，个头不高、微胖，虽已年逾花甲，却还那么精力充沛。他是贵州贵阳人，曾获得哈佛大学博士学位。先后担任过北师大数学系副教授、中科院数学所副研究员、应用数学所执行所长等职。现任“黄大”校长、科普协会常委、数学所研究员、英国爱丁堡皇家学会会报编委等。九月十五日，三百多名“黄大”师生员工和一百多名来宾举行了隆重的开学典礼。

这所新创建的综合大学分设二院一中心。研究生院将陆续开设七个专业，文理学院开设十七个专业，培训中心开设三个专业。目前，只有研究生院四个专业招收了一百六十名学生。预计“七五”期间，“黄大”学生将达到三千。“八五”期间可达七千。看着这气魄不凡的规划，我又想起了秦校长为“黄大”归纳的几个特点：管理方法活，教职人员实行聘任制，学生实行学分制；办学思想开明，学术上兼容并蓄，汇集百家，自由交锋，以求真谛；学制长，实行一年三个学期制；专业设置实际，重点开设国内短缺、国外新发展起来的学科；教师来源广，可以聘任海内外优秀教授任教。“黄大”将像何东昌先生说的：办成教育改革的窗口。诚然，“黄大”要办成功，尚有一段艰难之路要走，但好的开头是成功的一半。“黄大”的海内外同仁一定会像校歌中唱的那样，加强团结、艰苦创业，成为把祖国挺举上世界之峰的一支力量。

（《人民日报》，1985年11月28日）

2. 从兴办黄河大学谈中国的大学教育

中报社论

由海外炎黄子孙筹办的黄河大学已经正式开学了。《华尔街日报》的一封郑州来信向外界展示了该大学的办学情景（见该报十一月五日第三十六版：“中国教育的小震动：一所美国式大学”）。

黄河大学开办的意义，并不在于它建立在中共元老们使用过的别墅里（毛泽东、周恩来、林彪等人使用过的房子被用作教师宿舍和学生活动室并不稀奇）；也不在于这所大学像中国的千百所大学一样地招收学生，培养人才；而在于它的特殊的办学方式和教育方式。

该大学的发起人是美籍华人，程君复教授，当他发现中国大陆教育被文革破坏得不成样子时，便决心为大陆教育出点力；但他看到大陆目前大学陈陈相因、守旧古板的教育方式和狭窄的专业设置时，又觉得大有必要自己着手办一所大学。于是，在邓小平的亲自同意之下，办起了这样一所由海外华人集资、没有党委的大学。

黄河大学的新颖之处，正在于它一反中国大陆三十多年沿袭的苏式教育方式，为中国的高等教育改革树立一个榜样。过去，中国大陆的大学专业设置很狭窄，一个大学生入学之后即进入分得很细的专业学习。比如，学机械的仅读一年多的基础课便进入专业训练，对本专业以外的知识知之甚少。学文科的则分得更细，连基础课也基本围绕本专业而设置，跨系选课的要求又很严。因此学生像是一个被专业的细纲围困住的鸟，不能在广阔的天地里自由驰骋。这样培养出的学生较难适应当今世界知识日新月异飞越发展的形势，毕业后往往不能为其服务单位贡献所学，不得不一再更改知识结构，重新学习，以适应形势，由于所学较狭窄，更改知识结构时颇觉困难。于是，过分狭窄的专业设置形成了人才培养上的某种浪费。

中国大学教育的另一个弊端是大量灌注式教育，用人们常用的比喻，像个北京填鸭。教师授课，基本上是一句句地背诵写好的讲义；学生听课则只带了纸笔和耳朵眼睛基本不动口，没有自由讨论和交流。这种类似私塾的灌注式教育不利于培养有创造性的人才，严重地束缚了学生的学习积极性和创造性，研究能力和实验能力均受影响。尤其是文科教育，学生死记硬背现象严重，“上课记笔记，下课对笔记，考试背笔记，考过全忘记”的顺口溜很能说明问题。教师也以自己的见解为标准答案，谁提出质疑，并在考试中批驳之，谁的成绩就受影响。很难设想，一个大学的哲学系、文学系或历史系，对大部分学术问题规定了一个标准答案，没有激烈的争辩，这样教育出的学生如何写得出独树一帜的好论文？

黄河大学的成功，就在于它独树一帜地采用了启发式讨论式的教学方式，学生像美国大学那样在课堂上向教师自由地发问。教师亦认真解答，允许学生反驳，鼓励学生坚持自己的见解。在讨论中求得知识，求得真理。这种现代教学方式对于那种陈旧的传统的注入式无疑是一股清新的春风。学生们自由地选课，在较广的知识面上培养出的学生必然能较好地适应新时代的要求，为旧制所莫及。同样，奖学金的竞争方式也大大激发学生的学习热情。由于学生来自各省，通过竞争入学，学成之后，分赴各地，对于各地的教育方式的改革会起推动作用。

事物竞争，优胜劣败。黄河大学的实验，对中国大陆教育确实是个不小的震动，人们会通过比较鉴别，选择优者。只有那些适合时代潮流的东西才有无穷生命力，不合时宜的旧方式必然会被淘汰。我们热切地希望中共当局以开明豁达的胸怀允许多种教学方式和学术思想在大学和研究院里自由竞争，优胜劣败的规律是不可抗拒的。

古老的黄河曾经孕育过，并且还在孕育着亿万炎黄子孙。它是中国两千余年在文化科技方面领先于世界的历史见证人。如今，建立在黄河之滨的黄河大学，正聚集着中华民族的优秀儿女，带着海内外炎黄子孙的重托和希望，开拓着教育改革的道路。我们希望黄河大学在一九九〇年办成万人大学的计划如愿以偿，更希望她培育出一代新人，开创出一代教育新风！

（《中报》，1985年11月9日）

3．中国高等教育的新尝试

——西方记者访施行西方教育体制的黄河大学

这里曾是中国领导人的疗养地，它位于河南省郑州市郊的黄河岸边。现在，这里正在发生一系列颇为令人惊异的变化。

在一幢别墅里，玛格丽特·迪克曼正在主持一堂美国文学课。一个23岁的研究生谈论着英国作家舍伍德·安德森的短篇小说集："鄙见以为，这本书真实地反映了畸形的美国社会。"他的过分谦卑的英语用词引起了一阵笑声。

教师说："我们以后再讨论社会问题，还是先谈谈安德森作品中的主人公，那些与社会格格不入的人物。我们都是有个性的人，尽管生活在社会之中，仍然保持了自己的性格特征。"

"以我的高见，这些奇特的人物和我们一样具有自己的个性，在任何社会里都存在这样的人。"另一学生的用词不当又引起了更多的笑声。

这是一种新的教学方式,冲击了中国几十年来强求统一的那种苏联模式的教育体系。

在下面的一个教室里，罗博特·林奇正在分析计算国民生产总值时易犯的错误;是不是应该把家庭妇女的劳动算进去?如何估计污染所亏欠的价值及失业的损失?为什么不把黑社会犯罪事业的利润统计在内?

另一幢楼房里，詹姆斯·霍西奥正在教管理课程。其他地方，有的学生在上英语精读课，有的在学计算机程序编制。

这是中国第一所美式高等学府——黄河大学,一个各种观点和意见兼蓄并容的学术天地。

这个学校是今年9月15日开课的，共招收了300名全日制和选读班的研究生，用英语教课。学校的目标是：在今后五年里，有5000名学生毕业或肄业，在十年里要达到10000名。课程内容广泛，并设多种选修课。

学校的创建者,美籍华人程约翰先生在辞去他在美国费城天普大学的行政职务时说,他希望能改变苏联模式的人才培养体制,这种体制造就了能适应本专业的人才，但他们知识面狭窄，缺乏独立思考和创造的能力。

程先生的老家在江苏省。1972年回国探亲时，他发现自己的许多亲戚上不了学。要送几万名中国人到美国留学费用高昂，于是他想到，为什么不在中国办一所美国式的学校呢?

他曾试图与国内现有的大学联办，但发现那里工作效率低，缺乏学术气氛，就放弃了这一念头。河南省的领导人得知他的想法后，表示赞赏，并愿意把长期未用的疗养所贡献出来，作为大学校址。省政府官员还同意提供后勤人员、讲师和学生奖学金。经过四年的奔走,他们终于获得教育部的批准。广告吸引了上千名报考者,经过考试，录取了第一批研究生。

校园占地约120公顷，毛泽东的别墅仍然关闭着。朱德元帅用过的别墅已改为教师餐厅和住宅。教国际财政经济的林奇和布莱克伍德住进了周恩来的那套住房。

陈云住过的房子现在成了美国教师的研究室。曾为毛主席做菜的老厨师现在仍在掌勺，为该校校长秦元勋和十二位美国教师烹调饭菜。

程先生为该校的建立筹集了50万美元，他将继续募集基金，并为那些希望为故国建设作出贡献的海外华人实业家提供便利。

（《上海译报》，王建昌译自1985年11月18日《亚洲华尔街日报》）

4. Temple Educator Helps Start U.S.-Style University in China

Source: The Philadelphia Inquirer, May 22, 1985

By Linda Loyd, Inquirer Staff Writer

Growing up in China, Dr. John C. Chen was always conscious of education because his father, Dr. Austin Chen, was minister of education in Shanghai before the Communists took over in 1949 and the Chen family moved to Taiwan.

Later, in 1972, after trade restrictions between the United States and China were removed, John Chen, an administrator at Temple University, returned to the mainland and was struck by the lack of educational opportunities.

That was the beginning of Dr. Chen's dream to open an American-style university in the People's Republic of China. In September, after five years of negotiations with the Chinese government, Chen and a group of Chinese-American educators and the government of Henan Province will found a university on the banks of the Yellow River in central China.

Huanghe University (meaning Yellow River) will be the first liberal arts-style university to open in China since the revolution, and it will be jointly operated and staffed by Americans and Chinese.

The government of Henan Province has donated a complex of nine buildings and 300 acres of land for the campus, located 20 minutes bus drive from Zheng Zhou, the provincial capital.

The government also has allocated $8 million in Chinese money (equivalent to about $4 million in American money) for start-up costs, Chen said.

So far, more than 150 Chinese-Americans appear on a list of supporters of the new university, including scholars and business people. They paid $300 a year to start a fund to raise money for the university. Chen said he was trying to secure $10 million in educational loans from a bank in Switzerland.

"The provincial Chinese government really does have all the funding necessary to make the thing roll," said Kwok-Leung Li of Johns Hopkins University in Baltimore. "The major contribution that we [Americans] can give is our abilities and knowledge."

The university is designed to promote the modernization of China's educational system, upgrade the level of research, supply the labor market with better-qualified young people and promote better understanding between the United States and China, Chen said in a recent interview.

"When dialogue opened up with China (in the early '70s), a lot of people went to China and found an enormous waste in human intelligence," said Chen, 47, who lives in Bala Cynwyd. "There are a lot of smart people in China who are lacking opportunities" to get an education.

The new university will open with four master's programs, in computer science, English Language and literature, economic management and American studies. Eventually, the school is expected to evolve into a full scale university with doctoral programs and a medical school.

Li, a professor of computer science at Johns Hopkins, said Chinese Americans across the country knew of John Chen's dream of starting a university in China.

“It was his care for China, and China's education, that got this whole thing started. It was in admiration of his goodness that we're all putting in our share,” said Li, who designed the new university's computer-science curriculum.

The university will be unlike any other in China, Li said, and will encourage independent study rather than a fixed curriculum. Another innovation will be to get students involved in hands-on experience with computers.

“I've finished ordering the equipment. We have helped them establish the course schedule and arranged for professors over there,” Li said. “We're in the process of sending books, reference materials and textbooks and recruiting professors here.”

Dr. Chen, who is assistant director of the Special Recruitment and Administration Program at Temple, first proposed the new university to Chinese government officials in 1980. He was turned down, both in 1980 and 1981, he said. But in 1982, “we exchanged ideas,” he said.

They suggested we cooperate with an already existing university, which we did not agree to, Chen said. “We feel the old schools have their own structure, and to change things is almost impossible.”

Between 200 and 360 students will be admitted for the fall, hand-picked from several thousands who take a qualifying exam in China, Chen said. Tuition will be $100 in Chinese money per semester, or about $50 in American money.

About 16 American professors will teach on the campus in September, some taking leaves of absence from their teaching posts in the United States. The Chinese will provide about the same number of faculty. Professors will be paid about $500 in Chinese money per month, which amounts to about $250 in American money. American professors will receive two salaries, one from China and one from an American fund. “So that attracts people to go,” said Chen.

"Huanghe University is the first university set up by Chinese-American professors," said Weitong Li, consul of education at the Chinese Embassy in Washington. "It's just what China needs."

The school is modeled after the University of California at San Diego, which began with a graduate school and later admitted undergraduates, Chen said. "This school is purely education, to give Chinese more opportunity to go to school," he said. "Those who come to the United States are very few, and it is very expensive."

About 3 percent of Chinese youth now go to college, Chen said, adding that about 23 percent of the China's one billion people are illiterate.

Dr. Chen said he would go to China May 30 for a month to plan the grand opening in September, set the salary scale and establish the joint administration system. He said there would be a governing board of 14 trustees, half of them American and half Chinese, who will meet twice a year. This summer, the trustees will select a president of the university.

Although an exchange of Chinese and American students has been taking place for a decade, Chinese scholars cite problems in the educational system.

"Chinese management is very poor, and they are seeking help. That's why one of our programs is economics management," said Chen. "They do not know how to speak English, or how to deal with the United States. So we will offer American studies — to teach how we live, how our political and educational systems function."

"I visited the university in Henan Province at the end of February, and I was very much impressed," said James C. Hsiao, visiting scholar in economics at Yale University. "The provincial officials, the governor, are determined to build a unique university in that province," which is the second-largest in China, with 17.5 million people, he said.

The campus, with centrally air-conditioned buildings and a swimming pool, was originally built as a conference center for top national leaders in China.

Renovations are under way on some buildings, more than 100 Chinese are already at work on the campus, said Hsiao, who is dean of the Southern Connecticut State University in New Haven.

Hsiao said he designed the business-management curriculum for Huanghe University and was finalizing the selection of faculty to go to China.

He acknowledged that it was difficult to lure good professors because some already had obligations for next year and because salaries in China are not as good as in the United States.

"A lot of people want to go over," said Li of Johns Hopkins. "It's a very exciting thing. We do have the proper ingredients to make this happen."

5. Letter from Zhengzhou

Source: The Wall Street Journal, Novembers, 1985

By James P. Sterba, Staff Reporter

Zhengzhou, China — Something pretty amazing is going on inside the eight-foot-high brick walls of a former Chinese Communist Party leadership retreat near the banks of the Yellow River in Henan Province, the Kansas of China. Listen:

"In my humble opinion (laughter), this book shows how deformed American society really is." A 23-year-old graduate student is talking about Sherwood Anderson's "Winesburg, Ohio."

"Don't be too humble," says the teacher. "We can look at the society later. Let's talk first about the individuals Anderson has given us, the characters alienated in both small town and big city. We are all individuals. We have our individuality in spite of the society we're in. I've read your themes. You'd be surprised how different you are."

"In my noble opinion," says another student to more laughter, these grotesques are individuals like all of us. "They can be in any society."

Different Approach

This is Margaret Dikeman's American literature class-a tiny assault on the group-think that has molded China's Soviet-style education system for decades.

Down the hall, Robert Lynch is exploring the pitfalls of measuring gross national product. Shouldn't housewife labor be included? How do you measure the price of pollution or the value of leisure? Why not include the profits of criminality?

In another building, James C. Hsiao is teaching management. Elsewhere, students are being drilled in intensive English and computer programming.

Welcome to Huanghe University (Yellow River U.), China's first American-style university, a bubbling cauldron of points of view, debate, and argument—an oasis amid officially endorsed rights and wrongs.

Classes opened Sept. 1 for about 300 full-time and part-time graduate students. Teaching is in English. The goal: 5,000 graduate and undergraduate students within five years, and 10,000 within 10 years. No narrow curriculums. Lots of electives.

For that matter, what about a football team? "Not a bad idea," says John C. Chen, the school's American-Chinese founder. "It might be interesting." A mascot? It would have to be the famed Yellow River sand carp. Fight Song? How about: "Go carp go for YRU, watch the score keep growing."

But those are distant visions. The goals right now include getting the hot water working in time for winter, stocking the library's mostly empty shelves, hiring a seasoned U.S. college administrator and, of course, raising money.

Dr. Chen, on leave from an administrative post at Temple University, says the idea is to break away from the Russian-style system of producing narrow specialists.

“That system turns out people very competent in their fields, but they are narrow,” he says. “They don't know how to think, they aren't creative, and they can't make up their own minds.”

A native of Jiangsu Province, Dr. Chen returned to China in 1972 to discover that numerous relatives had been denied schooling. Sending tens of thousands of Chinese to U.S. schools is costly. So, he thought, why not set up a U.S-style school in China?

Find a Home

Dr. Chen says he tried linking up with an established university here, but found them all so bureaucratic and political that he gave up. Henan, a poor, backward province not targeted like coastal areas for priority development, heard of his idea, liked it, and offered him the unused party retreat for a campus.

Provincial officials agreed to provide maintenance staff, a dual faculty, and student scholarships. After four years of quibbling, the Ministry of Education in Peking gave the go-ahead in July. Newspaper ads lured thousands of student applicants. Exams selected the first class.

The 300-acre campus, 20-minutes by bus north of Zhengzhou City, is shaded by French plane trees and adorned with shrubs, flower gardens and orchards. Ten suburban-like villas and meeting halls, secluded among the greenery, have become classrooms, faculty housing, guest houses and dormitories.

The communists obviously spared no expense in building the center. It was constructed from 1959 to 1961, during the disastrous Great Leap Forward, when an estimated 20 million Chinese were dying of starvation.

Mao Tse-tung's opulent villa remains closed. General Zhu De's villa is a faculty dining hall and residence. Mr. Lynch and Dona Blackwood, who teaches international economics and finance, occupy the suite that Chou En-lai used to use. Lin Biao's villa houses visitors. The villa of Soviet-style central planner Chen Yun is devoted to American studies.

Harvard Man in Charge

Chairman Mao's old cook now cooks for the 12 Americans on the faculty and for its president, Chin Yuanshun (Ph.D., Harvard, 1948). President Chin, a physicist who worked on China's nuclear program and computers, spent three years of the Cultural Revolution in a work prison for having a Western education.

James C. Hsiao, dean of Connecticut State College's school of business administration and a visiting professor at Yale, says he can't use his own economic-management book in his class. “My students are already way beyond it,” he says.

Dr. Chen has raised half a million dollars in get-started money from Chinese-Americans back home. He'll look to foundations next, and tackle overseas Chinese businessmen who might want to contribute to their homeland.

Meanwhile, about 300 temporary students, here from provincial offices, are paying about $500 each to learn English and how to operate the computers their provinces bought but don't know how to use.

6. Huanghe University: A Drive for Excellence

Source: Beijing Review, December 14-20, 1987

By Staff Correspondent Ma Baolin

Were it not for the bold signs “Classrooms,” “Library,” “Dormitory” — on the buildings scattered among the orchards and flowerbeds, a casual visitor might well mistake the campus of Huanghe Daxue (Yellow River University) for a park.

And in fact, the spacious campus, situated three kilometers south of the river for which it was named and 20 kilometers north of Zhengzhou, the capital of Henan Province, was originally a special hotel built for China's top leaders: the late Chairman Mao Zedong, Premier Zhou Enlai, and other officials all had their own private apartment buildings there. Now, the two-year-old campus of Huanghe University, established to train specialists who will contribute to the province's economic development, stands as a monument to the joint efforts of provincial authorities and a group of Chinese-American professors.

"Huangda," as its students and teachers refer to it, retains its resort atmosphere. There is little of the hustle and bustle of other Chinese colleges, because the palatial 170-acre grounds are home to only 400 undergraduates and postgraduates, 70 teachers, and 150 workers.

"The founding of Huangda is part of the province's efforts to improve its educational level," said Du Ziqing, a mathematics professor and Huangda's vice-president, "It's an ideal setting for academic research."

Learning about America

In a 400-seat classroom, David E. Christensen, the former chairman of the geography department at Southern Illinois University, is lecturing on American geography and urban planning to 40 Chinese students.

Christensen is discussing international trade and American foreign trade in particular. He uses slides to compare the volume of import and export trade for various nations. The students, who are majoring in American Studies, one of Huangda's four postgraduate programs, are surprised to learn that it is not the United States or Japan, but Canada, which has the highest volume of import-export trade.

Christensen finishes making his points and asks if the students have any questions. A heated discussion ensues. The professor says later that he is pleased with the students' responsiveness.

"I'm very impressed with their overall quality," he says, "Some of them are really outstanding." He may not realize that it was quite different two years earlier when the school opened. The first students had a very hard time. Since most of the courses were being taught by Americans, it was crucial that the students be proficient in English, but few had been English majors as undergraduates. As a result, they had trouble understanding the lectures and some had to be transferred to other programs.

"I had to work hard for two years to improve my English and I've gotten used to studying late into the night," said one student.

"Yes, we've all made enormous progress in reading, listening, speaking, and writing," said another. "We owe it to our American teachers."

Du, too, was satisfied with the students' progress. "Their level of English has improved a great deal," he said. "At first, they could hardly understand the lectures, but now they can write all their papers in English."

During their two-year course of study, the graduate students in the American Studies program take about 20 courses on subjects such as American geography, history, government and politics, culture, diplomatic history and law.

A Dream Realized

Building No.8 used to be Mao's private residence. In June1986, a sign reading "Board of Directors" was mounted on the main door, indicating that it had become the campus's headquarters.

Huangda used to be the only university in China administered by a board of directors. Since the founding of New China in 1949, all Chinese universities were under the control of Party committees, which supervised both teaching and learning. A Party committee secretary usually had more authority than a president.

But Huangda's form of administration makes it more like a joint venture. The board of directors establishes basic policies, while the president, who is nominated by the board and appointed by the provincial government, is responsible for day-to-day matters and for carrying out the board's policies. At present, the board is made up of nine local Chinese officials and nine Chinese-Americans.

"The board is set up in such a way that the Chinese-Americans can play a more active role in governing the school," said President Zeng Xianrong. "It is China's open policy that has enabled such an administrative structure to be created."

In fact, the university itself is a product of China's open policy. The idea of founding the school first came from Dr. John Chen, a Chinese-American professor of mathematics at Temple University in Philadelphia.

Chen's father was a minister of education in Shanghai under the Kuomintang government and a teacher of Jiang Jingguo, Jiang Kai-shek's son and the current head of the KMT in Taiwan. Dr.Chen himself is a friend of Jiang's, but this has not prevented from devoting himself to improving education on the mainland. He and a group of other Chinese-American scholars, including the writer Henry Liu, who was assassinated in 1985 after writing The Story of Jiang Jingguo, originally had very close relations with the KMT. They never abandoned the idea of helping the mainland, but as professors rather than wealthy businessmen, the best contribution they could make was to offer their knowledge, so China can improve its educational system.

When Dr. Chen paid his first visit to mainland China in 1972, Premier Zhou Enlai met with him and encouraged him to work for the development and reunification of the country. In early 1980s, Chen came to China again and proposed establishing a university named after one of China's famous sights, such as the Great Wall, the Yangtze River, or the Pearl

River.

But it was years before his proposal began receiving serious consideration from Chinese educators. In the spring of 1984, a delegation from Henan Province visited the United States. They heard of Chen's idea from the Chinese Embassy, and called him. Dr. Chen, pleased at their interest, returned to China a short time later.

Henan is China's second most populous province. Although some of its cities, such as Luoyang and Kaifeng, were once very prosperous and were the capitals of many dynasties, Henan is now one of China's most backward areas. Because the region is mainly agricultural, it is economically underdeveloped. In fact, the phrase Henan Lao Nong (“an old farmer from Henan”) is a colloquial synonym for poor and uneducated country people. Henan is known for its comparatively low educational level. Most provinces in China have at least one prestigious “key university,” but Henan does not. The combinations of inferior educational resources and economic underdevelopment have hampered progress in the region.

The Henan provincial officials, aware of these problems, became keenly interested in Dr. Chen's idea and invited him to Henan for discussions. On April 1, 1984, Chen and the Henan provincial government signed a memorandum agreeing to establish a university there. Because the Huanghe River flows through the province, both sides agreed to name the campus after it and the local government decided to turn the former resort into a campus.

The province invested 4.7 million Yuan (almost US$1.3 million), while Dr. Chen and several other Chinese-American professors established the Overseas Foundation of Huanghe University to collect contributions for the campus. So far, the foundation has donated 2.5 million Yuan (about US$674,000) worth of books and equipment, including three sets of language laboratory equipment, which allow 120 students at a time to practice English listening comprehension.

On September 1, 1985, the campus opened as scheduled with its first class — 200 graduate students who enrolled in the programs of "Economic Management," "Computer," "American Studies," and "English Language and Literature," as well as in English classes. The following fall, another 200 students enrolled in Huangda's four undergraduate programs in "Architecture," "Architectural Economic Management," "Microcomputer Applications," and "Foreign Economy and Trade."

A Premature Start?

Huangda opened after only 18 months of preparation. President Zeng says that in some ways the opening was premature and that many problems have resulted from this "excessive efficiency."

One problem is a lack of qualified faculty. The 74 Chinese teachers have been transferred there from other provincial campuses, but only 21 are professors, the rest are recent college graduates with little teaching experience. So the college must rely on inviting visiting professors from other Chinese universities and the United States. About 20 American professors have taught there so far.

The campus also lacks some major facilities, such as housing, shopping, and a post office. Because Huangda is more than an hour away from Zhengzhou by bus, and the bus stop is a 30-minute walk from the campus, both teachers and students find shopping very inconvenient. Most of the teachers therefore live in the city and commute to the campus each day, but this is a time-consuming energy drain

In addition, the school is still encountering resistance from provincial officials who continue to doubt whether Huangda is necessary and argue that the province would have done better to use the money to improve existing campuses. In fact, when the provincial government and Chen were discussing the program in 1984, some officials expressed strong opposition. But Liu Jie, the governor at that time, strongly supported the project and it was eventually approved.

However, the new campus is still coming under close scrutiny. Zeng said this has created a great deal of pressure for him, because if he fails to do a good job, it will give ammunition to those who opposed the whole project. Nevertheless, he seemed confident that his campus will make breakthroughs.

"We can do better than the older colleges in several ways," he said. "The American professors who teach here bring the most recent materials available with them. This lets us keep up with academic developments all over the world and gives us much chance to become a key university in the near future."

7. Two from the State Assist Chinese University

Source: The New York Times, August 18, 1985

By Peggy McCarthy

An economics professor from Connecticut is helping to establish the first university in China since 1949 to follow the American model of higher education.

The professor, Dr. James C. Hsiao, former dean of the School of Business Economics at Southern Connecticut State University, is leaving today to spend the next semester at Huanghe University, 13 kilometers from Zheng Zhou, the capital of Henan Province in central China.

Dr. Hsiao (pronounced Shaw), a native of China, said he developed the course format for the school. He will serve as an administrator and teach economic management during the university's first semester.

Another economics professor from Southern, Dr. John E. Maher, will teach macroeconomics and statistics at the new Chinese university during the spring semester.

Dr. Hsiao, said the college, whose name means Yellow River, will be a "unique American-style university with Chinese characteristics."

Since the Communists took control of China in 1949, he said, Chinese universities have been modeled after Soviet institutions and have been specialty schools, geared to particular trades. By contrast, he said, Huanghe University will have a liberal arts core and offer courses in American studies, American language and literature, computer science and economic management.

Dr. Hsiao is on leave this year from Southern to be a visiting scholar at Yale University. He has made several trips to China since 1979 to do consulting work, primarily in business management, for the Chinese Enterprise Management Association, the Rockefeller Foundation and the Future Group, a Glastonbury consulting concern, for which he studied the impact of Chinese agriculture on world food trade.

In 1981, he organized a team of seven Americans who conducted a four-week management seminar in China. Next summer, he plans to do similar consulting work in China for the United Nations.

"For me, personally, it is really a good opportunity to make a contribution to Chinese higher education," said Dr. Hsiao, who was born in Hunan province and left the mainland for Taiwan in 1949.

He said the new university will provide an avenue "for the advancement of understanding of the American and Chinese cultures," adding, "I feel I can play a role to promote that understanding."

Dr. Maher, who is a former chairman of Southern's economics department, was asked by Dr. Hsiao to get involved in the Chinese project. For him, "the real challenge is the freedom one has to go there and teach what the socialist world, the Communist world, would call bourgeois western economics."

China's "orientation has so vigorously changed toward the West, and to some extent, toward a market economy," he noted, adding "I feel going over there I will not have to worry about running afoul of Karl Marx. I don't think there's any concern here but in doing a sound professional job of economic analysis."

"China has opened up to the ideas we're teaching," Dr. Maher added.

The first students at Huanghe will be master's degree candidates. "The idea is for them to obtain doctorates in the United States and then return to China and teach at Huanghe, which will eventually admit undergraduates."

The Chinese have "great expectations for this university," said Dr. Hsiao, who received his bachelor's degree from Chung Hsing University in Taiwan, his master's at Michigan State University and his doctorate from the University of Connecticut. He said that Huanghe will be a "guinea pig" for changes in higher education in China and will "serve as a model for other universities."

Dr. Maher received his bachelor's and doctoral degrees from Harvard University and a master's degree from the University of Wisconsin. He was a senior economist for the Joint Council on Economic Education and an economist for the United States Department of Labor. He has taught at Southern since 1970.

The idea for the university started with Temple University Professor John Chen, a native of China. The school will be housed in 10 buildings on a 300-acre government complex in Henan province.

The project is being financed by the Government of Henan province and a nonprofit private foundation called Huanghe University Fund Foundation, established by American educators. The foundation is paying the way of American professors teaching at the Chinese university as well as financing programs at the school and a library, Dr. Hsiao said.

黄河大学赞

1．黄河大学三赞

王岳西

报载，我省与美籍华人拟合办“黄河大学”。闻此喜讯，不禁三赞：

一赞校名好。我以为，高等学府的名称是应讲究点特色和韵味的。比如，清华、复旦、南开、同济等就令人感到高雅脱俗。我省处于黄河流域，我们都是黄河的子孙，用被称为中华民族文化摇篮的黄河作校名，能够求知于黄河身边，常览大河之壮观，能不使人为之奋发？因而，这名字是意味深长的。

二是校址好。断然决定将省委第三招待所作为黄河大学校址，说明省委是有胆识的。据报道，三所占地一千二百多亩，过去是否真正发挥了作用，令人怀疑。省委敢于打破‘禁区’，用宝地培育人才，是以证明抓住了振兴经济的根本，此举确是顺应民意的。

三是办学方法好。由于种种原因，河南的教育在全国一直比较落后。我省也想改变面貌，但苦于没有资金，缺少师资和设备。同美籍华人合办大学，既能得到足够的资金，又可引进先进的教学设施和大量的图书资料等。这就为我省的教育发展，经济起飞提供了条件。

三赞之余，尚有一愿，即：祝愿“黄河大学”早日开学，越办越好！

（《河南日报》，1984年8月）

2．大风中，我走在黄河岸边

——河南一位青年为筹办黄河大学而作

王永华

底下是一位祖国的年轻人，在河南邙山的黄河公园里，面对滚滚的黄河水，瞻仰“黄河是中国的母亲”的塑像，有感而写了一首现代的黄河诗歌。

大风中，我走在黄河岸边

黄河，我看你来了——
在这大风狂吹的季节
平日的游人也被吹稀
——黄河，我看你来了
迎着风沙
看着摇曳着的野菊花……
在这大风狂吹的季节
我，沿着河岸走在岸边，遇着一位正在耕犁的老农——
苍白松散、落满沙土的针发
写下他经历过多少风吹沙走的季节
茅蒿焚燃的火堆旁
他用紫黑色脸上那刀刻的皱纹在向我讲述——
我听到过日本侵略者的枪炮声
我看见过军阀混战的血尸遍野
我还用葫芦舟
送子弟兵打过黄河……
还有我知道的呵——
大河两岸伸出粗糙，勤劳的手
机器的欢笑伴着波涛的歌声
打谷场上堆满秋的收获……
老农的眼角溢出带泥沙的泪水……
不知多少载，不知多少代啊
黄河，你用浑浊的水
喂养着这片土地上的炎黄子孙
你是中华民族的象征
你的雄深，你的坦荡
你的崇高伟大，你的庄严深沉
湍急的河水
迭起又陷落
深深的漩涡

仿佛也旋着我——
黄河，你以一种使人惊欢的雄姿
都是一段深沉、壮烈的历史啊
我向你张开双臂
拥抱我吧，黄河——
带着五千年无数动人的传说
带着侵略者的刀光和铁甲
带着凄惨的哭喊和浮尸
带着佝偻着身躯匍匐的船工们
低沉的号子和桡橹的咿呀
带着“大合唱”的雄壮和子弟兵的冲锋号声（一）
还带着今日水电站的灯光和“信天游”的欢悦……（二）
黄河，你向我浩浩荡荡地冲来吧
我能接受
你所给予我的一切
黄河，我向你倾诉
倾诉我心中的情和仇，爱和憎——
我原是一张梳妆台（三）
用我诚实的眼睛
映着你不朽的雄姿
用我的双手——两把五齿的梳子
梳理你古老的河床
我原是一座过滤闸
为你滤去添充大海、铺高大地的流沙
然后，用清洁的水
为你洗去千百年的耻辱和疮痍
黄河，我在和你谈心
坐在你的岸边
坐在当年侵略者炮楼的上面
我在想——
你什么时候才变得澄澈、透明

大禹的雕像耸立在我的面前（四）
他一手握锤，一手挥动
我，站在古人的面前没有低头
而是把头抬得更高
向西，目视着那天水相接的远方——
虽然我力量卑微
但我能成为一棵树
两双手——两片仅有的绿叶
两条腿——两条粗壮的树根
扎根在黄土高原
抓住两方沙土
为高原送去一株绿荫
……
黄河，你且向我流来吧——
当黄土高原上涂满绿色的时候
你澄澈的河面上
飘溢着苹果花的清香
你澄澈的河面上
掩映着麦穗的金黄
你澄澈的河面上
裸露着大红枣的丰满……
让我先掬一捧你的河水
送到嘴边
再让我深情地叫你一声——
黄河啊——母亲之河
黄河，我看你来了
在这大风狂吹的季节
渺茫的远方
那就是您吗母亲（五）
在荒凉的大地上挖着野菜
在崎岖的羊肠小道上背着柴火

在昏暗的油灯下
为我哼着古老的民歌
母亲，那就是您呀
今天，你还不丰满
你还不健美
你用伤痕累累的乳房喂养了我
我知道将来会怎样向你报答——
于我死时，我要能坦然地说
——我见过黄河
黄河，我看你来了
在那苹果花飘香的季节
在那麦穗金黄的季节
在那大红枣遍野的季节
……
在那黄河大学成立的那一天！

注：

（一）“大合唱”指冼星海创作的“黄河大合唱”交响乐，该交响乐气势宏伟而深沉。

（二）“信天游”是陕北高原一带流行的民间小调。

（三）诗人贺敬之在“三门峡，梳妆台”一诗中，曾把三门峡水电站比作梳妆台，这里借用引申。

（四）邙山黄河游览区西面一座山头上，有一尊“大禹治水”的雕像，高数米。

（五）邙山黄河游览区中心有一石雕“哺育”，画面是一位古代装束的母亲，她温柔，善良，微笑地望着怀抱中正在吃奶的婴儿，看着她，就会使人想起中华民族的过去，就会使自己想到报效祖国是自己义不容辞的职责。

（中国河南郑州，1983年）

下编

专业、论述、函电、轶事

一、普及数学专业

辉煌的“二十一世纪数学中心”

——程君复教授推广数学教育简介

程君复教授本着为少数民族青年争取高等教育机会的初衷，应费城教育局总监柯蕾顿博士之委托，得到威廉·潘基金会的经济支援，在1989年创立了史无前例的“二十一世纪费城高中数学中心（以下简称‘中心’）”。

“中心”设于天普大学教育学院，由教授自己亲自领导，以辅导学生、教师及学校团体，促成普及高等数学课目宗旨，必使小代数、大代数、几何及微分成为所有中学的必修课目。“中心”、天普大学及教育局三方面通力合作。

“中心”将多重任务分两大部分进行。

（一）充实教师专业素质。这部门工作成功的最大因素，是程教授不枯守在大学校园，他选择地位适当的中学，移尊至全市重点，轮周回讲微积分及应用数学课，使执教多年的教师们有温故而知新的机会。

由于地利，老师们散学后，就近踏入程教授的讲堂。边吃点心边写笔记。每周必须完成规定作业。开始时大家安静地听讲，渐渐地老师与教授开始交换意见。谈笑风生，有时观点不同，各持己见，争论继续到课后。最后教授邀老师们到中国城吃晚饭，兴尽而散。

修完三门课，得六个研究院学分，一举数得，教员们乐而为之。

此外，程教授在中学主持中学生微分课，由教师担任助教，以便观摩。中学校长很多向教育局请愿，希望程教授能经常在中学为学生讲课。

（二）天普大学暑期班。这是“二十一世纪费城高中数学中心”组织的核心项目。

时间：利用八周暑假，每堂课两个半小时，完成一年的代数，几何或微分课程。

地点：暑期班坐落学术气氛浓厚的天普大学。使本来空着的教育学院，充满了天真的，孜孜不倦的中学生的欢笑。

师资来源：受过程教授微分，积分课熏陶，修完六个学分的教员，可受聘为主讲教师，由教育局支付薪金，每一课室有一位主讲，两位助教。

助教流动解答个别疑难，务使大多数学生能跟进而又不阻碍课程预定的进度。

另外课后有大批研究生、大学生、优秀高中生担任“家教”，个别指导当日作业，高中生因而更加鼓舞上进。这些经费由“中心”支付。

学生多半都乘有“家教”之便，留校做完作业才回家。

组织体系：“中心”由程教授主管，暑期雇一名秘书。学生在本校老师处注册入暑期班。每日教师与教授开行政，教学检讨会，以解决当日问题，并求逐日改进。

成果斐然：第一届结业时，惊动全市，新闻界竞相报导，电视台专门访问，实录学生当众解方程式的过程。事实证明，无分种族，所有青年都有能力运作高深数学。

1990年费城教育当局修正高中数学课程表，明文规定小、大代数、几何及微分为必修，四门及格才能毕业。

（三）教材。

经三年，在六所中学观察，研讨，试用之结果，程教授编著四部《二十一世纪数学中心特用课本》。其模式是：简介主题概念 / 课堂习题 / 课外作业主题系统复习 / 自我测验。

学生反复练习，多半都学会了代数的方程式，几何的求证法，一生受用不尽。

——编辑室资料

附　录

Dr. John C. Chen Memorial Scholarship

The College of Education at Temple University is honored to announce the establishment of the Dr. John C. Chen Memorial Scholarship which will provide financial assistance to Philadelphia high school graduates enrolled at the College of Education at Temple University who intend to teach secondary math in urban schools.

In a career spanning over three decades at Temple, Dr. Chen's passion for improving educational opportunities for all was manifested through his innovative advanced math programs offered to inner city Philadelphia high school students which also trained future math teachers.

The College of Education community was saddened by Dr. Chen's death on September 21, 2005, and wants to honor his memory and legacy through this Scholarship.

Please consider supporting the Dr. John C. Chen Memorial Scholarship at Temple University's College of Education. Your donation will directly benefit Math Education students with financial need. All gifts are tax-deductible.

If you have any questions, please feel free to contact Valerie Gay, Director of Development & Alumni Affairs for the College of Education at Temple University, at valgay@temple.edu or 215.204.4649.

(cut or tear here and send to: Dr. John C. Chen Memorial Scholarship, College of Education, Office of the Dean, Ritter Hall 003-00, Temple University, Philadelphia, PA 19122-9968)

Dr. John C. Chen Memorial Scholarship

I am pleased to contribute to the Dr. John C. Chen Memorial Scholarship Fund at Temple University's College of Education.

Enclosed is my gift of $________________________________

I wish to pay by credit card:

Name:_____________Visa______MC_____Amex_____Discover________

Address:___________________ Card No.:______________________

City/State/Zip:______________ Expiration Date:______________

Email:_____________________ Signature:____________________

All gifts are tax-deductible. Please make your check payable to Temple University College of Education, and write

"Dr. John C. Chen Fund" in the memo portion. Thank you!

译文：天普大学教育学院程君复博士纪念奖学金

二〇〇五年十月十五日

天普大学教育学院荣幸宣布成立程君复博士纪念奖学金，此奖学金将提供经济资助给费城高中毕业生，入读天普大学教育学院并有意愿执教都市学校的高中数学。

三十余年天普大学工作生涯中，程博士热心改善大众受高等教育的机会，并以他创意的高级数学教学中心帮助费城都市高中学生和在职数学教师提高素质，同时也培训新的数学教师。

教育学院同仁与学生为程博士逝世于2005年9月21日深感悲痛，愿以此奖学金纪念他的为人与事迹。

敬请支持天普大学教育学院的程君复博士纪念奖学金。您的捐献将直接帮助需要经济补助的数学教育学生。所有的奉献都可以减税。

如果您有任何疑问，请通过电邮或电话与天普大学教育学院，发展与校友事务办公室主任 Valerie Gay 联系。电邮：valgay@temple.edu 电话：215-204-4649。

（由此剪下，寄至：Dr. John C. Chen Memorial Scholarship, College of Education, Office of the Dean, Ritter Hall 003-00, Temple University, Philadelphia, PA 19122-9968）

程君复博士纪念奖学金

我愿意捐献 $__________ 我希望以信用卡付款：

Visa___ MC___Amex___Discover___

姓名：__________ 卡号：__________

地址：__________ 有效期至：__________

市 / 州 / 邮编：__________

电子邮：__________ 签名：__________

所有捐献都可减税。请写支票抬头：Temple University College of Education，并注明是：

“程君复博士基金”（Dr. John C. Chen Fund). 谢谢！

International Symposium on the Reform of Basic Mathematics Teaching in the 21st Century:

Organized and Chaired by Dr. John C. Chen

Introduction by: Mathematics Department Head, Franklin Learning Center
Dr. Angela Riley, August 8, 2006

In August 1994, Dr. John C. Chen was instrumental in organizing the International Symposium on the Reform of Basic Mathematics Teaching in the Twenty-first Century at the University of Suzhou in Suzhou, China. I was fortunate enough to be a member of the American delegation that accompanied Dr. Chen to the Symposium.

As American mathematics educators, we were aware of the documented mathematical superiority of Asian students over American students. Thus, we were eager to observe the Asian mathematics education system, and then compare it to the American mathematics education system. Dr. Chen and his colleagues provided ample opportunity for such cross-cultural observations and comparisons.

First, there were general speakers who surprised us with their references to issues familiar to us, such as tracking, standardized curricula, standards, mathematics as a filter versus a pump, use of technology, reform, and mathematics for all made by the Asian educators. Equally interesting were the references to concern for the negative impact on creating stress in students because of excessively challenging curricula. Other discussion in this area focused on reform of curriculum materials that addressed student attitudes, abilities, interests, and creativity.

Secondly, we were treated to small group discussions where there was much concern among the Chinese educators about their students' lives outside of school. The educators feel the students must learn to have leisure activities and interests. Both types of interactions allowed us to have a refreshing, enlightening, and exciting experience.

Included below is the three-day program from International Symposium on the Reform of Basic Mathematics Teaching in the Twenty-first Century, along with two photographs of the participants of the symposium.

研讨会主席台（1994年8月）

中外与会学者合影（1994年8月）

附　录

Agenda

Chairman: Prof. Lishang Jiang

Topic: Mathematics Curriculum Reform to Help Teachers Teach Intensively and Students Learn Quickly in the 21st Century

Reporter(s): Dr. John C. Chen, Director of 21st Century Mathematics Center for Urban Schools, College of Education, Temple University

Topic: Reform and Reflection on Basic Mathematics Education

Reporter(s): Xianwan Yuan, Director of Jiangsu Education Commission

Chairmen: Zhien Ma, Dept. of Appl. Math., Xi'an Jiao tong Univ., Bishen Chen, Dept. of Math., Suzhou Univ.

Topic: Higher Mathematics for Non-Mathematics Majors

Reporter(s): Zhien Ma, Xi'an Jiaotong Univ.

Topic: Function of Functional Analysis in the 21st Century

Reporter(s): Lizhi Xie, Shanxii Hanzhong Normal College

Topic: The Training for the Teachers in Junior Middle Schools Should be geared to the needs of the 21st Century

Reporter(s): Zhongliang Ji, Suzhou Education College

Topic: A Discussion on the lmportance of Mathematical Method of Thinking from Standard Analysis to Non-Standard Analysis

Reporter(s): Jafang Gao, Changchun Normal College

Topic: On Application of Aesthetic Education in the Teaching of Higher Mathematics

Reporter(s): Zhenyin Liang, Shangdong Engineering College

Topic: On the Reform of Teaching Context of Fluxionary Calculus in Higher Mathematics of Non-Mathematics Major

Reporter(s): Zuofeng Li, East-North Normal University

Chairmen: Chuanhan Lu, Guizhou Normal Univ., Hanlin Zhu, Dept. of Math., Suzhou Univ., Stephen Krulik, Temple Univ.

Topic: Mathematical Signs and Basic Mathematics Education Reform

Reporter(s): Shuhong Yi, Zunyi Normal College

Topic: Concept Teaching in the Thinking Process

Reporter(s): Wensheng Tao, Suzhou Suburban Experimental Elementary School

Topic: Thoughts of the Software "Series and Limit"

Reporter(s): Pengyuan Wang, No.2 Middle School Attached to Beijing Normal Univ.

Topic: Spread the Theory of Psychology of Mathematical Teaching and Promote the Reform in the Middle School Mathematical Teaching

Reporter(s): Heping Li, Middle School Attached to Beijiing Normal Univ.

Topic: Practice and Prospects of the MathematicsTeaching Reform in Agritechnical Secondary Schools

Reporter(s): Kuangjiu Xu, Suzhou Professional School of Agriculture

Topic: Trial of the Realization of Mathematics Teaching Objectives

Reporter(s):	Hui He, Huibei Educational Research Institute, Anhui
Topic:	The Training for Students' Intelligence
Reporter(s):	Shusong Cai, Suzhou Mudu No.3 Middle School
Topic:	Mathematical Consciousness Teaching for Better Thinking Quality
Reporter(s):	Honghua Wu, Teaching Research Section, Pingdingshan Education Commission, Henan
Chairmen:	Fusu Tang, Dept. of Math., Suzhou Univ., Xiang Huang, Chongqing Normal College, Dr. Johnny W. Lott, Montana Univ.
Topic:	On Structural Model in Mathematics Teaching
Reporter(s):	Xiang Huang, Chongqing Normal College
Topic:	On the Direction of Subject Structure to Problem Solving in Math Contests
Reporter(s):	Ruiling Gao, Huangshan District Education Commission, Anhui
Topic:	Mathematical Reasoning—Basic Construction in Mathematics Education
Reporter(s):	Zizheng Wei, Shaoguan No.1 Railway Middle School
Topic:	Mathematical Courses and Teaching Materials for Normal School Students in Chian
Reporter(s):	Chenglian Jin, Jiangsu Gaoyou Teacher's College
Topic:	An Analysis of Problem Solving Errors and Tactics
Reporter(s):	Changcheng Ouyng, Xinyu Higher Professional School, Jiangxi
Topic:	Carry Our Mathematics Teaching Reform in Vocational Schools for the 21st Century

Reporter(s): Jinlan Hong, et., Minghou County Government, Fujian

Topic: Some Views and Plans to the Reform in the Teaching Contents of Senior Geometry

Reporter(s): Ji Zhang et., Jiangsu Wuxi Tianyi Middle School

Chairman: Prof. John C. Chen, Temple University

Topic: Mathematics Education Should Strive for the 21st Century

Reporter(s): Prof. Shijian Yan, Beijing Normal Univ., Via Director, China Mathematics Society and Director, Advisory Committee of Mathematics Education, State Education Commission of China

Topic: Teaching Problem Solving and Reasoning in the American Schools

Reporter(s): Prof. Stephen Krulik & Prof. Jesse A. Rudnick, Temple Univ.

Topic: Mathematical Modeling and Mathematics Education in the 21st Century

Reporter(s): Prof. Qixiao Ye, Beijing Institute of Technology

Topic: Mathematics Competitions and Mathematical Education Reform

Reporter(s): Prof. Fusu Tang, Suzhou Univ.

Chairmen: Lizhi Xie, Hangzhong Normal College, Shanxi Jing ping Jin, Jilin Normal College

Topic: Some Thought for Public Mathematics Course Are Established in Higher Teachers' College

Reporter(s): Jingping Jin, Jiling Normal Univ.

Topic: An Experiment of the Reform on Basic Mathematics Teaching for the College Training of Township Enterprise Leaders

Reporter(s): Jue Fu, Shazhou Engineering College, Jiangsu

Topic: Mathematics Education Should be Adapted to the Market Economy

Reporter(s): Guiqing Huang, Changchun Normal University

Topic: Thoughts on Deepening Reform of Mathematics Education in Colleges and Universities

Reporter(s): Renlian Cai, Hainang Normal College

Topic: Teacher's College Should Develop Student Thinking Abilities

Reporter(s): Hanlin Zhu, Suzhou Univ.

Chairmen: Shiqing Qi, Wuxi Education Commission, Jiangsu Pengyuan Wang, No. 2 Middle School Attached to Beijing Univ., J. A. Rudnick, Temple Univ.

Topic: Ideas on the Reform of Mathematics Teaching for the Deaf and Dumb Pupils

Reporter(s): Qingling Gao & Mingshan Zhang, lluiying School for the Deaf, Jiangsu

Topic: Some Important Subjects on the Research of the Development of Mathematics Education to K-2 Kids in Remote Guizhou

Reporter(s): Yingshu Chen, Guizhou Normal University

Topic: Practice and Consideration of Improving Young Mathematics Teachers' Qualities in Rural Schools

Reporter(s): Xizong Huang, Wuxian Teacher's Training School, Jilin

Topic: Compilation of Mathematics Textbooks and Arrangements of Exercises of the 21st Century

Reporter(s): Zaoming Liu, Baicheng Teacher Training School, Jilin

Topic: Full Cognition on the All-Round Improvement of Teaching Quality

Reporter(s): Liangyi Feng, Anging Municipal Teaching and Research Office, Anhui

Topic: Perspective on the Inferior Psychology Produced by Thought Barrier in Solving Problems

Reporter(s): Mingzong He, Zhenbnjiang Middle School, Jiangsu

Topic: On the New Teaching Methodology of Basic Mathematics Teaching in Primary and Middle Schools

Reporter(s): Zezhou Xu, Nantong Middle School, Jianggu

Topic: Model of Graded Teaching of Basic Mathematics

Reporter(s): Dajun Kong, Yanchen Middle School, Jiangsu

Chairmen: Lanjin Hongm, Minghou County Government, Fujian, Yunan Li, Qixiu Middle School, Nantong, Jiangsu, Mary Buck, Montana Council of Teachers of Mathematics, Helena Middle School

Topic: Problem-Solving Strategy and Military Strategists' Tactics

Reporter(s): Lunduan He, Fuzhou Teachers' College

Topic: A Study on the "Combination" Teaching Model

Reporter(s): Yunan Li, Qixiu Middle School, Nantong, Jiangsu

Topic: Exploration on Improving Students' Problem Solving Abilities

Reporter(s): Qizhou Xu, Fuzhou No.7 Middle School, Fujian

Topic: Reflection on Improving Students' Mathematics Accomplishment

Reporter(s): Taolue Bao, Xiushui Xian Educational Commission, Jiangxi

Topic: Teaching Health and the 21st Century—Reform on the Classroom Mathematics Teaching in Middle Schools

Reporter(s): Yong Yang, Fujian Xiapu No.1 Middle School

Topic: The Expectation for Middle Schools' Mathematics Courses in the 21st Century

Reporter(s): Bingxin Song, Xiangtan Normal University

Topic: The 21st Century Basic Mathematics Education Should be Reformed

Reporter(s): Jinhe Zhang Lishu Agriculture College, Jilin

Topic: Investigation and Analysis of the Present — On the Educational Background of the Junior Middle School

Topic: School Mathematics Teachers Working in Inner Mongolia, Autonomous Region and the Northwest Province Shandong

Reporter(s): Yuwen Li et., Dezhou Education College, Shandong

Chairmen: Prof. Zhien Ma, Xi'an Jiaotong Univ.

Topic: Area Method and Machine Proving In Elementary Geometry

Reporter(s): Prof. Jingzhong Zhang et., Chendu Institute of Computer Application, Academia Sinica, and Others

Topic: Mathematics Education in China and Curriculum Reformation in Shanghai

Reporter(s): Prof. Changping Chen & Prof. Yixin Zhou, East China Normal University and Heads, Mathematics Editorial Board, Shanghai Curriculum and Teaching Materials Reformation Committee

Topic: Applying Computer Technology to Accelerate Pedagogical Reform of Basic Mathematics

Reporter(s): Prof. Jianxiang Lin et., Director, CAI Research Center, Beijing Univ.

Topic: Reports About the Montana Council of Teachers of Mathematics

1. MCTM as a Change Agent in the Reform of Mathematics Education

2. Systemic Initiative for Montana Mathematics and Science — The SIMMS Project

Reporter(s): Mary Buck, Montana Council of Teachers of Mathematics, Helena Middle School, Dr. Johnny W. Lott, Univ. of Montana

对普及数学教学法的肯定

1. Programs That Work!

Senior Vice Chairman, National Urban League

Spoken at National Urban League Convention, July 1992

Bernard C. Watson, Ph.D.

Since the publication of A Nation at Risk in 1983, critiques of the American educational system and calls for reform have been frequent, varied, and widespread. For African Americans, however, there are at least four issues of overriding importance:

1. the quality of elementary and secondary education available to our children, especially those in large urban areas;

2. access to higher education, which of course depends not only on the quality of precollege training but also on individual encouragement and sufficient financial resources;
3. the opportunity to attend graduate or professional schools and obtain advanced degrees;
4. the number of African American teachers at all levels of the educational system.

At present, there is little evidence that these issues will soon be addressed in any concerted or comprehensive fashion. Indeed, the current administration's "education strategy" appears not to have recognized that, as Shirley McBay wrote in The State of Black America 1992, "some 37 years after Brown v. The Board of Education of Topeka - most African American children remain in schools that are separate and decidedly unequal … Inadequate preparation in unequal schools and continued racial prejudice have trapped more than a third of African Americans in a cycle of poverty and a quality of life comparable to that of many Third World countries."

But this document is not intended as yet another litany of complaints about the all too-real shortcomings of American education. Instead, it offers examples of real progress and suggests what it takes to tap into the ability and aspiration which are so often stifled in minority young people. Here is a project that is improving the quality of education, making college possible for black youth, and increasing the number of African Americans with doctoral degrees (many of whom are already on college or university faculties).

Dr. Constance Clayton, superintendent of the Philadelphia public schools, and Dr. John Chen, a Temple University mathematician and educator, are determined to replace "general math" with algebra, and later calculus, and have already convinced numerous pupils - and their teachers - that it can be done.

2. The 21st Century Mathematics Center for Urban Schools

College of Education, Temple University
Dr. John C. Chen, Director

Over the past decade, numerous commissions and commentators have deplored the level of mathematics achievement among American students. As the focus on the growing need for "numeracy" has intensified, the Philadelphia School System, like many big-city school systems, is struggling with how to improve its students' mathematics performance. Several specific problems with the way mathematics instruction is delivered have been identified as key issues. First, too many Philadelphia school children cannot take calculus during their high school careers because of the way instruction is organized. The onset and sequence of secondary mathematics courses - algebra I in ninth grade, geometry in tenth grade, algebra II in eleventh grade, and elementary functions in twelfth grade - essentially crowd out calculus instruction. The second issue - the widespread practice of offering general math instead of algebra in comprehensive high schools - is rooted in the deeply held belief that only "exceptional" students are capable of learning algebra. Many schools cling to general math because of their fear that students in comprehensive high schools cannot learn anything more complicated than how to balance a checkbook or compute the percentage off at a department store sale.

The 21st Century Mathematics Center for Urban Schools is a partnership among the Philadelphia School District, Temple University mathematics educator, Dr. John C. Chen, and hundreds of the School District's high school students, all of whom participate on a voluntary basis throughout the summer. Although the program is frequently described as a partnership between a university and a school district, informed student participation should not be overlooked and is a key factor. Almost 63 percent of students who participate do so to improve themselves - not because they have to, or because their parents told them they must.

And participation by students has been exploding. The 1990 program served 189 students, and the 1991 served 466 students. Now, however, applications for the 1992 program have skyrocketed to 1,200, and the Center is scrambling to try to accommodate the students.

The Center's goal are to (a) provide accelerated summer courses in Algebra I and II, geometry, and calculus in the summer before the student is scheduled to take the course in high school; (b) refresh the skills of mathematics teachers through inservice graduate courses in advanced mathematics; (c) assist schools in preparing students to take the Scholastic Aptitude Test (SAT), Advanced Placement Tests, and other college screening instruments; and (d) implement a series of experimental mathematics courses in a selected group of urban, comprehensive high schools.

For some time, Dr. Chen has maintained that one instructional reason for the poor mathematics performance of African American and Latino students is that “textbooks and traditional approaches contain too much extraneous information that fogs major principles.” Dr. Chen's methods and materials focus student attention on major concepts and techniques right away; teachers tell students what they have to know, why, and then teach it. One major result of this method is that students are learning college preparatory mathematics in an eight-week summer program - less than half the time provided during regular high school math courses.

The basic features of the program are as follows:

1. Students are recruited on a voluntary basis and are primarily from comprehensive

high schools. All that is provided for them is transportation to Temple University and the promise that if they pass the course, they will receive credit for it and they will be able to take a higher level mathematics course in the Fall.

2. The courses are taught by a lead teacher (during most of the Center's history, the lead teacher has been Dr. Chen, but other veteran teachers are now assuming this role) with assistance from a cooperating teacher and a teacher aide. In all cases, the cooperating teachers and aides are also mathematics teachers who have taken or will take the mathematics education courses and who will assume greater responsibilities in subsequent summers. This three-teacher format is mentioned by all of the teachers as one of the strongest aspects of the summer program, in that more time is available for instruction and to provide assistance and counseling for the students.

3. The material is presented in a holistic fashion, stressing underlying major principles and essential elements. Mathematical topics (e.g., absolute value) and techniques (determining the rate of change of a function) are presented as they relate to the major principles. In addition, sketching and visualization are stressed throughout.

4. Teachers play a significant role in the development of materials used in classes.

5. Tests are given throughout the program with feedback presented to the students about their performance. Courses culminate with the School District of Philadelphia's final exam.

6. Average class size is 35.

Funding for the Center is shared among the participating institutions. The School District of Philadelphia provides funding for the cooperating and master teachers, while the Philadelphia Schools Collaborative (an effort supported by The Pew Charitable Trusts to restructure all 22 of Philadelphia's comprehensive high schools) pays for transportation stipends for students and accredited staff development courses taken by teachers. Temple University is contributing research assistants for the evaluation of the project and use of its offices and classroom space. The William Penn Foundation provides staffing and administrative support for the Center. The total budget for the project has been $1.02 million for the years 1990-1992, and continued funding is being discussed.

Participation by the School District of Philadelphia is essential to the program's success. The School District (1) facilitates the recruitment of students through advertisements of the courses in the schools; (2) allows the summer program to serve as a make-up course for students who failed Algebra I and would have had to retake it; (3) facilitates the participation of teachers in the three comprehensive high schools where the method is being used; and (4) offers credit to those students who pass the 8-week course with grades of C or above.

Amid the organizational changes stimulated by the School District of Philadelphia's move toward school-based management and shared decision-making, the work of the 21st Century Mathematics Center is viewed as particularly important. It has offered an alternative model of staff development; helpful insights about how time are spent on mathematics instruction; and a useful model for mathematics instruction. The traditional, if unspoken, view among teachers that low-achieving students cannot, and do not want to, learn advanced mathematics is crumbling in the face of obvious evidence to the contrary.

3. Student Achievement and Attitudes in Mathematics: An Evaluation of the Twenty-first Century Mathematics Center for Urban High Schools

Doctorate study, Temple University, May 1997
Submitted by Angela H. J. Riley

Major Advisor: Dr. Edmund J. Amidon

The primary purpose of this study was to compare the mathematics achievement and attitude of two groups of high school students. The secondary purpose was to examine the relationship that the factors of grade, race, age, and gender have on achievement and attitude in mathematics. The study was conducted based on the hypotheses that participation by students in the Twenty-first Century Mathematics Center for Urban High Schools (The Center) increases student achievement in mathematics and improves student attitude in mathematics.

This study used a quasi-experimental design in which the subjects were assigned to the experimental group based on self selection for participation in The Center. All subjects attended the same public high school in Philadelphia. The treatment group was compared to the control group to investigate the effects of an independent variable (participation in the Center) on the dependent variables (achievement score in mathematics, attitude in mathematics, attendance, number of mathematics credits earned, and the total number of credits earned). Four factors (grade, race, age, and gender) were used as moderator variables.

The subjects were seventy-eight students who participated in the Center during the summer of 1995 and seventy-eight students who did not participate in the program. Both groups were heterogeneous with regard to ability, ethnicity, gender, race, and socioeconomic characteristics. Students from these two groups were then paired based on completion of Algebra I, Algebra II, Geometry, and/or Elementary Functions.

Student achievement in mathematics was measured using a score from the Mathematics Achievement Test, a multiple choice examination designed by the researcher. Test items were based on the school district's mathematics curriculum. Student attitude in mathematics was measured using responses from the Mathematics Attitude Test, also designed by the researcher.

The research design utilized paper and pencil testing to gather data related to mathematics achievement and survey methodology to gather data related to attitudes regarding mathematics.

The findings showed that participation in the Center had a positive impact on mathematics achievement. Two-tailed tests revealed a significant difference in mathematics achievement between the treatment group and control group at a 0.05 level of significance. Although there was evidence of a positive effect on participation in the Center on mathematics attitude, the evidence was not conclusive. No difference was found between the two groups for attendance, number of mathematics credits earned, and total number of credits earned. Two-tailed analyses of variance of achievement by score revealed a significant effect for the two groups (significance = 0.00,DF=1, $p<0.01$) and race (significance= 0.00, DF=3, $p<0.01$). The analysis of attendance by race revealed a significant effect for race (significance=0.00, DF= 3, $p<0.01$). The analysis of gender revealed a significant effect for group (significance=0.00, DF=l, $p<0.01$). No significant interaction was found for any of the groups.

A step wise multiple regression showed the variables grade, race, and age to be strongly related to achievement score for the treatment group and the variables gender, grade, and race, to be strongly related to the control group. No difference was found influences of age, gender, grade, and race on student attitudes.

The intent of the study was to add to the body of knowledge concerning the improvement of student achievement in mathematics. It enhances the body of literature on the influence of attitude toward mathematics on student achievement. It has implications for the teaching and learning of mathematics.

附 录

An Outstanding Humanitarian and Educator

My Remembrance of Dr. Chen

Mathematics Department Head, Franklin Learning Center High School
By Angela Riley, Ph.D.

It is with a heavy heart and a sense of profound respect and admiration that I write this remembrance of a great humanitarian and educator, Dr. John Chen. My years with Dr. Chen were ones filled with growth and development in the area of mathematics education. I became reacquainted with Calculus through enrollment in his graduate courses for mathematics teachers. By watching Dr. Chen teach, I was able to acquire numerous mathematics teaching techniques for use in the classroom. Finally, I was fortunate enough to participate in an educational junket to China sponsored by Dr. Chen entitled, "The International Symposium on the Reform of Basic Mathematics in the Twenty-first Century" in August 1994 at Suzhou University in Suzhou, China.

Dr. Chen greatly honored me when he accepted my request to research the effectiveness of his summer program aptly named the "Twenty-first Century Mathematics Center for Urban High Schools" as my dissertation study. I felt an awesome responsibility to "do the job well" because Dr. Chen always did so. It was gratifying to have Dr. Chen sit in on my dissertation defense, and even more so to have his stamp of approval that the job was "well done" by his standards.

All who know Dr. Chen are not all surprised that my research revealed that participation in the "Twenty-first Century Mathematics Center for Urban High Schools" had a positive impact on mathematics achievement. Dr. Chen was absolutely sure that his methods were effective.

译文：一代人哲——追思程君复教授改革美国中等教育之过程

赖莉博士

以沉痛的心情，无比的敬意与钦慕，我追忆这位伟大的人文家，程君复教授对美国中等教育革新之贡献。

在与程教授共事的年代中，我个人在数学教学方面，感受启发与不断的成长。首先程教授开设中学教员研究院课目，我因而重新认识了微分与积分。又因实际观摩教授的示范教学，我渐渐应用他的讲解捷径，使我的学生对数学的兴趣及理解大增。更幸运地，我能于一九九四年八月参加程教授带领的教育考察团，到中国苏州大学参与国际二十一世纪基础数学革新座谈会，遂有机会听取各国数学教育的进展。程教授又特许我用研讨“暑期讲习班”效果为我的博士论文题材，很自然的论文命题为“二十一世纪费城高中数学中心”。我深感任重道远，决定要做到“功效完满”，因为程教授一生做事向来是“功效完满的”。最后程教授竟俯允，为我论文导师之一，感恩之余，欣喜万状，这等于他盖章认可“工作完满结束”。

知道程教授的人，一点也不惊奇我的研究结果：参加过“二十一世纪费城高中数学中心”举办的“天普大学暑期班”的学生，在各中学里学业长进，缺席减少，学习兴趣升高，程教授对他设计的整套系统有绝对的信心。

4. Summer Vacation: But Some Kids Actually Want Math Lessons

The Philadelphia Inquirer Editorials, July 13, 1993

Spending summer in a classroom used to be considered a punishment for failure. But it's a pleasure at Temple University, where this year hundreds of kids are mastering the mysteries of algebra, geometry and calculus in a joint venture between Temple and the school district, funded by the William Penn Foundation.

The 21st Century Mathematics Center for Urban Schools, developed by Temple math professor John Chen, answers the chronic poor levels of math competency in urban schools by updating and streamlining the present curriculum, "cutting the fat off" so that a one-year course can be finished during the seven-week program, Dr. Chen says. Also important is the staff-to-pupil ratio. With three teachers per class, kids can't help but get individual attention and learning opportunities that fit their special needs.

At orientation last month, participants swarmed through Mitten Hall, chatting not about camps or pools but about equations. Anticipation was palpable, excitement obvious, and bright-eyed kids made it clear they felt themselves part of a special group whose summer's labor would bear fruit long after other kids' tans fade.

What distinguishes the center is the eager cooperation among parents, pupils and the nine high schools they attend, teachers, Temple and the foundation. Without that, the program could not have grown from only 40 students in 1989, the first summer, to almost 1,500 this year. And the numbers aren't as important as the mindset that got them there.

As each batch returns to high school in the fall, the program gets a little more credibility, the kids inspire others to participate and the schools and Temple learn more about what could become a national model for high school math education. Long may it last.

5. Dr. John Chen and His Programs

The Superintendent of School District of Philadelphia

Dr. Constance E. Clayton, June 1992

It is a recognized fact that having a quality opportunity to learn higher mathematics, and to become proficient in it as an academic area, is one of the gateways to post secondary education.

After making a rather revealing and alarming assessment of the status of offerings of higher mathematics subjects in our high schools, I was appalled as Superintendent to learn that Algebra, Geometry and Calculus were not offered with equity across the school system. I firmly believe that students, more often than not, can meet expectations and standards when provided.

I sought the assistance of Dr. Bernard C. Watson, the President and CEO of the William Penn Foundation who suggested that I contact Dr. John Chen.

After several meetings, it was more than apparent that Dr. Chen had the intellect, motivation, interest, commitment, desire and strategies to work with students of diverse racial, gender, social economic and religious backgrounds to demonstrate in very positive and tangible ways, that students can and will learn and excel when they are taught by knowledgeable, interested, stimulating, caring and creative teachers. Dr. Chen worked with school district staff and explained his unique strategy for the teaching and learning of higher mathematics.

Dr. Chen has an extraordinary talent for presenting mathematics in a manner that utilizes classroom teachers, graduate students, parents and school students. Just one unique dimension is the retraining/revitalization of classroom teachers while simultaneously teaching students. Although students have numerous opportunities for individualized study, they learned how to learn in teams serving as support systems to each other.

The program, The 21st Century Mathematics Center for Urban Schools, launched and led by Dr. Chen was so successful that it grew from forty students in its first summer to more than 2000 about four years later with hundreds being turned away due to insufficient funding. More than 32 faculties were trained by Dr. Chen, becoming trainers of other staff.

Not only did Dr. Chen teach during the summer, he also visited each participating school site to teach, follow-up and monitor. Students and faculty gained enormous self confidence and esteem in Dr. Chen's program. Their competencies were expanded greatly which enabled them to teach and support their peers.

I considered Dr. Chen's outreach to and perseverance in working with Philadelphia Public School students, parents and staff one of the finest and most effective contributions made during my tenure. Not only is he a man of great intellect and talent, but of unflinching integrity. He has taken as a part of his credo, "Some men see things as they are and ask why, I dream things that never were and ask why not."

Dr. Chen made the dreams and aspirations for thousands of children become a reality.

6. Letter from William Penn Demonstration High School

-William O'Connor, Mathematics Department Head
-Mary Ellen King, Mathematics Teacher
-Dr. Ellen Linky, Principal

April 12, 1996

Dear Dr. Chen:

We hope the planning for your summer math program includes the William Penn High School students! We are in need of your classes for our students. Even though our school participated in the Twenty-first Century Summer Mathematics Initiative several years ago, we still have too much general mathematics and pre-algebra. Too few of our students take

High School Calculus, thus limiting their opportunity to major in math or science in college. The possibility of getting a number of students through each of Algebra I, Geometry, Algebra II and High School Calculus during the summer is a major key to turning our program around.

In the past two years, since you have been here, there have been many changes at William Penn High School. More doors, more Non-teaching Assistants, more structure, and more consistency in discipline have all helped set an improved climate for learning. Of course, there is still a long way to go!

Please let us know how and when to register the students and how many you can accommodate. Do you still accept students going from eighth to ninth grade? We would like some of our incoming ninth graders in the program also, if possible.

二、政 论

通 论

1. 中国二十一世纪的展望

程君复

（一）屈辱的世纪

谈到中国二十一世纪的展望，首先得认识到十八世纪、十九世纪以及二十世纪，有二百多年中国的衰弱。一八四二年的鸦片战争是中国第一次丧权辱国的《南京条约》。一八四七年的英法联军之战，订立了第二次丧权辱国的《天津条约》，之后再战，又改为《北京条约》。由此西方帝国主义的侵略中国，便与日俱增。俄国看穿了中国的衰弱，兵临城下，威吓利诱，不费一兵一卒，签订了中俄《瑷珲条约》、《天津条约》、《北京条约》、《伊犁条约》，使中国凭空损失了二十二万五千七百平方公里的土地。列强侵入中国西南藩属，法国强占安南，英国占取缅甸，又延伸到哲孟雄与不丹，中国西南的藩属从此全部失去了。

而日本的明治维新模仿西方的科学、军事、贸易，逐渐强盛起来，并向外扩张“南进”与“大陆”两政策。所谓“南进”又称海洋政策，夺取琉球群岛并进取台湾。“大陆政策”则夺取朝鲜并进取东北。一八九五年日本强迫中国签订丧权辱国的《马关条约》，丧失了台湾、澎湖及辽东半岛。列强再继续向中国强借港湾，划定铁道、矿山等势力范围。中国在列强均势争夺之下，苟延残喘，整个国家版图在列强威胁之下，随时都可能被彻底瓜分。中华民族有志之士清醒觉悟，“师夷之长以制夷”，发起自强运动，故有一八九八年的戊戌变法，一要发展实业，二要增加国防，三要政治改革，四要教育改革。然而慈禧太后专权，停止变法，引起民间义和团的兴起“扶清灭洋”。一九〇〇年日、俄、英、美、德、法、澳、意八国联军入侵中国，恣意抢掠、奸淫、烧杀，中国形成一片混乱，签订了《辛丑和约》，被迫同意“庚子赔款”达九万万八千三百二十三万八千一百五十两纯银。在当时可真是天文数字！一九〇五年日俄争夺中国东北，在我国土地上展开日俄之战，划分各自的势力范围。日本并吞朝鲜，伸入东北三省，俄国伸入蒙古与新疆。清朝政府无能，内政不修，无外交，无国防，国势日弱，中华民族濒临瓜分与灭亡。

革命先行者孙中山先生自檀香山学医回国，一面诊病，一面宣传革命。指出强国富民之道，“人尽其才，地尽其利，物尽其用，货畅其流”。成立兴中会，同盟会，并发起武昌起义。要世界各民族以平等对待我民族……直到一九一一年清朝政府结束了统治中国。但是，中国仍旧面临内忧外患，内有军阀混战，外有日本等列强的入侵。数以百万计的人民家破人亡，流离失所。人民在生死边缘上挣扎，在荒山野地上过着生活。是惨无人道的日本军国主义，激发起中华民族的灵魂，是一批批文人志士们的血汗、悲愤和泪水，是鲁迅、茅盾、李大钊、陈独秀、郁达夫、刘半农、周扬等创建了革命文学，进而发展了国防文学以及民族革命战争的大众文学，这都是挽救一个民族的动力，寻找出一条有饭大家吃的共产人道主义，直到一九四九年十月一日毛泽东主席在北京天安门上说“中国人民站起来了”。

（二）中华人民共和国成立五十二年

一九四九至二〇〇一年，五十二年来，中国已立足于国际，面对世界，五十二年里中国人民取得的辉煌成果，真是来之不易。民族有了尊严，国家有了国际地位。中国抵制了西方列强二十三年的围堵，又在中国的周边打了朝鲜战争、越战、中印之战及珍宝岛之战。在这种残酷“较量”中，牺牲很大，但是中国终于建立起自已的国防，实实在在长了中国人的志气。也因此才有美国前总统尼克松一九七二年二月的首访中国。也就是在这得来不易的基础上，邓小平走上了改革开放的大道，提高了中国总体的经济发展。现在又由江泽民主席带领中国迈向二十一世纪中华民族的复兴。我热血沸腾，实在是太兴奋了。

（三）我对中国二十一世纪的展望

（1）我们要得到世界各民族平等及我民族的尊严，因为我们深切体验了不平等的灾难与祸害。

（2）我们要维护世界的正义，大不吃小，富不啃穷，因为我们知道，没有正义的灾难与祸害。

（3）我们要台湾回归，反对台湾“独立”，要争取和平统一的时间表，不能无限期地拖延。因为我们知道分裂的灾难与祸害。（2008年是中国主办奥运也是中国统一，双喜临门的大好事。）

（4）我们除了国防之外，要有强大的军力，维护世界的和平。因为我们知道狂轰滥炸的灾难与祸害。

（5）我们要与世界各国正常交往，平等的交往，相互学习，相互帮助，相互发展。我们不封锁，不围堵，不制裁。因为我们知道不交往与围堵的灾难与祸害。

（6）我们要复兴中华民族，发展经济，文教各个领域，建立公平、合理及有正义感的中国，同时帮助中国周边国家，朝鲜、菲律宾、越南、缅甸、老挝、印尼、马来西亚等，贫富不能相差太大。共同发展，共同繁荣，共同复兴，人人都应生活在贫穷线之上。因为我们知道贫穷的灾难与祸害。

（7）最后，我们要扶助非洲、南美洲，发展他们的经济，增强他们在世界上的民族地位，有人无类，人人平等的大同世界。因为我们知道被歧视的灾难与祸害。

（四）结论

中国人是有智慧和能耐的。她可以把中国人带进更好的境地，更美好的生活，更有文化色彩的人生，更加公平，正义的社会。也正是如此，二十一世纪中国的富强是保证世界人类的新发展和新希望，对此我抱着无比的信心。

写于2001年

2. 简论法制与体制

程君复

一、引言

一个民族与文化，以及一个国家都有她一定的“特质与特色”，在带有这一种“特质与特色”的民族与文化，必然会建立起具有她自已“独特”的法制与体制，也就是要容忍任何一个地区独特情况，而尊重她们的独特法制与体制，其本身就是“自由与民主”的真义。中国是世界人口最多的社会，占世界人口的五分之一，而仅有7%的可耕土地，当然保证人人有基本的生活是最根本，其次是法制下的平等与正义。之后，才谈得上体制下的“自由与民主”，由此来管理着众人的事。而在今日强国“横行霸道”的世界，动辄便用武力与经济制裁他国。如要真正形成一个独立自主的国家，除了独立的法制与体制之外，还要有“强大的国防军事力量”，才能保证执行和实现一个国家的基本功能；否则便被强国分化、分裂，甚至颠覆，受制于她规定的“法制”与“体制”，才是她们所谓“自由与民主”。

殊不知世界各地由于一已民族文化的“特质与特色”而形成了多元化的“法制”与“体制”，都有她一定地方文化背景的发展过程，以及社会民间的适应环境。又因人与社会的发展与需求不断的变化，各自在增强，完善“法制”与“体制”的完整。然而在这个演变的过程中，社会要有安定性、纪律性、容忍性及强制性，要保护多数人“按部就班”，“合情合理”的改变，而不是外来势力的干扰，强化“一个正当的进化过程”。把一已的欲念强加在他人之上，是别有用心的。是一伙高级知识分子，吃里爬外，无论国际上“弱我民族之阴谋”，“里应外合”地高唱“伪自由”与“伪民主”，无视一个国家的根本法律与主权，在中国大地上，无法无天搞分裂与破坏。正如古代管子所说“为人君者，弃法而好行私，谓之乱”。引合外来的势力而沾沾自喜，也正是西方的一贯手段，利用丑恶的中国知识分子抹黑中国人，其目的“分而治之”，尔后“以夷制夷”。而如今西方在西藏投资的“假期旅店”，就雇用了大批同情“藏独”的印度人在管理着中国人，而在中国的土地上作威作福，应立即停止。

然而建国与强国必须有法有制，一定要在一个国家的特殊情况的法制基础上建立“中国人的自由”与“中国社会的民主”，才是该人民可得的“自由”与“民主”，也正是可得的“自由”是“真自由”，可得的民主是“真民主”，而不是西方建立的“自由与民主”标准。强加于人，是霸道，是别有企图的。我们一定要明确的区别那些不可得的“伪自由”与“伪民主”。一个国家的法制与体制的功能是保证人民的“真自由”与“真民主”，这种自由与民主是实惠到每个人的身上，而不是一部分有钱、有势的人。在美国有钱人与无钱人的自由与民主是不一样的，有钱的人，可利用金钱雇用“名律师”有罪变无罪，没钱的人，无法自己雇用律师，无罪变有罪。自由以金钱为准是“伪自由”；如今政治上选举，大量的筹款，金钱上的花费是惊人的，有钱的人可发号施令，没钱的人只能“旁观”，也是“伪民主”。如何能使中国12亿人口都能享有“真自由”与“真民主”，需要政治上的科学论证，确立“真自由”与“真民主”，厘清“法制”与“体制”间的根本关系，这将影响到世界人类的“生存、生活与发展”，创造一个新世界的和平与发展的康庄大道，而不是今日西方鼓吹的资本主义下“有钱”的自由与民主。那在中国是不会有市场的。

尤其在二十一世纪的开端，世界上人口最多的中国，其中10%的高级知识分子，更应该明白中华民族在长时期受西方列强与东方日本的侵略，那漫长痛苦、家破人亡的岁月，对于中华民族五千年文化的延续和发展，能没有“良知”和“责任感”吗？更要慎重、明察和思考，那些不讲法制下的自由与民主，不强调法制的“绝对重要因素”，所谈的自由民主是“伪自由”与“伪民主”，是西方的把戏，已在南美洲、非洲搞了几百年，人穷国穷，人民年年打内战，没有一个持久稳定的政府。人们开始怀疑“公投民选”是否适应一个“发展中国家”。而“发达国家”已有一定的“社会经济基础”，“国防军事”及“完整的法制与体制”。这是国家的根本保障，没有外来直接或间接的干扰，防止了一个国家的被“分化”与“分裂”，就如现在的苏联解体后，成了众多“独立”的小国家，各自为政，人民的生活素质越来越下降。正是今日的中国，有些人高唱自由与民主，自己不懂自由与民主的真正含意，又有外来的干扰，利用一些丑恶的中国知识分子对民族无大义，对国不忠，对社会无情，一心一意配合西方的把戏，“琵琶别抱”地抹黑自己的国家和民族，无廉耻又狂妄地在国际舞台上大演西方式的木偶戏，怎么不叫华人“痛心疾首”，这也是笔者写此文之动机。要有真伪之辨，善恶之分，及正邪之别。

二、世界各地区的法制与体制

笔者以就重避轻的简单方式，可将地区的法制与体制，以及演变分为下面五大类型：

（一）阿拉伯民族，文化下的体制与法制

阿拉伯是一个独特的“大沙漠区的游牧民族”，有深厚及古典式的宗教文化，拥有世界最丰富的石油能源。他们的国家建立在人们信仰的“可兰经”，人的“今生”为了“重生”是神赐予人的恩惠，人们崇尚于“阿拉”的道德与使命。由于科技落后，军事弱势，受制于西方的“资源掠夺”，只能消极地抵制西方的色情、酗酒及盗窃，人们坚守本位，重刑治国，许多国家仍然在“西方支持下”延续家庭式的“国王制”。由于早期受到西方殖民主义的统治，国王们或新的体制需要依附在强国之下，以一己本土的资源，换取权位的保护及军事上的支助，国王过着统治者、皇宫的生活。为此，阿拉伯的民族、文化已被破坏，长时间遭受内忧外患。阿拉伯地区的丰富资源仅在少数人手中，任由强国摆布，国与国之间，内争外战，民间反帝、反侵略、反控制。社会上仇恨与报复，这将影响阿拉伯民族、文化的生存与发展，导致它法制与体制的“不正常”演变，倾向于以更多的“先进武器”与“军事实力”维护一个国家的独立与自由，由石油的出口，进口大量西方的“飞机与大炮”。这绝非西方在对中国标榜的“自由与民主”，他们对阿拉伯民族、文化是别有用心的。

（二）印度民族，文化的法制与体制

印度是一个古老文化的民族，由长期不公平的社会结构形成印度“社会阶级”，

成有产与无产的两极化，宗教上又形成了印度独特的印度教与其他非印度教，仇恨式的对立和敌对。又长期在英国殖民统治下，敬仰“西方式的上层意识形态”，增强了民间自卑的无产者，安于现状，减少对未来美好的欲望，满足于生活在贫穷线下，以自然的规律安定社会，国际上依附强国，先是苏联，苏联解体后，又倾向英、美。社会刑法轻，强制性低，宗教性强，乃亚洲最大的西方自由、民主体制，但不是大多数人民得到这种自由、民主的实惠，生活日益贫困，绝大多数贫民难以摆脱“最低生活的要求”，体制呈现“民主自由”的虚伪，世界第二人口大国的印度，将面临二十一世纪“巨大的政治体制改革”，重新评估西方民主、自由，它们没有使得印度改善民间生活，穷人有增无减，这不得不使印度的政论家重新思考西方式的自由与民主。

（三）欧洲各民族文化的法制与体制

欧洲是以中古时期罗马十二铜板法为基础的霸权法制；重视明文规定，以牙还牙的严格性及报复性的法制。由于长时期欧洲文化的贵族阶级奢侈豪华，争权夺利，各立山头，导致欧洲文明的长时间黑暗期，相互残杀，之后形成了欧洲“多种宗教上的信仰”及“多种体制的形成”。制法严，并重视法典，罗马式的欧洲统一，拿破仑式的欧洲统一，一直到希特勒的欧洲统一，都对世界造成了危害，尤以德国希特勒时代的西方自由民主，选出了“希特勒”的狂人，以蓝眼睛民族“优越论”，消灭非有蓝眼睛的“低等人”为己任。欧洲政治体制上的霸道，史无前例，在亚、非、拉各地大量的建立殖民地，掠夺当地的资源，近两世纪之久，奴役不同种族的人，以商品一样在市场上买卖，它带给不发达国家痛苦与灾难，贫穷与落后。当时以欧洲人移民来北美洲不是当客，而是做主人，以先进“枪弹”，霸占了北美洲，而几乎消灭了当地的印第安民族。欧洲文明发达的盛时，当时法国的革命“不自由，毋宁死”的口号，由“自由与民主”所换来的巴黎城市大屠杀，是自由民主派的暴徒们，杀尽当时的“当政、皇家，及贵族”等上千上万的人，日夜二十四小时的上断头台，《双城记》的书中都有详细的描绘。而今日欧洲的受制于美国的影响，尤其在军事与政治上，防止欧洲的大一统思想。然而欧洲的大一统观念尚未消灭，将与美英争霸于世界，重视加强一己的法制与灵活的体制，增强欧洲的实力。首先欧洲货币的统一，由经济上的发展和实惠，加强欧洲的政治与军事的统一，必然降低美、英在欧洲的影响力。

（四）英美法制与体制

这是以社会上法律的“习惯性”与“有先例性”制定法制的根本。又以现在“国家现实的基本利益”以及“资本家的需要”为主的繁、杂、众多的法制社会。法制本身有极大的经济利益，社会上大量的律师们利用繁冗的法律程序，大收费用，建立了美英式的法制下的体制，也是体制下的法制，两者可为一体，刑法上偏多偏重，执行法律又有高度灵活性，可轻可重，强制性可高可低。政治体制上完全是“一党”专政（资本主义党），有共和和民主两派来互换、交替，资本主义党是完完全全保护资本家的利益。创造中产阶级，抵制中下层阶级及少数民族，以美国个人主义社会，任其自生自灭。社会上犯罪率高，吸毒现象普遍，重视高等教育，为资本家培养人才，创造财富，社会上种族主义严重。

在美国自由民主体制下，对外干涉别国内政，制造混乱，秘密和公开地颠覆别国政府，能把外国的总统捉来美国公审，并制定“人权”，不允许别国制造核武器，自己却不断地充实及扩建可摧毁整个世界一百次的核子飞弹。它的霸道与过去的西方有过之而无不及，手段是青出于蓝。

二十一世纪当然不是美国的世纪，美国军事实力虽强，但在美国的道德方面衰退到惊人的地步，仅看美国的家族破裂、父母破裂后的子女问题极严重。再说美国人民每年的投票率减退到50%以下，人们对现今的美国的民主漠不关心，都认为自己对“政治”的现状毫无影响力，投票只是形式而非有实质上的变化。普通人的力量无法与当今的资本家相比。而资本家的利益得不到保护时，资本家将利用一己资金垄断民主的程序，筹款便成了“政客”要向“资本家”保证他们的根本利益的手段，政治是建立在“金钱”上的，这在美国的法制与体制方面造成了它的缺点。美国是多种民族组合下的移民国家，法制偏向白人，不利于少数民族，又偏向于有钱人，没钱人在社会上没有什么“正义”与“平等”的机会。

（五）苏联的法制与体制及今日的俄罗斯

欧洲历次的外侵，都以征服苏联为最终目的，结果都失败。然而在第二次世界大战之后，苏联、美国和英国三国平分天下。由苏联控制了东欧，执行了新沙皇的共产帝国主义，使东欧人民长时期失去民族的独立自主。苏联承袭了旧沙皇时代的欧洲式的罗马法，以及新共产国际主义思想相结合的一种“社会帝国主义”体制，强权政治，冷战思维，而后苏联面临的“众叛亲离”是长时间制造成的，正是冰冻三尺，非一日之寒。

苏联的崩溃成今日的俄罗斯分裂分治，都以西方的民主自由的方式进行的，而没有严格的美国式法制，也没有真正“一党专政”的“美国体制”。结果国家实力大幅度下降，人民的生活没有保障，经济降为“落后国家”，人民虽有投票选举，但失去尊严，苏联解体后，没有见到自己国家民族、文化的“特色与特质”，盲目跟随西方，大搞西方式的民主与自由，搞成俄罗斯人民“民不聊生，生不聊民”的局面，社会上无法无天，黑道横行，二十一世纪将是俄罗斯再次改变她的体制的时候，增强她的法制是否能很顺利进行，有待观察，也有待俄罗斯的杰出领导人了！

三、论中国的法制与体制

（一）中国法制的历史演变

中国的法制根源是世界所有法制中历史最悠久，也最古老的，这个历史大致可分为五个时期，虞、夏、商、周为中国法制的“草创”时期，秦、汉、晋、隋为法制的“发达”时期，唐则是法制的“完成”时期，宋、元、明、清为法制的“沿袭”时期，清末到现在可以说是中国法制的“变动”时期。中国的法制范围包括典、章、文、物、刑、政、教、化等，是非常广泛的，而且约束着在儒家传统下的民间思想。成为儒家礼教、帝王专制及社会自然法制的混合体制。对内以人治为主，对外以王道为主。几千年来，中华民族便在这种“人治与王道”中创造历史。清末民初，中华民族内外交困，中国几乎被西方列强与日本蚕食瓜分。国家根本不像一个国家，中华民族已不成体统，直到1919年“五四”新文化运动，民族觉醒，在政治上反帝国主义，反封建、军阀、官僚，成立了中国共产党。经过了日本对我民族的三光政策（抢光，杀光，烧光），1937年的南京大屠杀，以及东北灭绝人性的细菌与化学战，毒害我们中华民族之深，无以估计，人民付出了无数生命代价，最终中国人民在中国共产党的领导下，建立了“新中国”，希望世界上是“先进的”，是“有文化的”，是“带社会正义的”，是“讲世界和平”是“讲人道主义”的康乐世界。这是全世界华人在遭受长时间，漫长岁月的痛苦生活中，受欺凌、受排挤、受羞辱下的企望，企望我们的“新中国”，我们的人民高昂阔步地走在世界的大路上，中国人民从此站起来了。基于以上这种复杂的心情与心理，作为一个中国人，对于中国的法制与体制的欲望必然是与“强国”之道相结合，绝不允许与“强国”之道背道而驰。我们更应谨慎，深谋远虑，建立一个真正的社会主义的法制与体制，保证人人可得的“真自由”与“真民主”，绝不是今日一些西方国家所吹嘘的“伪自由”与“伪民主”，那是用来颠覆、破坏及分化其他国家的政治工具与手段。而今日中国共产党统治下的法制与体制，尚未健全，除防止外来势力的干扰，加强内在的法制与体制，首先要立法“严格制裁出卖国家民族的败类”。

（二）中国的人治与王道

清末之前，中国法制近于自然法与正义法，任人唯贤的人治主义及天下为公的王道主义。还有当时的家族主义，“无辜者或因家人有罪而入罪”，“罪人以族”“连坐”和“家内事故依伦常而重其刑”，法在人治与王道之下没有它的独立性。“得其人则存，失其人则亡”。几千年来受儒家王道与人治，一切只需合于礼，据于德，依于仁，皆可率意为之。因不必有法可循，即有律可矣！这就是清末以来，破坏了古老王道与人治的基本，又为了统治地位，维护王道与人治在中华民族的大地上无法无天，人的素质极差，不是愚民便是暴民，或者顺合潮流的顺民，人治非任人唯贤，王道也非天下为公。

（三）中国的法家与儒家之争

强国必须变法，也因此历史上王莽反人治与王道主义，积极主张法制，以政治力量执行经济革命，当时的均输法是均济贫乏，抑豪富之垄断，并治水兴利，赐惠农田。当时王莽变法乃由于“强者规田以千数，弱者曾无立锥之居，又置奴婢之市与牛马同栏……父子夫妇终年耕耘，所得不足于自存，故富者犬马余菽粟，骄而为邪，贪者不厌糟糠，穷而为奸，俱陷于辜……”当时儒家盛言王道与人治而黜法制，凡法之所及，必为礼之所不容，凡有法制重刑者一律归于霸，必受儒家文人志士的攻击。儒家强调“克己复礼，天下归仁”，更有“礼不下庶人，刑不上大夫”，可见儒家“礼教”思想对中国法制之束缚已是长时间的历史。在中国古代法制上的几个主要变动，秦统一后，倾向于法制的霸道主义，王莽的立法，欲耕者有其田，其法制的精神倾向于互惠的社会主义。宋望兵食足而兴，自须合法度以济所需，故其立法精神以倾向于国家安定主义，清恐革命莫能止，自须假立宪而和缓，故其立法之精神倾向安抚主义。今日中国是社会主义国家，对内有四个坚持（共产党领导，马列主义，毛泽东思想，社会主义），对外有五个原则（和平共存，互惠，不干涉内政，承认领土完整，统一），同时又在进行企业转换，经济改革，改变中国穷困现象，建设二十一世纪四个现代化的“新中国”，我们如何建立一己的法制来推广我们现在的体制，宜参考古人遗留下的一些智慧。

（四）古代中国的一些法制概念

（1）法之平等性

韩非子：“刑过不避大臣，赏善不遗匹夫。”

尹文子：“法行于世，则贫贱者不敢怨富贵，富贵者不敢凌贫贱，愚弱者不敢冀智能，智勇者不敢鄙愚弱。”

商君：“刑无等级，自乡相将军以至大夫庶人，有不行王令，犯国禁，乱上制者，罪死不赦。”

管子：“君臣上下，贵贱皆从法。”

（2）法之强制性

韩非子："赏罚使天下必行之，今日中程者赏，勿中程者诛，朝至暮变十日而海内毕矣，奚待暮年。"

韩非子："方无二贵，法不两适，故言行而不归于法者，必禁。"

管子："宪即布，有不行宪者，罪之，不从令，罪死，不赦。"

贾谊："古者廉耻礼节，以治君子，故有赐死，而无戮辱。"

（3）法之进化性

韩非子："故治民无常，惟治为法，法与时转则治，治与世宜则功。"

（4）法之统一性

尹文子："万事皆归于一，百度皆准于法，归一者，简之至，准法者易之极。"

韩非子："赏莫如厚而信，使民利之，罚莫如重而必，使民畏之，法莫如一而故，使民知之。"

（5）法之安定性

慎子："法虽不善，犹愈于无法，所以一人心也。"

四、结论

纵观中国古代的法制，乃是以儒家之思想为保姆的人治与王道，其结果维护了君王制千年之久，造成了"民之所好好之，民之所恶恶之"，也就是"国皆有法，而无使法必行之法"，法只是一纸空谈。历史上法家一直是被儒家压制，法制之上为人治，体制之上为王道，当时文人志士皆喜王道体制，而绌法制体制，久之，政治流于人情世故，社会上，乃上曾往来，官商勾结，互惠互利，以至贪污腐化，官官相护，建立庞大无能的官僚体制以至物极必反改朝换代。这都是历史遗留给我们宝贵的经验和教训。然而今日在中国共产党的领导之下，改变中国过去一个极端"病重"的社会，人的素质又极差的情况之下，人人平等大家有饭吃的共产主义理想，是崇高，是非常伟大的壮举，从经济上人人有饭吃，已改变了过去"饿死人的惨痛"，从教育上改变人的素质，已大大提高，是目前世界上最大的教育体制，中国上学的人数，已超过全美国人口的总数，教育普遍的提高已得到世界的公认。从经济上，提高人民的生活，乃世界经济成长率最高的国家。人民银行的储蓄率也“年年增高”。从军事上，提高了国防的保护实力，现有了导弹、卫星及核武，已入国际的先进水平。维护了中华民族的安全，防止任何国家的入侵。在国家整体上，逐步减少贫穷与文盲。改善人民的生活，增强了海内、外华人的尊严。我们感谢中国共产党的领导，绝非一些人背着一己的良心，胡言乱语，抹黑中国共产党，其目的是讨好“西方”的反共冷战思维，图谋一己的政治野心，而不顾养他成长的祖国，不忠不义地要求“西方列强”制裁中国。这也难为了西方，损人利己的做法有损西方人的基本利益，因而委婉拒绝。

从世界各地区的法制、体制，各地区都有突出的地方，尤其以中国古代的法制，经过如此长时间，由唐的盛世到清末衰退。观察西方法制的完整完善，尤以西方法制的强制化，资本主义下的法治精神，都是治国的智慧，认识到儒家人治与王道的利弊，同时洞察西方“个人主义”“自由化”的毒害人性，我们应以“洋为中用”，及“古为今用”的高尚远思及探讨，来充实自己的法制，而目前经济改革面向世界的体制，有待完善。我们应依靠好的，纯真的及可靠的知识分子，来参与政治的建设，充实今日的法制，加强体制的完整，首先要增强“对中国共产党领导”的信心，同时共产党的民主集中制、集体领导，是应有法制上的监督性及强制性。体制下部分的全民投票带有中国社会主义的民族特色，保护社会主义的“真自由”与“真民主”，并减少社会上不平等，及制止腐败现象。政治上不姑息养奸，干部队伍应赏罚分明，此乃治国之本。

最后，以河南黄河公园内的一幅对联共赏之：登北邙，居高瞰远，气象万千，广阔无垠，伟伟乎中国大地。观黄河，抚今追昔，波涛澎湃，奔流不息，悠悠然华夏摇篮。

（《侨报》，1999 年 2 月 11、12 日）

两岸关系与中国统一

1．认清国际风云，做好统一工作

——程君复在广东佛山台商联谊会上的讲话

美国自2001年9月11日，纽约市两座世界最高的国际贸易中心大厦，由中东地区为了报复推行了世界恐怖主义的美国，用美国民航飞机自杀性将世贸中心大楼毁成废墟。总共三千余人包括美国财经精英分子，死于非命。美国的财产与人才的损失是惊人的天文数字。也正逢小布什当政，美国右翼鹰派掌权，立即宣布并马上实行美国历史上空前的“全世界反恐战争”并制定了“支持者为友，不支持者为敌”的政策，同时要打先发制人之战，建立国际反恐的新战略秩序。美国高举“反恐”牌，要重新洗牌，又重新发牌，在世界上拉帮结派，建立新军事联盟，遍布全球。一切为取得“反恐战争”的全面胜利，要彻底打一个在全世界“捕风捉影”的战争。把风抓住捏死，把影子除根灭种，这已超出人类正常的功能，唯有听天由命了。美国将利用一切现代化的军事实力，准备打一场空前绝后的战争，已使得今日世界上每个角落发生巨变。五年来已形成今日二十一世纪新的“国际风云”。

阿富汗

首先，美国执行对阿富汗的军事行动，高科技的狂轰滥炸，导致一个恐怖主义集团的崩溃，但他们化整为零的散布在中东各地区，萌芽生根。增加了中东已不稳定为更不稳定的局面。更引发美国与伊斯兰教国家的矛盾与冲突，更使美国要加强中东周围的中亚与南亚地区军事布置，除巴基斯坦外，拉拢印度，改善美俄关系，扩大北约军力可直达中俄边境，又长期在中亚细亚驻军。除了反恐，还将看守能源富有的中亚细亚。

伊拉克

美国正式宣布今日世界有伊拉克、伊朗及朝鲜为世界上邪恶轴心国家。首先为制止伊拉克的大量杀伤性武器，绕过联合国，执行“先发制人”的单边军事行动，又一次狂轰滥炸，使得伊拉克无辜百姓家破人亡，苟且生活在荒野中。战争充分暴露了残酷的人性与受难者的悲痛，不忍目睹。美国打伊拉克的“先发制人”战争并没有证明伊拉克拥有大量杀伤性武器，更不能证明伊拉克与恐怖主义组织有关联，也不可能是邪恶轴心国家。那么美国反恐，先发制人，不能不使人怀疑美国的真正动机，导致美国传统性同盟国，法国、德国、西班牙的反抗与不合作甚至美国国内人民的反对与不支持。今天美国是伊拉克的占有国，所面临现在的城市游击战，伊拉克人民为了自己的民族尊严，以暴力保家卫国，抑或制造恐怖事件，人们自有评论。美国也认识到面临伊拉克的严重问题，不得不由伊拉克人民自己来管理自己的国家，但仍然保留军事力量，保证由美国指定的伊拉克新政权的安全与正常运作。美国还是离不开以军事实力，处理伊拉克的问题，伊拉克的局势当会继续败坏，战乱也将不断扩大，伊拉克人民的生活将面临更多灾难，美军的死亡率也会不断上升。

日本

美国的反恐战争替日本制造机会，他们不顾一切，大力支持美国的战争，不论战争的是非及正义与不正义，因此讨得小布什的嘉赏。首相小泉纯一郎不愧为反恐“勇士”，与英国并列为美国主要打手。然而，日本的企图要远远超过反恐。日本首先以美国为先例，也要宣布“先发制人”的军事行动，也同时批评美国在“保（护）台（湾）”问题上，出力不够。而在每年日本的白皮书中强调“中国威胁论”，日本的意图是反恐还是反中？暗中又帮助台湾搞“正名化”、“去中国化”，在台湾庆祝日皇生日，宣布日本已废除二战后的和平宪法，改为“有事法制”，改自卫队为国家军队。极高的国防预算仅次于美国，用以扩张海、空军的攻击力量。最近台湾成立了一个新台湾党，鼓吹“台独”，日本在野党宣布全面支持台湾“独立”。日本又长时间霸占中国领土钓鱼岛，并争夺中国领土东海的资源。由此可见，日本恢复军国主义的意愿愈来愈明显。日本的民族主义大幅度上升，加上其侵略本性，即将重现她过去侵略的真面目，对中国领土台湾之野心不死！

“台独”

陈水扁以各种手段假民主之名夺取政权，在“台奸”李登辉的指导下，愈来愈走向“台独”，带领着台湾人民背叛自己的中华民族，投靠日本。利用中国与美国的《台湾关系法》之争，把美国拖下水来防御台湾，使中国不能和平统一，其目的在分化自己的民族，制止中国强大，利用美国的独霸地位，投靠日本，重温六十年前日治时代的旧梦。而今日本改变为世界上真正最邪恶的国家。了解日本只需看看日本在中国东北用（中国）活人进行细菌弹、毒气弹的试验与制造过程，并打算使用这些细菌和毒气弹消灭中华民族，在中国大地上用了176次细菌弹与毒气弹，结果中国有两百万人民丧失了生命。而“台独”不顾日本对台湾人民五十年的欺压统治，也不顾日本屠杀大陆同胞三千多万及五十多万台湾人民因抗日而牺牲。今日的“台独”宁为日皇效忠，背叛自己的祖国，想利用美国独霸之心，遏制中国的发展，在日本的影响下，有意制造“中国威胁论”来破坏中美两国的正常关系。两大国发生冲突，台湾就有条件正式宣布“独立”，实现李登辉之梦，日本则坐享其成了。

美、日、台

由于李登辉鼓吹“台独”，投靠日皇，利用美国，促进美日台关系大幅度改变与增强，又由于美国在欧洲、中东的不利，转向东亚太地区，正是美国在战略上转向亚洲，利用台湾问题，而由“台独”的意愿，引进美日参与台湾问题，用国际力量抵制中国的和平统一。如今美国大力在亚太地区重整军事部署，鼓励日本恢复军事强国，成为美国在亚太地区的军事联盟与伙伴，以此来制造，来加强对亚太地区的军事控制。美国除了英国在欧洲为打手，也在亚太地区增加了日本打手。但美国忽略了一个事实，日本虽是经济大国，军事强国，但日本的形象在亚太地区不得民心，没有任何亚洲国家对日本的崛起是放心的。二次大战期间，日本与德国法西斯联盟侵略所有亚洲国家。战后，德国承认侵略的罪行；而日本首相小泉年年参拜靖国神社，为侵略者日本战犯追魂，始终没有承认侵略的罪行而真诚悔改。日本只对美国的两颗原子弹磕头，对亚太地区的受害者没有一丝悔过，不以史为鉴，也不以首事为师。美国和世界上最邪恶的国家日本建立军事联盟是大大损害了美国形象，亚洲各国都怀疑美日军事联盟与二战时期的德、日军事联盟有何不同，又是对亚洲的侵略做准备，不利于世界的反恐战争。美日之间的军事联盟在世界正义之声下是不会持久的，它不利于世界人民包括美日人民在内的根本利益，所以美日的军事联盟的动机与意图是经不起考验，也不符合世界主流的意向。

日、台阴谋

目前的“台独”声势在台湾岛内疯狂搞的“渐进式的台独”、“本土化”、“去中国化”、“正名”等运动都有日本幕后操作的嫌疑。购买超越防御性的攻击性武器和频繁的军事演习，在亚太地区建立世界最大的军火库，引进美国最先进的杀伤性武器，表现“台独”正准备台海战争。台湾岛内“台独”的疯狂行为已引起了广大海外华人华侨的关注与公愤，也引发了台湾岛内人民的自觉与惊恐，明白了要防止台海战争，就是要制止“台独”。更认清了日本与“台独”的阴谋，要利用美国的独霸心态，促使日本恢复军国主义，促使台湾脱离中华民族，以“台湾独立”的方式，重温日本统治台湾的旧梦。这就是中日关系的大倒退与面临严峻考验的“台湾问题”。

李登辉

我们不能不进一步探讨是什么原因使美日右翼鹰派与“台独”合作。了解到去年台湾情治局负责支出的刘冠军，以事实记录报道台湾利用将近1.6亿美元黑金收买了美国和日本的右翼政客，支持台湾“独立”，并迎合美日的长期战略，“制止中国强大”，也就是“制止中国的发展”，制造国际阴谋来分裂与分化中国，致使中美关系由于台湾问题而一直不能正常发展。这将导致国际关系的混乱。美国需要中国的支持与合作，世界需要中美的合作，处理世界上许多是非、正义与不正义的大事。如果没有中国的支持与合作，将不利于世界的新秩序，也不利于世界和平的发展，有违世界人民的根本利益，也违背了中美人民的根本利益。所谓台湾黑金政治不但影响岛内的公平民主选举，收买政客及黑社会人物，影响民主程序与选票甚至做票，搞假民主，李登辉更伙同日本右翼分子操作黑金，甚至影响美日政客，为“台独”虚张声势乃今日岛内“台独”疯狂的祸源。唤醒台湾人民，认识到李登辉的阴谋。利用美日右翼鹰派的意识，讨好日本右翼军国主义者，破坏中美关系的正常发展，误导美国不“反恐”要“反中”，损害世界的根本利益，也损害中美的根本利益，并破坏了世界和平，其目的在实现李登辉的日本皇民梦想，也是心理变态的“台奸”病，台湾当局应把李登辉绳之于法，为世界除害。

统一

2000年8月在德国柏林召开的全球华侨华人反“独”促统大会上，我们提出希望早日促进中国的和平统一。今天，我们仍然抱着满腔希望，我们要加强岛内的工作，唤醒台湾同胞认识李登辉与“台独”的阴谋。台湾人民会认清事实，纠正“台独”分裂祖国的勾当。因此，我们要呼吁全球华侨华人，一起来制止外来的干扰与分化，加强台湾岛内人民的合作与团结，为我们国家的和平统一，为强大的中华民族，共同奋斗。同时，也要说服美国人民与主流社会，正如美国前总统克林顿在澳大利亚悉尼中国和平统一大会上所说的，“中国的统一是世界上没有任何力量可以阻挡的”。我们都知道，中国是一个和平、文明、讲正义的民族，中国的发展与强大与美国、欧盟发达国家，来共同发展，彻底解决人类的贫穷问题，将带给世界人类新希望。而且，中国的统一是关键的关键，统一是中华民族复兴的必要和充分条件。近时，正逢国民党主席连战和亲民党主席宋楚瑜访问大陆，创造历史新篇，国家的昌盛与强大是保证这个世界的和平与发展。台湾是国际公认的中国领土的一部分，没有任何理由不能统一。无论国际风云如何动荡，中国的统一事业将进行到底。

今天，我们聚在一起，呼吁陈水扁先生放弃“台独”，代表民进党访问大陆，为了台湾人民，也为了中华民族，陈水扁先生应抓住千载难逢的机遇，为中华民族的根本利益，为中华民族的复兴尽一份力量。全世界华侨华人在你的创意下大团结，创造一个统一的中国，一个强大、爱好和平、讲正义的强大国家。为奔向中国的小康社会，也为世界人类的小康社会，尽一个大国的责任。为世界的繁荣、和平与正义，贡献每一个中国人的力量。为两岸的和平统一打下新的基础，建立新的里程碑，为未来中华民族的复兴亮起灯塔。对此，我们欢呼陈水扁先生踏着连宋的脚步访问大陆，为了两岸人民的福祉，做大事，建大业，现在是你真诚发挥力量的时候，为中华民族及世界人类的和平与幸福而努力。希望陈水扁先生不要错过这个时代对你的要求。

2005 年 5 月 12 日

2.《反分裂国家法》加强了海外推动和平统一的工作

——程君复在世界华侨华人社团联谊大会上的讲话

一、前言

《反分裂国家法》于今（2005）年3月14日经“全国人大”以高票通过，表示广大的海内外中国人民和华侨华人的一致支持和拥护。此法的通过在台湾和在国际社会引起了不同的反应。让我们一起来看看这些反应。

（一）“台独”操纵的台湾反应

台湾当局在《反分裂国家法》立法前不断地发动外交、游说战，企图透过美日、国际反弹，打消中国立法念头。立法后又立即策动三月二十六日的三十万人大游行，甚至马英九也召集了十二位县市长共同发表抗议声明。其实台湾民众有多少人了解《反分裂国家法》的内容？台湾民众受到当局的误导和负面宣传，误解《反分裂国家法》是一部战争的法律。不错，反分裂法是针对搞“台独”的分裂分子的，只有“台独”分子放弃“台独”，不搞分裂，做一个堂堂正正的中国人，他们就没有顾虑。台湾人民是没有任何可忧虑的，因为反分裂法是最具包容与和平的立法。如果他们愿意心平气和地来解读，他们就会看到此法所释出的善意，大陆始终坚持“和平统一”与“寄希望于台湾人民”。

（二）美日的反应

美日批判《反分裂国家法》是别有意图，一是不愿见到中国的崛起，二是不愿见到中国的统一与强大。贾庆林说：“尽管两岸迄今尚未统一，但大陆和台湾同属一个中国的事实从未改变，这就是两岸关系的现状。”“一个中国”是两岸关系的准则，国际上也认同一个中国，台湾是中国的一部分，只有“台独”和支持“台独”者反对。《反分裂国家法》应该是有利于两岸的和平谈判。七十年代中美、中日建交时，美日都承认一个中国，台湾是中国的一部分。既然如此，美日就没有理由反对中国统一，也没有理由反对《反分裂国家法》。所以美日反对《反分裂国家法》是别有阴谋。他们长时间暗地支持“台独”是真，明里反对“台独”是假，在《反分裂国家法》制订的议题上，美日态度原形毕露。尤其是日本，还把台海划入美日安保区，真是赤裸裸地想侵犯中国的主权。

（三）海外华侨华人的反应

自去（2004）年五月温家宝总理在伦敦接见华侨华人时表示考虑制定统一法，全世界的华侨华人昂首期待这个好消息。果然一年不到，《反分裂国家法》就正式公布了，华侨华人之高兴自不在话下，奔走相告。在纽约有“台独”组织如“台湾同乡会”和“台湾教授协会”，在《反分裂国家法》立法公布之后，急急忙忙地到中国驻纽约总领事馆抗议。因为他们支持“台独”！当台湾主流民意要回归“一个中国”的框架时，美国的“台湾同乡会”和“台湾教授协会”等组织急于反对、抗议，其目的是要分裂，搞独立，他们是极少数的海外“台独”分子。广大的华侨华人则分别召开了大小型庆祝活动，表露海外心声民意，热烈支持和拥护祖国颁布这一部和平统一的国家法。

二、有了《反分裂国家法》，华侨华人更加团结

《反分裂国家法》所释出的善意和所表达的决心赢得海外华侨华人的拥护。我们期盼全世界华侨华人的大团结。《反分裂国家法》的公布是中国和平统一的春雷，是中华民族复兴的前奏曲。这部法律立得太好了，它制止了“台独”狂妄气焰，在岛内横行霸道，欺压善良的台湾同胞；也制止了外来力量的干扰，特别是美日一直想干扰中国的和平统一，还大量军售台湾，鼓励“台独”“以战保独”，这种霸道的干涉他国内政已逐渐使得世界各国认清正义与霸权。越来越多的国家对中国同情，更使得海外华人认清谁是“邪恶的国家”。《反分裂国家法》制定于一个国家的主权

范围，代表一个国家的尊严，无需美日来说三道四。而且，它有广大人民的支持，也团结了海内外绝大多数华侨华人的力量。

三、《反分裂国家法》是我们海内外华侨华人的灯塔，照明了道路，指明了方向

（1）统一工作要以民为本，做好岛内外台湾同胞的工作。认真做好中国和平统一大业，劝说“台独”分子回心转意，大家共同为祖国的繁荣昌盛努力，这才是台湾同胞应该做的事，绝非投靠外来的势力，数典忘祖的搞分裂，这是行不通的，不可能得逞。

（2）保家卫国，做好美日主流社会的工作，有了共识，求同存异，中国的统一是理性的思考也是和平的统一。《反分裂国家法》是保证了中国的和平统一，合情合理的方法解决台海的争议，也保证了促进台海两岸的稳定与和平，是遏制“台独”的暴力与恐怖的重要手段。

（3）相信世界上绝大多数的国家是会积极支持中国的《反分裂国家法》。因为这是符合一个国家的内涵，也是一个国家的内政，更是一个国家的尊严。在此特别奉告美日两国，中国的崛起是世界上没有任何力量可以阻挡的。阻止中国的崛起和中国的和平统一，也是不切实际的。只有互相尊重，平等互利，共同发展，人类才会有更美好的未来。放弃邪恶之心，支持中国的《反分裂国家法》是遏制“台独”的法宝，也保护了各国人民的根本利益，并维护世界的和平。

四、结论

《反分裂国家法》的颁布突破两岸之间长时期的僵局，促进两岸之间的广泛讨论，两岸关系从商贸旅游变为政治上的推动。《反分裂国家法》指引了我们一条明确的道路，那就是“台独”是死胡同，统一是光明大道。《反分裂国家法》更有助于两岸的和平谈判，也将促成中国的早日统一。有了统一便有强大的中国，才能伸张正义，才能建立国际上所期盼的“新秩序”，带给全人类新发展和新希望。那是一个正义的世界，是一个平等的世界，更是一个有情、有节、有理、有义的世界。

不仅仅是中国人民要奔向小康社会，全世界的人民都希望能过上小康的生活。这就是我们中华民族自救救人，对全世界人类的新贡献，再创中华，再创世界。

2005年5月

附录：全美中国和统会联合会声明

——支持制定《反分裂国家法》遏制“台独”

2004年12月28日，酝酿多时备受海内外广泛关注的“反分裂国家法”，正式提上立法议程。全国人大常委会一致通过《反分裂国家法》的决议，即将提呈全国人民代表大会第13次会议审议和立法。这是深得人心的重大举措。我会完全支持。这次立法，在“反对台湾独立，促进祖国统一”历史发展中，必将成为一个影响深远的新步骤，一个意义重大的里程碑。

当前台湾海峡两岸关系形势严峻。“台独”势力，从台上的陈水扁，吕秀莲，到台下的总代表人物李登辉，日益猖狂，肆意挑衅两岸同属一个中国的现状，图谋分裂中国的“台独”活动明显升级。从“去中国化”的“正名”，到“法理台独”的炮制，足见他们阴谋策划。通过制定所谓“台湾新宪法”、伺机利用所谓“宪政改造”，制造重大“台独”事变。台湾“立法会”选举，泛绿不过半，泛蓝过了半，情势稍有舒缓，但是“台独”势力并没有收敛，更没有止步。邪法日显，正法必彰。祖国政府制定“反分裂国家法”，正是以正压邪，合时合理合法。

世界上任何主权国家，都有权立法依法维护国家的统一，绝不容忍，更不允许，任何分裂国家的言行。世界上只有一个中国，海峡两岸同属一个中国。任何分裂祖国的行径都违反中华民族的意志，违反全体中国人包括海外中国人的愿望，也影响台海两岸发展、伤害两岸人民福祉。在一个中国的范围来说，“台独”就是动乱。“反分裂国家法”的立法和执法，实际上是为台海两岸防大乱于未然，戡大乱于危急，我们最大的愿望是，争取两岸和平统一。我们坚定的立场是，支持祖国为“反分裂国家法”的立法和执法。

我会一贯确认，以什么样的方式解决台湾问题，全然是中国的内政，任何外国无权干涉。我们赞赏和支持美国政府和领导人近来多次重申坚持一个中国政策、遵守三个联合公报、反对“台独”的立场。在亚太地区或世界范围来说，“台独”就是动乱之源、战祸之源。台湾岛内“台独”势力及其活动，实际上成了亚太和平以至世界和平的威胁，成了发展中美关系的障碍。美国为避免被卷进美中战争的祸水，在台海实行“维持现状”的政策，与中国和世界华人的立场迥然有别。但是，“反独促统”是一个较长的过程。无疑，“反独”是为了“促统”，“促统”必须“反独”，两者不可分割。但在一定情势下，可以有阶段性的偏重。目前，“反独”更为紧迫。在这一点上，与美国的“维持现状”有某种契合点。当前，肆意制造事端，破坏两岸现状的正是“台独”势力。中国为《反分裂国家法》立法和执法，在某种意义上正是防止、遏制“台独”势力单方面改变台海现状。我会愿意提醒和敦促美国政府，真要“维持现状”，就应当理解和支持中国的《反分裂国家法》。美国如果继续提升售台武器的数量和质量，向台湾当局发出错误信号，必然不利于台海局势的稳定，实际上有利于“台独势力”突破现状，是当前值得特别注意的动向、态势。因为美国近来表示“反对台独”，坚持“维持现状”，岛内“台独”势力，妄图以“日台呼应”、“日台互勤”实行“填空”，进行“牵制”。李登辉近日窜到日本活动，绝非单纯个人旅游。至今对侵略中国，屠杀中国人民不肯真正认罪的日本，千方百计谋求成为联合国安理会常务理事国，对台海稳定，中国统一和世界和平绝无好处。我们希望中国政府予以阻止和否决。

2004 年 12 月 28 日

3. 陈水扁“三·二〇公投”是想改变台海现状

——程君复在全球华人、华侨反“独”促统曼谷大会上的讲话

自2000年以后陈水扁为了建立“台湾共和国”，四年来把台湾民心搞乱了，经济也搞糟了。他不顾台湾人民的生计，吹嘘“一边一国”，挂“中华民国”的羊头，

卖的是“台独”的狗肉，置岛内台湾人民的生命与财产于不顾，推出所谓2004年的“一改再改”的“公投”与台湾的“大选”共舞，想借此搞乱台湾人民的投票程序与方式，从中博取对陈水扁自己有利的竞选，同时为未来“台独”“公投”建立有先例的法律根据，起一石二鸟的狂妄意图。如今，陈水扁集台湾党、政、军权力于一身，在高雄煽动台湾人民，说“一国两制”就是叫台湾人民投降，让中国吞并，台湾便是香港，台湾便是人家的。又对“江八点”的一片真诚说成了欺人和恶意。陈水扁的黑白颠倒，指鹿为马，颠三倒四，一切都是为了掩护他的“台独”主张，假和平真战争的意愿。四年来，陈水扁以战保“独”，境外决战，改防御为攻击，制造雄风导弹，意欲毁掉香港、广州、福州、上海、北京、甚至长江三峡水坝的水利工程，效法美国与日本也要“先发制人”。过去四年内，台湾搞了五百多次的大小军事演习。在台湾，一切都与陈水扁的“台独”认同便是“爱台”，不与陈水扁的“台独”认同便是“卖台”。陈水扁四年来进行“本土化”、“正名化”、“制宪化”就是在搞渐进式的“台独”，还特别强调在台湾要“去中国化”，要搞“日本皇民化”，不庆祝台湾光复节，但是要庆祝日皇的生日。这种无耻的民族败类，数典忘祖的陈水扁，与侵略过中国的日本人为伍，如何向被日本人杀害的台湾人民交代？总有一天台湾人民会把他绳之以法！

陈水扁自当政后，拜李登辉为师，搞出一套分割中国领土的阴谋，这是绝对不会得逞的。想利用地区性的台湾人民的民主与自由来抹杀全中国人民的基本权力，把台湾宝岛从中国的领土分离出去，是异想天开！众所周知，任何一个国家领土的分割一定要有全国人民的公投，而非地区性的“公投”。以此来强奸全国民意，是痴人说梦，天方夜谭！为什么陈水扁还要坚持公投到底呢？他想以“公投”为先例，来决定未来台湾问题“公投”性的法律依据，台湾的任何问题将以“公投”方式作最后裁决，而无需全中国人民的参与。这是少数人决定大多数人的事的假民主与假自由。事实是，世界上大多数国家已与中国建立了良好的国与国的关系。世界上没有任何主要的国家承认台湾是一个国家，也都承认台湾是中国的一部分。陈水扁不顾国际政治事实，虚无缥缈地硬说台湾是一个“主权独立”的“国家”，自欺欺人地在岛内愚弄台湾人民。而以“台独”教义派为首的李登辉，提出了“台独”的时间表，2006年制宪，2008年成立“台湾共和国”，飘飘然，自我陶醉，可笑！可耻！

今天，我们在泰国曼谷召开全球华人、华侨反“独”促统大会，呼吁全世界的华人、华侨及台湾同胞，认清陈水扁为民进党的理念拼搏搞“台独”已达四年之久，台湾的经济日落千丈，人民的生活愈发艰苦，台湾成了亚太地区最大的火药库，玩火烧身的灾难将一触即发。陈水扁真正出卖了台湾人民的根本利益，要牺牲台湾人民的生命与财产，还要领导台湾人民去当数典忘祖的民族罪人，真是太可恶了。陈水扁和李登辉几年来说尽了谎言，做尽了出卖台湾人民利益的事，在台湾搞“去中国化”，搞“日本化”的民族败类，哪有得台湾人民“出头天”？真正是“卖台”，更是“台奸”！两岸之间哪有和平的可能？战争是越来越近了。

回头看邓小平的“一国两制”，江泽民的“八项主张与看法”，他们真正考虑到台湾人民的根本利益，进而要让台湾人民能真正当家做主。“一国两制”不但保证了台湾现在有的不变，还能增加台湾没有的变有。台湾人民的创业机会、发展空间以及生活的品质都会大幅提高，国际上得到尊重和认同。何况台湾人本是同文同种的大汉民族，本是同根生，乃兄弟姐妹之情谊，怎能让陈水扁、李登辉等“台独”分子来分化、分离我中华民族的大家庭？希望台湾人民认清事实，做出明智的判断，陈水扁“320公投”想改变台湾现状是不明智，是灾难，是不可能得逞的。让我们共同努力，抵制陈水扁的“公投”阴谋，制止“台独”的战争欲望，追求两岸和平，建设中国，共同振兴中华民族。台湾人民不但能在台湾当家做主，更能在中国当家做主，这才是台湾人真正的“出头天”。因为我们不仅是中国人，也是一家人。什么事都可以心平气和的坐下来商量，无需陈水扁和李登辉的诡计阴谋！最后，让我们一起来扫除民族败类！振兴中华！

2004年3月2日

4. 中国的情怀与统一

——程君复在全球华侨华人推动中国和平统一莫斯科大会上的讲话

二十一世纪是中国的世纪：是中华民族全面复兴的世纪，是我们重新找回我们祖先的伟大的光荣的世纪。我们每一个人都应该为我们是华人而自豪，因为我们的祖先为我们创造了一个伟大的文明。我们每一个人都应该觉得幸运，因为一个全新的、强大、富裕到足以令每一个中国人自豪的伟大的国家将要在我们的参与下建立起来。我们已经、并且还将要看到许多人类历史上从来没有过的、伟大的工程在中国的土地上被中国人民建造出来。一个继承了中国传统文化，吸收了全人类文明的结晶的新的中华文化也已经呼之欲出。

我爱中国！爱自己的家，爱自己的故乡，进而爱自己的祖国。我经过四十多年的海外生活的阅历，对西方的认识越深也就越爱中国的文化，也越感受到中国文化的优越与高尚。我的情感经过不断的提炼、升华，是主动、自觉，也是内在的，怎样也无法忘记、无法分离我对中国的情怀。

看看我们的中国吧，在这片古老的土地上，有广阔的平原，有奔腾的河流，有茂密的森林，有苍茫的草原，有挺拔的高山，有巍峨的高原。喜欢温柔如水吗？有江南水乡，喜欢刚健有力吗？有青藏高原。不错，世上美景无数，秀美的阿尔卑斯，神秘的亚马逊雨林，壮丽的尼亚加拉大瀑布，古老遥远的尼罗河，宁静的地中海边，这些无不令人向往，但是只有我的祖国集中了如此众多的瑰丽景色，因为她幅员的辽阔，因为她气候的多变，因为她地形的多彩，她接纳了世界最大的海洋——太平洋温润的海风，迎来了地球上最大的陆地——亚洲内陆的强劲的气流，这两大势力的交汇演化出多么复杂多变的气候。从平坦的太平洋沿岸，到年轻的青藏高原，三级变化集中了几乎各种的地形面貌。除了这片土地，哪里还有如此丰富的地理资源呢？有首歌中唱道："宽广美丽的土地，是我们亲爱的家乡"，正因为宽广，才可能美丽，幸哉，我生于斯土。

仅仅是地理区域的广大当然不是我热爱祖国的全部理由。在中国的大地上，每一寸都经历过几千年的沧桑。在漫长的岁月里，这片土地上的人，积累了多么精美的文化，经历了多少巨变，也有过多少次的险境，但新的事物出现了。我们的祖先遗留给我们无数的文物，读不完的古籍。我们中华民族在世界上是成熟的民族，经历过领先世界的辉煌，也有过国破家亡的耻辱。我们发展了一种高度成熟的文化，我们以自己的历史诠释著这种文化的优点和劣势，却从未放弃。社会的发展没有现成的道路，没有哪一种文化具有长期的优势，我们祖先的智慧早已对不同的文化表现出它包容的态度，也借此发展了自己的文化，古为今用，西为中用。首先是文字，汉字，汉语真是值得我们珍惜的美丽的语言文化。汉语的特点，使我们能够产生那么多优美的诗篇，能够言简意赅地表达自己的思想，能够培养出我们的诗意的思维。汉字，是唯一能够提升到美的境界的文字，形与义紧密结合的文字，古老而富于生命力的文字，同时又接收了新时代和新词汇的文字，年年在增长，年年在丰富。哪一种其他的文字能够历尽千年而依然鲜活？还有那些精致的艺术，瓷器的艺术，绘画的艺术，制作家具的艺术，建筑的艺术，戏剧的艺术等实在使我们每一个中国人感到自豪与骄傲啊！

现在的中国还不够强大，还处处受到别人的限制，这是事实，其中有很大的一部分原因是大陆和台湾还没有统一。大陆与台湾的统一问题，是中国内战的遗留问题，也是美国长期军事干预的结果。这个问题拖了半个世纪，至今未得到解决，牵动着每一个中国人的心。50多年来，海峡两岸间的敌对、对峙的情势，导致两岸同胞长期缺少互信，兄弟失和，两岸间的军事对抗耗费了巨大的财力和物力，形成了“不战、不和、不统”的僵持局面。中国的和平统一问题始终牵动着我们每一个华人的心。我们一定要想方设法，解开这个难题。

作为一个从台湾出来的中国人，我能够充分体会到台湾同胞希望出头天、做主人的美好愿望。我个人认为实现台湾同胞出头天、做主人的唯一的、现实的途径就是早日实现海峡两岸的完全统一。和平统一是两岸同胞的共同利益，是两岸同胞的共同追求，合作发展是两岸同胞的共同期盼。中国是全体中国人的中国，统一是所有认同民族、认同历史、认同文化的两岸同胞的共同愿望，是不可撼动、不可逆转的历史趋势。两岸统一后，台湾将永远不再重演被宰割、被殖民的历史悲剧，两岸“中国人打中国人”的担忧和可能性将被彻底消除。台湾同胞不但可以拥有现存的一切，还能拥有更多的好处和更大的发展空间，现实利益和长远利益从根本上得到保障；台湾同胞不仅共享祖国大陆的市场、资源和发展机会，而且名正言顺地共享伟大祖国在国际上的尊严和荣誉；台湾同胞不仅自己做主管理、发展好台湾，而且还能与大陆同胞一道参与管理国家事务，共同致力于中华民族的伟大复兴。一句话，两岸统一后，台湾同胞不仅成为台湾的主人，而且成为伟大祖国的主人。这才是台湾同胞真正的出头天，才能够真正体会到作为一个中国人的骄傲。

然而今日台湾岛上的“台独”分裂分子为了达到不可告人的目的，认贼作父，挟洋自重，罔顾民族大义，出卖民族利益。叛变成性的李登辉不仅坚决反对日本向中国道歉，还想要虔诚地参拜靖国神社，成为日本右翼分子的追随者和代言人；其追随者陈水扁的种种行为以及所谓的“公投”与“一边一国”就是在搞“台独”。他们对美日卑躬屈膝，逆来顺受。那么，作为具有爱国主义光荣传统的台湾同胞，还有什么出头天？特别要引起重视和警惕的是，那些顽固“台独”分子还恶意利用台湾同胞出头天的善良愿望，通过混淆黑白和歪曲、误导，来区隔、恶化两岸间的民族感情，为推行“台独”煽风点火。说什么两岸统一，台湾“被吃掉”，台湾人“没了尊严”。实际上，两岸统一不存在谁吃掉谁，统一后的台湾将拥有更多的好处、利益和自主权，不仅获得大陆人民的尊重，也将获得世界人民的尊重，台湾同胞像大陆人民一样共享“一个中国”的荣耀与尊严，可以扬眉吐气地走在世界各地。总之，台湾同胞要出头天，这是无可非议的，是应该充分理解和尊重的。但是，出头天的良好愿望一旦被“台独”分子、分裂势力所利用，它就会变成一朵朵看似美丽的罂粟花，会制造出中华民族的恶性肿瘤和灭顶之灾。只有两岸早日走向统一，台湾同胞才会真正迎来出头天的美好日子，才能与大陆同胞一道，为中国的强盛，为中华民族的伟大复兴，尽情地交融和打拼。

两岸的和平统一是所有华人的共同心愿，是实现中华民族在这个世纪的全面复兴的至关重要的一步。在完成全国的和平统一大业以后，中国的经济会在未来数十年里越来越强大，中国制造的产品将会传送到全世界。这一经济和文化上的全方位扩展流布将提高全球华人的民族地位及文化认同感，同时向全世界传播中华文化，从而维护全世界的和平与发展，实现人人安居乐业的真正大同世界。

中国是一个和平的民族，这个民族的最大特征就是“我的是我的，你的我并不想要”。她从本质上区别于西方民族的“疯狂的掠夺他人，好好地享受自己生命”的实力价值观和实力信仰。中国是一个热爱和平与真理达到痴迷的国家。中国的实力文化是“以和为贵”，“以德治国”，“以理平天下”。只有中国完成、实现了全面的复兴，我们才能够更好地在全世界坚持正义、维护和平。只有在追求真理、热爱和平的强大的中国的强力干预下，才能够真正实现全人类所追求的“大同世界”，实现世界各国的永久和平，消灭战争。让全世界所有的民族能够和平、平等地生活在我们所共同拥有的地球上，这将是中国和平统一带给全世界的最大利益。促进中国和平统一是一件功在当代，利在千秋的伟大事业，我们在座的每一个人都将是历史的创造者，同文同种的台湾同胞将与我们共同创造中国的辉煌。

2003年9月10日

5 兄弟同心，其利断金

——全球华人反独促统联盟给台湾当局的公开信

在我们伟大的中华民族的伟大复兴的道路上，我们遭遇到挫折，SARS疫情突如其来袭击了两岸，给两岸同胞的生命及健康造成了严重的威胁，给两岸同胞正常的生产生活秩序造成了严重的干扰。民生为本，民意为重；突如其来的灾难同时也给我们提供了两岸同胞共同携手，力争早日战胜非典，共渡难关的契机。

自台湾地区发生非典型肺炎疫情以来,大陆各界的广大同胞和海外华人华桥对此十分关切,纷纷向台湾有关团体和人士致电致函表达慰问,积极联系向台湾同胞捐赠医疗物品。温家宝总理早前表示,中国对香港特别行政区和台湾地区出现的非典型肺炎疫情一直十分关注,同时愿与香港特别行政区和台湾地区开展多种形式的疫情控制和疫病防治合作。根据温家宝总理的指示,祖国大陆有关部门积极通过民间渠道与台湾方面沟通资讯,分享经验,希望两岸专家共商对策,争取非典型肺炎的防治早日取得突破性进展。祖国大陆除及时将疫情刊登有关网站外,祖国大陆的民间卫生团体还将这些资讯传给台湾相关卫生组织或专家,积极通过民间渠道,传达大陆防治非典型肺炎的经验和做法。大陆还接待了台湾医学专家来北京、广州考察交流,就防治非典型肺炎交换意见。大陆积极推动两岸专家加强联系,交流疫情和控制措施,探讨对策。大陆非常愿意与台湾有关医疗机构、研究单位建立沟通交流机制,就非典型肺炎以及其他疫情进行沟通交流,促进两岸医务界扩大交流合作。如此种种措施既有利于两岸人民的身体健康和生命的保护,更深得海外华人华侨的支持。

针对台湾疫情的扩大,中国红十字总会于5月12日致函台湾红十字组织,转达大陆民众对台湾疫情的关切,提出愿向台湾同胞捐赠防治非典医用物品。在台湾当局关闭两岸红十字组织的渠道后,台湾民间仍从实际需要出发,纷纷与大陆民间联系接洽,希望尽快获得他们急需的、有关台湾民众健康和生命的防治非典的医疗用品。

5月21日,海协接到台湾海基会的来函,函中主动对大陆各界“因SARS疫情有意捐赠医疗用品予我方”,“表示感谢”,并称“基于我方关务之规定,我方受赠人如为政府机关,可以享有免税待遇,本会已受主管机关委托,得比照此种待遇。如贵方有任何捐赠,请径治本会处理”。基于海基会上述表示,5月23日,海协受大陆各界委托致函海基会,提出“向台北、高雄等疫情较重市县的医疗单位,首批捐赠医疗防护服20万套(配20万双鞋套)、符合N95标准的口罩10万只、具有负压隔离功能的救护车5辆”。海协还提出大陆医疗界愿组成医疗组，赴台参与救治工作。上海、广东、福建、江苏等地职工，自愿加班加点，为台湾同胞赶制、调集急需的防治非典用品及医疗设备。这充分表示了两岸同胞的情谊，与相互关照的手足之情，使我们海外华人华侨为之高兴。就在两岸同胞翘首期待大陆医疗物品尽快运抵台湾之际，5月25日中午，台湾当局竟出尔反尔，无视台湾同胞的需要，指使海基会回函海协，不仅粗暴地拒绝大陆各界首批捐赠的医疗物品，而且对大陆各界的善意极尽恶意攻击之能事，违背了台湾民众的意愿，严重伤害了两岸同胞的感情。海基会的来函，与其应该扮演的角色南辕北辙。我们来自台湾的海外华人华侨对台湾当局的领导人采取如此不明智的作法，有意地伤害两岸同胞的感情，别有用心，以“非典”病毒的危机大搞“一中一台”的“台独”理念，还要破坏中华民族之间的感情和团结，又同时在联合国制造麻烦，加强在美国主流社会里，破坏美中的正常关系，损害我们海外华人华侨的根本利益，还指使在美的“台人”社团搞示威游行，无理取闹；且长期在世界各地联合民运分子、法轮功及“藏独”分子，打着“反中国”的旗号，在美国民间主流社会里，分裂中国领土，分化中华民族；又一厢情愿的倒向日本，恶化中美关系以讨好日本。你们这批“台独”分子用心之险恶，甚至在今天台湾“非典”病毒极严重的情况下，仍然利用它搞政治，实在是太过分了。你们的目的永远不会得逞！

在两岸共同防治非典的过程中，大陆各界急台湾同胞之所急，踊跃捐赠医疗物品，完全是手足情、同胞爱的真诚体现，公道自在人心。十几年来，尽管双方存在尖锐的政治分歧，尽管两岸关系历经曲折，但两岸同胞在重大灾变面前相互关怀、相互帮助的民族情谊是任何政治势力都难以阻挡的。

全球华人反独促统联盟主要由台湾人以及海外华人华侨组成。我们爱中国，爱台湾，我们都是中国人。我们正告台湾当局中极少数搞“台独”分裂的人，非典型肺炎绝不是政治秀所能够解决的问题，政治秀演得越剧烈，只有叫老百姓越感深恶痛绝。事实已经证明你们才是真正不尊重人权，漠视人民健康的群体。你们从一已政治私利出发，置台湾同胞生命健康于不顾，把广大台湾人民当做人质，绑上政治战车并且颠倒黑白，恶意挑拨的行为，是可耻的。

历史大势，浩浩荡荡，顺之则昌，逆之则亡，中华民族的伟大复兴是二十一世纪的大趋势，是任何人，任何势力都无法阻挡的。在中华民族面前，没有克服不了的困难，没有跃不过去的坎。中华民族的伟大复兴是我们全体华人的共同心愿，也是我们最根本的利益所在。我们呼吁两岸所有的中国人团结起来，顺应历史潮流，变危机为契机，兄弟同心，其利断金。

全球华人反独促统联盟

2003年5月28日

6. 反“独”促统的现实与前景

——程君复在全美中国和平统一促进会联合会芝加哥大会上的讲话

三年前，全球性的“反独促统”，“和平统一中国”促进大会第一次在香港召开。接着在德国柏林，美国华盛顿，中南美洲巴拿马，日本东京，澳洲悉尼以及南美洲的巴西圣保罗相继举行了大会。今天，我们在美国芝加哥再度相聚，继承前七次大会的基础，焦点集中，以台湾岛内和美国本土为阵地，“反独促统”要采取实际行动！华盛顿是最主要的“台独”政治活动中心，由此，“台独”的海外势力遥控台湾岛内“台独”的态度和动向。美国的“台独”同情者、支持者以及利用者在海内外制造岛内外声势，影响国际舆论，制造“台独”形象。如美国“台湾人教授协会”，“世界台湾同乡会”等以及被台湾黑金收买或影响的一些政客和美国众参议员等，为“台独”造声势，抵制中美建交后的一贯政策。美国承认世界上只有一个中国，台湾是中国的一部分。这是中美之间的共识。三年前的七月份李登辉抛出“两国论”和前几天陈水扁“一边一国论”，说明这两人都是中美正常关系的麻烦制造者。这两个人都不得民心，因为他们破坏中美的正常关系，危害台湾人民的根本利益。

由美国逐年大量地军售台湾，引发陈水扁的所谓“境外决战”，实施“以战保独”的危险道路，这将损害两岸人民的生命、安全和经济发展。然而，陈水扁发狂地不顾台湾人民的利益，死不承认“一中原则”，不断地制造麻烦，他的“一边一国论”终于暴露了他的“台独”本质。李登辉和陈水扁都利用台湾人民的血汗钱，不合法地收买一小撮美、日政客为“台独”的利益服务和效忠，并从中挑拨中美关系，最终将损害全球华人和华侨的根本利益。万一陈水扁的“台独”野心得逞，引发台海战争，其灾难将远远超过美国现在所谓的恐怖主义。而这些“台独”分子和“台独”支持者都将是大灾难的帮凶。我们一定要有实际的行动来制止这场灾难的发生。“一国两制，和平统一”和江主席的“八项主张”是符合台湾人民的利益，保证台海的和平，维护世界的和平，以及中华民族的根本利益。

反“独”促统、和平统一中国的七次全球性大会已经说得清清楚楚，明明白白。“和平统一中国”是全世界华人、华侨的一致意愿，我们要求大家负起责任，团结起来，相互协调，尽量沟通，拿行动来制止“台独”在岛内、在美国的横行霸道。这次大会我们将继续去年东京大会上所提出的2008年时间表，制止“台独”，促进和平统一。我们提议未来的五大工作目标如下：

（1）成立对台工作行动委员会，在岛内举办座谈会等活动，争取台湾人民对“一国两制，和平统一”和江主席的“八项主张”的认识与认同。

（2）成立对美国参众议员的工作委员会。正确的，务实的发展中美正常关系，抵制“台独”利用台湾的黑金，误导一些美国政客做出损害中美两国人民利益的决策。

（3）成立“智库”委员会。洞察国际情势发展的前因和后果，做好准备面临未来的“文化战”与“知识战”的挑战。

（4）成立“反独促统”民间基金委员会。经过了七次全球性的反“独”促统大会，我们已成熟的认识到，要有实际的行动和做具体的事的需要。以上所提三大目标需要强大的经济基础来支持，以免流于空谈妄想。

（5）成立全球华人、华侨联络中心以利协商和沟通。团结华人华侨，防止任何地区的排华行为。（例如，印尼的排华悲剧不应重演。）

和平统一的一个重要基础，两岸同胞共同继承和发扬中华文化的优秀传统。这一段讲话触动了海内外每一个中国人的心灵深处。中国文化乃分布在世界各地的亿万华人的精神源泉里。五千年历史带给我们炎黄子孙是无穷尽的欢、乐、喜、悲，无数的英雄豪杰，充满诗情画意和爱国情操的文人志士，留给我们读不完的诗、词、赋和书，听不完的故事，看不尽的戏剧，游不完的名胜古迹，还有那尝不完的乡土美食。古人们更留给了我们无穷尽的智慧和知识。这就是说我们是离开不了中国文化的中国人。江主席又谈到二千一百万同胞是手足兄弟，远离了家，在海峡的另一边。父母最怀念不在身边的子女。他要所有中国驻外机构加强与台湾同胞的联系。倾听他们的意见和要求，要关心和照顾他们的利益，尽可能帮助他们解决问题。而对于“为中国统一作贡献的各方面人士，历史永远铭记他们的功绩”。江主席深刻地体会“台湾人所关心的事”，“台湾人想当家做主的愿望”，更了解到“我们都是一家人，骨与肉，血与水的同种，同文化的民族”。

今年，我们纪念江主席的“八点看法和主张”发表七周年。我认为“江八点”真正代表了海内外绝大多数华人的共同看法和主张，它们有强大的群众基础，这是今日世界的潮流，顺者昌，逆者亡，不可阻挡的大江春水向东流。中国的和平统一将振兴中华，强国富民，此乃全中华民族之根本利益，也是世界和平的基础。七年来，台湾当政者对江主席的“八点看法和主张”全面新闻封锁，是怕台湾人民了解“江八点”内容的真实和可行性；是怕台湾人民认同中国的和平统一；更怕“江八点”制止了一群台湾“日本皇民”“先台独后投靠日本”的阴谋。这些日本皇民长时间潜伏在台湾社会，长时间与日本政府私下勾结，串联日本助长他们在台湾的实力。以李登辉为首，掌控台湾政治、军事以及经济。日据时代遗留下来的一群皇民与今天日本的右翼军国主义者合谋策划，为制造“台战”作一切准备。日本在国际上鼓吹“中国威胁论”，又指责美国“保台不力”，建立《美日安保条约》，包括台海为其防卫地区。日、台又利用当今美国右翼霸权主义心态，挑拨中，美关系，在美国大量花钱，宣传“日、台密切合作”向美国民间，众参议员游说，得以341票对70票在众院通过《加强台湾安全法》。美售台高科技武器，并大量培训军事职业人员，由防御性的军事力量到攻击性的武器。由地对空的导弹到地对地的导弹。李登辉还邀请日本军国主义的代表人，石原慎太郎访台，象征着二战后恢复日、台五十年前的“亲密关系”，为制造“台战”作充分有效的必要措施。台湾人民的根本利益面临空前的危机。

可还记得二次大战期间，日本军国主义在整个亚洲实施的抢、杀、烧政策，把亚洲大地毁成一遍荒山野地，上千万人死于灾难。亚洲人民的悲愤，痛恨与反抗制止了日本的继续侵略。而当时，台湾的日本“皇民”是帮凶，也是欺压台湾人民的“台奸”，应该受到国际正义的制裁和处罚。二战结束后，世界进入冷战时期，亚洲大地又打了韩战和越战。美国使用了最大的力量，用尽了一切武器，无数亚洲人民遭受到无穷尽的灾难。六十年代时期，美国的国势不振，老百姓厌恶战争，反战暴动加上民权运动，星火燎原遍布美国。幸而美国吸取了教训，认识到越战不是正义的战争。一九七二年二月，美国总统尼克松经过长时间的精心安排与策划，去了北京求见毛主席，要求三件事。一、中国帮助美国结束越战，美国全面自越南撤军。二、恢复中美正常关系，因为美国认识到围堵中国政策的错误。三、联合中国，共同维护世界和平。这是世界性的革命，改变了整个国际的冷战规律，促成了冷战的结束，中国对此贡献太大了。台湾当局不能洞察中美关系的发展，一厢情愿地拥抱日本，破坏中美关系，阻挠中国和平统一，一心一意在制造亚洲地区灾难性的“台战”。而日本也迫不及待地想利用台湾的不稳定现象，大力推广军事发展，乘机也想恢复日本军国主义。李登辉等人所要的“台战”与日本所要的“军国主义的复活”是不可能得逞的。

为纪念江主席“八点看法和主张”发表七周年，奉劝台湾当局做一个堂堂正正的中国人，在一个中国的前提下，商洽中国的和平统一，此乃台湾人民之福，海内外华人之福，更是中华民族之福。江八点是完全符合台湾人民的根本利益，也就是说台湾现状不变，还增加更多没有的变有。若台湾当局再不顾海内外华人的意愿，一意孤行，利用美国的高科技杀伤武器的销售，大量在美培训台湾职业军人，制造亚洲自韩战、越战之后的“台战”，一方面又向日本右翼的军国主义投靠，这是玩火自焚，世界将面临灾难，台湾首当其冲。为避免这一个大灾难，中国应提早实现海峡两岸的和平统一，否则日、台将有更多的时间来破坏中美关系，制造“台战”，进而引发中、美在亚洲的“第三次较量”，这是全世界的人所不愿意见到的世界噩梦。台湾问题的解决应以和为贵。我们加强争取台湾的民心，把反“独”促统的工作做进岛内去，争取岛内的民意，正如江主席说过“在和平统一的基础上，全球华人团结起来”把民间的工作做好。为增强岛内支持统一的民意，海外各华侨团体都应组团访问台湾，让台湾同胞明白，祖国人民，海外华侨和台湾人民心连心，切勿错过江主席的“八点看法和主张”。全世界的华人都来响应江主席的“八点看法和主张”，一齐来实现中国的和平统一。去年七月在东京的新世纪大会上，我们提出争取2008年的北京奥运为和平统一的一年，这是全球华人反“独”促统的民间意愿，把和平统一列入了时间表。让我们为此目标而努力奋斗。

（《华夏时报》，2002年2月24日）

9．把反“独”促统的正义事业进行到底

——程君复在全球华人反“独”促统联盟大会（华盛顿）上的讲话

尊敬的李大使、肃老、各位来宾、朋友们，大家好！

今天，我们——来自世界各地的华人，为了同一个目标走到一起来了，在美国的大地上，世界的政治中心华盛顿，致力于实践中国伟大革命先行者孙中山先生的崇高理想——“统一是中国全体国民的希望。能够统一，全国人民便享福；不能统一便要受害”。孙中山先生自海外发起兴中会，誓言振兴中华，以反帝反封建的革命行动，开创了中国历史的新纪元。但是，中国由于内奸与外来势力的干扰，中国现在还没有完全统一，宝岛台湾至今还没有回到祖国的大家庭，相反却有离祖国而去的危险。历史的责任义不容辞落到了我们这一代的肩上，这便是今日我们要“反

独促统，振兴中华”。

自古以来，台湾作为中国的神圣领土就是毋庸置疑的，即使由于甲午战败，腐败无能的清政府被迫将台湾、澎湖列岛割让给日本，但依据第二次世界大战中签订的《波茨坦宣言》及《开罗宣言》，中国政府不仅在法理上收回了台湾及澎湖列岛的主权，而且重新恢复了对台湾行使主权。丝毫不存在“台湾主权独立”问题，台湾是全中国人民的领土和家乡。由于国共内战的结果，台湾由国民党政权退据，但它作为中国领土的一部分，主权地位始终没有改变。几十年来，海峡两岸的中国人，包括海外同胞共同维护了“一个中国”原则。

一九八八年李登辉上台后，逐步背离“一个中国”的轨道，推行“明统暗独”路线，纵容、扶持主张所谓“台湾独立”的分裂势力及其活动，使“台独”思潮蔓延，“台独”势力迅速发展。一九九九年李登辉抛出了“两国论”，不仅彻底暴露了他分裂国家的真实面目，更给海峡两岸的中国人带来了巨大的危害。不久前结束的台湾所谓“总统”大选，以“独立建国”为党纲的民进党候选人陈水扁赢得了执政权，但陈上任后毫无追求中国统一的诚意，顽固坚持“台独”的危险路线，使中国的统一面临着严重威胁。

翻开中国的历史，我们中华民族充满了维护国家主权、抵御外来侵略的民族英雄，但也出现过少数勾结、依靠外来势力出卖民族利益的汉奸，包括日据时期的台奸。岛内一些顽固的“台独”分子就在干着出卖民族利益的勾当，他们曾经跑到国外，甘愿充当外国势力分裂中国的急先锋，疯狂进行着将台湾分裂出中国的活动，比起割让台湾的封建清王朝中的卖国贼有过之而无不及。令人愤怒的是这些人不仅毫无廉耻之心，还以欺骗的手段迷惑毒化台湾人民，为了配合外国分裂中国的势力，不惜拿台湾人民的生命财产做赌注。他们一方面在岛内散布“台独”意识，打击“统派”力量，在政治架构、外交、军事及思想文化教育等领域落实“台独”理念，制造“台独”的白色恐怖，打击压制“统一”的力量；另一方面，岛内外“台独”分子巴结美、日反华势力，在台湾加入联合国、对台军售等问题上屡屡制造事端，并谋求加入TMD（战略导弹防御体系），企图双相与美、日建立某种形式的军事同盟，妄图“挟洋自重”，借国际反华势力来抗拒中国统一的力量。

我们——所有在座的心系祖国统一的海外华人，在此正告一切有分裂中国企图和行动的人士：必须立即停止分裂国家的行为！希望台湾陈水扁先生不要再玩一些文字游戏，完全地无条件地放弃“台独”，立即回到“一个中国”的原则上来，与祖国大陆进行政治谈判。历史的潮流浩浩荡荡，顺之者昌，逆之者亡，统一是大势所趋，得道多助，失道寡助，请台湾的执政者三思而后行！

我们海外华人向来与祖国共荣辱，有着强烈的爱国热情，积极投身于中华民族的振兴事业。回想当年，孙中山先生反帝反封建的革命号角一起，海外华人即全力以赴，捐钱捐物，甚至回国直接投入革命浪潮，这是海外华人的第一次大团结；1937年卢沟桥事变，抗日战争全面爆发，中华民族又一次面临被灭亡危险，海外华人又一次携起手来，人员、物资源源不断地从海外运到国内，谱写了全民族抗战的不朽诗篇；今天，中华民族再一次面临被分裂的危险，一小撮心怀叵测的人要将宝岛台湾从祖国版图中割裂出去，我们怎能视而不见？！此时，该是我们海外华人进行第三次大团结的时候了！

我们这些有责任感和爱国心的海外华人，要通过实际行动，让所有分裂分子、“台独”分子知道：我们海内外炎黄子孙绝不允许任何人以任何方式来分裂中国的领土，为维护国家的统一，维护中华民族的根本利益，我们愿意付出一切代价！这是我们的郑重声明！愿全世界一切反对中国分裂、反对“台独”、促进中国统一的海外华人团结起来，积极投身于两岸和平统一的伟大事业！

今年八月，柏林举行的《全球华侨华人推动中国和平统一大会》对“台独”分裂分子打了第一枪，紧跟着我们在美国打了第二枪。当我们在台湾打第三枪时，将会是全球华人、华侨第三次大团结的开始。祝福大家，祝大会顺利成功！

2000年11月25日

附录：华盛顿全球华人反“独”促统大会宣言

我们旅居全球的三千多万华侨华人，身在海外，心系祖国，在近代曾经两次于中国安危的关键时刻，团结起来，为中国的前途作出贡献。第一次大团结，支持了孙中山先生领导下的革命，推翻了封建腐败的清朝政府。第二次大团结，支持了国共两党的合作，打败了日本帝国主义的侵略。

海峡两岸人民都是中华儿女，在一个中国的原则下，互相往来交流，逐渐热络，每年达二百万人次以上，经济上也互助互利。台湾今日在大陆已有近三百亿美元的投资，而大陆也回报以千亿美元的贸易出超。其他包括婚姻和艺术文化方面的交流与合作，不但增进了两岸人民间了解和感情，而且加速两岸的经济繁荣。

然而台湾有些政客，不顾人民的福祉，企图制造分裂，否认一个中国原则，其结果是伤害了中国人民的民族感情，引起两岸关系紧张，而且危及亚太地区的和平与稳定，遭到两岸中国人的坚决反对。

在台湾，民进党执政之后，台湾地区领导人在“台独党纲”的指引下，不承认自己是中国人，不接受一个中国原则，否定1992年海协与海基会达成的各自以口头方式表述“海峡两岸均坚持一个中国原则”的共识，继续鼓吹“台湾是一个主权独立的国家”、“统一不是台湾的唯一选项”，否定两岸统一的目标，有意制造中国的分裂，导致两岸关系紧张，更为严重地伤害了包括海外华侨华人在内的中华儿女的民族感情；而且不尊重台湾多数民意，一意孤行，引起台岛人心惶惶，股市暴跌，房地产低迷，资金外流，本土性金融风暴隐然成形，台湾民众怨声四起。

在今日两岸双方将进入WTO之际，更需要两岸关系在一个中国原则基础上得以稳定和发展。台湾人民和工商界渴望和解，使金融稳定，早日“三通”，放弃“戒急用忍”，以解除产业的困境；而大陆人民也盼望有和平建设的环境，不要因为国土分裂、民族自尊受辱，而被迫用武力维护国家统一、主权与领土完整；我们全球华侨华人希望两岸人民携手合作，反对分裂，实现中华民族的伟大复兴。

为此，希望在此关键时刻，促成全球华侨华人历史上的第三次大团结，以达此目的，继8月欧洲的第一次大会后，我们在公元2000年11月25、26两天，在美国华盛顿特区，召开全球华侨华人反“独”促统大会。经一天半的协商和探讨，以华侨华人团结的力量，呼吁台湾当局接受一个中国原则，承认1992年两会达成的坚持一个中国原则的共识，并作下列六点决议。

（一）坚决反对分裂中国国家主权与领土完整。

（二）坚决反对中国任何地区的分裂。

（三）坚决反对任何政党或领导人勾结外力，谋权营私，危害中国统一。

（四）坚决反对任何形式的“台独”分裂活动。

（五）陈水扁应顺应中国人的主流民意，放弃分裂立场，承认自己是台湾人也是中国人，并且承认一个中国原则。

（六）反对美国军售台湾。军售台湾，害人又害己，损害世界和平，无利人类发展。

会议并决定：

将宣言译成英文版后，分寄美国众议员、参议员及美国总统，说明绝大多数华侨华人支持中国和平统一，反对美国军售台湾，支持海峡两岸和平统一。

2000年11月26日

知识分子、民主、人权

1.“全盘西化”下的自由、民主与人权

程君复

一九八六年十一月十九日，科学家方励之在宁波大学公开讲话，说：“……在文化对比上争论是全盘西化，还是部分西化，或者说某些东西一定要坚持，不能改变，还是以彻底的心情彻底的改变各方面的东西。我是欣赏‘全盘西化’的观念。全盘西化包括学习西方的科学、技术、文化、政治、经济，意识形态、道德所有全部的东西。”

我对科学家方励之“全盘西化”的论点不能苟同，认为他这种说法是极端不科学，也极端地不负责任。首先，他有没有探讨过，或更深入地了解西方？请问西方的“意识形态”是什么？西方的“道德”是什么？今日世界上有哪一个民族能今天“全盘”这个，明天又“全盘”那个？中华民族是一个文化悠久的民族，必然会累积下一些传统的观念，阻碍社会进化，这当然应该用教育的方式把它清除掉。同时这种悠久的文化也必然有些好的方面，有助社会的发展与进步。我们不但要保存它，还要发扬它，不能“一概而论”说中国文化一无是处。正如西方的政、经、文化及其他，有好有坏，又有些仅适合于西方，不适合东方的，尤其在人的意识形态及道德概念，有极大的差别。西方有极强烈的神权及宗教色彩，社会上有各种文化形式的犯罪行为，种族问题尤其严重，远超过所谓的人权问题。

西方人种的优越感导致世界上几次大战争，数千万人在战火中无辜被牺牲了。这也使美国两百年来人种问题至今尚未解决。这个人种问题要比所谓的人权问题更要残暴，更要恐怖。例如美国本土的印第安人都到哪里去了？他们的土地，他们的财产，都被谁霸占去了？听听一些印第安人对美国白人的控诉，是血是泪。有谁能为他们说一句良心话，有谁敢与美国争论呢？人间正义实在是沧桑。美国当然也有他先进的一面，例如经济、科技，民族性强，民族团结，能牺牲，也能创造。为什么我们知识分子不能好好下工夫论证，论证这个先进美国的进步一面，同时他也有萎缩的一面，如家庭的破裂，吸毒与犯罪问题等以及其经济实力已逐步被日本与西德所取代。这样客观地分析，吸取西方成功与失败的经验，来帮助发展自己国家民族的需要。正如目前日本知识分子，天天在世界各地所寻找及做的事。为什么我们的知识分子不这样做呢？这样才是“洋为中用”了。

再说，中华民族是一个古老的民族，有他一定的特色，文化上有自己的语言系统，是世界上唯一有几千年文字记载的历史，政治思想有一套修身齐家治国平天下的哲理，更有孔孟的仁爱论，荀子的平均主义思想，管子、慎子的立法，商鞅、王莽的变法等，更有儒家之王道，墨家之法制，道家之哲理等促成汉唐一千多年的稳定和发展，人民生活充满着色彩。中国当时为世界上之发达地区。也就是“因天下之力，以生天下之财，取天下之财，供天下之费”。当时，古代的“均输法”是非常先进的社会科学，目的是均济贫乏，抑豪富之垄断。就如同今日美国资本主义的经济垄断法以防止有钱人控制市场一样。唐朝的法制社会是集合了秦、汉、魏晋的精华。当时日本及许多国家都来学习唐朝的法制。日本模仿为大宝律，至今仍然为日本的法制经典，为日本的社会发展起了极大的先进作用。实为“中为日用”的一例。为什么我们的一些科学家，文人们一谈到古代的中国，一切都是否定，而自己本身对古代的中国又一无所知，更不下工夫把古代的文化好好整理及客观的论证，来科学地探讨是否能将一些古代文化上的精华，来为现代化的中国作为“古为今用”的发展起来。

而有一些所谓高级知识分子对西方不甚了解，也许半知半解。对中国又不知其过去，只是在不满现状下，高谈阔论，提倡“全盘西化”。到底“全盘西化”是什么东西，是用刀叉不用筷子，还是吃土豆不吃米饭，还是染头发，穿牛仔裤呢？这不是拿十亿中国人民开玩笑吗？同样的一群人，又在高呼“自由”与“民主”再加“人权”，但听不到“法制”，更听不到“振兴中华”。也没有“洋为中用”，更不会“古为今用”。在如此的没有法制与振兴中华的意图下，自由与民主是非常不实在的东西。将导致人们思想的混沌不清，以“无政府”为自由与民主了。

一九六〇年法国总统戴高乐为法国民族主义要保护法国的利益，抵制美国对法国的垄断，高呼着法国人民的“自由”与“民主”来保证法国的“独立”与“自主”。今天咱们的高级知识分子要在“全盘西化”的意识形态下，高呼“自由”与“民主”，否定一切民族思想意识形态，将导致一个国家民族的“不独立”与“不自主”。这真是一种异想天开的“崇洋病”，它来自人性中的“自私”，理性中的“虚伪”，他们以“自由”与“民主”来确定崇洋的神圣。他们以告“洋状”来显示他们的特权，这种特权是人性中最恶劣和最可耻的，最终他们为达到一己的目的必然会“陷害忠良”。我们不能让这一群人带着人们惧外、媚外，最后做“全盘西化”的奴隶。

今日发达的国家中，爱国主义是非常重要的，他促成人民之间的团结，助长人民的气势，以国家的利益为重，如日本、美国、法国、德国等都是如此。美国里根总统，人民爱戴他的爱国主义，他的一切以美国的利益为主。再说美国的法制是决定着人民的自由与社会上的民主，这种法制也一定要首先维护美国本身的利益，才可能有所谓的各种自由与民主。在人民的自由中，一旦有不利于国家的利益时，他们的议员随时可修改法律以保护国家的利益。也正因为如此，这样的法制保护了人民与国家之间相互协调的自由与民主，绝不是单方面的。既然谈现代的自由民主，一定要深入地了解及洞察人民，国家与自由，民主之间的法制关系。

今日科学家方励之等一些“自由民主战士”们只顾及到政治上的大自由，大民主，民选代表，多党制等，忽略了大自由与大民主要有许多的小自由与小民主一点一滴地加起来，才能逐步完成大自由与大民主的。这些小自由与小民主有开车的自由，不许闯红灯；有去北京飞机场的自由，不许在机场不排队；有发言的自由，不许诽谤谣言。在公共场所要有公共场所的纪律，不随地吐痰，不随地抛纸屑等。公家的事，大家认真商量，认真去做。请问问“自由民主”的战士们，你们只注重“大自由”，不关心“小自由”，只注重“大民主”，无所谓“小民主”，不谈法制，它将约束你们的自由与民主，你们一心关注的是“全盘西化”下的“自由与民主”再加上“人权”。这叫做“狂妄自大”。

再说人权问题吧！两年前有位美籍华人金无怠把美国的机密交给中国，触犯了美国法律，被政府起诉叛国罪，在审判过程中便不明不白地死去了，说是他自己畏罪自杀。没有任何美国知识分子联合海外美人控诉美国政府的人权问题。相反的，魏京生，除了他主张自由与民主的一面，同时把中国在越南战争的情报转交给外国人，触犯了中国安全法，被判十五年徒刑。魏京生成了人权问题，金无怠无人过问。这真是一个你们的自由民主与美国的自由民主活生生的对照。

更进一步，你们的“自由”，“民主”与“人权”的大标题在香港开阔市场，把香港的回归，台湾的统一，用联合阵线的方式在殖民地香港的各种杂志，报章宣扬着中国的存亡在“民主”与“自由”的开放程度上而定。这是疯狂，更是猖獗。正如同在美国的一些“中国之春”的文人，想搞乱海外热爱国家民族的华人思想。几年来，我们已认清了“中国之春”是贩卖着“中华民族灵魂”的一伙人，是不会持久的。他们的主子也一定会唾弃他们的，因为他们已失去利用价值了。香港的回归与台湾的统一绝不会因为你们而受到任何损伤的。这是二十一世纪“振兴中华”的大业，中华民族要扬眉吐气的！请停止散播这种“全盘西化”的儿戏。这种傀儡戏是演不长的，“科学家必须再科学”，“教育者再受教育”。

让我再告诉你们：中华民族的文化有黑暗过，也被糟蹋过。但她几千年的坚忍性，在最灰暗的时期，一定会激发出全民族的智慧。中国人一定会充满着希望去追寻二十一世纪的新中国。

（《华侨日报》，一九八九年四月二十日）

附录：评纽约市长吹捧吴弘达与魏京生

胥　复（程君复）

一、朱利安尼

纽约市市长朱利安尼，今年六月五日以市长身份接见了被其喻为“中国人权斗士”的吴弘达，又在今年十一月二十日接见了所谓“中国民主斗士”魏京生。在市长今年竞选前后，为了讨好一些纽约人权人士及“台湾方面长期支持他为市长”的人，利用吴弘达之口来“抹黑”中华人民共和国。台湾方面认为，此举降低美、中关系的改善，是符合台湾的利益的。

我们的纽约市长被愚昧地玩弄在台湾政客的手里，更进一步抵制由美国政府邀请对美国进行国事访问的中华人民共和国国家主席江泽民，更使台湾一些政客们手舞足蹈向台湾李登辉报功。我们的纽约市长破坏了“纽约城市”与“中国城市”之间的应有关系，忽视了纽约市民的基本利益，更不顾美、中两国人民之间的友好关系，“自作主张”要配合和讨好“世界上皆反对美国双重标准的人权政策下的（冷战）思维，要继续对中国搞“分化”和“和平演变”，亟欲使阔步发展壮大中的中华人民共和国如过去苏联一样变为今日的俄罗斯和其他大、小不等的“独立民主”、“自由”的小国家。一个世界知名的纽约大城市市长，居然不惜借用所谓的“民主斗士”魏京生之口，以达到讨好“好冷战、好暴动、更好战争”的一群反中人士。其政治动机和目的是要搞乱中国，制造出一个打内战的中国，相互残杀的中国，其恶毒、阴险是可想而知的。我们市长的这种“作风”和“吹风”一则极甚荒唐可笑，二则也充分表露出他对当今国际情势变化与发展的无知或误判。反对霸道，争取和平，加强合作，促进发展，已经成为不可阻挡的世界历史大潮。今年美、中关系在双方经过近半个世纪的较量和认识之后，双方都愿意维护世界和平，建立国际新秩序及全面发展经济。这是全世界人民的愿望，是完全符合两国人民的基本利益的。也正是如此，美、中关系在克、江的认同下建立两国“建设性的战略伙伴关系”是相互对话，加强合作及不搞对抗的好开端。

纽约贵为重要的世界大都市，市长有责任要深入了解现今的世界，提高纽约市民的生活素质和素养，同时还要知道推动世界各国的平等交往，维护全人类的发展，多民族的和平相处。任何个别的或某些集团的势力是阻止不了美中两国极其重要的正常关系，它有防止世界战争的免疫功能。这是世界人民的共同要求，也是人类进步的客观规律。请纽约市长朱利安尼不要把一己偏见强加在美中关系之上，影响美国人民及全世界人类的整体利益。想尽一切方法破坏美中的正常关系，既是不明智的，也是你想做也做不到的“蠢事”。正如同几年前，为了讨好纽约的犹太人，你居然派警察把正在剧场看戏的阿拉法特赶出剧场。你这种霸道行为，只有“警察国家”才有如此之专横。魏京生所鼓吹的自由与民主，只有鬼才相信，而你却百般推崇。这当然引起美国“有理性”的人的公愤及国际上对你的声讨。你个人的行为影响了全美国以及中东地区人民期盼和平的基本利益。朱利安尼，你为了竞选作政治秀，一错再错，而这种心态，过去是为了讨好，偏袒犹太人，现在又为了讨好某些台湾政客及纽约人权组织，是“复杂”，是“反应过敏”抑或“有病”。请“有错即改”或“有病就医”。

希望我们的纽约市长，在没有把事情弄清楚之前，不要说三道四，自作主张地接见这个或那个，以市长之权误导市民，有意地破坏世界公认的美、中两国正常关系的重要性。这不是你分内该做的事。相反的，你应谦虚地学习与认知美、中经过五十年的较量而落实到关系的正常对今日世界维护和平是极重要的。你的责任应该是协助把两国的关系搞好，为全人类的进步努力，搞好全人类的经济发展，提高全人类的生活水平，发扬人类精神道德，这些都是你名分上该做的事。

二、吴弘达

再说，吴弘达是否“中国人权斗士”？按中国司法部的报导，吴弘达在中国犯了“盗窃与强奸罪”，又几次“知法犯法”偷渡中国，充当国际间谍。假如这是事实，按美国法律，吴弘达入籍美国公民是不合法的，他应受到应有的法律制裁。假如中国司法部的控诉是“虚构”的，我们应有国际司法部门的专业人员去中国调查，以明事实真相，证明吴弘达的“盗窃与强奸”是无辜的。在没有任何调查和证明之前，就认为吴弘达是无辜的，他就是你所敬仰的“中国人权斗士”，这根本上是对美国法律的藐视，有失法制的精神与公允。那么就会使人怀疑，吴弘达这位“中国人权斗士”是否别有企图？

三、魏京生

那么魏京生是否又是“中国民主斗士”呢？按照中国司法部的起诉，第一次魏京生入狱是为了他把“中越”战争的军事情报，交给外国特务，触犯了“中国法律”。第二次入狱是不遵守司法部“假释”的法令，计划非法活动。这些指控是中国司法上的事，就如同我们美国坐牢的人很多，是否这些坐牢的人都是正确的或是冤枉的，这是一个国家纯司法的事，而不是你同意或不同意，要另外一个国家来干涉他国的法制主权。这是国与国之间的平等、互不干涉的国际法。我们纽约市长朱利安尼，又一情愿的把魏京生视为“中国民主斗士”，根本不符合美国法律的基本精神。如今，对于在美国爆炸国家机构的麦克尼尔，还有在德州搞独立的，甚至在俄怀明州搞世界末日的宗教信仰者，我们美国又是如何处理的呢，我们的纽约市长对美国的这种人权又有何评价呢？请问，中国是不是也该干涉美国的司法主权呢？

四、结论

奉劝那些“逢中必反”的人们，在国际上抹黑中华人民共和国的，也正是长期搞强权侵略其他国家者，他们在国际上孤立她，经济上制裁她，政治上分治分裂她，也就是要中国人民永无好日子过。目前，中华人民共和国在国际上并不孤立，经济上日新月异的在发展，政治上大一统的趋势逐渐形成。中国人民的生活，天天在改善，这是国际公认的事实。如今吴弘达与魏京生已身在美国，要改善中国的人权与民主，首先得了解我们美国本地的人权与民主状况。了解我们的黑人、印第安人、西班牙人以及亚洲人的人权和他们的命运。美国连本地的黑人都不关心，又怎么可能关心在非洲的黑人；同样在本地的华人深受人种的歧视，又怎么可能关心在中国的华人人权呢？要说美国是真心真意关心在中国华人的人权，那真是痴人说梦。

魏京生来美国有了特权，入纽约哥伦比亚大学就是特权，这种特权也要你付出一定的代价，如同吴弘达一样地需要你“中国民主斗士”好好地配合冷战时期的一种战略，搞乱中华人民共和国的稳定与发展。美国五十年来已利用了大量经费及人力，台湾的第七舰队，“美国之音”以及经济封锁，在国际上孤立中国，又在中国边疆地区打了韩战、越战及印战。这种较量已使双方认识到相互尊重、平等对话有利于双方的基本利益。但有些人，崇拜它的权势、金钱，讨好美国式民主自由而不谈法制。没有法制的自由与民主是空泛的，甚至于变成“多数人的暴政”，一个人的独裁哪比得上成千上万人的独裁，那更是凶残了。纽约市长朱利安尼的吹捧吴弘达与魏京生也想使世界上都是些分裂、分治的小国家，你争我夺的。正如几百年前的南美洲一样，如此美国便可君临天下了，这种思维是陷害美国，也将真正带来“人类的大灾难”。美国是一个多元化的很大的移民国家，应保护各个地区与民族的特点，和平共处，无意也不可能君临天下。要认识这个世界是多彩多姿的，有各种社会和政治体制，才是真正民主与自由的根本，这个复杂的社会环境需要教育者再受教育，知识分子再学知识。

（《华侨日报》，一九八九年十二月）

2. 浅谈“五四”后的中国知识分子

胥　复（程君复）

从“五四”到现在，中国由共产主义的知识分子、小资产阶级知识分子以及资产阶级知识分子，为了挽救危亡的中国，组合成一个共同体，在中国大地上取得了反帝、反封建的“领导地位”，在世界上取得了人道主义的“主导地位”。当时他们的宣言是“……诸君，请看那些拜金主义人们，他们除了为自己的名位和黄金，除了为自己的利益和奢华的生活之外，从没有为了贫穷的人们谋利益吧！诸君，应该认清他们的欺骗与榨取，是他们为有钱有势的人压迫贫困人们的一贯政策。……”由于这种无私的浩然气质，六十年来中国知识分子牺牲小我，完成大我，不屈不挠的精神代表了一个民族、一个国家、一个时代。不仅改变了过去的中国，更增强了中华民族的国际地位。六十年来中国知识分子以无我的精神，领着中国人民，奋勇向前，体现了爱国主义的传统精神与同甘共苦的民族大义，更可贵的是悲天悯人的恻隐之心，当时的知识分子所留给我们的是真、善、美。在一九九一年“五四”前夕，让我们谨记着他们，想着他们，永远的怀念着他们吧！

陈独秀的《除夕歌》

……除夕歌，歌除夕，几人嬉笑几人泣；富人乐洋洋，吃肉穿绸不费力。穷人旦夜忙，屋漏破被无衣食。长夜孤灯愁断肠，团圆恩爱甜如蜜，满地干戈血肉飞，孤儿寡妇无人恤。……

刘半农的《相隔一层纸》

……屋子里摆着炉火，老爷吩咐买水果。说，“天气不冷，火太热，别让它烤坏了我！”屋子外躺着一个叫花子咬紧着牙齿，对着北风呼要死。可怜屋外与屋里，相隔只有一层纸。……

闻一多，他是一个爱国诗人，当别人高喊欧美的名人时，他大声疾呼“我们四千年的华胄在哪里？”

鲁迅的《狂人日记》、《故乡》、《阿Q正传》、《呐喊》、《彷徨》等。

我们以为文艺家在抗日问题上联合是无条件的，只要他们不是汉奸，愿意或赞成抗日的，则不论叫哥哥妹妹，之乎者也或鸳鸯蝴蝶都无妨。

在国难当头的现在，白天里讲些冠冕堂皇的话，暗夜里进行一些离间、挑拨分裂的勾当，不就是这些人么？

无论古今中外，凡是没有一定的理论或主张的变化，并无线索可寻，而随时拿了各种名派的理论来做武器的人，都可以称之为流氓。

宁乱叫乱喊，多造破坏而少于建树，那还不如“迟缓”一点的好吧！看真正的历史要从那一页写起？真正给予大家斗争以实业的，主要是从谁的肩上负担起来。

茅盾三部曲《动摇》、幻灭》、《追求》。

……我实在是自始就不赞成，一年来许多人所呼号呐喊的“出路”，这出路是差不多成为“绝路”，现在不是已经证明得很明白了？我实在不懂为什么像苍蝇那样向窗玻璃莽撞便算不是落伍……

朱自清的《背影》

……父亲因为事忙，本已说定不送我了，叫旅馆里一个熟识的茶房陪我同去。他再三吩咐茶房，甚是仔细，但他终于不放心，怕茶房不妥帖；颇踌躇了一番。其实我那年已二十岁，北京已来往过两三次，是没有什么要紧的了，他踌躇了一会，终于决定还是自己送我去。我两三回劝他不必去，他只说：“不要紧，他们去不好……”

巴金的《火》

今后的教育应不再是种特权，学识也不再是个人的装饰，它以圣洁的爱和同情心为出发点，而代替今天专门煽起人类的仇恨与自私的教育。生活依靠钱袋，但真挚底爱并不在钱袋内存在，一缩小你的私欲，你将重新发现比钱袋更灿烂有意义的生活，一钱袋能培养自私，培养卑污苟残，培养庸俗，将人与人之间的真正关系隔绝。

穆木天的《流亡者之歌》

自从同东北作了永诀之后，唱哀歌以吊故国的情绪是时时涌上我的心头。……我们不凭吊历史的残骸，因为那已成为过去。我们要捉住现实，歌唱新世纪的意识。……我们要用俗言俚语，把这种矛盾写成民谣小调鼓词儿歌，我们要使我的诗歌成为大众歌曲，我们也成为大众的一个。

梁实秋的《文学与革命的关系》

……社会的外面没有社会；离开社会，不能想象个人；社会是个人的集团。然而这里的个人并不是孤立的个人，超时代或超社会的个人的幻影，只配在空想象的脑中徘徊。我们说个人的时候，他是社会上的个人，历史上的个人，个人受着环境的决定，同时，又受着历史的制约。

汪懋祖的《沉滓的泛起》

……在这国难声中恰如用棍子搅了一下停滞多年的池塘，这种古的沉滓，新的沉滓，就都翻着筋斗漂上来，在水面上转一个身，来趁势显示自己的存在了。……也因为趁势，泛起来就格外省力。但因为泛起来的是沉滓，沉滓又究竟不过是沉滓，所以因此一泛，他们的本相倒越加分明，而最后的运命，他还是仍回沉下去。……

周扬国防文学

……在我们提起国防文学时，我们应当心汉奸们的曲解。国防文学不是黩武主义的文学，也不是奴隶的国防文学，我们歌颂的战争，是反帝、反汉奸的战争，而不是那残酷的反进化的屠杀。……在反帝的过程中，一定要反对汉奸，汉奸与帝国主义是不可分离的，不打倒汉奸，我们便无法去打倒帝国主义。……

毛泽东的“中国人民从此站起来了！”

毛泽东逝世时，世界上亿万人同哀，作者特译一些美国各大报章的评论如下：

美国《华盛顿邮报》

……他有农民一般对生命意义的深刻认识，他有知识分子将理想变成现实的热望，他有革命者进行武装斗争的充分准备，他有爱国者对自己民族的强烈感情，他以最有力的形式，结合了当代两种基本力量共产主义和民族主义，并在中国培育它们，改变了他的国家，超过了历史上任何其他政治领袖。……

美国《纽约时报》

……毛泽东青少年时，中国的历史地位正是几乎最低的时候，经济上贫穷不堪，军事上无力自卫，军阀割据，外患频仍。那时的中国与其说是一个主权国家，不如说是一个地理名词。今天的中国，经过毛泽东四分之一个世纪的努力，已成为强国之一，八亿中国人民找到了新的团结和新的力量，使他们成了世界政治上空前的重要。尼克松总统一九七二年前往北京访问毛泽东，这肯定证明了全世界都认识到这位湖南农人之子的成就。

美国《新闻周报》

……毛泽东影响世界历史的发展，当代有这样能力的国际人物寥寥可数。……尽管中国仍然远落后于工业化的西方，但它已经制造出核弹和导弹，并且正将成为主要的石油输出国。他的农民革命大大改善了普通老百姓的生活，人民的卫生条件有了很大的改善，数以百万计的人民脱离了文盲状态。……在他漫长的一生中，他改变了今后数十年的中国。

美国《波士顿环球报》

……事实是，同当代其他著名的领袖相比，毛泽东拥有一种非常不同寻常的地位。不单是因为他领导了一个运动，将腐败、动乱和充斥着暴力的一堆东西改造成一个国家，而是因为毛泽东成了全世界亿万人民的一个象征，象征着有可能取得社会主义改革，取得经济和政治进步，使穷苦人真正获得尊严。

孙中山的博爱与浩然之气。

周恩来的团结就是力量。

张学良的枪口一致对外的高尚风格。

蒋经国改善了台湾人民的生活，并促进了台湾的经济发展。

钱学森是一九五五年从美国回归中国的典型杰出科学家，底下是一段美国情报局古尔丘与钱学森的对话。……

古尔丘："你认为应该为谁效忠？"

钱学森："我应该忠于中国人民。"

古尔丘："谁是中国人民？"

钱学森："四亿五千万中国人民。"

古尔丘："四亿五千万人民住在共产中国吗？"

钱学森："他们之中有些人住在那里。"

古尔丘："你觉得你应该忠于中国的国民'政府'吗？"

钱学森："如果他们在治理中国人民，如果他们在做有益于人民的事，那么，我应该忠于他们。"

古尔丘："他们是这样吗？"

钱学森："这点。——我们还要等着瞧。"

古尔丘："这一点，你心里对他们还不能确定吗？"

钱学森："他们以前做的事不很好。"

……

中国曾经遭受外国侵略和掠夺达一世纪之久，又内战频繁，饥荒连连。除了少数人享有特权与买办的富裕外，大众根本没有衣食的保障，受教育的只限于少数人，全国能称之为知识分子的不超过五万人（1935－1945）。但在共产党政权建立时，这大部分五万知识分子仍留在中国，辛苦勤劳的开始建立现代工业和科学技术的基础。他们的爱国主义情操，艰苦奋斗到今天，全国已普遍建立巨大的科学机构，有了独立自主的国防工业及有了基本产业的发展。

作者在此转载《国际经济信息》对中国综合国力在世界上的名次排列如下：

（一）资源力（包括物力资源和人力资源）居世界第五位。

（二）经济力（主要测算国民生产总值，国民收入，主要工农业产品，产量等指标），目前世界经济排列次序，中国列第八位。

（三）科技力（测算科技力包括国家重大科技成果，科研人员情况等项指标）目前处于第九位。

（四）教育力，中国目前居世界第十位。

（五）文化力，中国文化力已由五十年代占世界第十五位上升到目前的第八位。

（六）国防力，现在位居美苏两国之后，居世界第三位。

（七）外交力，总的说来，目前中国外交居世界第八位。

中国尚在发展，人民仍在奋勇前进，我们知识分子所作出的贡献是伟大的，神圣的，中华民族充满着希望。然而，近年来有一些知识分子“恃才傲物”、“琵琶别抱”，迎合着国际上弱我民族之阴谋，“搔首弄姿”、“投其所好”。正如“台独”等分离分子及民运、民阵投靠分子，这与“五四”知识分子的爱国传统精神与人道主义的世界观恰恰背道而驰，怎不令人痛心！切齿！！

毕竟知识分子是有良知的，“五四”精神仍然会闪耀着光辉，振兴着中华。多少英雄豪杰皆去矣！抚今追昔，沧海桑田，悠悠然华夏摇篮。

最后，我将以屈原的一段《橘颂》与海外华人知识分了共勉之。

纷緼宜修，姱而不丑兮。（风姿完美，毫无瑕疵）

嗟尔幼志，有以异兮。（赞你年轻的志向，与众不同）

独立不迁，岂不可喜兮。（独立的品格与不变的胸襟，最是可贵）

深固难徙，廓其无求兮。（根深蒂固，不想入非非）

苏世独立，横而不流兮。（从睡梦中醒来，坚持不移，不随时迁徙）

闭心自慎，终不失过兮。（慎重思考，不犯错）

秉德无私，参天地兮。（美而无私，与天地共存）

愿岁并谢，与长友兮。（年华凋谢，情谊长存）……

（《侨报》，1991年5月4日）

3. “顾老衡量知识分子的尺度，首先是看他爱不爱国”

——天普大学教授程君复谈江泽民主席看望老师顾毓琇

朱 安

在中国驻美大使馆采访国庆四十八周年招待会时，看见程君复开车送顾毓琇往返华盛顿与费城，知道他俩关系非同一般。于是专门采访了程教授，才知道原来他们有世交之谊，程君复在台湾教授哲学的父亲，与顾老早就是朋友。不过，程君复说：“道不同，不相与谋。我和我父亲政见不同，父子关系已经疏远了多年。反而是和顾老成了忘年的莫逆之交。”程君复说，一般人都认为江泽民主席这次来看望顾老，只是体现中国的尊师重道传统，为中国领导阶层树立一个重视教育的榜样。但实际上，江泽民此举，还有更深一层意义，那就是感谢顾老的爱国情怀。为什么这样讲呢？程君复介绍说，一九八九年天安门政治风波发生之后，美国一些不明真相的华人知识分子发起签名运动，声称要抵制北京政权，顾老也是被征求签名的对象，但是，顾老不但拒绝签字，而且毅然于当年回国参加十一国庆，程君复也请假和他同行。

程君复回忆说，当时中国处于困难时期，北京饭店里冷冷清清。江泽民总书记在中南海请顾老和程君复吃饭，谈了三个半小时。顾老语重心长地对江泽民说，中国近代史上，从来没有过这么长的时间没有外敌入侵，中国不能乱，要稳定和发展。《人民日报》后来报道了这次江泽民接见顾毓琇、程君复的消息。顾、程两人回到美国后，受到一些不友好人士和媒体的指责。

程君复认为，顾老在一九八九年严峻的形势下，义无反顾地回国表达对中国的支持，表现出雪中送炭的爱国情怀。这次江泽民主席远道而来看望他，不但是尊师重道，而且应当说是对顾老爱国行动的答谢。程君复说，八九年在中南海紫光阁，顾老还受到李鹏总理的接见。顾老对李鹏的评价是："反应灵敏，做事很稳，看问题很准。"顾老那次还见了王震，认为王震说话直爽，对于见到王震很高兴，并称王震为爱国将军。程君复在谈到他自己对江泽民的印象时说，江泽民对中国文化很有感情，是一个绝对维护中国人民利益的领袖。其中文功底很厚，讲话时出口成章。程君复还说，江泽民刚上台时，一些人说他只是个过渡人物。但是，江泽民受命于危难之时，把处于危急关头的国家稳定下来，发展到今天这个地步，已充分展示了他治国经邦的雄才大略。此外，程君复说，江泽民很注意倾听不同意见。他几次见到江泽民，提出不同看法时，江泽民总是要他再叙述一遍，听得很专注。话题再回到顾老身上，程君复说，顾老得知江泽民访美消息之初，向程君复打招呼说，要程再当一次司机，送他到华盛顿去看江泽民。后来顾老得知江泽民要到费城看他，非常感动，表示要养好精神，以便见到江泽民时能够多谈一些话。程君复说，虽然顾老曾担任过国民党政府的教育部次长，但顾老的子女中，有三个是共产党员。其中，顾慰年曾任吉林农业大学校长，现已去世。顾慰庆，与李道豫大使曾在上海同过学，现任上海电子工程公司总经理。女儿顾慰文，生前为上海交大教授。

此外，顾老还有顾慰中、顾慰华、顾慰民三个子女在美国。

程君复说，顾老是典型的中国知识分子，个性强烈，意志坚定，为人慈善，也不乏幽默感。顾老九十大寿时，上海公演了他早年的剧作《白娘娘》。顾老对为他祝寿的李道豫大使说，六十年前写的剧本，终于能活着看到上演，这就是年纪大的好处。

关于顾老的爱国，程君复还说，顾老曾谈到，抗战时期他在麻省理工学院写剧本《岳飞传》，是流着眼泪写完的。程君复认为，顾老年轻时饱尝国家贫困虚弱的苦难和耻辱，因此爱国之心特别强烈，发奋读书，为中国近代教育和科技做出了很大贡献。程君复说，顾老安于清贫，一生没有发过大财，现在主要靠当教授时的退休金生活。顾老现在居住在学术大楼（ACADEMY HOUSE），也只是一座在美国很普通的共有公寓。有人曾对顾老说，以他的成就、影响和地位，退休后无论到大陆还是台湾，都会比在美国更享清福。但顾老却回答说，他留在美国，对中国的作用更大。

程君复说，顾老五十岁到费城，四十多年来一直热心于爱国活动，对华人知识分子评价的首要尺度，就是看他爱不爱国。最近几年美国国会年年讨论中国最惠国待遇问题，顾老总是非常关心。每次通过后，都要找程君复上馆子庆祝一番。

程君复还提到，江泽民的大儿子江绵恒在费城留学时，他和小江有过比较密切的接触，感到江绵恒为人谦和谨慎，彬彬有礼，没有一些所谓高干子女那种傲气。而且江绵恒读书很用功，一心要搞好中国的电子工业，不是那种处心积虑钻营谋私的人物。程君复认为，从江绵恒身上，可以看出江泽民家教甚严，教子有方。一九九〇年在北京受到江泽民接见过的程君复夫人蔡文珠，采访时也在场。她补充说，顾老的夫人王婉靖是画家，比顾老还大一岁。有人说顾老是晋朝大学者顾恺之的后代，王婉靖则是大书法家王羲之的后代，但这些传闻，都没有向顾老夫妇确认过，蔡文珠还说，顾老谈到他自己的养生之道是“不要保养得太好”。

（《侨报》，1991 年 10 月 29 日）

4. 给方励之等的一封公开信

程君复

这次美国总统布什访问中国是很好的，值得中美双方人民欢迎。我们美籍华人尤其感到特别高兴。

不幸的是布什总统误听了别人的意见，邀请你参加美方的国宴，这是“不智”之举，也是对中国人民非常“不礼貌”的做法。可幸好中国政府没有让你参加这个宴会，这是对的，也是明智的，在国际政治和外交上是正确的。相反的，假如中国领导人来美国访问，邀请极端反对美国现行政策及要求美国全盘中化的倡导者参加国宴，相信美国人民会非常厌恶和不愉快的。这个人是绝对参加不了宴会的，更会认为中国领导人来美国干涉美国内政及“分而治之”。请不要介意，“我如同是你”有话直说。我深信你对“中国的前途”与“民族的振兴”有想法，也出于“真诚”，这对一位知识分子来说是“难能可贵”的。这和离别中国四十年的我及我们盼望着“祖国”的欣欣向荣，人民生活愈来愈好，是一样的“真诚”。我们就这一个共同点来探讨一些想法吧！

我在美国亦已三十多年，第一次听到如此多自己批评自己国家的“中国人”。尤其是高级的留美知识分子。还有许多知名文学家们在华侨中公开宣扬“不爱国主义”。在美国人面前激昂地说“中国闭关自守，没有自由与民主，非人的社会，没有希望，没有未来”。正如同一位受苦受难的人在寻求开脱，真是一幅二十一世纪的奴才向洋人告状的样子，丢尽了海内外炎黄子孙的脸，毫无羞耻的就“自侮而人侮之”。

事实是如此的。一九四九年后，美国联合东南亚及西方国家全面封锁中国。上世纪五十年代制造了韩战，上世纪六十年代制造了越战，同时并鼓励印度侵犯中国，希望中印自相残杀；苏联又一次要霸占珍宝岛。当时中国四面楚歌，伟大的中国人民在这种艰苦的日子里，在中国共产党的领导下，在美国与苏联两个西方超级大国的封锁、敌对下，把中国的国防建设起来。中国共产党保护了中华民族的完整，使中国不再遭受列强入侵。这在中国历史上是“不得了”的一件大事。由于中国人艰苦奋斗，自己争气，使美国认识到他过去政治上的错误而与中国重新修好。紧接着中国为改善人民的生活，实行经济改革开放。这是多么值得我们大家高兴的事。它调动了一切海内外的积极因素，为振兴中华出力。知识分子在这种情况下应起带头作用，真正实行“古为今用，洋为中用”，把中国重新建设起来，为我们的后代铺一条较好的未来。我经常回国，见到中国有这么多的人口，要天天吃饭、穿衣、住房，问题自然不少。国家有好领导也有坏领导，地方有好干部和坏干部，不能一概而论说一切都是坏的。一些留学生回国后，对美国的认识还不够就宣扬美国一切都是好的。美国就如同别的国家一样有好的地方和坏的地方，美国好的地方是工作机会多，社会也比较公平。美国社会是法制社会，“法”规定了人们的思想、意识形态，也决定一个人的社会行为。美国社会里是许许多多的“法人”、“非法人”及成千上万的律师、会计师、法官等中间人造成了一个非常错综复杂的社会体制。只谈美国的“自由”与“民主”便是强国之道，那如同“天方夜谭”说芝麻、芝麻便有财富，是空泛而不实际的。

反之，中国的自由与民主多得惊人。批评政府的自由，背后说人闲话的自由，不排队，不守秩序，不讲礼貌、不工作、不合作等各式各样的自由。谈民主那更不得了。开不完的会，征求大家的意见，无穷尽的民主之风，也正是“中央有政策，地方有对策”，“上有指示，下有请示”，也就是三个和尚没水喝了。就这么讲讲“自由”与“民主”便能改造中国吗？再说今天的中国留学生政策不是非常合情合理的吗？部分留学生为了一已之目的，出国后不想回去，国外的机会好，对自己的未来好。赚钱多也容易，那么他就千方百计的留下来。像这种人应改“留学”为“学留”，可以不回去，回去对谁都没有好处，但不要借“故”说：中国没有“自由民主”，中国是极权政府，我回去后将受政治迫害等无稽之谈。简直是太无良知了。

“一概而论”美国的自由与民主之后，又是另一个“一概而论”的政治犯问题。任何一个国家都有它的司法制度，任何国家都有它的政治犯，不可能所有的政治犯都是人权问题。美国也有不少政治犯，也有许多人权问题。年前底特律陈果仁案，怎么没有一个中国知识分子批评美国人权问题？一个美籍华人——陈果仁活活被几个白人用棒球棍打死了。最近在加州一个白人拿自动机关枪向无辜的亚洲小孩射击，五个亚洲小孩被打死，三十多小孩受伤。还有许多黑人，西班牙裔以及印第安人的受害者。反过来，你们向美国要求监督中国的民权，实在太可笑和幼稚了。你们对美国是“无知”，而在中国年青人中造成了“崇洋媚外”的风气，实在是太糟糕，应该自我深刻反省。

在年幼的日子里，在我记忆中苦难的中国，人民的生命是朝不保夕，民族的存亡是危在旦夕。中国人在如此艰苦的奋斗里争取到今天的国际地位，同时为振兴中华建立了基础，中国知识分子应督促国家制定一个完整的社会主义“法制”，提高人民的文化教育，使得大家都知法守法、讲纪律、讲勤劳，有信义、有公德心，同时要热爱自己的民族与国家，更要同情世界上弱小的国家与民族。这样中华民族才会蒸蒸日上，也保证了中美友谊不断增长，有利世界的和平发展，这是每一位知识分子应尽的责任：绝不是天天吐诉个人的恩怨，一切都是人家对不起我。也绝不是上街做“自由战士”，上报搞“签名信”借题发挥在海外又告洋状了。人穷没有关系，要有志气，一定能改变穷的情况，只要肯努力奋斗，十年，二十年以后便会脱胎换骨而成一个新人，有文化有教养，能牺牲，能为公仆，更有同情心与正义感，是极有财富的人。目前中国需要一个安定的局面改进在开放与改革中所犯的错误，把中国的改革与开放搞得更好更成功。这是每个热爱自己国家与民族的人所应该做的事。

一九八九年三月六日于美国费城

附录：不能批评方励之吗？

——驳潘士弘的一封公开信

宏道勇士

连接读了两篇公开信后（四月四日潘士弘给程君复的公开信及三月十四日给方励之的公开信），心中感慨很多。首先再看两人背景：方氏系研究天体的物理学者，以呼吁自由民主而成名，听了他演讲录音及观察他的作为，再与多人讨论之后，可推想出方氏是位自视甚高的理想主义者。他并没有全盘地考虑到现状及后果，为了出出心中的积怨，认为大声叫骂、唱唱反调很是风采；处于不满现况及外来诱惑之情况下，在追求幻想的过程中迷失了，中国现在可能需要这种大吵大叫的人，但中国一定要知道如何应付这种人。

程氏是位教育学家，因到河南办黄河大学而成名，他有钢铁般的意志及深不可破的民族感情，为了中华民族的教育，他牺牲了很多时间，又把屋子卖了拿钱来支持黄河大学，这并不是每一个人都能做到的。他在美国三十多年的生活，从事过各种工作，是位最佳的中美文化桥梁。中国、美国都需要这种人，但是中国人要学会如何对待这种人。

华侨遍布全球，本人荣幸为其一员。华侨中卧虎、藏龙、隐凤、牛鬼蛇神，样样俱全。其中有幸运的，在海外遇到了适于“老中”成长的环境，而略能遂其所愿，称作“成功者”。但大部分都多少体会到被歧视、被排挤的滋味，只是有时并没将过去在国内所受的闷气忘却，更常常把勇于内斗的恶习也带了出来。这些因素不同的组合，使得华侨在外仍是一盘散沙，意见极为分歧。但中华民族是优秀的，华侨在当地国在某些方面是很有成就的。有些则对中华民族很有贡献，像孙中山先生就是个很好的例子。

程君复给方励之的公开信，可说是苦口婆心、义正词严，又具有一些独到的观点及真实的叙述，欲了解其意是需要智慧、体验及知识才能看懂的。其动机绝对地为了中华民族的前途着想，凡是中华民族的一分子，都不可以恶语骂他；再从深一层看他文章的动机，都是正面作用的，读者当然不能以自己的喜怒爱好来批评他了。

再看潘氏给程君复的公开信，很多是似是而非的，今一一列述于下：

（一）方氏批评中国政府，与美国议员批评美国政府是不同的。二百年前，美国立国之初连骂议员都算叛国罪的，美国人批评常常是建设性的骂，方氏的骂是抱怨式的骂，Complain 在美国社会中是极不允许的；方氏的骂是动摇其邦本的煽动性叫骂，鼓励学生上街游行示威，在美国经过麦加锡主义之后没人敢叫喊着要国家基本信仰之改革，更没太多人会鼓动学生上街以行动来反抗，小的像工人罢工加薪则有；美国宪法上一开始即说要保证国内安宁，其两百年间除了黑奴之战外，所有的更改均是渐近式更改，从来没有像中国一样老是革命式大改，一定要抛掉旧有及现有的东西才满意，能抛得掉吗？

（二）“方氏有权参加外国在中国的合法活动”——这是太天真的想法，一个有过犯罪记录的人去参加国宴，岂不是笑话？外交是互相尊重的，连布什先生后来也领悟到那是件不太适合的事的。回到二十年前，美国会让黑豹党的领袖去参加国宴吗？若你家的客人，到你家做些使你不愉快的事，你会如何？中国国民有权做的事极多，像友谊商店服务员的态度，外国人优先登机等的损害民族尊严的事是要力争的。老潘，你去为民争取吧！在法律面前，名人大官也不可宽免的，中国法律为何对名人，大官，外人宽容？

（三）“全盘西化”这个概念，害处极大，当初由胡适提出。胡适当时年少气盛，提了出来，他在美国留学但未做过事，他真的不懂何谓全盘西化，后来他也知道他说错了。假若现在有人仍看不出其错，并言“不同的人有不同的解释”来解释“全盘西化”，那这种阿Q式的人可休矣！现代资讯时代对每一个名词都应有定义，岂可如此马虎。老潘，学学美国的纪律，德国的确实及日本的分工合作团队精神吧！一个民族只学外化是从来也兴盛不起来的，只有来自内部的力量才能使民族文明昌盛。

（四）“告洋状”——此语绝非程先生想出，本人小学在台湾时就听过了。很多中国知识分子确有挟洋自重告洋状之嫌。

（五）“方氏写信给中国领导人，求赦政治犯”——这可从两方面看，一是要求时机不对，为何借美国元首来访时提出？这使我想到有些家庭的小孩子当着客人面向其父母讨价还价，父母都不喜欢小孩如此做的；第二要求方式不对，为何公开出来叫大家难看，有用吗？请方励之学学日本、美国销售员的推销术吧！至少学点心理学。

（六）“告状本身是中立性的，在告的对不对……告国人，告洋人又有何分别”——这话简直太可怕了，一个自认是中华民族的一员如何会如此想？我先假设潘君由中国大陆或台湾来，若真，我要问教育是如何办的？两件最基本的东西：普通常识及民族意识到哪里去了？可悲！可叹！

（七）“程先生是位洋人”——程先生是美国籍的中华民族人，就像其他的爱尔兰的美国人，以色列的美国人一样。据我所见所读，所有的这些不同族人对其自己族都是感情很深的。若说出“程先生是位洋人。在一份美国报纸上批评一名外国人方励之，给人的印象恰恰是洋大人审案，是不是有干涉中国内政之嫌呢？”我想说这话的人太不懂华侨心理啦，很多华侨既要尽当地国的责任，又尽种族国的义务。

（八）“程先生……接下去把民主自由歪曲为是‘背后说人闲话’‘不排队’‘不守秩序’‘不讲礼貌’‘开不完的会’……”程先生说出这些例子原系好意，提醒我民族的一些表面缺点，有良心的中国人要感激才对，为何嘲笑他；可能方先生看不到这些事的重要性，若这些基本的东西不及格，自由民主何以能来？现在我来问你一句：自由民主是目的，还是方法？人所追求的是目的，方法多多，因地制宜也，普通常识告诉我们说：人若不懂法治，是（以下缺）

（九）“程君复……以玩世不恭的口气来和方先生对应”实在说程先生语重心长，是“爱之深，骂之切”。这种事叫东西洋人见了岂不当热闹看，有一部分的洋人专说瞎话来误导中国人。

（十）“美国人权有问题……有人用中国造的半自动步枪打死无辜儿童……美国政府绝不是幕后指使人……”此段将程先生的话全改了，他没有说“中国造半自动步枪”，他说“有人拿自动机关枪……”，他也没有说“美国政府是幕后指使人”。我要再问，潘君为何改文句？动机为何？现在有些洋人的中文也不错啊！况且中国并非武器最大输出国，世界上大部武器非中国造，武器害人而归罪制造者，理由不充足。

（十一）“程先生认为，回中国受政治迫害是无稽之谈……方先生在国外……批评中国……回国就被剥夺出国权利……”

乱讲话的人到世界上任何地方都会受罚，美国移民法也有相似的条文，所以，有很多人被拒入美国境内，这都是正常现象，一个纯真的中国公民回去是不可能受政治迫害的。一般美国人讲话方式是比中国人有素养的，美国人不太对内抱怨，常用建设性语句，该学习此长处。

（十二）“方先生……是爱国的，程君复……不该指责他人崇洋。”可能两位都对民族有关切感，方先生的做法，对我们在外有两种文化背景的人言，是太“单纯”

了，而程先生在洋邦种种困难下，尚能不屈不挠为自己的民族做件有意义的事，不愧是个“准”伟人啊!这种人值得我们华侨保护的，他的名声不容侮辱！

（十三）“封锁中国……”这段史实自有记载，英首相丘吉尔言：“世上无永久的朋人”，世事变迁，程先生也是以历史的观点来看的，中美的友谊对中国人、美国人、美国的华侨都有好处，要靠我们大家去把真实的东西找出来，在互相了解之后，才能建设真正的友谊；方励之的这次行动从大体及长远看是友谊增进的污点；“封锁……”这些字眼由潘君特别提出，用意不善，若潘君系白种美国人，其意为何？若潘君是黄种美国人，在此文被白美国人看到后，将如何想？那么潘君是拿石头砸自己的脚；若潘君是中国（大陆、台湾、香港）来的留学生，则你在帮我们华侨找麻烦，请不要忘记二次世界大战时美国只关日裔美国人，而不关德裔美国人；潘君的做法实在破坏中美友谊，中美人士大家都可“鸣鼓而攻之”。

（十四）“有某个中国人侵犯了程先生的权利的时候，您要不要向洋人告状呢？”

据我所闻，在中国大陆有中国人侵犯过程先生的权利，程先生没告洋状。

大部分的华侨，虽然入了外国籍，但仍然以中华民族为荣，在适当的情况下很愿为民族做点事情，就像出嫁的女儿，眷恋着娘家一样，这是人之常情，是自然的人性。华侨与国内的人仍是同胞，而常常华侨比国内的人更爱这个民族。人与人之间的批评，应朝建设性方面进行，要除掉我们传统的“泼妇骂街”方式，改成对事不对人的素养，如此才能收到成效，别人也会接受。这是团队精神、分工合作的基础，这种分工合作的团队精神是现代中华民族最需要的。

今夜未睡觉而写出本文，写的是帮这么一个有抱负又做事的华侨程君复伸张正义，我担保，要签名支持程君复，在这里十万个都有！

（《中报》，1989年9月15日）

“拥毛”“反毛”的辩论

毛主席的智慧与远见

——驳朱学渊的“尊毛复古”谬论

程君复

首先让我说明“胡言乱语”，就是讲话不负责任，没有科学根据，更不客观。当高文谦谈及毛主席饿死了许多的中国人，比德国二次大战希特勒时代杀死的人还多，这就是“胡言乱语”。把毛主席与希特勒相提并论，是太恶毒、太无良知了。

人人都知道十八至十九世纪，二百多年的中国近代史，一个古老文明的中国，由于国家衰弱，受尽了世界上大大小小的国家的凌辱。国家失去主权，民族丧失尊严，中国人命运的悲惨，真是痛不欲生。在中华民族危急的时代里，有志之士，奋起救国，前有孙中山，后有毛泽东，乃我民族之幸。一代代民族英雄，由于他们的胆识，不顾己的牺牲，挽救了中华民族，使中华民族继续发扬与成长，为我民族建立了永垂不朽之功勋。我相信历史会给二位一定的地位，无惧你的损害，也无需我的多言。

我乃一个侨民，仅仅尽一个侨民的责任。最看不起的是一些“无耻文人”来到西方社会，为了讨好新主，想做标准洋奴，满嘴脸的汉奸形态，无耻的制造谎言，破坏自己祖国的形象，抹黑我们的民族英雄，为讨好新主子欢心来分裂、分化中国。我们要知道一个来之不易的新兴中国，在列强的侵略下，经历了多少苦难而有今天的国际地位。这是我一介侨民表达的良知。中国有十三亿人口，治理如此庞大的国家是非常不容易的。我们应体谅中国政府的困难，尽一己之力帮助祖国。但有一群民族败类，如“台独”、“藏独”、“疆独”、“民运分子”、XXX等汉奸、洋奴，无事生非，说谎造谣，目的在败坏新兴中国的形象，分裂分化一个大家庭的中华民族，使中国成不了新兴的中国，而永远的受制于西方，帮助西方尽快达到分裂分化中国的目的，中国将永不能成为一个富裕、强盛的国家。西方了解到要使中国衰弱，一定要培养这一群汉奸洋奴。破坏中国人的团结，首先要破坏中国的形象及中国人的偶像，使得中国人没有自己的伟人与民族英雄，也只能崇拜西方人了。这是阴谋，这是破坏人类文明的发展，最终也不利西方。

中华民族是一个爱好和平的民族，是一个讲正义，说公道的民族，中国的富裕和强大有利于世界的和平与繁荣，世界的未来充满着活力与希望。从我们中国古代的文明五千年的历史就可以洞察到中国人在世界上应有的地位。这个地位被抹杀了两百多年。毛主席为了中国的革命与兴盛付出了一生的时间，牺牲了自己的亲人与家庭。人不是神，在一个人人生的旅程中，每个人都会犯一些错误，我们不能因此无良知的抹黑一代伟人。由于毛主席的智慧与远见，辛勤地建立了一个自力更生的新中国。在他的时代里，中国放了原子弹、氢弹、导弹和卫星，在国际上争取到民族的尊严，也得到西方列强对中国的尊重。由于中国建立强大的军事国防，才有邓公的改革开放，也才有江总的经济迅速发展，而至胡温领导中国进入二十一世纪的小康社会。做一个有良知的中国人或知识分子一定要饮水思源，不能昧着良心与西方共舞，损害全中华民族的根本利益而沾沾自喜，是太可耻了。我乃一个侨民，在我的心灵深处认识到苦难的中国，也就更能体会新兴的中国来之不易。我们要珍惜她，爱护她，使她不断的正常发展和进步。

近世纪中国的领导人，毛、邓、江、胡都是杰出的政治领袖人才，都值得海外华人华侨的敬仰和尊重。他们提高了祖国人民的物质生活和中国的经济，国家在蒸蒸日上，这就是好领导，这就是出色的政治家！我们更应爱护我们的领导人的形象，使得百年来受列强欺凌的中国早日富强！怎么还有一些不识大体的知识分子“胡言乱语”，用西方的阴谋损害自己民族的根本利益，实在令我一介侨民心寒、痛心!希望高文谦、朱学渊等人早日反省过来，回到中华民族的大家庭里，和一介侨民一起来“反独促统，振兴中华”，维护世界真正的正义与和平，这才是每一个中国知识分子该做的事。愿共勉之。

（《多维时报》，2004 年 2 月 22～28 日）

附录：一个“尊毛”者的几点看法

董庆圆

《多维时报》最近关于毛泽东功过的争论，起自程君复、高文谦在美国之音的谈话。这件事同我有一点渊源：一位同美国之音有关系的记者，想在毛泽东逝世110周年那天，安排一个访问节目。他因12月14日在纽约举办了“纪念毛泽东主席逝世110周年”的集会，辗转找到了我，问是否愿意谈谈尊崇毛泽东一面的看法。我介绍了程君复教授接受访问，这才产生了程高对话的场面。访问之后，《多维时报》将程、高的讲话发表。又出现了朱学渊批评程君复《尊毛复古是在政治上帮倒忙》（1月18日～24日）的文章，引起了程君复的回应《毛主席的智慧与远见》（2月22日～28日），直到高文谦的《程君复明捧毛实贬邓》（3月7日～13日）的出笼。高文谦的文章，已经不是什么评价毛的功过是非，而是从头到尾地对程君复的人身攻击了。程的卷入，因我而起，我觉得有必要出来讲些话。

一、侮辱个人的文章不容刊载

在这里，我列出高的文章中，直点着程君复的名字，所作的个人攻击的原句：

“荒谬无知和无理失态，自暴其短，恶名远播。”

“连普通人起码的一点同情心都没有，完全像一个冷血动物。”

“说白丁还是客气了”“——愚昧无知。”

“十足的伪道学。”

“随着大陆泛起的尊毛热的节拍起舞。”

“共产党的孤臣孽子”，“心术不正，别有所图”。

“躲在美国，安逸了四十年，不知他的那颗爱国心藏到哪里去了？”

“摇身一变，巴结上大陆官方的权势人物，成了爱国侨领，充当打手，向主子邀功。”

“靠给中共权势人物吹喇叭，抬轿子，分一杯羹。”

“他的父母若是地下有知，真不知该对这样的不肖子孙作何感想。”

“暗藏贬邓的祸心。”

“到处吹捧江泽民，炫耀他与江总的特殊关系。”

“巴结献媚，得到了恩宠，被赏赐了一个全球反独促统会会长的头衔。”

“不知自重，已经是七十岁的人了……在大庭广众之下，对年轻女记者推推搡搡，上演了一出打闹剧。其斗志之旺盛，让人瞠目结舌。”

“丢人现眼”“败坏了他任教的TEMPLE大学的名声”。

“大陆官方用错了人”“屁股后面尊毛的标记”“选择程君复之流充当头面人物……请中共当政者三思。”

高同程素不相识，一篇文章，辱骂、诬蔑、诋毁、诬陷、挑拨、扣帽子，无所不用其极，人身攻击到了这样地步，是能允许在大众的传媒发表的吗？

为什么高文谦实行如此低劣的人身攻击呢？高的说法，是因为程“指名道姓找上门来”，“来而不往非君子之道”。也就是说，程攻击了高，高就可以攻击程。程君复的文章是回答朱学渊的，除了一起始解释为什么当时指责高文谦“胡言乱语”说当高文谦谈及毛主席饿死了许多的中国人比德国二次世界大战希特勒时代杀死的人还多，这就是“胡言乱语”，把毛主席与希特勒相提并论，是太恶毒、太无知了。

除这一段外，就没有再提到高文谦的地方。这里确实有对高的指责，但只是就高的这一段话的前提而言，并没有侮辱之意。程的文章是站在一个华侨的民族主义立场，来反驳朱学渊的“尊毛复古是在政治上帮倒忙”的论点。程所指的“一群民族败类”，如“‘台独’、‘藏独’、‘疆独’、‘民运分子’等汉奸、洋奴”，也是海内外的华人中相当流行的一般分类，并不是针对哪一个人。程所指的几类人中，当然也不会指所有同情、赞成者都是汉奸、洋奴，而是指核心的跟着洋人走的极少数人。这种习惯讲法，语法上不严密，意思却是清楚的。而且从程的整篇文章的语气也可明了。可是，高文谦却以程的文章是攻击他为题，指名道姓实行人身攻击，每一段都是点程的名字谩骂。也许，高将程所指责的几类人解释为对他的攻击；也许，高文谦的辩论方式就是如此。但，无论如何，将朱、程、高的三篇文章摆出来对比，高以文章来肆意辱骂个人，是有目共睹的。

《多维时报》需维持报格

一个人能用这样的言语来写文章，那也没有什么理可讲的了。但是，文章一朝发表，就变成大众之事。这就需要一定的规范，正像一个社区中人和人在公共场所的交往，也有一定的规范一样。否则，比赛拳头大、嘴巴凶，就是流氓世界了。文章是通过报纸发表的，报纸是要对公众负责的，对于出格的文章，报纸应该维持报格，对人身攻击的文章加以限制。高文谦的这篇文章是太过分了，作为华人社区的传媒，刊登出此文的《多维时报》应该检讨，并要做到避免再出现侮辱个人的文章。这是我对《多维时报》提的一点意见。

二、对反毛言论的批驳

现在回到主题，即对毛泽东的评价。像毛泽东这样的一位历史人物，产生于全世界人口第一的中国，其影响的深度和广度，是不可能用一件事情或一个角度来衡量的。我在这里，仅谈两点，一是对程君复所说的“胡言乱语”稍做修正，对反毛者的“为民请命”提出批驳；再则从民族主义的角度看毛的贡献。

“胡言乱语”应修正为“胡言汉语”

反毛者一开口，就是“毛泽东杀人几千万”，要为被害的几千万苍生向毛泽东讨还公道。程君复听不进，说这是“胡言乱语”。我说，需要修正。“胡言”是十分准确，“乱语”意思有，但不完全，最好改说成“汉语”。“胡”是洋人，“汉”是汉人，“胡言汉语”就是洋人鼓吹的，汉人就跟着应和。攻击毛泽东的两大“罪证”，一个是李志绥的“回忆录”，毛泽东被描述为淫乱独裁的暴君；一个就是这个“毛泽东害死了三、四千万中国人”。这两件事，正好都是典型的“胡言汉语”。也就是说，都是首先出现在华人的圈子里，找不到销路，可是一旦被洋人看中了，一下身价百倍，就变成了了不起的“史实”。

先说李志绥的书，他的初稿拿到台湾的联经出版社和美国普林斯顿的余英时那里，都看不出“历史价值”。联经出版社出价几千美元；余英时则认为不适当而加以拒绝。但是，美国的出版巨子兰灯出版社的编辑Epstein却看中了其“利用价值”，由两个洋人中国专家：黎安友（Andrew Nathan）和Ann Thurston加以“注释”、“编辑”，花了两年时间来个改头换面大包装，找了大教授大权威推荐，在美国的主流杂志和报纸头版头条登载。一本集臆造、抄袭之大成的杰作出笼。其中的漏洞百出，编造离谱，乃至伪造痕迹处处。一个保健医生摇身一变，成了毛知心的倾诉对象，“揭发”出毛的荒淫无道。我们在美国的一些朋友，发表了中、英文的公开信和揭发的文章指出此书伪造的种种漏洞。公开信发表后，中国在毛泽东身边的人员包括汪东兴在内，以及海内外的知名人士曹禺等又发出一封公开信，指斥李书和李本人。再之后，又引发了林克（毛泽东的秘书）、吴旭君（毛泽东的护士长）、徐涛（中南海的医生）合写的《历史的真实》，批驳李书的胡说。后来，从监狱里放出来的王力、戚本禹（毛在“文革”初期的笔杆子）也都说这是一眼就可看出的伪造。但是，这样一本反毛反共反华著作，除了黄色的低级描述外，没有任何一点新的历史材料的拙劣伪造，在那么多熟悉毛、接近毛的人出面反驳之下，当初不屑出版李的“回忆录”的余英时，却改变初衷，也热烈歌颂李书的历史价值。在美国的中国研究“学界”定案下，反毛的华人替李书声嘶力竭地叫好。这就是“胡言汉语”。

现在，再来看所谓的“毛泽东杀人数千万”。凡经过蒋介石、蒋经国时代的人，对今天“民运分子”叫嚷毛泽东带给中国人空前灾难，民不聊生的种种指控，一点新鲜的感觉都没有，觉得似乎又回到了当年国民党时代的“匪情研究”。奇怪得很，不但咒骂“毛共”的内容相同，提出的罪状也没有一个不是国民党反共宣传中已经讲过的，而且连语气、声调都相像。历史也真会作弄人，被扔进垃圾堆去的蒋家，居然有了反毛反共的衣钵传人。

“毛共杀人三千万”就是当年蒋家国民党反毛反共的一项主要宣传，台湾将国共内战开始，直到文化大革命，凡是同中共有关的事件，都列出了“共匪杀人”的统计数字，加在一起，超过了三千万。但无论国民党如何宣传，基本上无人重视，因为国民党的信用扫地。可是，到了二十世纪九十年代以后，西方的中国问题专家，又从中国的统计年鉴上，找到了“证据”，提出了“大跃进年代饿死了三千万人”。同李志绥的书一样，洋人一看中，身价就百倍。于是，西方的中国通和主流媒体，又将这个“发现”判定为共产党中国历史的史料。从此以后，我们只要看西方所有的媒体、学者、政客，有机会一定要说“大跃进年代饿死了三千万”，似乎是不争的事实了。一如既往，只要有了“胡言”，就有“汉语”。在华人中，“大跃进饿死了三千万”高唱入云。于是蒋家国民党的“毛共杀人三千万”又得到再生，民运反毛分子接过了棒，叫嚷着“毛泽东杀害三千万人”。当然，同过去的国民党统计方法一样，再加上土改、文革，毛泽东杀害了就不止三千万，是四千万、五千万了。

“大跃进饿死三千万”这个说法，正像李志绥的书一样，是完全站不住脚的。打蛇打头，真正最应该驳斥的对象不是“汉语”叫嚷的华人，而是发号施令的“胡言”者，即西方的文化帝国主义者。这需要我们华人的共同声讨。在这里，我只简单说两点：第一，这是一个数字高达几千万人的推断，而且是一个具有明显政治目的的推断，如果拿不出严谨可靠的证明，就是假的，不足信的。

第二，现在所谓公认的“饿死三千万”的推论，资料任意取舍，推断采取跳跃方式，既不可靠，又不严谨。没有任何人否认在1959到1961的三年自然灾害的时候有人饿死，甚至相当严重，如河南信阳就是被一再引用的例子。也没有人否认那个时候，有吃观音土、野菜充饥，相当多的人营养不良。缺粮的地区，人民的处境是相当苦的。但是，就因此得出饿死了三千万？

有些问题上，常识比专家更可靠。特别是统计分析时，玩弄数字游戏的专家，比起日常生活中的直观和常识还离谱得多。这也并不奇怪，因为就统计数学而言，常识中的取样，有时比专家的取样，更能反映研究对象的分布状态，作出的判断是经过平均后的结果，而专家就可能受偏见左右。从常识看，当时约六亿半人口中，要是饿死了三千万，每二十人就饿死一人，这岂不是饿殍遍地，惨不忍睹的画面。真的严重到这个地步，那灾区大逃荒、大流民、大乞讨的场面是不可能隐瞒的，全国上下都应该知道。事实上，从当时所有的资料，包括生活在当时的人的经验和官方、民间的全部记载、记录资料，都得不出哪怕是再轻微几倍的感觉。今天，我们所看到的关于大跃进的叙述或数字，几乎全是事件已经发生了三十年之后的再制品。西方的论断，唯一的根据是：1982年的统计年鉴上的人口数字，在三年灾害时下凹，就采取自设的预期值减去现有值，得出了三千万。这三千万人口的“减少”是发生在饥荒时代，所以，减少的人都是饿死的。于是，“人口减少三千万”，就变成了“饿死三千万”。三年灾害正是大跃进时期，因此又得出了“大跃进时期饿死三千万人”；当时中共自己都说是“三分天灾，七分人祸”，所以，变成了“大跃进饿死了三千万人”；大跃进是毛泽东所发动的，这就变成了“毛泽东害死了三千万”。

（一）“饿死三千万”是文化帝国主义者的胡说

这是什么“学术研究”、“历史考证”？首先，是数据的不可靠。整个命题的唯一资料，就是1982年的统计年鉴。1982年距离大跃进时期已过了二十年，官方正在非毛和毛时代的大运动，包括大跃进在内。中国的统计数字大概还要多加上一个政治因素。总之，隔了如此长时间，编出的过去统计数字从哪里来的？没有详细的说明，我们无从知道。统计研究的出发点是数据。数据的来源是什么，有多大的可靠性？原始数据有多大的误差？根据此才可以进一步的统计推算。

让我们考查年鉴的人口统计。在1949到1982年中国仅作过三次全国性的人口普查，1953、1964和1982。1953年的一次，非常粗略，1964补充一些，1982的才比较细。也就是说，在三年灾害时期，根本没有作全国范围的人口普查，数字不是直接调查，而是根据其他相关的数据和1953、1964、1982年三次人口普查的资料加上其他参考数据推算出来。

人口普查很难准确。即使以今天如此发达的美国来看，人口普查的结果，都有好几个百分点的误差，而且每次都被指责为失实，打更正的官司。以中国当时的条件和统计学的不发达，误差肯定更大。上下2.5个百分点的不准确性，就有5个百分点的人口差距，就已经超过三千万人了。而大跃进年代的人口数字，根本不是当年的普查，而是用十年、二十年间隔的二手、三手，乃至任意插值的方法得出的数据，从原始的误差，经过推算的误差就很可能过高，太过粗略，结论就失去量的意义，只能看出趋势和多年的平均数。而更可能的是，推算公式中，已经先加进了对大跃进时期的人为偏向。总之，除非能确定数字产生的方式，以及此一方式和原始数据的误差范围，算出最后推导出的数字的误差范围，看上下限有多大，才能决定当年人口的上、下限。上、下限过宽，人口的推断可靠性就很低。数字产生的方式都不知道，根据常识性的推测，大跃进年代人口数字的可能误差是相当大的，就这样的数据，作出死多少人的论断没有丝毫意义。

大跃进时期的人口当然是相对其他年份减少了，但是，这个减少，并不是什么饿死，而是出生的人少了，死亡的人多了。生活困难、营养不良等因素导致出生率下降死亡率上升。出生率下降来自不愿生育和生育困难，死亡率上升来自老弱、婴儿死亡率的增加，婴儿流产，婴儿养不活的机会大了，老弱病的抵抗力差，活得短了。另外，还有同饥饿不相关的其他原因。就常情判断，生育减少和婴儿流产比重高。无论如何，这与路有饿殍的惨景，不是一回事。所以，即使有当年的出生和死亡的绝对准确数字，也只能用以论断死亡率和出生率的增减，连判断其中有多少人是不正常死亡就已经不科学、不恰当，讲成是饿死，那就是信口胡言，是文化帝国主义者背离基本学术标准的谰言。

至于到底有多少饿死的人呢？绝对不多，而且大略的数字并不难估计。只要将当时党内地方向中央以及地方下级向上级上报的有关饿死的数字作为基础，再考虑遗漏的合理误差，就可以得出一个范围。这个数字，比任何其他方式都可靠，因为中国的制度是共产党自上至下的全面领导，中央要总集全国的信息，制定政策、计划等等，再层层下达、层层执行，又层层自下反馈。只要重大事件，例如饿死了相当多的人，下级一定要向上级报告，汇编成简报，直到中央。我们可以从目前已经公布的材料中看到，有关饿死人的报告，是有传达到中央的。我们所听到的死亡严重地区，也都是从中央的文件材料中获知的。中央和地方的文件、简报中的饿死人总数一定不会很多，因为国内的部分研究者有渠道查看内部文件，中国政府也作过对大跃进的调查。有案可考的死人事件，应该都披露出来了。如果数目吓人，就会被西方大肆渲染了。当然，总有报多、报少乃至不向上报。对这个误差的估计，通过一个合理的上报分析模式并不难达到。但可以断言的，饿死的人绝对不多。

（二）将自然灾害造成的死亡，说成是毛泽东害死的，更是无稽

天灾也能算害死？反毛者会说：中共自己都承认是“三分天灾，七分人祸”。随便拿一句话，就可以作论证、定罪魁祸首？一句官腔也可以作为数据分析根据？靠一句话定历史公案？三年自然灾害是假的？大跃进的人为错误到底怎么加重了灾情？有多严重？由谁负责，都搞不清楚，反正全是毛泽东的错，是他发起的。这种讲法没有任何说服力的。

发生了严重灾害，其中又同时赶上大跃进，影响了农村劳动力以及其他一些影响，增加了灾情。毛泽东和共产党要承担责任。但承担加重灾情错误的责任同害死人是两码子事，中国自此以后，对官员人为造成的灾害死亡事件一定从重处理，并头等重视防洪抗旱，保证粮食的生产等，都是负责的做法。

在共产党统治下，共产党做的错事要承担，做的好事也有功劳。

须知道，中国的农民也更多这样的说法：正是有了毛泽东和共产党，所以在如此严重的连续三年灾害时，我们还撑过来了，否则真的不知道要死多少人。这比所谓的“害死三千万人”要有道理得多。中国的制度，国家一直掌握全国的粮食供求总数。不足数进口，还有国家的必要存粮，对缺粮区救济。大寨的出头，就是由于在三年自然灾害时期，天大旱人大干，不拿国家一分救济粮。国家保证住主粮，在全国范围内实行救济，中国只有在社会主义的体制下才可能做到，避免了历来大饥荒年代的逃荒、饿殍遍野的惨状。

用人口统计来评定政治是非，道理很小，即使采用，也应该是人均寿命的增减。西方的“学者”就不愿意用中国处于人均寿命增长国家的前列，来称颂毛泽东的功劳。如果按照多死就是害死的逻辑，人均寿命的数字增长，就表示毛泽东和共产党活命无数、功德无量了。

（三）关于文化帝国主义的问题

靠一个数字作无限延伸，当然暴露不良居心，反映出文化帝国主义的作祟：

一个摆在面前，人所共知的例子。就是从哥伦布登陆美洲开始，到二十世纪下半世纪，北美洲的原住民，即所谓的“印第安人”，遭受种族灭绝的惨祸。美国主流历史和媒体，从来是说印第安人剥白人头皮，白人自卫。对印第安人的死亡人数，讳莫如深，非说不可，就是不过百万。整个一个偌大的、土壤最肥沃的北美洲，当地的所有原住民，在殖民者来到后，人都快绝种了，最低时只有几十万人！自从二十世纪六十年代后，研究这段时期的历史者，也作了各种统计，对北美原住民的死亡数字，少说也有五、六百万，多的从三千万到一亿。这些数字的推算，都还是根据一些经考证的某些地区的原住民消失的人数和其他的口传、文件史料等等，采用不同的统计模式推算出来，相差很大，一般同意的数当以千万计。但是，主流历史学者和媒体，从来也不承认这样的数字，更无论在每次谈到有关原住民的问题上，提杀人千万的数字。美国的主流学者和主流媒体，在对待自己的问题和对待中国的问题上，完全采取两种标准的，这就是典型的文化帝国主义，“印第安人”的种族灭绝和大跃进的死人，是性质完全不同的事件，一个是屠杀，一个是自然灾害和失误。本国的历史罪行的数字缩减得离谱，媒体绝口不提，其他国家的人口问题，随便抓个资料，无限上纲，任意制造“历史”，媒体则反复报道。这就是文化帝国主义。

文化帝国主义真正的为害性，是思想上的征服，建立起帝国言行的无上权威，果真如此，这个被侵略的民族就难以翻身了。

三、毛泽东对中华民族的贡献

最后，从民族再生的角度看毛泽东的贡献。

毛泽东在1949年开国典礼上说的“中国人民从此站起来了”这句话，直到今天，都让人感觉到一言九鼎，气势万钧。为什么？因为这句话说来容易，做起来太难了。如果做到了，对中华民族而言，就是起死回生。到1976年毛泽东逝世的时候，中国人民站起来已经是不争的共识。中国在国际上的地位是，小国亲、大国敬。

1971年乔冠华第一次出席联合国的演讲，受到当场代表支持、赞扬的场面，在联合国是空前的。别的不说，就从欧美发达国家首脑所发表的对毛泽东的评论来看，无人不被毛泽东的气派、识见所震慑。基辛格把毛泽东视为庞然巨物，以同毛泽东交往为莫大荣幸；尼克松在他的纪念图书馆中，有他所接触的当代政治大人物五、六人的塑像，中国就有两个，一个毛泽东，一个周恩来，而且，别人是站立，毛、周是坐着的。日本的田中首相，见到毛泽东时恭敬有加。这个景象同1949年前的欧美日列强对中国人的蔑视，对中国国家元首的轻蔑相对照：美国的杜鲁门、史迪威称蒋介石为PEANUT；日本军阀将中国人看成贱民、中国猪。这些习惯了侵略别人的列强，种族歧视到了骨子里面的头面人物，何以前倨后恭，判若两人？当然是中国人民确实站起来了。毛泽东领导着中国人民站立起来，中国人民在毛泽东的领导下，自力更生地打出自己的天下，创造了中国历史上最光辉的一页。

毛泽东曾称赞鲁迅：没有丝毫的奴颜媚骨。这句话，同样可用在毛泽东自己身上。中国人民的站立，最难过的关就是如何恢复民族自尊、自信心。在民族已经被欺负到长期趴在地下头都不敢抬时，民族自卑感已经深种人心，没有丝毫奴颜媚骨在旧社会的官界、学界中几乎是绝无仅有，这就是鲁迅的可贵之处。但毛泽东就比鲁迅走得更远了，他以一己的毫无奴颜媚骨的精神，扩而大之，帮助全中国的人去除自卑，建立自尊、自信。这需要多大的气派，多艰巨的奋斗，多坚强的毅力。而毛泽东领导下的中国确实做到了。所以，毛泽东的特点之一，就是一个“大”字。他的眼光、见识、心胸、志气、手笔，都是其大无比。但他可不是志大才疏，而是说到做到，因为他的“大”是立足在中华民族之大，而不是凭空乱吹。只有中国才能产生这样的超级大人物，也只有毛泽东这样的大手笔者，才可能扭转乾坤，带领中国人民重新站立起来。我们将今天世界上的民族或国家和一百年前二十世纪初期相比。民族地位唯一起了明显变化的就是中国。其他的被压迫民族，没有一个是真正翻身的，两弹一星体现中国人民的站立。

本文开始时提到的毛泽东110诞辰纪念会，放映了两弹一星纪录片。两弹一星就是典型的毛泽东大手笔，也相当能体现中国人民是怎么站起来的。

两弹一星，过去的国民党和今天的反毛右派，又是一脉相承，说成是“要核子，不要裤子”，是不顾人民死活的黩武政策。这种话说得越多，就越显示所谓的“为民请命”的虚伪。中国当时的外交部长陈毅讲，当了裤子也要搞出原子弹，这是志气。但是，核弹、卫星是靠花钱就那么容易搞出来的吗？

发展核子、导弹是关系中国立国的重大战略决策，对外，突破了美、苏的核威胁、核讹诈，建立国家在国际上的威望和地位；对内，不仅关系国防建设，而且关系整个工业建设的大布局，并建立中国自己的科技大军。核弹和导弹卫星，是当时最先进的科学和工业结合的综合工业，要求物理、数学、化学、流体力学、空气动力学、燃料、动力、金属、加速器、电子计算机等等的全面水平和复杂的系统工程。中国当时的工业水平和科技水平，就条件而言，是远离要求的，如果按照常识的想法，是连一点希望都没有的。但是，就国家的国防和工业的布局而言，核弹、导弹和人造卫星是战略的制高点，一举就可以把全局带动。只有毛泽东，有这样的眼光和这样的气概，挥手向两弹一星进军。

很多人都听过以下的故事：美籍华人杨振宁教授在1972年去中国时，打听中国的原子弹有没有他的同学美国人韩春参加，当听到中国方面告诉他：中国的原子弹发展，没有一个外国人参加，原子弹的所有零件、材料，全是国产时，当场感动泪下。杨当然懂得制造原子弹的不易。他又经历了解放前的中国社会，知道那个时候中国的落后程度。从工业、科技那么落后的情况下，解放后十五年，就能造核弹，这是无法想象的事，而且全部国产，怎不令人感动！

以中国当时的起点，两弹一星不是仅靠科技专家能搞出的，技术落后下的攻关，让中国人发展出惊人的创造能力、集体智慧和难以想象的奋战精神。两弹一星不仅搞成功，而且指标高于美苏，时间却短得多。中国人能在这样的条件下发展出两弹一星，还有什么事不能干。两弹一星的发展过程，就是中国人民在毛泽东时代站立起来的过程的缩影。

纪念会上放映两弹一星的纪录片时，在场的群众，无不被中国人的奋战精神所感动：这就是新中国人的面貌。最可贵的就是这个精神和志气，毛泽东所代表的就是这个精神。以下是一位参加纪念会的老华人，写给主办者的信的部分内容："通过那次的活动，看到真实情景，中国"两弹一星"的艰苦试验成功，我想如果没有毛主席和当时中国领导阶层和中国人民的智慧，不畏当时国际国内政治经济环境的压力，没有自强不息、坚韧不拔、艰苦奋斗的精神是不可能战胜的。我作为中国人民的一员，感觉到很自豪和高兴。

"中国人民站起来了，"这句话代表了毛泽东时代。

2004年3月15日于纽约

反对日本军国主义、反美帝、反社帝

1. 坚决反对日本成为联合国常任理事国

程君复

今天，我们会聚纽约联合国广场，反对日本成为联合国常任理事国。我们反对的理由有八点：

（1）日本首相小泉多次参拜靖国神社，公然侮辱亚洲人民。

（2）日本必须赔偿二战时期的强迫劳工、慰安妇、细菌毒气受害者及其家属。

（3）日本必须还我领土钓鱼岛。

（4）日本应道歉并清除所有埋在中国土地下的细菌弹、毒气弹。

（5）日本必须停止侵犯中国领海主权及资源。

（6）日本必须制止军国主义复活。

（7）日本应停止幕后操纵"台独"，破坏中国的和平统一。

（8）日本必须停止篡改侵华历史。

七十年代中日两国建交时，双方共同承认周总理所提出的"和平共处五项原则"，你们不但没有遵守，而且一直在破坏，你们是一个侵略成性的国家。自1874

年到1945年，你们到处侵略、扩张，残害无数亚洲人民的生命，也杀害了三千五百万中国人民。你们到哪里就杀到哪里，抢到哪里，不顾人民的生命与财产，终于在全世界人民的抵抗下，无条件投降。第二次世界大战已经结束六十年了，德国已经为法西斯侵略罪行向全世界人民彻底认罪，尤其对犹太人的残杀痛心疾首，改邪归正。日本法西斯只知道向美国两颗原子弹磕头，而面对整个亚洲人民所犯下的滔天罪行却置之不顾，还要歪曲历史，伪造历史，否定历史。不仅欺骗世界人民，还要蒙蔽你们自己的国民。日本首相小泉纯一郎多次参拜靖国神社，为日本战犯追魂，证明他对日本二次大战罪行的一切道歉都是虚假的，根本没有诚意。今天又公开侵占中国领土钓鱼岛，还暗中支持“台独”，那就是今天日本政府侵略的本质，侵略成性。为了霸占中国领土钓鱼岛，竟然虚构事实，欺骗日本人民，欺骗全世界，来达到你们侵略的目的。玩火者必自焚，你们的侵略野心一定不会得逞，相反的必定受到全世界人民有力的惩罚。

我们正告日本政府，立即停止一切侵略中国领土、领海的野心，勒令军国主义者退出日本政府，制止军国主义复活。认真反省二次大战时的罪行，还日本侵略史的真面目，清除二次大战遗留在中国大地的生化细菌和毒气弹，同时全面赔偿受害者的所有损失，停止幕后操纵“台独”，破坏中国的和平统一。

我们坚决反对日本加入联合国常任理事国，你们的不道德行为是人性的大是大非的问题。你们的邪恶无助于世界的和平发展，你们没有资格担负世界上主持正义的大业。我们警告日本政府，日本军国主义是没有出路的，最终必消灭自己。

最后，请大家随我一起喊口号：

日本是最邪恶的国家！

打倒日本军国主义！

消灭日本军国主义者！

消灭日本法西斯！

（2005年4月22日在美东侨学界在纽约联合国广场举行反对日本加入联合国常任理事国的示威活动上发表的讲话）

2．美国总统大选后的世界“反恐”战争与“新保守主义”的崛起

程君复

这次布什总统竞选连任的策略灵活运用了“反恐”、道德与宗教，获得3.5百万选票，赢得连任。因此，布什的政治本钱大大的增加，对他的反恐战争给予大力肯定。但是，在国内的问题上，布什已承诺了美国保守派的要求，加强个人道德与宗教信仰，改革税制与社会福利基础的重新建立。如果因此在美国政治上破坏了政、教分离的原则，将导致宗教干涉政治的开始，引发欧洲中世纪历史的重演，宗教会带来混乱与暴力。美国地区性的分化与分裂造成了这次选举的结果。美南与美中西部的保守势力用垄断的方式左右了他们所要的政治和总统，实质上破坏了美国的民主选举，形成民主垄断，使得东西两岸发达地区，开明，高文化、多民族融居地区受制于保守地区。不发达、不开明不利于美国自身的发展与进步，更将影响世界形势的大变化。例如在台湾海峡两岸关系与亚太地区，布什可能借助国内保守势力与国际保守势力结成政治联盟，甚至军事联盟。如今，日本保守势力的抬头与军国主义的死灰复燃，使得布什除了台湾牌，又增加了强有力的日本牌，这将不利于海峡两岸的和平，并有损亚太地区的和谐环境。

对此，我们要警告日本，不要利用布什的连任进一步发展日本军国主义，这对亚洲的稳定与和平是不利的，对世界的和平与发展也有妨碍。美国在布什连任后的四年，亚太政策是开明或保守，将影响中美关系的稳定，并且将是决定今后世界的和平与发展的最主要因素。日本想利用美国的保守势力恢复其军国主义，不仅会破坏亚人地区的和平，更将损害国际势力的平衡，最终必将毁火自己。

美、中在布什连任之后必须正视台湾问题。我们要求美国在“一中”政策上要有具体表现，不能像过去一般模糊，大量军售台湾，助长“台独”声势；我们希望美国警惕日本军国主义之复活，维护亚太地区的和平与发展，加强中美的正常合作，共同维护世界的和平与发展，乃世界之福。

2004年11月在记者会上的发言

3. 读报有感

程君复

世界上凡是有良知的人们，应请求美国克制，恳求美国勿为阿富汗再添悲惨；

阿富汗的人民实在太脆弱，太可怜了。

二十二年来各式各样的战争，又四年连续无情的旱灾，人民真是备受蹂躏。

如果有美国人高喊，要把阿富汗炸回原始的石器时代；

美国应该知道，此刻的阿富汗，距离原始石器时代并不太远了。

宾拉丹只是一个个人，不是阿富汗；

他一个人，不是阿富汗人民。

美国不能借题发挥，狂轰滥炸穷苦无辜的人民！

写于2001年9月15日

4. 支援中国惩越战争的一封公开信

敬爱的父老兄弟姊妹们：

几年来，苏联利用越南在东南亚地区猖狂的反华排华。杀我华侨，赶我华侨，抢夺我华侨的财物，有二十万的华侨回归祖国，也有上万的华侨被越南当局逼迫着飘荡在汪洋大海里——何处是归宿？！见着华侨的家破人亡，见着华侨的受凌受欺，本是同胞生，我们能无动于衷吗？！

越南当局在苏联的指使下，不断地在扩大反华排华，更进一步在祖国的边界地区干强盗行径，毁我祖国的村庄，杀伤我祖国的军民，奸污我祖国的妇女。如此下去祖国同胞不得安宁的建设国家，海外的华侨不得安定的创家立业。

中国在忍无可忍的情况下反击越南的武装挑衅，教训一下越南的疯狂行为。希望越南迷途知返，不再受苏联的利用，不再在东南亚地区搞反华排华的勾当，永不做苏联霸权主义的帮凶。

如今祖国要积极的发展，国家现代化，把国民经济搞上去，又必须在东南亚地区制止苏联与越南侵扰。凡我爱国同胞及父老兄弟姊妹们！在今日的这种情况之下，我们一定要拿出具体的行动，支援祖国的正义行动，把苏联与越南的阴谋制止！把祖国的现代化搞上去！

有钱出钱，有力出力。

费城国是研究社 程君复

一九七九年二月二十日

5. 支援中国惩越战争的第二封公开信

敬爱的父老兄弟姊妹们：

在明朝末年的时候，俄国彼得大帝利用西伯利亚的少数民族南下骚扰中国黑龙江流域，进占我雅克萨城（黑龙江极北境）。清初时期，俄国又再度南下筑尼布楚城，继续侵扰中国，直到清康熙二十四年，中国派都统彭春，率领五千人自瑷珲进兵，克复雅克萨城，重整边疆地区。这在历史上是中国第一次惩俄战争。一年之后，俄国又出兵侵占雅克萨城，扰我边防人民不得安居乐业，中国再度出兵惩俄，雅克萨城被包围，俄国守将图尔布青阵亡，后经荷兰公使调解，于公元一六八九年九月，中俄在尼布楚订立《尼布楚条约》，其内容要点如下：

一、西起额尔古纳河，北沿格尔毕齐河和外兴安岭为中俄两国国界。

二、拆毁雅克萨城，俄人撤回俄境。

三、中俄两国国民均不得越界。

四、本条约订立以后，来往旅客如有路票，听其交易，若有逃犯互不收容。

本条约以满、汉、蒙古、拉丁、俄国五种文字在格尔毕河东岸及额尔古纳河南岸，刻石立碑，永志不忘。

虽然中俄的条约是签订了，但是俄国想侵占中国的野心又何时减少过呢？！事实证明，公元一七二七年中俄重订尼布楚条约，使中国丧失了四十万七千多平方公里土地，俄国不费一兵一卒，运用狡猾的外交手段，竟占了这么大的便宜，自此俄人食髓知味，对侵华的事，便越来越感兴趣了。

公元一八五八年，俄国又大兴侵华的野心，乘英法联军之时，陈兵瑷珲，强制中国订立中俄瑷珲条约，其内容如下：

一、外兴安岭以南，黑龙江以北之地属俄，但是江东方二十四屯居民（黑龙江左岸及精奇黑河以南之地）仍属中国管理。

二、乌苏里江以东至海之地，由中俄两国共管。

三、允许俄人通航黑龙江，乌苏里江，松花江。

此约订立后，俄国强夺了中国四十六万六千多平方公里的土地，又于公元一八五八年，俄以英法联军的调解人，强索报酬，订中俄天津条约。公元一八六〇年再订中俄北京条约，使中国又凭空损失了二十二万五千七百平方公里的土地，俄得此而建立了他们的东海滨省。

一九四五年，俄再次运用狡猾的外交手段，使外蒙古脱离了中国而自行独立。实质上，今日的外蒙古已非独立，而是在俄国的控制下，按主人的命令行事。可想俄帝国主义，亡我之心，天天在膨胀。而如今为了称霸世界，利用越南当局的扩张癖攫取印度支那地区，然后控制整个东南亚和南亚地区。而越南已成为俄国在亚洲进行侵略扩张的重要阵地。首先推行了反华排华的勾当。而当地的华侨所遭受到的损失和迫害，委实不小——叫天，天不应，叫地，地不灵！天地茫茫，有谁听见我的呼唤？！闽奥同胞向具开天辟地的革命精神，前往东南亚开发的侨胞特别多。他们与当地的人共生活共勤劳，世世代代的在那里共创前途已有几百年的历史。今天，越南为了讨好俄国主子的欢心，背弃中越的友谊，侮虐惨杀我们的华裔同胞，强夺其所有再勒令出境，家破人亡的苦难，实为华裔同胞的空前浩劫。

这次中国的惩越战争，一方面为了保卫疆土，反击了俄国在东南亚的扩张，一方面教训了越南反华排华的弥天大罪。要知道任何反华排华都是不利于华侨，当然更不利于中国。所以海外的父老兄弟姊妹们一定要注重中国的长远利益，国内的父老兄弟姊妹们，也一定要注重海外华侨的应有利益。由于过去惨痛的历史教训和今天所面临的事实情况，帝国主义仍然在对中国布置天罗地网，我们对此不能没有高度的警惕。

目前中越的战争在表面上是停止了，其实不然，它还在不断地扩充。如今寮国和外蒙古又在俄国的主谋下反华排华，试想——我们能让俄国如此这般疯狂的困扰中国下去吗？

这一次我们支援中国惩越战争的意义是深远的，也更进一步看到支援中国现代化是更迫切的。也就是说，我们要中国真正的强大，要快一点地强大起来；否则俄国不会罢休的，还有第二个越南，第三个越南……亲爱的父老兄弟姊妹们，我们要把支援中国惩越战争更进一步推动到全力支援中国现代化，因为它是抵制帝国主义对中国侵略的一个有力保证。

费城国是研究社提出并发起——海外华侨捐献祖国一所“现代化科技大学”。我们以具体的行动支援中国现代化，一直到它成功的一天为止。

费城国是研究社 程君复

一九七九年三月十八日

三、颂赞和悼念

1. 颂中国人民的儿子

——王 伟

胥 复（程君复）

今年四月一日上午，一架美国EP-3军用电子侦察机抵近我国海南岛东南海域上空进行侦察活动，担负战备值班任务的王伟奉命驾机升空实施跟踪监视。美机违反飞行规则，将王伟驾驶的飞机撞毁。王伟按照机长的命令跳伞，经军地全力搜索未果，壮烈牺牲。

是四月一日的那天，
南海上空飞来一架“不速之客”，
沿着海南岛的边防而飞，
探查着中国领土上的一切动态，
为洞察中国的军事实力，
为破除中国的国防布置，
这是远方来的间谍，
这是美霸冷战的硬件。
王伟整装上了歼八机，直飞云霄，
监控那“不速之客”，你来自何方？去往何处？
阻挡那“间谍”的电波、光波和微波，
制止那“机身”向我们的边防靠拢，
抵抗那“美霸”的入侵，侵犯着我们的领土主权，
王伟在保家卫国，在为人民尽责，在为国家尽忠，他痛诉——
美霸以公海上之名，行间谍之事，
美霸以空间自由之名，破坏一国家安全设置，
美霸以维护亚洲和平之名，抛售冷战独霸全亚洲，
美霸以海空是无限制之名，行垄断之实，
忽然，忽然，

那“不速之客”，以庞大的机身，猛向左转，
那“歼八机”被撞，机身断体而横飞，
那风云飘茫，那汪洋大海，
王伟，一无音讯。
一……无……音……讯……呀！
似大海风浪里的啸声，
似中国人民的怒吼，
我们的王伟，
中国的儿子，王伟，
有妻小的王伟，
还有那，
老年父母的王伟呀！
乌云片片兮高空寒，
海浪飘飘兮远无影。
一天天地过去，已十五天了。
你与我从无一面之缘，
在报章上见了你与妻、子的一帧照片，
而你，
且如此的年青、英俊，更是神情光芒，
而你的影子，
且，时刻在我白日的工作里，
又，在我夜晚的梦中里，
而，我终于“无以自拔”的，
流下了我伤情之泪，之泪，之泪呀！
在呼呼的泪声中，叫着，——
“我的儿呀！你回来吧！如何一去就这么久呢？！”
风吹起那一波波的海浪
我且在黑夜的一方，远远地望去——
见着那东方的清晨拂晓，
见着那慢慢升起的红色太阳，
是英雄的王伟，

你，

为了人民，为了国家，为了中华民族，

你，英雄式地去了

一瞬间，

天色昏昏，黑云密布，

你的正义之声，如打雷般响彻了天霄，

你的正义之气，如狂风般吹进了天涯，

你的爱国之情，如细水般流入到人间，

你的爱国之心，如雨点般湿润着大地。

我再一次抹着眼，流下了我伤情泪，

我又再一次流下了伤情之泪，抹着我又流着泪的眼，

我痛哭英魂，痛哭我的王伟呀！

王伟，你是中国的好儿子，好儿子呀！

我们永远的怀念着你，思忆着你，拥抱着你呀！

敬重的王伟，永垂不朽，——我为你而颂。

2004年5月

2. 民族的统一与复兴之歌

程君复

五千年民族的灿烂文化，

二百年民族的沉沦悲痛，

战火中，那荒山野地，

人群中，那鸡飞狗跳，

轰炸中，那隆隆之音，

夜深中，那一片漆黑，

中国人，在列强的洋枪下，在日本的刀口下，

前仆后继，筑起了中国人的血肉长城！

日，日，月，月，又一年……

是那年，那月，又那日，……

我痴望着母亲的泪水，说，“妈不要哭了”。

我们要奋发图强，抹去我民族的耻辱，
我们要强大起来，夺回我民族的尊严。
活在我的岗位上，
死在我的战场上，
永远是中国人的儿子。

中国大地有了——
有了毛泽东的革命之声，中国的原子弹、导弹与卫星，保卫了家园，
有了邓小平的改革之声，中国的四个现代化，为大好社会奠了基础。
有了江泽民的发展之声，中国的科技与建设，改善了人民的生活。
有了胡锦涛的统一之声，中国的富国强兵，进入世界舞台。

宝岛台湾，乃我生长的地方。
建国中学的橄榄球场，
宁波西街的台湾小吃，
汉口街的东吴大学，
还有那西瓜大王、炸臭豆腐，
圆环的台湾夜宵，原汁原味，
西门町的电影院，清蒸玉米，红豆冰棒，
台北桥下的歌仔戏，士林的大拜拜，
还有大街小巷里的家家户户，
台湾人民的纯朴，善良乃中华民族的优秀与骄傲。
我爱我中国的台湾，也爱中国。
那一草一木，漫地野花，
天与地，山与水，一景，一色，
都是我的灵与魂哟！
还有食，由南到北，各有特色，
还有戏，真比天还要大哟！
北京的京剧，那玉堂春的苏三，那四郎探母的四郎；还有那三娘教子的三娘哟！
河南的豫剧，那常香玉的花木兰，唱的是“活活”的花木兰。
听那黄梅调、评弹、沪剧，那腔与声，

还有粤剧与闽南歌仔戏，又苦又悲，
我泪在其中，也醉在其中，
我伤心无境，也享乐无穷！
我们的老祖宗写给我们的——
水浒传，替天行道，
三国志，忠义豪杰，
红楼梦，情深义重
孔孟哲理，老庄哲学，
李白、杜甫与屈原的诗词，
唐伯虎、扬州八怪及张大千的书画，
那一篇篇的古文观止，终无休止的意境，
那四书、五经，史记与资治通鉴，回味无穷的史故，
感激老祖宗给我们留下的智慧哟！

宝岛台湾，乃我中华民族的国土，
乃我中华民族的大家庭，
乃我中华民族的血与肉，
乃我中华文化之地，
乃我同胞兄弟骨肉乡亲，
乃我十三亿人民的宝岛台湾，
宝岛台湾，乃我全中国的整体，容不得分割与分裂，
宝岛台湾，终必回归祖国怀抱。

有了宝岛台湾，加快了台湾的发展，更加快了中国的发展，
增强了台湾人民的尊严，
更增强了全民族的尊严，
是全台湾人民的幸福，
更是全中国人民的幸福，
有了宝岛台湾，中华民族的振兴在望，
有了宝岛台湾，中华民族的复兴就在眼前。

中国的统一——
展示着“全球华人反独促统”的意愿与决心，
展示着台湾同胞的意愿与决心，
展示着我们的意愿与决心，
展示着中华民族的意愿与决心，
统一的胜利是属于台湾同胞的，也是全中国人民的！

澳门回归祖国五周年后的今天远比昨天好，
在祖国爱护下澳门的一国两制也越来越好，
为此，我高歌一曲，
盼中华民族的统一与复兴，
来迎接台湾的早日归来。

2004年12月作（未发表）

3．追悼老友周世民

你我情同手足，
对自己家乡与祖国，
又有共同的理念。
你我情深似海，
对未来统一的中国，
共同奋斗振兴中华。
别了，
我的老友，
你的理念永垂不朽！
我将努力继续追求！

弟　程君复　泣

二零零四年三月四日

四、来往函电

1. 致国家军委江泽民主席、中央军委胡锦涛主席

尊敬的国家军委江泽民主席

尊敬的中央军委胡锦涛主席

首先，请让我问候主席身体健康，再向主席拜年，恭贺新禧。

数十年来观察国际风云的领会：六十年代冷战时期，日本利用韩战与越战把美国的汽车工业与电子工业搞垮，占领了整个亚洲市场。八十年代，美国制裁了日本，使得日本经济直线下降。现在，日本利用美国的“反恐”战争，修改了日本“和平宪法”为“有事法制”，过去防卫性的国防变成“先发制人”攻击性的军国主义政策。日本三菱公司又可以制造武器外销，同时与美国从防卫性关系提升为“两国军事同盟”的关系，这将在亚洲把日本恢复到军事强国。而日本的侵略本性不改，至今仍占领中国领土钓鱼岛，欲争夺东海海底资源，又暗中支持“台独”，搞隐性的渐进式“台独”。台湾当局搞“正名”，“去中国化”，“制定新宪法”等等，都有日本从后操作。日本又视中国的“和平崛起”为威胁，在世界上广为宣传，竭尽讨好美国，建立美日的特殊关系，有利日本的军事发展，更可阻止中国的“和平崛起”。日本有意继续亚洲霸权地位，尤其利用中国的部分智库，拉拢些亲日派，在中国鼓吹“对日新思维”，意图让中国人放弃过去中日恩怨，联合日本对付美国。结果，这种“对日新思维”反而被日本利用来讨好美国，说中国想拉拢日本对付美国。日本因而得到美国的信任与重视，增强美日关系以对付中国的“和平崛起”。

目前日本阴谋已逐步得逞，中美关系将面临严重考验。其实日本一直痛恨美国丢了两颗原子弹，想利用中国的军事实力与美国的军事实力相拼，利用中国原子弹打倒美国，来报日本对美国二弹之仇，使中美打起来，增强日本的实力，更使日本继续为亚洲霸主，这是世界上最邪恶的阴谋。所以，我们中国应认清日本的真面目，更要全面搞好中美关系，有利于维护世界的和平与发展，因为这不仅仅是中国与美

国人民的根本利益。中美关系的友好要远远比中日关系重要，中美之间的共同利益要远比日美共同利益多多了。美国在国际上有许多严重问题，有求于中国，日本是无法对等的。但是，目前美日关系远比美中关系好，是极不正常的，这对国际和平与发展非常不利。我们不能满足于目前的中美关系，应大力加强，制止日本右翼分子与“台独”汉奸勾结。日本破坏中美关系，已到极严重的地步，不能低估。因此，我们必须及时重新评估中日关系。

关于中美关系的改善——从友好关系到伙伴关系，我有四点建议：

（一）自身做好人权工作。把牢中不必要的人放出来，损害不到国家的安全与稳定。

（二）与梵蒂冈建立外交关系。宗教上的自由可逐步放宽，以法律制定政教分离，损害不到国家的安全与稳定。

（三）改善地方上的民主选举。县市长、人大代表、政协委员等民主选举，损害不到国家的安全与稳定。

（四）持续发展经济，同时加倍、加强军事建设与实力，创造性的研发新科技武器。军事实力还是强国的最关键因素。列强国家只认军事实力，其他皆虚。

以上是我个人粗浅看法，请指正。敬颂

身体健康，国家富强

全球华人反独促统联盟

会长　程君复　敬礼

2005年2月7日

2. 致国务院台办主任陈云林

尊敬的陈云林主任：

对台问题，我建议以下六点供参考。

一、美国国务卿鲍威尔10月25日在访华时，发表谈话，指出“只有一个中国，台湾不是主权独立的国家”，明白地揭示“一中原则”，以及“反独促统”，反映了国台办及中国外交上多年工作的成绩。美国国务卿之言代表美国国家之立场，是“解决台湾问题的开始”，因此，我们要继续扩大“美台之间的矛盾”。换言之，台湾一直在违反美国的一中政策，真正在搞单边政策而想改变台湾现状，利用“公投”、制宪要改变美国的一中政策的真正企图，是李登辉和陈水扁合谋在搞“台独”。

二、我们应加强岛内的统一声势。对台湾岛内的“统派”要嘉勉，对“台独”要打压，赏罚分明；扩大岛内的矛盾，反对“教改”、“正名”等去中国化的阴谋，组织岛内人力、物力向美国施压，深入了解“台独”在岛内的所作所为。必要时，大手笔花钱，不能错过在岛内制造内因的大好时机。

三、团结海外华侨反“独”促统爱国人士的一切力量，包括传统侨社，用各种形式支援岛内的一切统一活动。在岛内召开座谈会、统一大会以及各种形式的文化交流；同时也在美国举行各种形式的统一大会或论坛，向美国主流媒体宣传；在华盛顿邮报、纽约时报等刊登广告，去华府拜访、游说众参议员等。这种工作需要大量资金，可试由民间企业捐赠。

四、特别要暴露李登辉的日本皇民本质，企图将台湾引导向日本，而美国只是被日、台利用来压制中国的计谋，台湾与日本右翼的军事大联盟正在成形。最近台湾吹捧日本的武士道精神，想帮助日本恢复军国主义。而日本借防恐之名，扩张军事势力，是真正威胁亚太地区的稳定与和平，甚至影响到世界的和平与发展。日本将成为幕后支持“台独”的力量，破坏美国的“一中政策”，损害中美两国的根本利益。

五、中国方面应尽快做些突破性的工作，加强台湾民心的工作，用岛内或海外的台湾人到大陆任公职，或在中华人民共和国驻美国领事馆担任要职，招聘、培训台湾大学毕业生为将来的中国宇航员等。进一步协助台湾人在岛内组织政党，与“民进党”竞争。至于台湾同胞和海外华侨、华人关心的“台湾基本法”，可在香港成立民间组织，邀请海内外台湾人草写，呈送中央，准备“一国两制，和平统一”。解决台湾问题要软硬兼施，极为重要。

六、最近“全球华人反独促统联盟”制定了新纲领，是一个拥有千人的民间组织，随时准备配合祖国的政策方针，为祖国的繁荣富强，为中国的和平统一，竭尽己力，无私奉献。随信附上“纲领”，请指正。

以上敬请参考指正。即此敬致

最高敬礼

全球华人反独促统联盟

会长　程君复

2004 年 11 月 15 日

附录：全球华人反独促统联盟纲领

一、中国，是全球华人共享共有的母体。一个稳定、文明、繁荣、强大、持续发展的统一的中国，是全球华人共同的心愿。唯有这样的中国，才能最有效地保护全球华人的最根本的利益。

二、全球华人反独促统联盟，为海外华人、华侨自发组建的民间组织。

三、为实现中国早日统一，繁荣富强，本联盟宗旨如下：

1. 一如既往地致力于团结华人、引导全球海外华人共同投身于两岸统一，建设中华，振兴中华的伟大事业，并同时致力开创全球华人享有的公平、公正、合理的生存环境。

2. 致力于团结台湾岛内一切关注祖国统一大业、关注中国发展的进步力量，揭露“台独”势力的丑恶本质，遏制“台独”。支持岛内要和平、要自由、要发展的正义的呼声。阻止泛蓝阵营向“台独”方向摇摆，以各种方式支援支持统一的一切政党，必要时在岛内支持筹组建立支持中国统一的政党。

3. 致力于促进海外华人与国内的交流、合作，积极向中国政府反映海外华人所关注的焦点问题，将本联盟建设成为海外华人与中国内地之间的最有效的沟通桥梁之一。

4. 充分发挥本联盟智囊团《太平洋国际关系协会》的作用，广泛而客观地汇集海外华人的智力，就两岸和平统一、祖国发展以及重大国际关系问题，随时与中国政府有关方面进行交流。

5. 本联盟将致力于使美国主流社会认识到良好的中美关系对两国利益的战略重要性，努力架设中美之间和平友好、友谊的桥梁。

6. 致力于使世界各国人民，特别是其主流社会认识中国，了解中国的发展符合世界各国人民的利益，成为中国与世界各国的友谊使者。

7. 作为华人与当地政府的沟通渠道之一，该联盟致力为全球华人向其所在国争取政治、经济、社会、文化等各种权力，推动民族平等，推动华人在当地参政议政，融入当地的主流社会，实现华人社区的繁荣和持续发展。

8. 一如既往，本联盟视保卫中国固有领土钓鱼岛群岛为其内存职责，将根据情况发展举办游行和发动舆论向日本政府和右派势力施加压力，促使日本政府反省其历史战争罪行，唤起广大日本人民的觉悟，从而使中日关系更加友好而稳定。

3. 美国白宫致谢函

The White House

Washington

April 29, 1998

Dr. John Chen

351 Pughtown Road

Spring City, Pennsylvania 19475

Dear John:

I want to thank you for participating in the recent One America conversations. As a vital part of my Initiative on Race, these conversations are a valuable tool in our efforts to develop a constructive dialogue to address the issue of race relations in America.

Today there is great optimism that we can become a stronger, more just, and more unified nation—one that offers opportunity and fairness for all our citizens. As I continue my efforts to create an atmosphere that is based on trust and mutual respect, I urge you to continue working to help realize this goal.

Sincerely,

Bill Clinton

Warmly
John
Bill Clinton

4. 给龚忠武的信——谈当前国际形势

忠武兄：

答应的事直到今天才寄给你，见谅！

国际风云千变万化，西方的不稳定将造成世界的动荡，中国的西边正在变动，中国的东边已打出日本的“皇家军国主义”，而台湾问题尚未解决，国内民心太散，入世贸更会增加国内的内部矛盾。中国将面临21世纪的考验，如何对付西方的分化乃“当前的急务”。美俄的密谈，阴的多于阳，我们应有全面的“战略”“对策”及“战术”。除“经济发展”外要“居安思危”。

程君复草上

2001年11月10日

5. 台湾“中央研究院”前院长李远哲来函

程先生惠鉴：

谢谢你的来信，对于你身在美国而仍关心台湾，个人表示非常的佩服。

有关海峡两岸的问题，我觉得应以“和平”为最主要的考量。因为武力战争的结果只是平白损伤两岸的人民。至于你信中所提的“出面调解和领导”的人，我想两岸人民能有共存共荣的共识，才是最重要的要素，谢谢你的鼓励。

愿共勉之。

敬祝

大安

李远哲　敬启

1996年11月23日

6. 国务院台湾事务办公室致谢函

全美中国和平统一促进会联合会

程君复会长：

近期，中国部分地区发生SARS疫情，给人民身体健康和生命安全带来极大危害。在无情的灾难面前，您及全美中国和平统一促进会联合会同仁不仅及时向我们转来热情的慰问，还发动海外华侨华人以各种方式支持中国抗击SARS，表现了可贵的赤子之情。对此，我们谨向您及您的各位同仁表示崇高的敬意和衷心的感谢！

目前，中国人民正发扬伟大的民族精神，精诚团结，共赴时艰，众志成城，抗击SARS。我们坚信，在各方的大力支持和共同努力下，我们一定能最终赢得这场同SARS斗争的胜利。

此致

敬礼

国务院台湾事务办公室六局

2003年5月8日

7. 延安大学校长申沛昌致谢信

美国费城坦普尔大学学者、学生联谊会：

八月十八日惠函敬悉。关于你会程君复等十三位专家学者向我校师生捐赠一台计算机一事，我谨代表延安大学全体师生表示愉快地接受捐赠并深表敬意和感谢！你们身居异国，心系祖国，热情支持老区高教事业的发展，这种爱国爱教的崇高精神品质，令人十分钦佩。我们将不辜负所有海外学子的厚望，克服困难，努力工作，一定把延安大学办得更好。

延安大学是一所具有辉煌历史的学校，创建于一九三八年，曾为民族解放和祖国昌盛培养了大批重要人才，在中国现代教育史上谱写了光辉篇章。目前，延大已发展成为一所文、理、工、管、师范、成人教育等学科门类较为齐全的省属综合大学，教学科研水平进入省属院校前列，并已形成一定的特色和优势。有很大的发展潜力。我们热忱希望通过这次捐赠活动，进一步巩固和发展我们之间友好关系。并通过你们促进延大和海外高校之间的合作和交流。

顺致

敬意！

中国延安大学校长 申沛昌

一九九五年九月十八日

8. 费城儿童医院院长 Charles E. Ingersoll 致谢函

The Children's Hospital of Philadelphia

President, Charles E. Ingersoll
September 20, 1977

Dear Mr. Chen:

It is my pleasure indeed to enclose a receipt and convey my very warmest thanks for your organization's wonderful gift of $1,000.00 to Children's Hospital. This gift, of course, results from your recent exhibit and sale of jade items for the benefit of Children's Hospital, and we are all immensely grateful for your interest in our endeavors.

It is because of the support we receive from many segments of the community that we are able to help even more children and to develop new methods and programs to accomplish that end. Some of our most recent developments include the bone marrow transplant program — one of the few such facilities in the nation — for treatment of children with leukemia and certain forms of anemia; a glucose monitor which does the diagnostic test for hypoglycemia in just two minutes, thus avoiding a dangerous lowering of blood sugar level; and our facial reconstruction center, which provides for our young patients incalculable physical and emotional benefits. These are but a few of the programs which are encouraged and supported by contributions such as yours. And, because Children's Hospital is a center for learning, your dollars will have a multiplying effect far beyond their initial value.

I deeply appreciate your efforts on our behalf, and I take this opportunity to wish you and your organization much success.

Sincerely,

Charles E. Ingersoll

五、生平轶事

1. 义售机票助灾民，情系神州献爱心

李步清

9月27日，正是华灯初上时，刚刚进入金秋时节的费城一团火热。位于华埠中心的明珠阁海鲜酒家门前，锣鼓齐鸣，金狮狂舞，鞭炮震天。数百位当地华人和中国留学生在参加了上午隆重举行的升旗仪式和游行活动后又聚集到这里，和以邱胜云总领事为首的纽约领事馆官员，以及应邀前来的本地美国政要和友好人士，一道欢宴庆祝中华人民共和国四十九周年华诞。晚会主办人和唐庆恒副总领事，还有来宾代表等，先后发表了热情洋溢的讲话。歌舞声中，人们以水代酒，频频举杯，共祝中国繁荣昌盛，民富国强。在一派喜乐融融之中，晚会主办人宣布，费城新亚美集团赠给一张往返大陆的双程机票为晚会助兴。德高望重的顾毓琇老先生被推举为抽奖人。晚会主持人从顾老手中接过抽出的彩券，一个数一个数大声报出中奖号码。就在各人查看手里的兑奖券之时，猛地从一张桌子那边传来一片喝彩声。欢呼声中，一位中等身材，神态端庄的女士缓缓起身，挥手示意她就是中奖人。

这位在几百人中独得头彩的幸运者是谁?她叫蔡文珠。她不应当是个陌生人，因为几乎所有出席晚宴的人都认识她的先生，天普大学教授程君复先生。远的不讲，就在今晚的宴会上，程先生才以庆国庆活动组织人之一的身份发言。此刻的程先生正与中国领事馆官员坐在会场当中的贵宾席上。

程君复先生在费城，以致在全美国华人社团中的知名度甚高，这首先是因为他几十年如一日，立场坚定，旗帜鲜明地主张中国统一，反对民族分裂。他在任何场合下都不隐瞒自己的政治观点。早在七十年代参加发起保钓活动那时起，程先生就在人们心目中树立了一个无畏斗士的形象。中美建交后，他又全力投入促进中美人民的友好往来和祖国统一大业。为实现他的抱负，程先生每年多次往返

大洋两岸。他创办了费城中国和平统一促进会，举办的活动有声有色；可谁知道这些活动的举办经费大部分是程先生一人提供的。两年前，经程先生倡议，大费城华人工商总会成立了。程先生带头捐资，作为工商总会的活动基金。

近几年，中国屡次遭到自然灾难侵袭，先是云南地震，而后是广东洪水，再是今年的长江、东北大洪灾。每当手足同胞有难，程先生总是带头捐款，同时又在华人社团和留学生团体中积极组织募捐活动。仅以今年为例，程先生先向工商总会捐了400元，然后又在宾州大学中国学生会捐了250元，其中100元是用别人名义捐的。受程先生慷慨之举的感染，翁启元先生拿出珍藏五十多年的一瓶茅台酒，委托程先生假宾州大学中国同学会义演募捐活动之机义卖，结果售得善款750元。程君复先生不仅在公益活动中慷慨大度，对朋友他也从不吝相助。他的家里常常高朋满座。每逢节假，他总是邀请留学生到他家聚会。

与程先生相比，他的夫人蔡文珠也许没有像他那样的知名度。然而，熟悉他们的人都知道，程先生所做的一切都离不开贤内助的支持。程先生把大部分业余时间投入公益活动，而把教育子女、持家理财的重任放在妻子纤弱的肩上。与程先生交往较多的人一定会对程家和睦的夫妇关系留下深刻的印象。这种和谐的关系远非举案齐眉可以描绘。程太太是个有理想有主见的女士。她祖籍台湾，当年以优异的成绩毕业于台大哲学系研究班，是位受过高等教育的现代女性。她与程先生是在志同道合基础上结成连理，程先生所追求的抱负也正是程太太的一心所向。多年的风风雨雨，她总是无怨无悔地支持程先生。不过，程太太并非只是站在先生身后的女子。需要时，她也会披挂上阵成为冲锋陷阵的勇士。平时温柔沉默的程太太遇到是非原则立刻变了一副模样，大有巾帼不让须眉的气势。两年前，程太太代表费城中国和平统一促进会去台湾参加一个海峡两岸关系讨论会。会上有人鼓吹“台独”观点，程太太挺身而出，仗义执言，情理并茂，把对方驳得哑口无言。一时，程太太怒斥“台独”成为台岛媒体争相报道的美谈。

也许是命运之神在主宰，抽奖机票恰巧为程太太得到。这难道不是对他们见义勇为，乐善好施最恰当的报答吗？一张机票所值有限，但对程先生和太太而言，因为每年都要多次前往中国大陆和台湾，它当然不无助益。人们为程太太好运祝贺的掌声未落，只见程太太快步走上主席台，大声宣布：她决定把这张机票再拿出来义卖，所得款项全数捐往中国灾区。程太太的这个决定根本没有和程先生商量。在她的潜意识里，做这样的事程先生是不会反对的。果然，毕竟他们俩是世上最知心的，程先生在惊讶之余立即明白了太太的心意，禁不住为她而感到由衷的骄傲。他从太太手里接过麦克风，兴高采烈地主持义卖竞价。在场的众人从惊讶到敬佩，进而投入激烈的叫价。“600！”“650！”“700！”“750！”一刹那，报价扶摇直上，晚宴出现空前的热潮……

（《侨报》，1998年10月6日）

2. A Teacher Who Keeps the Faith

Chicago Tribune, October 19, 1977

By Vernon Jarrett

Philadelphia — this city's public school system will conduct its first general mathematics tests for 10th grade students Wednesday and dedicated high school teachers like Ernest May are already predicting the results.

“As in the reading tests, the data will show that children from inner-city minority communities will produce the worst scores,” predicted May, 44, who teaches math at the Dobbins vocational technical High School here.

I met May during the annual meeting of the National Council of Mathematics Teachers which ended here last weekend at the Sheraton Hotel. “I have no doubt that the final tabulations may show black students generally as much as three years behind in math —just as in reading," he repeated. "But if you think I've lost hope in our youngsters you're off base."

May, who left a teaching post at Temple University here to return to the public schools, is convinced that "disadvantaged black students can be taught to read well and learn math."

"Look, brother, I, myself, this person right here, and others like me are living proof that it can be done," he declared. "Do you know where I came from?"

"I grew up in Harlem. I attended elementary school at P. S. 186 at 145th and Amsterdam, and I attended Still Junior High and the Food Trades High School and George Washington High at 192nd and Audubon. That's ghetto, real ghetto."

"And I know something about poverty and broken homes. My dad was a subway cashier in the Bronx and I can remember when he and my mom just couldn't make it any longer and they broke up. There were three boys and one girl in our family and I can remember when times got hard and we had to go on welfare."

"But you know I was lucky. I had some teachers who still believed that I could be taught to read and learn math. And friends also helped me find part-time jobs."

He not only learned to read and work with numbers, he was encouraged to attend Livingston College, a 98-year-old black institution in Salisbury, North Carolina., where he earned a bachelor's degree in chemistry. His drive also helped him earn a master's in mathematics at Temple University and to become a math and science teacher in the Philadelphia public schools.

When he returned to the public schools in 1976, May had spent more than six years in a special math program for disadvantaged college students at Temple.

"Those six years confirmed what I already knew," said the man whose zeal seems always in evidence. "Black students from poor environments definitely are teachable if we are willing to conduct two wars at one time."

"Economics and academics must go hand in hand," he declared. "Not only do we teachers have to believe that these kids are teachable, we must make it clear that some of the economic pressures must be reduced in order for these children to make use of their skills. If they could get part-time jobs, it would help us a lot."

"We can preach and talk all we want to but they are not going to listen well if there is excessive stress at home. Some of them have and will continue to come through despite everything, but it is too much to expect success on a broad scale-under extreme stress."

There were many erudite presentations at this conference, but for inspiration, nothing compared with my chat with May and later his friend, Dr. John Chen, 39.

May just doesn't give advice to other people. He practices what he and his friends preach. May and a group of nine other educators recently went into a small business venture that will provide jobs for minority students while raising funds for special educational programs.

Under the leadership of Dr. Chen, Temple mathematics coordinator and supervisor of special admission programs, they now own a carry-out Chinese restaurant on Market Street two blocks from City Hall.

The food was good and so was business. Three percent of the profits will go to student-aid programs and the two men hope to open three more such businesses within a year. Nearly all employees are students.

Dr. Chen also is thoroughly dedicated to the dual war on ignorance and economic deprivation. Chen told me of a visit to one of his black students where he saw six hungry children trying to study "when they didn't even have a desk or table to write on."

May, Chen, and their fellow educators know that "what we're doing is just a drop in the bucket, but we're proving something here." Their student-work program should be seriously studied by government and big business. "It already is resulting in better attitudes about school work," said Chen.

附录：大事年表

1936年11月8日	生于南京，祖籍江苏灌云，父程石泉，母胥霞青。长兄贞一，二哥建中。
1940年	随家人转移抗战后方，先后住过四川、云南、贵州等地。
1945年9月2日	日本投降。先到南京，后回上海就读小学。
1947年4月	依联合国《关于前日本委任统治岛屿的协定》，原属中国的琉球群岛和钓鱼岛交美国托管。
1949年12月	举家由上海迁往台湾，入台北国语实验小学。
1950~1956年	就读台北建国中学。
1956~1958年	台北东吴法学院法律系肄业。
1958年10月	移民美国。
1959年1月	入蒙大拿州加罗大学，改读数学。
1962年5月	毕业获数学学士学位。
1962年7月	应征入美国陆军服役。
1963年12月	随军调驻韩国。
1964年8月	服满兵役。
1964~1966年	居住纽约，广交思想前进之中外朋友，与朋友合伙经商，经常参与反越战活动，同时积极寻找渠道认识新中国。
1966年7月	迁往宾州匹兹堡与家人团圆，时父亲执教匹兹堡大学。
1966~1968年	任教匹兹堡教堂丘高级中学数学，夜间就读卡内基–美隆大学数学研究所。
1967年12月	与台湾留学生蔡文珠结成连理。
1968年10月	儿子之东出生于匹兹堡。
1969~1970年	任教阿勒哥尼社区大学数学系。

1970年7月	入天普大学教育研究所，攻读数学教育博士学位，妻与子同迁居费城。
1970年10月	女儿之琳出生于费城。
1970年11月	“保卫中国领土钓鱼岛运动”在北美、台湾、香港、日本和欧洲等地展开。程君复是“费城保卫钓鱼岛行动委员会”重要成员。
1971年1月29日	第一次美东保卫钓鱼岛示威游行在纽约举行，1500余人参加。
1971年4月10日	第一次全美各地保卫钓鱼岛行动委员会在华盛顿举行示威游行。程君复参与组织、策划，是三人代表之一，向日本大使馆递交抗议书，并在示威大会中发表演说。示威群众约2500人。
1971年8月21～22日	“美东讨论会”在布朗大学举行，美东保钓人士300余人参加。决议案之一是去联合国游行，反对“两个中国”、“一中一台”的国际阴谋，支持中华人民共和国为代表全中国的唯一政府。
1971年9月3～5日	“安娜堡国事大会”在密西根大学举行，保钓人士400余人参加，继续要支持台湾的国民党当局的明显已成为少数，由此海外保钓运动转向推进中国统一运动。
1971年9月21日	“美加华人拥护恢复中国在联合国的一切权利”示威游行在联合国广场举行，程君复负责指挥、警卫，带领呼喊口号，接受电视台采访，让美国社会知道，海外华人是心向祖国的。
1971年10月25日	联合国通过第2758号决议，确认中华人民共和国在联合国的席位和权利。
1972年1月1日	成立费城“华侨服务社”，引导侨胞认识新中国，爱护祖国。
1972年2月17日	美国总统尼克森访问中国，打开自1949年关闭后美中人民互访之门。

1972年5月13日	第二次华盛顿保钓示威游行，为抗议美国即将（5月15日）正式移交包括钓鱼岛在内的琉球给日本，700余人参加。
1972年6月	参加“保钓第一团”回国参观、学习、访问，成员包括张信刚、方明、庞杰民夫妇、戈武、卢光庭等港台留美学生和学者。
1974年9月	于纽约市立社区大学教学并搜集论文资料。
1975年5月	获数学教育博士学位。论文题目为：A Comparative Study of Program-Tutor Instruction and Program-Lecture Instruction on Open Admission Students at New York City Community College。署名：John Chu-Fu Chen。指导教授：Stephen Krulik。
1975～1985年	任天普大学特殊少数民族学院副主任，从事推动美国少数民族高等教育事业。
1977年10月	在费城市中心开中国速食餐厅，员工大部分是天普大学少数民族学生，营利之3%捐赠天普大学学生援助方案。
1979年1月1日	中美正式建立外交关系。
1979年1月30日	邓小平国事访问美国，同时接受天普大学荣誉法学博士学位，牛满江、程君复等学者参与盛典。
1979～1980年	开始探询在中国兴办大学的可能性与可行性。
1979年3月18日	以费城国是研究社名义，倡议海外华侨捐献祖国一所“现代化科技大学”，是为创办黄河大学之滥觞。
1980年初	联系波士顿、纽约、费城、芝加哥等地华裔教授学者，开始讨论在改革开放后的中国，海外华人知识分子能为大陆的教育做些什么事。最后决定在河南郑州黄河畔，创办一所新型的大学。
1983年	河南生物工程科技代表团利用在美考察之便接触程君复，就集资与河南合作筹办黄河大学一事进行初步探讨。

1983～1987年　筹办中美合资黄河大学，建立海外黄河大学基金会，总共集资美元65万。前后聘请59位美国教授赴黄河大学执教。

1984年初　向河南省访美代表团提出合办黄河大学的倡议。3月间，省委书记刘杰亲自来电，邀请程君复去郑州商谈具体办学事宜。

1984年4月1日　河南省人民政府副秘书长杨昌基与程君复分别代表黄河大学国内外筹委会，正式签署备忘录，决定校址郑州，国内提供1500亩地及9幢楼房作为校舍，海外负责购置图书、先进仪器设备等。

1984年5月17日　中共中央宣布《关于教育体制改革方面的决定》。

1984年5月18日　中国教育部正式批准河南与海外华人在河南郑州合资、合作、合办一所综合性的黄河大学，作为中国教育改革的一个试点。

1984年8月9日　河南省第一书记刘杰、省长何竹康等领导人会见并宴请黄河大学海外筹委会主席、美国天普大学少数民族学院副院长程君复等一行，就黄河大学开设研究生院、训练中心和建立图书馆等问题，深入交换意见。

1984年9月29日　河南黄河大学筹委会访美代表团团长杨昌基（时任省政府副秘书长）一行5人与黄河大学在美联络人程君复在旧金山华埠举行记者招待会，向侨界介绍黄河大学筹办宗旨、目标、计划、筹备情况。杨昌基强调，黄大将建立科研基地和生产工厂，与国外合资、合作经营，赚取外汇，补充开办学校之经费。

1984年10月12日　河南黄河大学筹委会访美代表团副团长曾宪荣（时任省教育厅长）在纽约华埠记者招待会上宣布，河南省决心与海外华人教育界人士和热心兴学的华人合作，办好黄河大学，五年小成（学生从3000人发展到5000人），十年大成（学生增至

	10000人）。程君复宣称，海外已有76个委员会，24个联络中心。并热切呼吁有识之士为振兴祖国培育人才，共襄盛举。
1985年1月4日	国家教育部部长何东昌接见程君复率领的黄河大学海外筹委会代表团，感谢筹委对中国教育事业的奉献。
1985年5月	教育部批准黄大先期开办经济管理、计算机软件工程、英美语言文学、美国研究四个研究生班，黄大破例举行全国招生考试。
1985年5月17日	河南省提供“第三招待所”为校址，位黄河下游花园口附近，距郑州市区10公里，环境优美，建筑精巧。
1985年9月1日	黄河大学成立，设英美文学、计算机科学、美国研究和经济管理四个硕士班研究所，137名研究生正式入学。
1985年9月15日	海内外近百名来宾和300多名师生及员工，在黄大校歌声中，举行隆重开学典礼，哈佛博士、原中国科学院应用数学研究所所长秦元勋出任校长。
1985年11月29日	黄河大学基金会在美国明尼苏达州召开第二次全国会议，祝贺黄大正式开学，通过决议宣示在美华人决心同河南当局继续密切合作，办好黄大，培养中华民族新一代人才。
1986年4月11日	黄河大学海外董事会在芝加哥举行首届会议，选出7名海外董事，顾毓琇、韩诚信、黄硕豪、梅子强、林同坡、段开龄、朱绵发以及候补董事焦蔚芳。
1986年6月15日	黄河大学董事会成立，通过《黄河大学董事会章程》，聘任海内外14名董事（国内、外各7名）。董事会并聘请曾宪荣为新校长，随后获中央批准。
1986年7月	应广州教育委员会邀请，发表关于教育改革问题的演讲。
1987年7月1日	黄大首届137名硕士生毕业，均顺利分配到国家单位工作。

1988年9月22日	“中国和平统一促进会”在北京成立。
1988~1995年	成立“21世纪数学教育中心”於天普大学，以协助改革公立学校的数学教育，提高师生数学素质为宗旨。
1989年10月1日	程君复和顾毓琇回国参加“十一”国庆庆典，获江泽民、李鹏、王震等领导分别接见。
1992年2月	自1989年后，包括华侨在内的国际社会对中国政府不了解，也不友善。程君复有鉴于此，主动邀请驻美大使朱启祯参加费城侨学界庆祝春节晚会，借此促进美国主流社会与中国政府的沟通，并加强费城侨学界与大使馆及总领事馆的联系。
1992年9月	根据中央关于高等教育改革有关部署，黄河大学与郑州大学合并。
1994年8月	代表天普大学与苏州大学共同在苏州召开“21世纪基础数学教学改革”国际研讨会，率领美国代表团出席会议并发表论文。
1995年1月30日	江泽民发表“江八点”，在坚持“一个中国”和“一国两制”的框架下，提出发展两岸关系的八项主张。
1995年4月	天普大学医院诊断患膀胱癌。
1995年7月	赴北京治疗膀胱癌。
1995年11月	由北京回费城，按北京医院的处方，继续在宾夕法尼亚大学医院治疗。
1996年3月	台湾旅美学者访问团在台北举办国是座谈会，程君复发表“从韩战、越战看台海问题”的演讲。
1997年7月1日	组织费城侨学界参加纽约和华盛顿两城市的游行，庆祝香港回归祖国，结束155年英国殖民统治。
1999年7月9~11日	“中国和平统一研讨会”在香港召开，来自两岸四地和全球各地华侨华人200余人出席，为全球反“独”促统运动起先

	导作用。
2000年6月	“全球华人反独促统联盟”成立于华盛顿，推选程君复为会长。
2000年8月23～24日	“全球华人推动中国和平统一大会”在柏林举行。程君复是主席团成员并发表“反独促统——我们的历史责任”的讲演。
2000年11月25～26日	“全球华人反独促统大会”在华盛顿召开。大会主席程君复发表“把反独促统事业进行到底”的讲演。
2001年1月12日	组织成立“美东各界保钓行动委员会”，举办“抗议日本政府盗租中国钓鱼岛等四岛屿座谈会”。
2001年3月18～19日	“中南美洲华侨华人促进中国和平统一大会”在巴拿马举行，程君复是主席团成员并发表讲话。
2001年7月16～17日	“华侨华人反台独促统一新世纪大会”在东京召开，程君复是主席团及主讲人之一。
2001年12月18～31日	“全球华人反独促统联盟”代表团（程君复、李心正、周世民、鲍定、李春溪）访问两岸三地，就反“独”促统大业交流工作经验。
2002年1月15日	江泽民主席接见“全球华人反独促统联盟”会长程君复。
2002年2月20～23日	“全球华侨华人推动中国和平统一大会”在悉尼召开，美国前总统克林顿、澳大利亚前总理弗雷泽的代表、澳大利亚外长等出席讲话。程君复是主席团及主讲人之一。
2002年6月1～3日	“中南美洲促进中国和平统一大会”在巴西圣保罗召开，程君复是主席团及主讲人之一。
2002年8月10～11日	“全美中国和平统一促进会联合会芝加哥大会”推选会长程君复、荣誉会长黄金泉、名誉会长李惠英、理事长

池洪湖、秘书长宗鹰为首届领导。程君复发表“反独促统的现实与前景”演说。

2002年9月1日　“全美中国和平统一促进会联合会”第一次理事会通过章程。

2003年1月　“全美中国和平统一促进会联合会”代表团拜会北京各涉台单位，1月7日并获钱其琛副总理接见。

2003年9月10～12日　“全球华侨华人推动中国和平统一大会”在莫斯科召开，程君复是主席团成员并发表“中国的情怀与统一”讲演。

2003年9月20日　组织“美东各界保卫钓鱼岛行动委员会”及侨学界人士500多人在华盛顿日本大使馆前，纪念“九一八”，抗议日本篡改教科书，并要求日本政府承认二战罪行。程君复发表了正气凛然的激情演说。

2003年9月27日　“美东各界保卫钓鱼岛行动委员会”在纽约纪念保钓烈士陈毓祥牺牲7周年座谈会。

2004年3月1～3日　“全球华侨华人反独促统大会”在曼谷举行，程君复发表“陈水扁‘三二〇公投’是想改变台海现状”的书面讲话。

2005年1月10日　费城杰弗逊大学医院确诊膀胱癌细胞复发转移。

2005年1月15日　“全球华人反独促统联盟”在纽约举行座谈会，肯定“反分裂法”对遏制“台独”的积极作用。

2005年2月21日　组织美东华人在纽约日本领事馆前示威集会，递交抗议书，谴责日本非法霸占钓鱼岛。

2005年4月22日　在“美东侨学界反对日本加入联合国常任理事国”联合国广场示威集会上演讲，坚决反对日本“入常”。

2005年5月23日　在“世界华侨华人社团联谊大会”闭幕式发表“反分裂国家法加强了海外推动和平统一的工作”演说。

2005年6～7月　入北京医院，7月11日做左肾切除手术。

2005年8月2日	返美国费城休养。
2005年8月21日	因肺炎入住宾州波茨顿纪念医院。
2005年9月21日	因肺衰竭病逝，享年68。
2005年9月28日	北京友好举行追思会。
2005年10月15日	家属与费城侨界举行追悼会。
2005年10月29日	纽约友好举行追思会。
2005年11月6日	台北友好举行追悼法会。
2006年2月20日	华盛顿友好举行追思会。